DESTINOS MISTOS

HELOISA PONTES

DESTINOS MISTOS

Os críticos do Grupo Clima em São Paulo (1940-68)

Companhia Das Letras

Copyright © 1998 by Heloisa Pontes

Capa:
Moema Cavalcanti

Índice onomástico:
Maria Claudia Carvalho Mattos

Preparação:
Carlos Alberto Inada

Revisão:
Isabel Jorge Cury
Ana Paula Castellani

Dados Internacionais de Catalogação na Publicação (CIP)
(Câmara Brasileira do Livro, SP, Brasil)

Pontes, Heloisa
Destinos mistos : os críticos do Grupo Clima em São Paulo
(1940-68) / Heloisa Pontes. — São Paulo : Companhia das
Letras, 1998.

Bibliografia.
ISBN 85-7164-757-7

1. Cultura — São Paulo (SP) 2. Crítica de arte — São Paulo
(SP) 3. Grupo Clima 4. Intelectuais — São Paulo (SP) 5. São Paulo
(SP) — Vida intelectual I. Título. II. Título: Os críticos do Grupo
Clima em São Paulo (1940-68).

98-0887   CDD-305.5520981611

Índices para catálogo sistemático:
1. Grupo Clima : Intelectuais : São Paulo : Cidade :
   Sociologia   305.5520981611
2. São Paulo : Cidade : Intelectuais : Sociologia
   305.5520981611

1998

Todos os direitos desta edição reservados à
EDITORA SCHWARCZ LTDA.
Rua Bandeira Paulista, 702, cj. 72
04532-002 — São Paulo — SP
Telefone: (011) 866-0801
Fax: (011) 866-0814
e-mail: coletras@mtecnetsp.com.br

Para Sérgio

SUMÁRIO

Agradecimentos	9
Introdução	13

1
ESBOÇO DE FIGURA

Acertando os ponteiros	21
A reinvenção do passado colonial	25
O barroco brasileiro na ótica estrangeira	26
O retrato da arte moderna e a tradição modernista	34
A crítica de arte em São Paulo	42
O perfil dos críticos	47

2
PLATAFORMA DA GERAÇÃO

Definindo posições	52
A recepção dos "novíssimos"	65
Oswald de Andrade e os "chato-boys"	74
A Faculdade de Filosofia, os franceses e o Grupo Clima	89

3
REVISTA "CLIMA"

Dividindo o trabalho intelectual	96
Fixando os contornos de uma dicção autoral	99

Cultura e política 112
A política revisitada 120
As mulheres e a ficção. A ópera e o popular 123

4
INTELECTUAIS ACADÊMICOS

De volta à Universidade de São Paulo 140
Laços de família 150
Contraponto 165
Caminhos cruzados 169
Carreiras universitárias tardias 201

Considerações finais 213
Notas 219
Bibliografia 273
Índice onomástico 291

AGRADECIMENTOS

Este livro é uma versão retrabalhada da tese de doutorado que defendi, em agosto de 1996, no programa de pós-graduação em sociologia da Universidade de São Paulo. Agradeço aos professores que compuseram a banca, Fernando Novais, Mariza Corrêa, Ricardo Benzaquen de Araújo e Davi Arrigucci Jr., pela leitura crítica e pelo privilégio de terem sido meus examinadores.

Além da estimulante argüição feita pelos membros da banca, este livro deve muito às discussões e às descobertas realizadas no projeto História das Ciências Sociais no Brasil, desenvolvido no Instituto de Estudos Econômicos e Sociais de São Paulo (Idesp), sob a coordenação de Sergio Miceli. Ao longo de três anos (1987-90), o projeto reuniu pesquisadores com formação em ciência política, sociologia, antropologia e história, trabalhando com objetos variados mas com uma perspectiva comum: fazer uma sociologia da vida intelectual no campo das ciências sociais, de seus fundadores e atualizadores, de sua produção, e de seu processo de institucionalização no país.

Muito do meu entendimento a respeito do significado, do tempo de maturação e dos desafios analíticos que modelam a atividade intelectual, do aprendizado de trabalho com as fontes de pesquisa — no que diz respeito às perguntas necessárias para o desvendamento da lógica social e simbólica inscrita no material e na documentação que utilizamos —, deve-se às pessoas envolvidas nesse projeto: Maria Hermínia Tavares de Almeida, Fernando Novais, Maria Arminda do Nascimento Arruda, Lúcia Lippi, Cecília Forjaz, Mariza Corrêa, Sergio Miceli, Fernanda Peixoto, Lilia Moritz Schwarcz, Silvana Rubino, Fernando

Limongi, Paul Freston e Glória Bonelli. A todos eles, o meu mais sincero reconhecimento.

A partir de 1993, como integrante do projeto História Social das Artes Plásticas no Brasil, que vem sendo desenvolvido no Idesp sob a coordenação de Sergio Miceli, tive o apoio intelectual necessário para não esmorecer diante das dificuldades enfrentadas durante a redação do trabalho. Agradeço a Celso Favereto, Paulo Menezes, Maria de Lourdes Eleutério, Leopoldo Waizbort e Ana Paula Cavalcanti, pelo estímulo e pela leitura crítica que fizeram de dois capítulos do livro.

No decorrer da pesquisa, contei também com o apoio dos integrantes do grupo Pensamento Social no Brasil, cujas animadas e divertidas sessões nos encontros da Associação Nacional de Pós-Graduação em Ciências Sociais (Anpocs) me ajudaram a refinar alguns dos argumentos desenvolvidos no livro.

Meus colegas do Departamento de Antropologia da Unicamp ofereceram-me suporte intelectual e condições excepcionais de trabalho: durante o ano de 1995, liberada das atividades didáticas, pude me dedicar inteiramente à redação da tese. Agradeço a todos pelo apoio, pelo estímulo e pela confiança que depositaram em mim.

Quero expressar a minha mais profunda gratidão a Lúcio Gomes Machado, Maria Isabel Machado Assumpção, Maria de Lourdes Santos Machado, Célia Quirino dos Santos, Carlos Vergueiro, Antonio Candido e Gilda de Mello e Souza, pela atenção com que me receberam e pelas entrevistas concedidas. Decio de Almeida Prado, por sua vez, merece bem mais que um agradecimento. Durante os nossos encontros no ano de 1995, entre livros, cartas, anotações, recordações, fotografias e muitas xícaras de chá, tive o privilégio de entender por dentro o que significa generosidade humana e intelectual. Experiência inesquecível, esses encontros foram uma lição de vida.

A Maria Arminda do Nascimento Arruda, orientadora no sentido pleno da palavra, agradeço a dedicação, as leituras minuciosas de várias versões, o rigor dos comentários e, sobretudo, o carinho com que acompanhou o trabalho.

João Lafetá (in memoriam) e Brasílio Sallum fizeram comentários importantes no exame de qualificação de meu doutorado. Marita Causin, com seu profissionalismo e boa vontade, ajudou a localizar documentos e livros na biblioteca e no arquivo do Instituto de Estudos Brasileiros (IEB).

10

Agradeço a Andrea Alves, Augusto Massi e Ruy Moreira Leite, pelo acesso a documentos importantes para o trabalho. Ao pessoal da editora, em especial Maria Emília Bender e Carlos Alberto Inada, pelo cuidado e profissionalismo na preparação do livro.

Por fim, o mais difícil de expressar em palavras: agradecer às pessoas que me deram mais que apoio intelectual. Francisco Aranha, Ana Novais, Guita Debert, Arakcy e Leôncio Martins Rodrigues, Paulo Kliass, Maria Beatriz Coelho e Guilherme Simões Gomes Júnior, pela experiência insubstituível da amizade. Lilia Moritz Schwarcz e Fernanda Peixoto, amigas do coração, fizeram muito por mim e pelo trabalho nesses últimos anos: partilharam o meu entusiasmo, agüentaram as minhas obsessões, souberam relevar os vários momentos em que me tornei monotemática, leram com atenção a tese, deram sugestões preciosas. A Bibia Gregori, mais que irmã, pela cumplicidade em todos os níveis. A Hélio e Eunice Pontes, pelo que me ensinaram como pais e como intelectuais comprometidos com a universidade brasileira. A Terezinha dos Santos, pela colaboração na organização da casa. Sem ela, o que se chama "lar, doce lar" teria virado um caos durante a redação da tese. Aos filhos do meu marido, Tereza, Pedro e Joaquim, pelas descobertas de uma convivência estreita e instigante. Com eles venho entendendo melhor os conflitos e as alianças do "parentesco moderno". Ao meu filho, João, que já suportou quatro teses na sua infância: as minhas e as do pai. Apesar do seu envolvimento com o nosso trabalho, sei que não foi nada fácil para ele agüentar a mãe grudada no computador, esperar o término desta tese, entender o seu significado. Em junho de 1996, aflito diante da minha demora para finalizá-la, propôs a seguinte solução: "Mãe, por que você não escreve assim: concluí que o Antonio Candido e os outros eram intelectuais, ponto final, e entrega a tese de doutorado?". E foi o que fiz, um mês antes do seu aniversário de dez anos.

INTRODUÇÃO

"Críticos, críticos e mais críticos",[1] tais foram as palavras utilizadas por Antonio Candido, em 1943, para definir sua geração e, indiretamente, o círculo de intelectuais a que ele pertencia na época: o Grupo Clima, formado no início de 1939 por jovens estudantes da Faculdade de Filosofia, Ciências e Letras, unidos por fortes laços de amizade e por uma intensa sociabilidade. Desse círculo faziam parte Decio de Almeida Prado, Paulo Emilio Salles Gomes, Lourival Gomes Machado, Ruy Galvão de Andrada Coelho, Gilda de Mello e Souza, entre outros. Juntos lançaram-se na cena cultural paulista por meio de uma modalidade específica de trabalho intelectual: a crítica aplicada ao teatro, cinema, literatura e artes plásticas.

No início dos anos 40, segundo Antonio Candido, todos tinham "em preparo um trabalho de história, ou de sociologia, ou de estética ou de filosofia, como os maiores (da geração anterior) tinham romances. E todos começam pelo artigo de crítica, como os seus maiores começavam pela poesia. E são críticos e estudiosos 'puros', no sentido de que, neles, dominará sempre esse tipo de atividade. *Não creio que haja em nossa geração destinos mistos*, como o de Otávio de Faria, o de Afonso Arinos Sobrinho, na geração anterior, ou de Mário de Andrade, de Plínio Salgado, de Cassiano Ricardo, na geração que os precedeu. Será que isso é bom ou será que é ruim? Não sei. Não quero nem posso julgar. Basta-me constatar".[2]

Como produtos do novo sistema de produção intelectual implantado na Faculdade de Filosofia da Universidade de São Paulo, por intermédio dos professores estrangeiros (franceses, em particular), Antonio Candido e seus amigos mais próximos do Grupo Clima renovaram a tradição ensaística brasileira. Como críticos "puros", romperam com a concepção de trabalho e com o padrão de carreira da geração anterior (que tinha um pé na literatura e outro na doutrina política). Como intelectuais, diferenciaram-se dos modernistas e dos cientistas sociais com os quais conviveram na Universidade de São Paulo.

Situados entre os literatos, os modernistas, os jornalistas polígrafos e os cientistas sociais, construíram seu espaço de atuação por meio da crítica, exercida em moldes ensaísticos mas pautada por preocupações e critérios acadêmicos de avaliação. Como críticos, inseriram-se na grande imprensa, nos projetos editoriais, nos empreendimentos culturais mais amplos da cidade de São Paulo. Como intelectuais acadêmicos, profissionalizaram-se na Universidade de São Paulo e formularam um dos mais bem-sucedidos projetos de análise da cultura brasileira.

O fato de atuarem ao mesmo tempo como críticos de cultura, acadêmicos e professores universitários sinaliza o alcance das transformações que estavam ocorrendo ao longo das décadas de 40 e 50 no sistema cultural paulista, decorrentes em larga medida da introdução de novas maneiras de conceber e praticar o trabalho intelectual. Nesse contexto, fizeram a "ponte" entre a Faculdade de Filosofia e as instâncias mais amplas de produção e difusão cultural da cidade.

Reconhecidos como grandes expressões da intelectualidade brasileira, eles têm sido estudados nos últimos anos à luz da perspectiva analítica desenvolvida pela história das idéias. A referência à revista *Clima*, que editaram no início dos anos 40, e ao grupo a que pertenceram nesse período, embora mencionada nesses estudos, ocupa quase sempre uma posição periférica em relação à análise interna das obras, dos conceitos utilizados e dos achados analíticos encontrados.

Partindo do pressuposto de que idéias e obras estão ancoradas em processos sociais concretos e contextos intelectuais precisos, meu objetivo é outro: analisar o círculo de juventude desses autores, a partir da recuperação da experiência cultural, social, intelectual, política e institucional de seus membros mais importantes.

A perspectiva analítica que balizou este estudo encontra sua formulação mais precisa no trabalho de Raymond Williams. Como mostra o sociólogo inglês, a história da cultura moderna é impensável sem a análise comparativa dos grupos de intelectuais, artistas e escritores que contribuíram para a sua formulação e atualização. O trabalho analítico envolvido nessa direção pressupõe, segundo esse autor, uma série de problemas metodológicos que podem, grosso modo, ser resumidos em duas ordens de questões. Por serem compostos por um número relativamente pequeno de membros, não é possível analisá-los com um instrumental estatístico. Por outro lado, os princípios e valores que unem seus integrantes não são codificados institucionalmente. Eles estão ancorados num corpo de práticas e de representações e, simultaneamente, na "estrutura de sentimentos" e no *ethos* do grupo.[3] Levando a sério a frase de um dos membros do Bloomsbury Group — "We were and always remained primarily and fundamentally a group of friends"—,[4] Williams mostra que a análise desse agrupamento num registro sociológico deve ser capaz de responder a duas questões fundamentais. Em primeiro lugar, quais são as idéias, as atividades e os valores partilhados que asseguraram essa amizade proclamada e, ao mesmo tempo, contribuíram para a formação do grupo e para que ele se distinguisse de outros grupos culturais. Em segundo lugar, no que essa amizade é indicativa ou reveladora de fatores sociais e culturais mais amplos. Para tanto, é preciso considerar não apenas as atividades, os princípios e os valores manifestos de seus membros, mas também as suas posições sociais e idéias implícitas.

O ponto central e decisivo da análise, para Raymond Williams, reside em ver o significado do Bloomsbury Group — e de todo e qualquer agrupamento desse tipo — para além da autodefinição de seus membros. Sendo inegavelmente "um grupo de amigos", ele é também e a um só tempo um grupo cultural e social. Apreendê-lo enquanto tal exige o entrelaçamento de uma dupla perspectiva. De um lado, o resgate dos termos com que seus integrantes se viam e queriam ser apresentados e, de outro, a análise desses termos a partir de seus significados sociais e culturais mais gerais.[5]

Do ponto de vista analítico, o que importa, para Williams, são as relações concretas do grupo com a totalidade do sistema social, e não apenas suas idéias abstratas. Para tornar mais clara essa posição teórica, o autor empreende uma instigante comparação entre o Bloomsbury Group e o círculo do escritor William Godwin, que se constituiu na Inglaterra em 1780. Integrado por profissionais relativamente pobres (entre eles, a feminista Mary Wollstonecraft), formava uma intelligentsia de extração pequeno-burguesa, voltada para a defesa da racionalidade, da tolerância, da liberdade e da igualdade, inclusive no plano

15

das relações entre os sexos. As idéias e os valores compartilhados por seus membros, as representações e autodefinições que construíram a respeito de si mesmos, assim como as formas de sociabilidade que praticavam, apresentam uma forte semelhança com o Bloomsbury Group.

Mas diferentemente do último, oriundo de uma fração bem delimitada das classes altas inglesas, Godwin e seu círculo de amigos provinham da pequena burguesia comercial que, na época, surgia como um setor emergente de uma classe ainda relativamente subordinada. Por essa razão, o significado que ambos os grupos atribuíam à questão da "consciência social" também era distinto.

Como mostra Williams, a luta sistemática do Bloomsbury Group por reformas no nível das classes dirigentes, aliada a seu trabalho de educação e conscientização, nos primeiros decênios deste século, junto aos setores desprivilegiados da sociedade inglesa, não foi suficiente para romper com o sentimento de classe do grupo. Um persistente e nítido senso de fronteira entre as classes convivia com um sentimento muito forte de simpatia pelos mais pobres, vistos antes de tudo como vítimas do sistema.[6]

As considerações metodológicas de Raymond Williams e o partido teórico que ele assumiu para examinar o Bloomsbury Group são particularmente sugestivos para a análise da constituição, do perfil social e da experiência cultural do Grupo Clima. Se a Universidade de Cambridge foi o centro de sociabilidade inicial do grupo inglês, a Faculdade de Filosofia da Universidade de São Paulo fez o mesmo na conformação do grupo paulista. Tanto lá como aqui, a questão da consciência social e a atuação que tiveram nesse domínio foram marcadas por uma visão elitista, ainda que simpática, em relação às camadas menos favorecidas da sociedade.

Aqui como lá, as mulheres, apesar de numerosas e inteligentes, ocuparam uma posição secundária e foram relativamente excluídas ou se auto-excluíram (o que dá no mesmo, pois representa a forma cabal de internalização psicológica de uma exclusão social) dos espaços mais amplos de produção intelectual e cultural, marcadamente masculinos, da época. A flagrante exceção da escritora Virginia Woolf (no caso do Bloomsbury Group) e de Gilda de Mello e Souza (a única mulher do Grupo Clima que conquistou nome próprio, em razão de sua trajetória acadêmica e dos trabalhos que produziu nas áreas de sociologia e estética) apenas confirma a assimetria das relações de gênero no interior desses círculos.[7]

Semelhantes também são as razões mais amplas, de ordem social e cultural, que uniram os participantes desses dois grupos. Ambos foram construídos e se mantiveram, acima de tudo, como círculos de amigos. Entrelaçando amizade com trabalho intelectual, o Bloomsbury Group imprimiu marcas indeléveis na cultura inglesa moderna. O mesmo fez o Grupo Clima no caso brasileiro, conforme procuro mostrar no decorrer do livro, ao analisar a inserção desse círculo no sistema cultural paulista e as trajetórias de seus membros mais expressivos, ao longo dos decênios de 40, 50 e meados dos anos 60. São eles: Antonio Candido (1918), Decio de Almeida Prado (1917), Paulo Emilio Salles Gomes (1916-77), Lourival Gomes Machado (1917-67), Ruy Galvão de Andrada Coelho (1920-90) e Gilda de Mello e Souza (1919).

No primeiro capítulo, reconstruo a trajetória inicial de Lourival Gomes Machado, com a finalidade de introduzir o contexto de formação e de interlocução do grupo. Autor do ensaio *Retrato da arte moderna do Brasil*, Lourival foi o primeiro integrante desse círculo a estabelecer uma discussão mais direta com os autores e com a tradição cultural consagrada pelos modernistas. Seu interesse pela arte moderna brasileira e pelo barroco mineiro, motivado pela atuação como crítico de artes plásticas e pela formação acadêmica que recebera dos professores franceses na Universidade de São Paulo, ganha uma maior inteligibilidade quando inserido no campo da crítica de arte e da política cultural da época. Semelhante à de outros membros de seu grupo de juventude, sua trajetória sintetiza, de forma paradigmática, os caminhos institucionais e os desafios intelectuais perseguidos por eles no decorrer da década de 40.

O segundo capítulo, voltado para a análise da plataforma cultural e intelectual do Grupo Clima, examina as seguintes dimensões empíricas: o rastreamento dos depoimentos prestados por alguns de seus membros ao jornal *O Estado de S. Paulo*, entre 1943 e 1944; a maneira como foram recebidos no período; os conteúdos e as implicações dessa recepção; as relações que estabeleceram com figuras de ponta do modernismo paulista; a inserção do grupo na Faculdade de Filosofia, Ciências e Letras e o impacto dessa experiência na definição de seu perfil intelectual. A articulação dessas dimensões permite, como veremos,

17

uma apreensão contextualizada da emergência do grupo e de sua posição no sistema cultural paulista.

No terceiro capítulo, faço uma análise detalhada da revista *Clima*, no que diz respeito à divisão do trabalho intelectual, aos temas privilegiados, à forma de exposição dos assuntos, à posição das mulheres, à filiação política de seus editores. Por meio desse experimento cultural de juventude, fixaram os contornos da identidade do grupo, viabilizaram o início de suas carreiras como críticos profissionais, lançaram as bases para a construção de uma dicção autoral própria, projetaram-se no sistema cultural paulista. Através de uma perspectiva sincrônica e horizontal, procuro situar a revista *Clima* — que circulou de maio de 1941 a novembro de 1944 — na trama da história cultural da época e, simultaneamente, na trajetória individual de seus editores e colaboradores mais importantes.

O quarto capítulo, construído numa dimensão diacrônica, apresenta uma biografia coletiva do grupo, a partir da reconstituição da origem social de seus integrantes e da análise de suas trajetórias intelectuais e institucionais dentro e fora da Universidade de São Paulo, ao longo dos decênios de 40, 50 e meados dos anos 60. Para tanto, lanço mão da perspectiva comparativa com um tríplice propósito: situá-los em conjunto, uns em relação aos outros, e todos em relação a Florestan Fernandes (1920-95). Contraponto necessário para adensar a análise do perfil social e cultural do Grupo Clima, Florestan nunca se incorporou ao universo de sociabilidade desse círculo de amigos. Apesar disso, foi uma presença marcante no espaço em que todos se profissionalizaram como intelectuais acadêmicos: a Faculdade de Filosofia, Ciências e Letras. "Outro" em relação a eles, permite, no entanto, enxergá-los melhor por uma lente ao avesso.

Tal é, de forma sucinta, o percurso analítico deste trabalho,[8] que, partindo de uma trajetória e de uma obra particular, procurou alcançar uma compreensão mais alargada desse círculo de intelectuais. Destinos mistos aos olhos de hoje, situados na intersecção do modernismo e das ciências sociais em sentido estrito, praticantes do melhor ensaísmo produzido entre nós, responsáveis por algumas das análises mais argutas da cultura brasileira, eles são uma das vertentes mais bem-sucedidas do sistema acadêmico que se implantou na capital paulista por intermédio da Faculdade de Filosofia, Ciências e Letras.

Como tais, merecem um tratamento contextualizado que, sem perder de vista o alcance analítico das obras que individualmente produziram, seja capaz de resgatar o espaço social e cultural mais amplo que conformou a experiência de todos: o grupo de juventude a que pertenceram antes de se tornarem autores consagrados; a faculdade na qual se inseriram, primeiro como estudantes, posteriormente como professores; a revista com que se projetaram; as disputas em que se envolveram; as influências recebidas; as alianças celebradas; os desafios perseguidos; os constrangimentos institucionais enfrentados; os projetos intelectuais que implementaram.

1

ESBOÇO DE FIGURA

ACERTANDO OS PONTEIROS

> *O primeiro historiador da arte brasileira, sistemático e com visão geral do desenvolvimento cultural, erudito e capaz de interpretação, este ainda não o tivemos. Monografias soberbas aparecem por vezes e, em muitas oportunidades, uma monografia — por exemplo, sobre o Aleijadinho — vale pelo estudo de uma época. Não basta, contudo. Ficarão provisoriamente faltando aqueles estudos em que, mais que o grande artista ou o período bem caracterizado, constituam as ligações, as passagens intermediárias, as transições, o interesse central do historiador. E, infelizmente, só é história verdadeira a que mostra como a cultura transita se transformando, como os padrões adquirem uma medida de evolução, de crescimento.*[1]

Se ainda não tivemos o grande historiador da arte brasileira, parece claro que o autor dessas palavras pretendia ou, ao menos, candidatava-se a ocupar essa posição. A afirmação audaciosa do rapaz de 28 anos, própria desses arroubos considerados de juventude, tinha tudo para se perder no tempo e cair no esquecimento. Não fosse o fato de que ela estava ancorada na construção de um projeto intelectual e institucional mais amplo, do autor e do grupo a que ele pertencia. Munido do propósito de renovar o estudo da arte brasileira, Lourival Gomes Ma-

21

chado escolheu a declaração citada acima para abrir o ensaio *Retrato da arte moderna do Brasil*, premiado em 1945 pela Associação Brasileira de Escritores, seção de São Paulo. Embora fosse membro dessa entidade, o autor não era escritor, e sim um jovem professor de política, formado, no ano de 1938, simultaneamente em direito e ciências sociais.

Assim que concluiu o curso de graduação, Lourival foi convidado por Paul Arbousse-Bastide[2] para ser seu assistente na cadeira de sociologia da Faculdade de Filosofia, Ciências e Letras da Universidade de São Paulo. Tinha então 22 anos. Em 1942, com a transferência do professor francês para a recém-criada cadeira de política, duas novas cadeiras de sociologia foram abertas e ocupadas, respectivamente, por Roger Bastide (1898-1974) e Fernando de Azevedo (1894-1974). Lourival, no entanto, passou para a cadeira de política, onde permaneceu até o fim de sua vida. Primeiro como assistente, depois como catedrático.

Dividido entre o ensino na universidade e a atuação no campo das artes plásticas, Lourival morreu relativamente jovem, com cinqüenta anos, e não deixou discípulos na área de sua especialização acadêmica — a política. Por essa razão, entre outras, sua produção intelectual e o prestígio advindo dessa modalidade de trabalho simbólico foram menores que os de Antonio Candido, Gilda de Mello e Souza, Decio de Almeida Prado e Paulo Emilio Salles Gomes, por exemplo. Mas no início dos anos 40, quando todos eles eram jovens e compartilhavam a intensa sociabilidade do Grupo Clima, Lourival se destacava em várias frentes. Um dos mentores da revista *Clima* e seu diretor, ele foi o primeiro integrante desse círculo a se tornar crítico na grande imprensa e a se inserir profissionalmente na Universidade de São Paulo.

Na década seguinte, organizaria a I Bienal do Museu de Arte Moderna (1951), na condição de diretor artístico dessa instituição, ao mesmo tempo que daria prosseguimento a sua carreira dentro da Universidade de São Paulo. Doutor aos 25 anos,[3] livre-docente aos 32,[4] catedrático aos 37, Lourival, além de ter sido o primeiro membro do Grupo Clima a conquistar uma posição institucional mais sólida no interior da Faculdade de Filosofia, foi também o primeiro a apresentar uma análise pormenorizada do movimento modernista.

Em seu ensaio *Retrato da arte moderna do Brasil*, encontramos não só uma avaliação das inovações estéticas e culturais promovidas pelo modernismo, como as razões da recuperação da arte feita no período colonial, central em sua produção posterior sobre o barroco mineiro. O livro revela pistas importantes para caracterizar as ambições e os dilemas intelectuais enfrentados por Lourival e, indiretamente, pela geração a que ele pertencia. Por outro lado, se inserido no panorama da crítica de arte da década de 40, permite um duplo feito: qualificar a singularidade do autor frente aos principais críticos da época, e apresentar alguns dos interlocutores — egressos em sua maioria do modernismo — de Lourival e seus amigos do Grupo Clima.

Quando recebeu o prêmio Fábio Prado pelo livro mencionado acima, Lourival já havia obtido outro reconhecimento público pelo seu trabalho. Não como ensaísta e sim como acadêmico: o título de doutor em política, com o trabalho "Alguns aspectos atuais do problema do método, objeto e divisões da ciência política". Trata-se da primeira tese de doutorado em ciências sociais defendida na Faculdade de Filosofia, Ciências e Letras. Aprovada com distinção, em 1942, ela foi examinada por Radcliffe-Brown (um dos fundadores da antropologia social inglesa, que, na época, se encontrava em São Paulo lecionando na Escola Livre de Sociologia e Política), Fernando de Azevedo, Roger Bastide, João Cruz Costa e pelo orientador e regente da cadeira de política, Paul Arbousse-Bastide.

Quando escreveu o ensaio sobre a arte moderna brasileira, Lourival, embora fosse um professor em início de carreira, já dispunha de alguns trunfos para se habilitar a ocupar o lugar do autor da "monografia soberba" sobre Aleijadinho ("que vale pelo estudo de uma época"), no campo da crítica de artes plásticas. Com a morte de Mário de Andrade, em fevereiro de 1945, quatro foram os críticos que, em São Paulo, se habilitaram a preencher o vazio deixado pelo "papa do modernismo": Geraldo Ferraz (São Paulo,1905-79), Sérgio Milliet (São Paulo, 1898-66), Luis Martins (Rio de Janeiro,1907-81) e o próprio Lourival. Os três primeiros, por serem contemporâneos do modernismo, estavam mais próximos da linhagem intelectual inaugurada por Mário. O último, oriundo de uma outra geração, ao mesmo tempo que se colocava como herdeiro das preocupações e das temáticas modernistas, empenhava-se em exercitar a crítica de arte em moldes mais acadêmicos, a partir da formação sociológica aprendida na Faculdade de Filosofia, com os professores estrangeiros.

Foi na revista *Clima* que Lourival fez sua estréia como crítico de arte em maio de 1941 e rapidamente tornou-se conhecido nos meios artísticos e intelectuais da cidade. A partir de 1942, passou a escrever com regularidade nos jornais *Folha da Manhã* e *Folha da Noite*, comentando e analisando a produção plástica do momento. Em 1944, foi convidado para participar como crítico e conferencista, ao lado de Sérgio Milliet, Luis Martins e Oswald de Andrade (São Paulo, 1890-1954), da Exposição de Arte Moderna realizada em Belo Horizonte.[5] Sua presença nesse evento, além de ser uma prova incontestável do prestígio que vinha acumulando junto aos artistas plásticos e intelectuais empenhados em defender "o direito permanente à pesquisa estética",[6] permitiu-lhe um primeiro contato, ainda sob a forma de "turista aprendiz", com a cidade e com a temática que, pouco tempo depois, seriam centrais em sua obra: Ouro Preto, a arte colonial brasileira, o barroco mineiro.

O ensaio *Retrato da arte moderna do Brasil* marca um ponto importante de inflexão na trajetória intelectual de Lourival: da crítica de arte militante — centrada na produção plástica contemporânea, não acadêmica e reconhecida como moderna — ao estudo sistemático da arte colonial brasileira. Se a primeira nunca foi abandonada, perdeu contudo espaço e prioridade no conjunto de objetos de estudo privilegiados a partir de então. A arte moderna constitui, no seu caso, uma espécie de trampolim para o mergulho no passado, e este, por sua vez, aparece como a ponte para a atualização, em novas bases, da agenda de preocupações dos modernistas da primeira leva. Minas Gerais, o século XVIII, a arte colonial, o barroco ainda não interpretado, o passado e não o passadismo, tais são alguns dos temas que pontuam o ensaio premiado de Lourival.

Tratados a princípio através da forma ensaística então dominante no sistema intelectual brasileiro, esses temas ganharão, ao longo da produção de Lourival sobre as artes plásticas, uma abordagem mais acadêmica, assentada no deslindamento das condições socioculturais, políticas e estéticas do fenômeno artístico. Mas no livro *Retrato da arte moderna do Brasil* a forma narrativa e o leque temático ainda se encontram enraizados na tradição inventada pelos modernistas da primeira geração e rotinizada pelos líderes intelectuais do Serviço do Patrimônio

Histórico e Artístico Nacional (SPHAN). Empenhados todos eles em implantar uma política cultural para o país, a partir da recuperação do passado colonial e da valorização da produção artística contemporânea.

A REINVENÇÃO DO PASSADO COLONIAL

O grupo de intelectuais, artistas e arquitetos que gravitou em torno do SPHAN (fundado em 1937) e de seu diretor, Rodrigo Mello Franco de Andrade (1898-1969), procurou delimitar a sua modernidade na literatura, nas artes e na política por meio da recuperação do passado colonial brasileiro.

O colonial era a arma contra o neocolonial, Tomás Antônio Gonzaga contra a poesia parnasiana, tudo o que se criou institucionalmente após 1930 contra a República Velha. Contra o passado recente, um salto para trás, para o passado mais "verdadeiro", onde se podia descobrir e inventar inclusive uma modernidade *avant la lettre*. Pares como Pampulha/Igreja do Aleijadinho ou Portinari/Mestre Valentim não são uma excrescência, ao contrário: mais do que uma oposição, eles indicam uma complementaridade.[7]

Isto é, sinalizam simbolicamente o tipo de continuidade pretendida pelos artífices dessa política cultural.

A predominância de bens arquitetônicos religiosos, a importância conferida à produção artística do século XVIII e a centralidade de Minas Gerais entre os estados contemplados pelo SPHAN exemplificam o tipo de definição de patrimônio e de política de tombamento praticada por essa instituição. Como mostra Silvana Rubino, os bens culturais, artísticos e históricos do período colonial compõem o grosso dos tombamentos feitos durante as três primeiras décadas de funcionamento do SPHAN: 529 inscrições, ao todo. Nesse período, pouca atenção foi dada aos legados de mesmo tipo do Brasil imperial e menos ainda aos monumentos da Primeira República.[8]

A ausência do século XX paulista na prática do SPHAN — comparada à hegemonia do período colonial, sobretudo mineiro — ofuscou tanto os rastros das massas de imigrantes que substituíram a mão-de-obra negra nas fazendas de café como o ciclo que simbolizou a Primeira República. Na memória inventada e preservada pelo patrimônio, a intensa experiência urbano-industrial da cidade de São Paulo foi paradoxalmente deixada de lado. Sem ela, entretanto, seriam impossíveis tanto a emergência do movimento modernista como a sua difusão, responsável, entre outras coisas, pela formulação do ideário mais amplo que norteou a política cultural implementada, em âmbito federal, pelo SPHAN.[9] No contexto dessa política cultural, em que Minas Gerais passou a simbolizar a experiência modelar de construção de uma nação por inteiro, renovaram-se os estudos sobre a arte colonial brasileira. Veiculados a partir da segunda metade dos anos 30 pelas revistas *Estudos Brasileiros* e *Revista do Serviço do Patrimônio Histórico e Artístico Nacional*,[10] esses estudos imprimiram

> um novo padrão para a reflexão estética e para a história da arte no Brasil. O caráter impressionista, as generalizações apressadas, o uso de termos ou noções sem a devida definição, que foram a marca dos trabalhos das gerações anteriores, aos poucos foram sendo substituídos por um tipo de investigação mais rigorosa.[11]

Os resultados dessa nova leva de estudos sobre a arte colonial apontavam para a recuperação e, simultaneamente, invenção do barroco brasileiro. Praticamente ausente, até os anos 20, do universo de reflexão dos nossos intelectuais, essa questão passou a ser discutida com regularidade a partir da segunda metade da década de 30.[12] Até então, segundo o crítico de arte Ruben Navarra (1917-55),[13] apenas alguns "iniciados na história da arte brasileira" conheciam a nossa pintura colonial de origem barroca.

> Digo bem "iniciados", pois o estudo da nossa arte no período de quinhentos a setecentos, a bem dizer, esteve à mercê do puro diletantismo e não conheceu jamais um espírito de pesquisa, até o momento em que foi criada a escola do "Patrimônio Histórico", nome inseparável de tudo que se escreva a respeito de arte colonial no Brasil. Não era apenas uma deficiência de meios de trabalho — mas é que, através do século XIX, a arte acadêmica pôde exilar a própria lembrança da arte colonial.[14]

O BARROCO BRASILEIRO NA ÓTICA ESTRANGEIRA

Se a primazia sobre o "espírito de pesquisa" que dominou os estudos sobre a arte colonial cabe, como enfatiza Ruben Navarra, à "escola do Patrimônio Histórico", a renovação teórica da discussão sobre o barroco brasileiro deve-se à produção de dois estrangeiros: Hannah Levy e Roger Bastide. Eles foram os principais responsáveis pela guinada da reflexão sobre o tema, ocorrida a partir do início da década de 40. Hannah Levy, embora tenha escrito sobre a influência dos modelos europeus na pintura colonial brasileira, tornou-se uma referência obrigatória pelo artigo "A propósito de três teorias sobre o barroco", publicado, em 1941, na revista do SPHAN. Citado por todos os estudiosos que se dedicaram ao exame da originalidade do barroco no país — entre eles, Lourival Gomes Machado —, o artigo apresentava uma sistematização da discussão teórica sobre o assunto, feita em âmbito internacional. A autora, proveniente da Europa central, conhecia não apenas os trabalhos de língua inglesa e francesa, como também a literatura alemã sobre o barroco.[15] Advém daí uma das razões do impacto do seu artigo, mas não a principal.

Pela primeira vez, no Brasil, tentava-se fazer uma ordenação teórica desse fenômeno artístico, a partir da compilação da obra de três especialistas estrangeiros: Henrich Wolfflin, Max Dvorak e Leo Ballet — considerados pela autora representantes típicos de três escolas diferentes. Wolfflin, por tratar a história da arte como uma história das formas, cuja evolução seria imanente à história dos estilos; Dvorak, por conceber a história da arte como um ramo da história das idéias; Ballet, por utilizar o ponto de vista da sociologia da arte no estudo das manifestações artísticas, apreendidas como parte de um contexto histórico mais amplo.[16]

O artigo de Hannah Levy é construído a partir do pressuposto de que as discussões sobre o "problema do barroco", promovidas internacionalmente pela história da arte, gravitavam em torno de duas concepções principais. A primeira, voltada para o exame de suas características formais, de sua formação e duração, explicava-o como resultado de um período histórico determinado. A segunda entendia-o como uma categoria artística geral, compreensível à luz das chamadas leis universais da história dos estilos.

Questionando a postura formalista de Wolfflin e contrapondo-se ao idealismo de Dvorak, por considerá-lo insuficiente para explicar as ligações entre as manifestações artísticas e as idéias filosóficas e religiosas, Hannah Levy encontra na obra de Ballet os argumentos analíticos necessários para a compreensão do fenômeno em questão. Enquanto Wolfflin e Dvorak formularam suas teorias a partir do exame da formação e apogeu do barroco italiano, Ballet estudou a sua dissolução na Alemanha. Sua tese versa sobre a existência de uma estreita relação entre o barroco, como forma artística, e o modo de exercício do poder absolutista.

A possibilidade de estabelecer uma relação intrínseca entre um fenômeno de ordem estética e outro de natureza política, somada à tentativa bem-sucedida de Ballet de explicar a dissolução do estilo barroco e sua substituição pelo classicismo, garantia, na opinião de Hannah Levy, a superioridade analítica do seu método de interpretação. Aplicado ao problema do barroco brasileiro, ele seria, na visão da autora, o "mais apto a resolver também os problemas da história da arte brasileira".[17]

Sua sugestão seria acatada oito anos mais tarde por Lourival Gomes Machado. Ao longo de onze artigos publicados em *O Estado de S. Paulo*, entre abril e junho de 1949, ele apresentou a sua primeira contribuição significativa para o estudo do barroco brasileiro: a análise da relação entre esse fenômeno estético e o absolutismo português, em termos sociológicos e em terras outras que não as européias.[18]

Preocupado com a "acuidade metodológica" necessária para a explicação dessa relação, o autor subordina suas alegadas "limitações subjetivas e objetivas" em relação ao assunto ao "espírito que organiza o trabalho científico".[19] Imbuído desse propósito, estabelece quatro pressupostos básicos para que a análise possa se realizar a contento. Em primeiro lugar, trata-se de averiguar a possibilidade de aplicar as teorias do barroco, tal como formuladas na época, ao caso brasileiro. Em segundo, mostrar a legitimidade da escolha do barroco mineiro como uma amostra representativa do barroco brasileiro. Em terceiro, reajustar os conceitos teóricos a partir de definições mais precisas do ponto de vista histórico e mais adequadas à realidade social e política que modelou o barroco mineiro. Por fim, formular uma hipótese de trabalho centrada na definição teórico-sociológica do barroco e do absolutismo.[20]

Lourival retoma as teorias de Wolfflin, Dvorak e Ballet, discutidas no artigo de Hannah Levy, com o propósito de mostrar que "estamos diante de um contingente de interpretações que, sem possuírem direito de monopólio ou de resolução definitiva do problema, apontaram, sucessivamente, seus aspectos mais relevantes e forneceram as primeiras indicações metodológicas para seu tratamento".[21] Isso não quer dizer, contudo, que se possa aceitá-las integralmente ou que se deva submetê-las ao puro ecletismo utilitário. Tal procedimento, para Lourival, implicaria abandonar "o critério objetivo e lógico da ciência".[22] Definitivamente, não era essa a pretensão do autor, empenhado que estava em fazer valer a formação acadêmica e científica que recebera na Universidade de São Paulo, não só no âmbito dos trabalhos de sociologia política como na apreensão da produção artística brasileira.

Roger Bastide, o segundo estrangeiro a contribuir, no início da década de 40, para a renovação dos estudos sobre o barroco brasileiro, também provinha, como Hannah Levy, de outra tradição intelectual. No seu caso, francesa e fortemente impregnada dos ensinamentos recebidos da escola sociológica organizada inicialmente em torno de Durkheim e Mauss, na revista *L'Année Sociologique*. Seu primeiro contato com a arte brasileira data de 1938, ano em que chegou ao Brasil. Como membro da missão francesa encarregada de instaurar na Faculdade de Filosofia da Universidade de São Paulo um padrão de trabalho, de hierarquia e de pensamento pautado por critérios propriamente acadêmicos e científicos, Bastide não se restringiu ao estudo de temas sociológicos. Além de pesquisar inúmeros fenômenos afro-brasileiros de ordem religiosa, exerceu a crítica literária e de arte em revistas culturais da época.[23] Na condição de colaborador regular do *Diário de S. Paulo*, cobriu o movimento cultural e artístico da cidade, comentando livros, exposições, eventos em geral.

O interesse de Bastide pela produção literária e artística brasileira não estava circunscrito apenas ao exercício da crítica militante, em moldes jornalísticos. Revelava-se também nos cursos de sociologia da arte ministrados na Faculdade de Filosofia e nos vários estudos que escreveu sobre o assunto. Em 1940, por exemplo, publicou um trabalho sobre a questão da paisagem em Machado de Assis,[24] considerado um "artigo capital" por um dos amigos mais próximos de Lourival Gomes Machado: o então jovem estudante do curso de ciências sociais, Antonio Candido de Mello e Souza. O impacto causado pela leitura desse trabalho — "talvez a maior contribuição de Roger Bastide aos estudos da literatura brasileira" — foi de tal ordem que "marcou uma reorientação na maneira de conceber certos aspectos fundamentais da nossa literatura".[25]

Contrapondo-se à interpretação dominante na crítica literária da época a respeito da ausência, na obra de Machado de Assis, da paisagem brasileira, Bastide procurou mostrar, nas palavras de Antonio Candido,

> que [ela] está presente de maneira mais poderosa, porque não é enquadramento descrito, mas substância implícita da linguagem e da composição, inclusive como suporte das metáforas. Em vez de procurar o "tema", foi descobrir o modo de elaborar o discurso, cuja latência mostrou de maneira moderna e forte para o estado da crítica nos anos de 1940.[26]

O caráter moderno, para os padrões da época, da reflexão de Bastide sobre a literatura e a arte brasileiras advém justamente de seu empenho em estabelecer as mediações analíticas necessárias para correlacionar os achados metodológicos e teóricos da sociologia ao desvendamento interno dos fenômenos artísticos. O resultado dessa empreitada aparece tanto nos estudos que escreveu como nos cursos que ministrou na Faculdade de Filosofia, como regente da cadeira de sociologia I, antes de sua volta definitiva para a França, em 1954. Um desses cursos teve uma importância decisiva para Lourival, pois despertou-lhe o interesse para o estudo e a pesquisa do barroco mineiro.

Enquanto Lourival aproximava-se da temática do barroco, Bastide iniciava em 1938 sua pesquisa sobre o assunto e obrigava os estudantes, voltados principalmente para o que se passava na França em termos literários e culturais, a conhecerem os autores e a tradição do pensamento social brasileiro. Na lembrança de um de seus alunos, Decio de Almeida Prado,

> o Bastidinho [apelido dado ao professor para diferenciá-lo de Paul Arbousse-Bastide, o "Bastidão"] chegava na sala, puxava uma porção de livros emprestados da Biblioteca Municipal, perguntava à classe: "Já leram isto?". "Não." "Já leram aquilo?" "Não." A gente ficava envergonhado porque ele tinha acabado de chegar ao Brasil e já o conhecia melhor e já tinha lido mais coisas sobre o país do que nós.[27]

A lembrança de Decio de Almeida Prado é corroborada pela de seu amigo Ruy Coelho.

> Bastide se interessava pelo Mário de Andrade, pelo barroco, numa época em que nenhum europeu lidava com o barroco. Ele dizia: "Isso é espantoso, e espantoso é um homem como Mário de Andrade, que viu a impor-

30

tância disso aí " [...] E ele nos fazia ler um ensaio do Mário de Andrade sobre aquele músico mulato, o padre Maurício. Então o Bastide, como todos os outros professores franceses, nos endereçava ao Brasil.[28]

No decorrer de um de seus cursos, ministrado em 1939, Roger Bastide desenvolveu uma série de atividades didáticas que impressionaram os alunos, acostumados a uma prática de ensino centrada quase exclusivamente na fala do professor. Como recorda Antonio Candido:

ele nos mandava visitar as igrejinhas coloniais em volta de São Paulo. Naquele tempo, era uma viagem: Embu, São Miguel, e ninguém tinha idéia de ir a esses lugares. Além disso, ele analisava conosco fotografias de Minas e outras partes do Brasil, que ia buscar no Serviço do Patrimônio Histórico.[29]

Gilda de Mello e Souza (então Moraes Rocha) também freqüentou esse curso. Poucos anos antes de casar-se com um de seus colegas da faculdade, Antonio Candido, e de acrescentar ao seu curriculum o título de orientanda e assistente de Roger Bastide. As aulas dadas por ele apoiavam-se, segundo Gilda, em uma consideração fundamental:

Nos trabalhos de estética brasileira o estudioso deveria substituir o brilho às vezes infundado das hipóteses pela pesquisa minuciosa das fontes: documentos de arquivo, de confrarias religiosas, das atas das Câmaras locais — enfim, por toda uma tarefa modesta e paciente que, no entanto, podia esclarecer uma série de problemas.[30]

A bibliografia utilizada por Bastide no curso cobria tanto a produção internacional sobre o tema como a nacional. Em pouco tempo de residência no Brasil, o professor francês já demonstrava ampla familiaridade com os estudos referentes à arte colonial brasileira, veiculados principalmente pela revista do SPHAN. O manejo dessa bibliografia permitiu-lhe examinar, em primeiro lugar, as diferenças mais significativas no modo de realização do barroco europeu. Pois, se é possível caracterizá-lo como tendo uma dupla dimensão, civil e religiosa, é inegável que sua compreensão passa também pela investigação das manifestações diversas do barroco nos países da Europa. Estas se devem a razões outras que não apenas às de ordem artística. Encontram-se no entrelaçamento das estruturas sociais com as representações coletivas e só podem ser apreendidas com o auxílio da sociologia da cultura.[31]

31

Usando como exemplo o contraste entre as igrejas gótica e barroca, Bastide enfatizava que a segunda exprime a um só tempo as alterações da vida social e das representações coletivas. A importância do misticismo, as transformações do culto dos santos, a intensificação de todas as dimensões do catolicismo, com o propósito de fazer da Igreja uma arma de propaganda e conversão na luta contra o protestantismo, encontram a sua contrapartida, no plano artístico, na ornamentação, nos jogos de sombra e luz, no subjetivismo das estátuas, no emprego das espirais, nas linhas curvas, na sugestão do movimento e no ilusionismo. "Tudo isso traduz em pedra, em estuque e em cores as novas formas da sensibilidade religiosa."[32]

O barroco, no entender do sociólogo, só podia ser compreendido quando inserido em um ambiente preciso de representações coletivas. O fato de tais representações serem diferentes na Itália, na Espanha, na França e nos países protestantes explica o porquê de suas manifestações diversas: religiosa nos dois primeiros países, basicamente civil, no sentido de expressão condensada do absolutismo, nos restantes.[33]

A discussão sobre o barroco europeu feita no decorrer das aulas visava iluminar, por contraste, a particularidade do barroco brasileiro. Se as diferenças entre eles são nítidas, é porque as sociedades que os produziram são também distintas. Tudo muito óbvio, não fosse o esforço de Bastide para sair da generalidade e atacar de frente o problema, por meio da caracterização sociológica dos dois tipos mais expressivos de realização do barroco no Brasil: o nordestino e o mineiro.[34] Acrescida ainda pela análise do mito do Aleijadinho e das representações coletivas construídas em torno da maior figura artística do período colonial.

Pelo exemplo de Bastide nos cursos que ministrou e de outros professores franceses "que puxavam os alunos para dentro do país",[35] Lourival e seus amigos mais próximos da faculdade, como Antonio Candido, Decio de Almeida Prado, Gilda de Mello e Souza e Ruy Coelho, não hesitavam em reconhecer que os membros da Missão Francesa, patrocinada pela Universidade de São Paulo, contribuíram e muito para despertar-lhes o interesse pelo estudo de temas e problemas brasileiros. "Eles nos iniciaram nos modernos métodos do trabalho intelectual", enfatiza Antonio Candido, "e nos ensinaram que o ponto de aplicação deste conhecimento deveria ser o próprio Brasil."[36]

Seguindo à risca os novos métodos de trabalho aprendidos com os mestres estrangeiros, Lourival tratou de incorporá-los ao estudo das idéias, das instituições políticas e, sobretudo, dos fenômenos artísticos do período colonial. A sociedade mineira do século XVIII, representando um dos casos mais bem-sucedidos de construção de uma civilização colonial nos trópicos, era um desafio e tanto para ele testar a sua dupla habilitação profissional e intelectual: professor de política na Faculdade de Filosofia e crítico de artes plásticas na imprensa paulista.

O estudo do barroco mineiro permitiu a Lourival mostrar a sua capacidade intelectual de "constituir ligações", apontar "passagens intermediárias", e revelar "como se alteram os padrões artísticos e como a cultura transita e se transforma". Esse objeto propiciou-lhe a oportunidade de esclarecer alguns dos problemas postos pelo modernismo e atualizados pelos líderes da política cultural implementada pelo SPHAN, oferecendo-lhe, ao mesmo tempo, a chance para firmar-se intelectualmente como historiador da arte brasileira, "sistemático e com visão geral do desenvolvimento cultural".[37] Especialista este que, a seu ver, ainda não existia no Brasil do início dos anos 40.

Foram muito úteis, nesse sentido, as aulas de Bastide e os ensaios que ele publicou sobre o assunto. Com o professor francês, Lourival aprendeu a manejar a linguagem acadêmica, o conjunto de conceitos sociológicos e o arsenal metodológico necessários para adensar as análises que posteriormente faria sobre o barroco mineiro. A influência de Bastide em seu trabalho vai aparecer sob múltiplos aspectos: na forma de justificar o barroco mineiro como objeto de estudo, na busca de sua originalidade em relação ao modelo europeu, na caracterização de sua morfologia e, acima de tudo, na maneira de apreendê-lo.

Produzido numa sociedade urbana, o barroco mineiro, para além de sua dimensão estética e de sua conexão com o fenômeno político do absolutismo português, só é integralmente compreendido quando relacionado à malha de sociabilidade dos grupos que compõem a sociedade mineira do século XVIII. Adotado como forma estética apropriada às competições intergrupais levadas a cabo por brancos e negros através de suas confrarias religiosas, o barroco em Minas encontra a sua especificidade e originalidade na organização social que lhe deu origem.[38] Tal é, de forma bastante sucinta, o resultado da lição sociológica que Lourival aprendeu com Roger Bastide.

33

O RETRATO DA ARTE MODERNA E A TRADIÇÃO MODERNISTA

No título do livro, *Retrato da arte moderna do Brasil* (1947),[39] encontra-se a chave central da interpretação que Lourival irá desenvolver ao longo do trabalho: a afirmação da existência de uma arte moderna brasileira, com características e perfil próprios, assentada em um chão intelectual e cultural propício à sua formação e sedimentação, em diálogo constante com a produção artística internacional. Não se trata, pois, de uma arte transplantada artificialmente, como deixaria entrever se, no lugar da combinação prepositiva *do*, o autor tivesse empregado *no*.

A produção plástica feita no país após a vinda da corte portuguesa em 1808 e a criação da Academia Imperial de Belas-Artes é discutida no início do livro. Tal é a paisagem de fundo contra a qual se insurge o movimento modernista, no afã de libertar-se dos preceitos da arte acadêmica para promover a liberdade de pesquisa e, simultaneamente, resgatar das sombras a "autêntica" matriz da arte brasileira: aquela produzida no período colonial. Contra o Império, a Colônia e a modernidade. Dois momentos-chave para a compreensão da história e da produção cultural brasileira.

O esquema analítico de Lourival reproduz e amplifica a visão oficializada pelo modernismo e pelo SPHAN a respeito do legado pictórico e arquitetônico dos séculos XVIII e XIX. Em resumo: "Precisamos do conhecimento da era colonial, parte do conhecimento de nós mesmos. Precisamos livrar-nos da visão retilínea e simplória do passado" (p. 17). Mas isso não advém apenas de uma necessidade acadêmica. Reside antes na urgência de promover "uma compreensão contemporânea", através de um processo "de auto-análise" (idem).

Se o conhecimento dos padrões artísticos e culturais da Colônia exige, no entender de Lourival, a assistência do sociólogo, não é possível dispensar a "colaboração do cientista da política na análise dos feitos artísticos da nação sob o cetro de d. João VI" (p. 18). Ninguém mais habilitado que o autor, portanto, para tal empreitada: sociólogo de formação, crítico de arte por "vocação" e professor de política por titulação. Partindo do pressuposto de que tanto a arte como a política praticadas no século passado adquiriram uma unidade, Lourival propõe-se a discutir o papel exercido pela Escola Nacional de Belas-Artes nessa direção. A opinião corrente entre os defensores dessa instituição, vista como um marco da influência francesa na arte brasileira, parece-lhe insustentável. Longe de haver influência, o que se observa é a constituição de um ramo brasileiro de arte acadêmica, cujo feito maior, nas palavras do autor, foi "emperrar a pintura do Brasil", deixando para trás "o período de *manifestações autênticas* nascidas da conjunção do conquistador com a conquista" (p. 21, grifos meus).

Com a criação da Escola Nacional de Belas-Artes, o que se viu foi "o funcionamento dum maquinário artístico importado com a mesma frieza com que se importam as máquinas industriais, sem dar atenção às necessidades duma nacionalidade que começava a se definir" (p. 21). Academicismo, artificialismo, transposição de padrões de uma arte decadente, tais são os qualificativos empregados por Lourival para caracterizar a produção artística que cobre os trinta anos finais do século XIX e os dois primeiros decênios do século XX. Mesmo admitindo a ocorrência, nesse período, de mudanças profundas na estrutura econômica e na esfera política, o autor não as reconhece no plano cultural, pois seus produtos "estagnaram-se irremediavelmente" (p. 26).

O resultado dessa estagnação, a um só tempo do produto e do produtor de arte, vai marcar, segundo Lourival, a mentalidade da geração que comemorou o primeiro centenário da independência nacional. Ela pensava e sentia em matéria de pintura e escultura mais ou menos como os membros da missão francesa que, no início do século XIX, vieram ao Brasil para fundar a Academia Imperial de Belas-Artes. "O retardamento mumificador que nos prendeu por um século inteiro à fórmula duma arte falsa e inexpressiva, adiante um dos porquês daquela *quitação geral com o passado artístico e literário, que foi a Semana de Arte Moderna de 1922*" (p. 27, grifos meus).

Tal é o cerne do argumento de Lourival sustentado no decorrer do livro. O modernismo, ao livrar-nos "do voto de submissão ao papado artístico do ensino oficial" (idem), promoveu finalmente a nossa "independência cultural", sem o que seriam impossíveis tanto a sedimentação da arte contemporânea brasileira como a reabilitação das obras e dos artistas coloniais.

"Depois do primeiro movimento de rebeldia, os modernistas põem um olho na tradição colonial e outro no movimento parisiense" (p. 27), centrado na onda de liberdade e pesquisa da Escola de Paris. A redescoberta adquire, assim, "a dupla dimensão dos navios que levam ao Havre e dos trens que conduzem a Ouro Preto" (idem). De Paris, vieram os insumos necessários para que a produção plástica brasileira saísse "definitivamente dos trilhos monotonamente circulares em que a tinha engrenado a missão Lebreton" (p. 51). De São Paulo, partiram as condições necessárias para a eclosão da revolução estética promovida pelo movimento modernista. De Minas, ou melhor, "da ambiência mineira, capaz de despertar em qualquer brasileiro todo o passado e todo o mistério da tradição, nasceu para a pintura o colorido de Tarsila" (p. 45). Paris, São Paulo e Minas, tal é o tripé no qual se apóia Lourival para analisar a arte moderna do Brasil. O mesmo suporte que serviu de base para a formulação do ideário modernista e que norteou a política cultural do SPHAN. A geração de críticos de cultura formada pela Faculdade de Filosofia da Universidade de São Paulo, integrada pelos membros do Grupo Clima; os artífices do movimento modernista, sobretudo os letrados; o grupo de intelectuais, artistas e arquitetos que orbitava em torno de Rodrigo Mello Franco de Andrade; tal é, por sua vez, o tripé que sustentou a tradição do modernismo e assegurou a sua bem-sucedida posição no sistema intelectual, artístico e cultural do país.

No caso de São Paulo, pode-se mesmo falar em hegemonia dessa tradição. Toda a história intelectual e cultural paulista é caudatária de suas interpretações e da posição privilegiada que seus atualizadores ocuparam no sistema local de produção cultural, ao longo dos decênios de 30, 40 e 50. Sistema este englobado por uma rede ampla e diversificada de instituições, à testa do qual se encontravam a Faculdade de Filosofia, Ciências e Letras da Universidade de São Paulo; a imprensa, particularmente os jornais *Folha da Manhã* e *O Estado de S. Paulo*; as revistas culturais, como *Anhembi* e *Clima*; as editoras, como a Nacional e a Martins; os grupos e instituições ligados às artes plásticas; os cineclubes e, posteriormente, a Cinemateca; os grupos experimentais de teatro; os empreendimentos de política cultural, como o Departamento de Cultura e o Museu de Arte Moderna — para citar apenas os exemplos mais significativos.

A utilização que Lourival faz do cânon modernista para analisar a produção pictórica e arquitetônica do Brasil atesta, de maneira paradigmática, o grau de hegemonia dessa tradição no campo paulista da crítica de artes plásticas.[40] Ela lhe fornece a matriz explicativa para reexaminar a história passada, iluminar o presente e separar o joio do trigo. Nessa empreitada totalizante, o autor não hesita em reconhecer a Semana de Arte Moderna como o marco inaugural por onde passa a "verdadeira" história cultural brasileira. Ela representa, a um só tempo,

36

o rompimento com o passado obsoleto, a recuperação do passado "autêntico" e a instalação da mentalidade contemporânea.

Até a Semana de 22, "tudo estava mumificado, tudo entanguido por essa proibição até de se falar no assunto; a literatura não era sequer o sorriso da sociedade, era um longo bocejo enfarado" (p. 36). Para sacudir a letargia de tal meio cultural foi preciso "uma revolução com dia, hora e data marcados, com todo o escândalo esperado e quase estipulado" (idem).

Não menos esperados e estipulados são, aos olhos de hoje, os enquadramentos usados por Lourival para retratar a arte moderna brasileira. Prova disso encontra-se no conjunto de referências bibliográficas que informa e modela sua análise. Mário de Andrade, Oswald de Andrade, Sérgio Milliet, Lasar Segall, Anita Malfatti, Tarsila do Amaral, Ruben Navarra, José Lins do Rego e Gilberto Freyre, tais são os autores utilizados.[41] Nada menos que a nata do modernismo paulista, representada por seus escritores e artistas mais consagrados, e pelos dois maiores ideólogos do movimento. Acrescida ainda pela presença de três dos mais importantes modernistas do Nordeste, com ampla circulação no meio intelectual e artístico do Rio de Janeiro, sobretudo nas rodas do então Ministério de Educação e Saúde, dirigido por Gustavo Capanema,[42] e do SPHAN.

Esses autores são, ao mesmo tempo, atores do movimento e objetos da investigação de Lourival. Assim sendo, aparecem ora sob a condição de informantes, ora sob o estatuto de intérpretes, ora ainda como fontes privilegiadas para legitimar o percurso analítico do livro. Lourival segue de perto a trilha aberta pelos artífices do modernismo para construir sua história, marcar sua singularidade e demarcar a sua diferença em relação a outros movimentos culturais e artísticos ocorridos no país. Como toda narrativa histórica, esta dos modernistas também entrelaça mito e realidade. Seu começo foi marcado por uma revelação de ordem plástica que deu luz ao movimento. Nesse caso, o verbo foi posterior à vista e as mulheres vieram antes dos homens. Anita Malfatti, "a protomártir" da história modernista, injustamente criticada pelo "artigo do sr. Lobato", caiu "em cheio sob a vista gulosa dos literatos revolucionários" e concretizou a "conquista do modernismo plástico do Brasil" (p. 35). Como recompensa à sua ousadia no plano pictórico, atribuíram-lhe o papel histórico de inaugurar o modernismo entre nós, verdadeiro marco, como enfatiza Lourival, da cultura brasileira e do movimento de redescoberta do país que se fez a partir de então.

Após examinar a contribuição seminal de Anita Malfatti, Tarsila do Amaral, Lasar Segall e Di Cavalcanti para a constituição da arte moderna brasileira, Lourival centra-se na análise do processo de expansão do modernismo em São Paulo e no Rio de Janeiro. Se, no primeiro momento, o modernismo promoveu uma revolução estética sem precedentes no país, no segundo, sofreu o impacto das agitações sociais e políticas desencadeadas pela Revolução de 30, que, entre outras coisas, permitiu "o rompimento dos limites restritos do grupo iniciador" (p. 62).

No plano das artes plásticas, a expansão se fez através de duas "escolas" de pintura, com características e perfil próprios, situadas no Rio de Janeiro e São Paulo. Por intermédio de ambas, "certos traços gerais foram aparecendo e marcando uma fisionomia plástica reveladora da alma dos homens, e conseqüentemente da estrutura social, de cada um desses dois focos" (p. 63). Para analisá-las, Lourival se vale de sua condição de crítico de arte e simultaneamente do treinamento metodológico e científico que recebeu na Universidade de São Paulo. Se, na primeira parte do livro, o autor seguiu integralmente o cânon modernista para abordar a produção artística pós-Semana de 22, o mesmo não se verifica no restante do trabalho. Pela primeira vez, aparece a clivagem geracional. Inicialmente sob a forma de um reparo à discussão travada no início da década de 40 sobre as razões da diferença entre as chamadas escolas paulista e carioca de pintura. Posteriormente, através da tentativa de estabelecer os pontos de continuidade e de ruptura entre a sua geração e a dos modernistas.

"Não só preferimos enxergar o fenômeno de distanciamento entre as duas 'escolas' como efeito de complexo causal e não de causa isolada", enfatiza Lourival,

como, ainda, gostaríamos de chamar atenção dos estudiosos da questão para um ponto menos focalizado habitualmente, qual seja, o da influência da natureza humana em ambos os [...] centros de pintura. Não há dúvida que, a levar a extremo rigor o determinismo, teríamos que confessar que estaríamos insistindo tão-só num epifenômeno. No entanto, o grande obstáculo aos determinismos esquemáticos sempre foi apontar a totalidade das causas básicas que poderiam dar explicação à totalidade de caracteres derivados e, por outro lado, ter-se deixado a questão jazer num plano excessivamente geográfico, como se fosse diferente a natureza cósmica, e igual a natureza humana dos pintores que nos olhos teriam fidelíssimas objetivas fotográficas para retratar paisagens diferentes. Como a natureza em arte é sempre transubstanciada, transladada ao menos, *devemos procurar as diferenças entre a pintura de São Paulo e a do Rio não só no que vêem os pintores mas, antes de mais nada, em como vêem eles.* [p. 68, grifos meus]

Com essa linguagem empolada, Lourival quer chamar atenção para a questão das representações que cada uma das coletividades em jogo fazia da profissão do pintor e, ao mesmo tempo, pôr um ponto final no debate. Suas objeções têm um alvo certo: o artigo de Ruben Navarra, "Iniciação à pintura brasileira contemporânea". Apesar de não ser nomeado, Navarra é o autor da interpretação contestada por Lourival, a respeito da diferença entre as "escolas" paulista e carioca de pintura. Para o crítico paraibano, em razão da influência de Portinari entre os artistas sediados na então capital federal, já era possível "fazer uma espécie de paralelo por contraste entre a pintura do Rio e a de São Paulo, admitindo-se que a primeira tem uma tendência para a estrutura sólida e uma palheta mais quente, enquanto a última tende para o 'flou' e a palheta fria".[43]

Preferência pelos tons frios e baixos, gosto pela paisagem, influência de Segall, tendência impressionista para o tratamento da luz de tonalidade mais européia, tais são, nas palavras de Navarra, os atributos centrais da pintura paulista. Enquanto o efeito das condições óticas locais, a atmosfera tropical e a influência de Portinari definiam a pintura carioca.[44]

Contra esse quadro explicativo, insurge-se Lourival. Outras eram, no seu entender, as razões que explicavam as características distintas dessas escolas. Mas, antes de abordá-las, é preciso examinar a estratégia discursiva que ele adotou para se colocar no debate.

Em nenhum momento da polêmica Lourival nomeia o seu interlocutor. O artigo de Navarra é citado apenas no segundo capítulo do livro, voltado para a análise do movimento modernista em sua fase inicial. Contudo, na parte destinada ao exame das chamadas escolas paulista e carioca de pintura, o autor omite o nome de Navarra e o artigo que suscitou as suas objeções. Longe de ser apenas um procedimento comum nas discussões feitas para iniciados, a par do debate e dos contenciosos envolvidos, me parece que a razão central para explicar a atitude de Lourival encontra-se em outro lugar: na tentativa de marcar a sua competência no campo da crítica brasileira, por meio da afirmação da formação sociológica recebida na Universidade de São Paulo.

O tom altivo, a linguagem empolada, a recusa aos "determinismos esquemáticos", o apelo ao "complexo causal" e a não-nomeação de Navarra como o alvo preferencial de suas críticas sinalizam essa pretensão. Sobretudo se levarmos em consideração que Navarra é também um crítico modernista, nascido em 1917 como o crítico paulista, formado como ele em direito, mas radicado em outra freguesia. A disputa se dá entre pares de uma mesma geração cronológica, mas não exatamente sociológica. Navarra exercia a crítica de dança, de teatro e de arte na imprensa carioca, ao mesmo tempo que trabalhava na administração pública, como era praxe entre os intelectuais e escritores sediados na antiga capital da República. Lourival, ao contrário, tornou-se crítico e se fez reconhecido a partir da chancela da Faculdade de Filosofia, Ciências e Letras. Mas no ano em que ele escreveu o livro *Retrato da arte moderna do Brasil* e Navarra publicou o artigo "Iniciação à pintura brasileira contemporânea", o reconhecimento público de ambos era distinto. Navarra já era considerado uma das expressões maiores da crítica carioca,[45] enquanto Lourival, em São Paulo, firmava os passos nessa direção.

Ambos, no entanto, estavam construindo um percurso semelhante: de críticos militantes, centrados na avaliação da produção artística contemporânea, a estudiosos da arte colonial e do barroco brasileiro. Similar também era a chave explanatória que utilizavam para analisar o modernismo. Para Navarra, o "movimento moderno na arte brasileira teve como programa básico a redescoberta do Brasil nativo, escondido por trás da cortina acadêmica do Brasil convencional e fictício".[46] Promoveu também o rompimento com o passado "acadêmico-parnasiano" e se voltou "amorosamente para os bons aspectos do passado brasileiro, da verdadeira tradição brasileira, a das velhas igrejas e do folclore".[47] Ao mesmo tempo, soube

> aproveitar da influência francesa o seu elemento criador por excelência, isto é, a sua lição de liberdade no espírito e na pesquisa plástica, convertendo essa lição em ponto de partida para uma realização contra o convencionalismo da visão pictórica, indo ao encontro de uma imagem mais sincera da realidade nativa.[48]

A semelhança dos pontos de vista apresentados por Navarra e Lourival na interpretação do modernismo em sua fase inaugural não impede que ambos divirjam em relação à análise de sua expansão. Ao invés de explicar as diferenças entre as "escolas de pintura" do Rio e de São Paulo como resultado da tradução plástica do contraste de luz entre as duas metrópoles brasileiras ou da influência de Portinari e Segall, Lourival busca esquadrinhá-las por meio do levantamento das condições artísticas e institucionais distintas que estão na base de sua formação e sedimentação. A utilização dessa perspectiva mais sociológica permite romper com os determinismos de ordem geográfica e climática que ainda estão presentes na visão de Ruben Navarra. Contrapondo-se a eles, Lourival chama atenção, por exemplo, para o peso das arrojadas experiências educacionais da extinta Universidade do Distrito Federal,[49] na conformação da escola de pintura do Rio de Janeiro.

Introduzindo uma prática de ensino e de pesquisa no âmbito das artes plásticas sem precedentes no país, essa instituição, segundo Lourival, abriu para "as artes uma chance nunca antes sonhada nem incluída na organização da Universidade de São Paulo" (p. 63). Esta concentrou o melhor de suas inovações pedagógicas e intelectuais no âmbito da Faculdade de Filosofia, mas não contemplou o ensino das artes. Por essa razão, entre outras, predominou o autodidatismo entre os pintores de São Paulo. No Rio, ao contrário, a "pesquisa em variedade" (p. 69), promovida pelo ensino não acadêmico da Universidade do Distrito Federal e completada pela influência de Portinari e Guignard, marcou de maneira indelével a "escola" carioca de pintura. O "sentido cosmopolita, além de federal, da metrópole litorânea", que atraía na época os "melhores valores da literatura e do pensamento" do país, permitiu, ainda, uma "simbiose efetiva entre o grupo pictórico e o grupo arquitetônico" (p. 66).

Para pensar o caso da pintura feita em São Paulo durante a expansão do modernismo, Lourival descarta a explicação da influência de Segall, por considerar que ela nem sempre foi constante ou presente. A seu ver, a profissionalização dos artistas paulistas foi modelada principalmente pela "teimosia predestinada" e pela "compenetração prévia que impõe cedo uma enfadonha carreira de aprendizado pelo trabalho" (p. 69). Nesse contexto, destacaram-se os pintores de origem proletária, imigrantes, autodidatas, prevenidos "contra a tradição do pormenor e da minúcia" e muito mais sistemáticos que "o aluno regular que pode se entregar ao luxo do exotismo, de vez que a escola — qualquer que seja ela — garante a rotina do currículo normal e programado" (p. 70).

As diferenças entre o Rio e São Paulo vão aparecer também na arquitetura. Na primeira fase do modernismo, sobressaem, segundo Lourival, os trabalhos pioneiros dos arquitetos paulistas ou sediados em São Paulo, como Flávio de Carvalho e Gregori Warchavchik. Na segunda, destaca-se uma nova geração empenhada no estudo e aproveitamento da arquitetura norte-americana. Ela irá concentrar o melhor de seus esforços na resolução de problemas "peculiares à casa de moradia", dada a ausência em São Paulo de demandas para a construção de palácios ministeriais. A liderança da arquitetura brasileira, no entanto, não permaneceu na capital paulista. Segundo Lourival, ela se transferiu para o Rio de Janeiro, "para onde aliás já viajara, em multiplicação, boa parte da pintura modernista" (p. 81). A estadia do arquiteto francês Le Corbusier, propiciada pelo convite que recebera do grupo de arquitetos encarregados da construção do prédio do Ministério da Educação, aliada à sua atitude de "estudar junto", de apenas "encaminhar o esclarecimento das questões e a solução dos problemas" (p. 81), foi a mola propulsora para a consolidação da arquitetura moderna no país.

Consolidada, ela pôde corresponder finalmente às reais "necessidades, condições e mentalidade do país" (p. 87). Entre a arquitetura moderna brasileira e a "autêntica arquitetura dos tempos da Colônia", arremata Lourival, só "vai a diferença imposta pela dimensão temporal". A seu ver, a correspondência entre elas é tão perfeita que, por vezes, "o observador sente revelar-se no risco dos edifícios novos não o cubismo europeu do mestre, mas a *gratuidade* e as *ilusões de perspectivas* que foram, em seu tempo, *o apanágio do barroco*, elemento histórico da arte do Brasil" (p. 83, grifos meus).

Fecha-se, assim, o ciclo de correspondências históricas e estéticas que presidiu, por um lado, a análise de Lourival no livro *Retrato da arte moderna do Brasil*, por outro, a política cultural implementada pelo SPHAN e, por fim, o movimento intelectual de recuperação do barroco e da arte colonial brasileira, rastreado no início deste capítulo. Abre-se, por sua vez, o espaço que iria garantir a notabilidade de Lourival como um dos mais argutos analistas do barroco mineiro.

A CRÍTICA DE ARTE EM SÃO PAULO

Até meados do decênio de 40, a crítica de arte paulista encontrava-se fortemente impregnada dos ideários e proposições estéticas do modernismo e, por essa razão, passava ao largo do abstracionismo e de sua discussão. Sérgio Milliet, um dos críticos mais atuante no período,[50] mostrava-se bastante reticente em relação à arte pós-cubista, sobretudo em sua vertente abstrata. Embora reconhecesse o valor estético da última, com a condição de que ela não servisse "de pretexto ao jogo estéril das combinações geométricas, vazias de sentido humano", Milliet condenava, com veemência, a sua "desconversa". A seu ver, esta não valia "muito mais que as discussões brilhantes de salão em que todos os contendores jogam com paradoxos sem conseqüência, e os trocadilhistas divertem a sociedade fútil".[51]

A avaliação de Milliet, longe de ser exclusiva, era compartilhada por Mário de Andrade, Geraldo Ferraz e Luis Martins. Todos eles veteranos do modernismo, empenhados, como mostra Otília Arantes, na defesa de sua tradição. "O auge do movimento fora nacionalista, e o segundo tempo, francamente social. Além do mais, declaradamente hostil à tentação abstrata, contra a qual Mário de Andrade prevenia Tarsila em Paris."[52]

A recusa à abstração, propugnada em larga medida pelos críticos modernistas de São Paulo, explica em parte o porquê de sua baixa aceitação pelos pintores paulistas, ao contrário do que acontecia com vários de seus congêneres cariocas. As condições intelectuais, artísticas e institucionais necessárias para a emergência de experimentos abstratos no plano das artes plásticas, praticamente ausentes em São Paulo até o final dos anos 40, estavam sendo construídas no Rio de Janeiro. Em primeiro lugar, pela afluência de pintores estrangeiros durante a Segunda Guerra. Em segundo, pela atuação de Mario Pedrosa (1900-81), crítico de renome e mentor intelectual de vários artistas cariocas em início de carreira que trilharam um caminho fora do eixo consagrado pela tradição modernista. Adveio daí a reputação que ele rapidamente adquiriu como principal teórico do abstracionismo no país.[53]

Em São Paulo, ao contrário, até a criação do Museu de Arte Moderna, em 1948, não havia crítico importante que defendesse o abstracionismo.[54] O debate que se fazia aqui, no período em que Lourival escreveu *Retrato da arte moderna do Brasil*, centrava-se principalmente na caracterização da chamada escola paulista de pintura e na apreciação da sua produção. A polêmica travada entre Luis Martins e Sérgio Milliet sobre a questão do seu colorido e de sua preferência pela paisagem é um bom exemplo dos problemas enfrentados pela crítica de arte, na época.

43

Na palestra "De Almeida Júnior ao modernismo", promovida no início de 1941, Luis Martins sustentou a tese de que Almeida Júnior usava o colorido luminoso da natureza brasileira por viver no período da alta do café, enquanto a pintura de tons sombrios, característica da época, seria o reflexo da crise da economia paulista, após a queda da bolsa de Nova York. Sérgio Milliet, que desde 1939 assumira a liderança na análise da produção da "Família Artística Paulista",[55] notadamente na abordagem do seu universo paisagístico, dá prosseguimento ao debate e polemiza com Martins.

Com muito mais propriedade, Milliet demonstra que o colorido em Almeida Júnior resultou do seu estágio com o pintor Alexandre Cabanel e não de supostas e infundadas razões de ordem econômica. Rebate também a tentativa de Martins de relacionar a ausência do colorido na pintura paulista a determinantes econômicos.[56] Pois, se é certa a existência de coincidências entre os fenômenos econômicos e estéticos, muito mais numerosos são, segundo Milliet, "os exemplos do esplendor artístico sucedendo ao esplendor econômico". Tal era, a seu ver, "o caso de São Paulo, com sua exuberância de manifestações plásticas verificadas após a crise do café e não durante a mesma".[57]

O debate não se encerrou aí. Em agosto de 1941, Luis Martins fez outra intervenção na abertura da primeira exposição individual de Clóvis Graciano. A palestra, intitulada "Em torno da pintura", repercutiu na imprensa e trouxe novamente para o debate Mário de Andrade, Sérgio Milliet e Lourival Gomes Machado, entre outros. Através de artigos veiculados pela imprensa, os críticos, ao mesmo tempo que se detinham na análise da obra de Graciano, retomavam a discussão a respeito da chamada escola paulista de pintura, discussão inaugurada dois anos antes por Mário de Andrade. Em 1939, de passagem por São Paulo, o escritor viu a segunda exposição da Família Artística Paulista. Surpreendido com a qualidade de várias obras apresentadas, escreveu o artigo "Esta paulista família", publicado em *O Estado de S. Paulo*, no dia 2 de junho de 1939.

O encantamento produzido em Mário de Andrade pelos pintores expostos não decorreu de uma apreciação estética sem reservas. Não sendo eles "grandes expressões da plástica", eram, ainda assim, artistas que estavam "pintando excelentemente bem". Muito melhor que no Rio, enfatizava Mário. A comparação tem um sentido preciso: circunscrever "o fenômeno da pintura paulista do momento (não oficial e sem escolas)", que estava sendo modelada pela influência de Lasar Segall, Paulo Rossi Osir e Vitório Gobbis. Domiciliados na capital paulista, esses estrangeiros provocaram pela sua "firme cultura técnica um reflorescimento excepcional da legítima técnica de pintar". Embora fossem todos "notáveis técnicos da plástica", apenas Segall era reconhecido como "uma legítima expressão de personalidade plástica".[58] No entender de Mário, Segall "ajuntava à grande cultura técnica mas estreita dos outros dois uma verdadeira cultura estética e um poder criador excepcional". Daí a influência incontestável que exerceu no ambiente artístico de São Paulo. Ele veio,

com suas credenciais indiscutíveis de pintor aplaudido na Europa central, e com sua personalidade portentosa, justificar as aventuras da expressionista Anita Malfatti, da cubista Tarsila e *a grita de nós outros, literatos em cio pictórico*, bem como preparar o respeito ambiente para todos os "malditos" que viessem depois. Essa foi a grande função social de Lasar Segall, entre nós, um construtor de ambiente.[59]

Mas nessa empreitada ele não esteve sozinho. Segundo Mário,

a vinda e fixação de Vitório Gobbis e Paulo Rossi Osir no ambiente paulista, homens capazes de conversar sobre as diferenças de pincelada de um Rafael e um Ticiano e sabendo o que é ligar uma cor à sua vizinha, veio mansamente destruir tanto o nosso analfabetismo pictórico como o apriorismo sentimental dos "casos". Pouco importa mesmo o aparecimento temporário de expressões originais, como o caso de Anita Malfatti com o expressionismo de sua primeira e tempestuosa exposição de 1917 ou 18, ou do modernismo cubistizante de Tarsila do Amaral. Tais golpes [...] foram úteis, porém menos fecundos para a orientação plástica da pintura paulista que o tradicionalismo minucioso, medroso e bem-educado de Paulo Rossi Osir e de Vitório Gobbis.[60]

O conhecimento técnico desses artistas encontrava-se, segundo Mário, diretamente ligado ao aprimoramento da pintura paulista no final dos anos 30. Ao recolocarem o problema "técnico-estético" no lugar certo, eles forneceram, em conjunto com Segall, o exemplo "vivo e cotidiano" a partir do qual a "pintura nova de São Paulo tirou o melhor de sua expressão atual. Expressão que ninguém pode revelar melhor que esta Família Artística Paulista".[61]

O impacto causado pelo artigo de Mário de Andrade foi imediato no campo das artes plásticas paulista. Sua posição incontestável de líder maior do modernismo garantiu aos integrantes da Família Artís-

45

tica Paulista o reconhecimento público que não tiveram até então. A chave analítica utilizada por ele para tematizar e legitimar a produção desses artistas, prensados até aquele momento entre os modernistas e os acadêmicos, permitiu-lhes sair do limbo em que se encontravam confinados. E mais: obrigou os críticos atuantes da época a reavaliarem os seus julgamentos sobre eles. Seja para referendarem a avaliação do escritor modernista, seja para contestá-la, todos se viram constrangidos a examiná-la. Tal foi o caso, por exemplo, de Luis Martins e Sérgio Milliet. "Perplexo e escandalizado" com a "reviravolta" produzida no pensamento do "papa do modernismo",[62] Luis Martins saiu a campo com o artigo "Que é isto, Mário?", publicado em agosto de 1939 na revista *Cultura*. Nele, reafirmava as suas restrições à produção da Família Artística Paulista, por considerá-la "um retrocesso na evolução do modernismo artístico, que já produzira as obras pioneiras de Anita Malfatti, Tarsila do Amaral e Flávio de Carvalho".[63] Sérgio Milliet, ao contrário, aproximou-se dos membros do grupo e assumiu a liderança na análise de sua produção, tanto em termos de sua fatura como de sua nítida preferência pelos temas da paisagem e da natureza-morta.

A conseqüência maior do artigo de Mário de Andrade foi estabelecer um novo patamar para a discussão da criação artística. Ao associar competência técnica à consciência profissional, Mário rompia a ligação entre experimentalismo artístico e liberdade de pesquisa, central para o modernismo em sua primeira fase. Iniciava-se dessa maneira a reavaliação crítica do movimento, por meio de seu mais importante protagonista. Fosse outro o autor dessa empreitada, outros seriam o seu alcance e repercussão. Mas o fato é que Mário ocupava uma posição central no campo intelectual e cultural da cidade de São Paulo.

Em função do seu cacife, ele não apenas jogava as cartas como ditava as regras do jogo. Por essa razão, seu artigo sobre a "paulista família", mais que uma reflexão de circunstância, foi uma verdadeira intervenção no campo das artes plásticas. Por um lado, produziu alterações significativas na posição de vários de seus integrantes, que saíram da condição periférica em que estavam situados e ganharam uma centralidade reservada, até aquele momento, apenas para os letrados e pintores modernistas da primeira geração ou para aqueles relacionados com ela. Por outro lado, obrigou a crítica da época a reavaliar alguns de seus pressupostos consensuais para enfrentar a questão da "escola paulista de pintura". Em 1941, Mário de Andrade voltaria à carga na defesa intransigente da técnica. Dessa vez por meio do ensaio "A elegia de abril", escrito especialmente para a abertura da revista *Clima*. A técnica e a consciência profissional são propostas como um antídoto para o despreparo artístico e intelectual e, simultaneamente, para o experimentalismo artístico que, a seu ver, vinha se somando a "um perigo mais confusionista e sentimentalmente glorioso, a tese da arte social".[64] Contra o despreparo e a ignorância, a "potência moralizadora da técnica", que estava se firmando de maneira lenta, mas eficaz, na pintura e nas ciências sociais praticadas em São Paulo, no início do decênio de 40. Empenhadas as duas em construir "afirmações bem baseadas, mais amorosas de pesquisar do que de concluir".[65] Dilatando para a produção intelectual o que dissera em 1939 em relação à produção pictórica, Mário definiria a técnica como a combinação do artesanato e dos procedimentos tradicionais adquiridos pelo estudo sistemático, acrescida pela "técnica pessoal, o processo de realização do indivíduo, a verdade do ser, nascida sempre de sua moralidade profissional. Não tanto o assunto, mas a maneira de realizar o seu assunto".[66]

O PERFIL DOS CRÍTICOS

Alguns meses depois do falecimento de Mário de Andrade, ocorrido em fevereiro de 1945, Lourival Gomes Machado entrou novamente no debate promovido pela crítica de arte a respeito da especificidade da pintura paulista. Com o livro *Retrato da arte moderna do Brasil*, o autor pretendia pôr um ponto final no assunto, ou melhor, na forma como vinha sendo tratado pelos críticos. Na condição de um dos expoentes maiores da primeira geração de alunos formada pela Universidade de São Paulo, Lourival procurou se apresentar como o vocalizador mais legítimo das demandas de Mário de Andrade, com vistas à superação do amadorismo e do experimentalismo no plano intelectual. Entre os críticos atuantes do período, apenas ele havia sido formado por meio daquela "consciência profissional" que, no entender de Mário, caracterizava tanto a pintura como as ciências sociais feitas em São Paulo. Os outros, em sua maioria egressos do modernismo, por direito, relação, ou casamento, exerciam a crítica de arte em conjunto com outras modalidades de trabalho intelectual, notadamente o jornalismo e a literatura.

Geraldo Ferraz e Luis Martins são, nesse sentido, casos exemplares.[67] Ferraz foi o primeiro crítico modernista a atuar profissionalmente na imprensa paulista. Antes dele, Oswald de Andrade já havia escrito sobre o assunto, mas de forma assistemática. O interesse de Ferraz pelas artes plásticas manifestou-se no ano de 1927, em decorrência da relação que estabelecera com o artista e arquiteto Flávio de Carvalho, e da leitura da *Revista do Ocidente*, dirigida por Ortega y Gasset. Dada a inexistência no período de um museu de arte, aliada no seu caso à ausência de uma escolaridade formal,[68] ele teve que substituir a experiência direta das obras pelo contato com sua reprodução na bibliografia que podia adquirir nas livrarias ou consultar nas bibliotecas. Até 1924, a única exposição que vira fora a de Lasar Segall.

Cinco anos depois, bem mais informado sobre a história da arte e sobre as experiências artísticas de vanguarda, em razão das leituras que vinha fazendo sobre o tema, foi apresentado ao casal Tarsila do Amaral e Oswald de Andrade. O ano era 1929 e Ferraz, que ganhava a vida como repórter do *Diário da Noite*, havia sido escalado para fazer uma entrevista com o pianista Souza Lima, que estava hospedado na casa da pintora. Terminada a entrevista, foi convidado a passar do vestíbulo da casa para o salão principal, onde se encontravam expostas várias obras de arte adquiridas por Tarsila e Oswald, no decorrer das estadias de ambos na Europa. Percebendo a admiração do repórter pelas obras e surpreendido com os seus conhecimentos a respeito da arte moderna, Oswald manifestou interesse em encontrá-lo novamente.

As portas para a entrada de Ferraz no universo cultural, intelectual e de sociabilidade mais ampla dos modernistas começaram a se abrir. Graças à relação que estabeleceu com o casal "Tarsi-Oswald", entrou em contato com várias personalidades, próximas ou integrantes do modernismo paulista, e viabilizou o início de sua atuação como crítico de arte. Primeiro, pelas margens, através da publicação no *Diário da Noite* de uma entrevista feita com Tarsila; logo em seguida, com um comentário não assinado sobre a exposição de 1929 de Lasar Segall; depois, com vários artigos devidamente assinados sobre eventos e exposições de pintores da época.

Ao longo da década de 30, já casado com a modernista Patrícia Galvão e mergulhado na rotina diária do jornalismo, Ferraz dedicou-se com afinco à crítica de arte. Como jornalista profissional, encontrou espaço na imprensa para veicular as suas opiniões e avaliações sobre a pintura não acadêmica da época. Paralelamente, participou também da organização de eventos importantes ligados às artes plásticas, prefaciou catálogos de exposições, entrevistou diversos pintores. Até o ingresso de Sérgio Milliet, em 1938, no jornal *O Estado de S. Paulo*, apenas Geraldo Ferraz exercia com regularidade a crítica de arte na capital paulista. Mário de Andrade, na direção do Departamento de Cultura desde 1935, só esporadicamente, como afirma Paulo Mendes de Almeida,

dedicava-se ao assunto (aliás Mário só se tornaria mais "dado" e praticável após o seu regresso do Rio para São Paulo, em 1941); Sérgio Milliet, viajando constantemente para o exterior, estava mais preso à literatura e às questões econômicas, somente vindo a se interessar de forma sistemática pelas artes plásticas depois de 1937.[69]

Luis Martins, por sua vez, apesar de radicado em São Paulo desde o início de 1938, ainda não tinha uma seção diária na imprensa. Lourival Gomes Machado, por outro lado, apenas se lançaria como crítico em maio de 1941, através da revista *Clima*.

Na ausência de publicações especializadas e de críticos também especializados, a crítica de arte no período era veiculada basicamente através da imprensa diária e, secundariamente, nas revistas culturais. O jornal era o órgão central para os críticos divulgarem suas opiniões e análises sobre as artes plásticas. Os livros que editavam nessa área eram, quase sempre, coletâneas de artigos publicados primeiro na imprensa. Nesse contexto de baixa institucionalização da atividade intelectual, no qual o diploma de advogado conferia como que um passaporte imediato para o exercício de atividades várias no campo cultural e jornalístico, não era necessário ainda deter um conhecimento amplo e simultaneamente específico para habilitar-se à crítica de arte. Este era adquirido no decorrer do itinerário dos críticos.

Tributária do gênero literário então dominante, ela era basicamente uma crítica de rodapé. Daí o seu caráter acentuado de crônica de circunstância. Uma entre várias outras atividades culturais, literárias ou jornalísticas, feitas por seus praticantes. O exemplo mais contundente, nesse sentido, é dado por Luis Martins.[70] Leitor de jornal e de literatura desde cedo, fazia poemas já na adolescência. Seu primeiro livro de poesias, escrito aos dezoito anos e publicado em 1928, abriu-lhe as portas, como era praxe no período, para o mundo cultural, jornalístico e intelectual do Rio de Janeiro. Inicialmente um poeta parnasiano, Martins foi aos poucos se inteirando da poesia e da arte modernas, graças à influência do escritor e jornalista Álvaro Moreyra. Mas em 1930, quando viu a primeira exposição individual de Tarsila do Amaral, no Rio de Janeiro, detestou os seus quadros antropofágicos. Quatro anos mais tarde, Martins seria oficialmente apresentado a Tarsila. Tinha então 26 anos, havia se formado em direito, trabalhava esporadicamente na imprensa carioca, freqüentava com assiduidade a vida noturna e boêmia da Lapa e morava com os pais. Tarsila, com 47 anos, impressionou-o pela beleza e por seu talento. Já eram outras as suas opiniões sobre a arte moderna em geral e sobre a pintora modernista, em particular.

Em 1938, Luis Martins mudou-se para São Paulo. A decisão de transferir-se do Rio para a capital paulista, motivada pela apreensão de seu livro *Lapa* pela polícia, foi reforçada pela relação amorosa (longa e tumultuada) que estabeleceu com Tarsila. A partir de 1941, passou a escrever sobre artes plásticas, como colaborador regular do *Diário de S. Paulo*, na seção intitulada "Crônica de arte". Mas antes disso já havia feito sua estréia como crítico. Seu primeiro livro sobre o assunto, *A pintura moderna no Brasil*, data de 1937.

Pouco tempo depois de se instalar em São Paulo, Martins tornou-se conhecido nos meios intelectuais e artísticos da cidade pelas polêmicas que travou com Mário de Andrade, e posteriormente com Sérgio Milliet, sobre a produção pictórica da Família Artística Paulista, em termos de sua fatura e de seu colorido. Os argumentos utilizados por ele para se contrapor a Milliet, como vimos, revelam bem o estado incipiente da crítica de arte no período. No limite, qualquer um que tivesse um pouco de conhecimento sobre o assunto, e muito trânsito no universo jornalístico, artístico e literário da época, podia aventurar-se nessa área.

Enquanto crítico, Luis Martins[71] esteve mais perto da linhagem intelectual representada por Mário de Andrade, Sérgio Milliet e Geraldo Ferraz. Todos eles escritores e literatos. Lourival Gomes Machado, embora próximo dos modernistas, deles se afasta em vários sentidos. O mais evidente reside no fato de ter se dedicado simultaneamente à crítica de arte e ao ensino da política. Sua atuação nesse duplo

50

domínio foi basicamente modelada por preocupações acadêmicas. Para marcar sua competência como estudioso da história social da arte brasileira, ele foi aos poucos se distanciando do estilo ensaístico empregado, em 1945, no livro *Retrato da arte moderna do Brasil*. A construção de uma estratégia narrativa mais afinada com a formação sociológica que recebera como aluno e atualizara como professor da Faculdade de Filosofia, Ciências e Letras da Universidade de São Paulo encontra-se, no seu caso, entrelaçada às experiências intelectuais e culturais que compartilhou com os amigos mais próximos do Grupo Clima: Decio de Almeida Prado, Paulo Emilio Salles Gomes, Antonio Candido, Ruy Coelho e Gilda de Mello e Souza. Empenhados em estabelecer um novo patamar analítico para a crítica de cultura no país, eles se lançaram no sistema cultural paulista com a revista *Clima*, que, entre outras coisas, assegurou-lhes a visibilidade necessária para divulgarem a plataforma intelectual e política do grupo e da geração mais ampla a que pertenciam.

2

PLATAFORMA DA GERAÇÃO

DEFININDO POSIÇÕES

De meados de 1943 ao início de 1944, *O Estado de S. Paulo* publicou os resultados do inquérito feito com 29 figuras da intelectualidade brasileira, sediadas em sua maioria na capital paulista e situadas na faixa etária dos 23 aos trinta anos. Por meio dessa iniciativa, o jornal buscou circunscrever os pontos de vista e os princípios pelos quais se "batiam e se norteavam os moços escritores brasileiros, num momento da História em que quase todos os povos do mundo se debatiam numa luta decisiva" — a Segunda Guerra Mundial. O inquérito, coordenado por Mário Neme, visou apurar também o grau de consciência dos participantes a respeito dos "problemas mais orgânicos" da cultura brasileira; o nível e o clima intelectual em que colocavam suas preocupações mais sérias; o tipo de formação cultural recebida, se universitária ou autodidata; e, por fim, o que se poderia esperar deles no campo da ciências, das artes e das idéias.[1]

Entre os 29 entrevistados representativos da "geração de moços escritores do Brasil", encontravam-se Lourival Gomes Machado, Antonio Candido de Mello e Souza, Ruy Coelho e Paulo Emilio Salles Gomes. Recuperar as questões discutidas por eles nesse inquérito, bem como a forma com que foram apresentados na época, constitui o caminho mais direto para uma primeira aproximação do conjunto de representações, dilemas e expectativas que modelou o início da atuação intelectual e política do Grupo Clima.

Paulo Emilio Salles Gomes, o mais velho do grupo, tinha 27 anos e estava cursando a Faculdade de Filosofia, Ciências e Letras da Universidade de São Paulo. Um dos fundadores do Clube de Cinema (criado em 1940), ele já se destacava desde o lançamento da revista *Clima*, em 1941, como um dos mais promissores críticos de cinema da cidade.

Afora as menções à sua estadia por dois anos em Paris, entre 1937 e 1939, e ao trabalho que desenvolveu junto à Coordenação da Mobilização Econômica do Brasil (estabelecida com a finalidade de aumentar a produção da borracha amazônica durante a Segunda Guerra), nenhuma referência explícita é feita pelo coordenador do inquérito ao passado político de Paulo Emilio, responsável por sua prisão em dezembro de 1935. Apesar dessa omissão, justificável no contexto repressivo do Estado Novo, o depoimento é construído em termos claramente ideológicos. O membro mais politizado do Grupo Clima aproveita a oportunidade do inquérito para defender o socialismo independente e para expor a sua visão do trotskismo, do Partido Comunista, da Rússia e da situação dos grupos de esquerda e de direita no Brasil.

Após indicar o pensamento dos vários grupos em que estavam "divididos os jovens intelectuais da nova geração", e tendo se interessado mais pelo "setor esquerdista" e, neste, pela "sua afirmação original", Paulo Emilio faz as seguintes considerações finais.

Se as personalidades políticas do Brasil, reconhecendo o meu interesse pelos problemas do nosso tempo, pedissem minha opinião sincera sobre sua orientação, eu faria algumas sugestões. Tendo em vista a enorme importância de problemas como os da industrialização, da questão agrária, da legislação social, do corpo expedicionário, dos quadros dirigentes, da boa vizinhança, da educação, todos na ordem do dia da história contemporânea do Brasil, seria eficaz que seu estudo se processasse numa atmosfera arejada pela mais ampla discussão. *Aos nossos dirigentes, eu sugeriria que contribuíssem para isso com a promulgação de um decreto de anistia e liberdade de imprensa, seguido da liberdade de organização política para as oposições.* Às personalidades políticas da oposição, tanto liberais como esquerdistas, eu sugeriria uma linha de reivindicações em relação aos nossos dirigentes que facilitasse a hipótese de uma orientação como a que ficou expressa na sugestão anterior.[2]

Ao enfatizar as questões políticas e ideológicas enfrentadas por sua geração, Paulo Emilio deixa propositalmente de lado o domínio das realizações reservadas a ela no campo literário, artístico e científico. "Esse conjunto não pode deixar de aparecer como um detalhe, diante do destino político, militar e religioso de uma juventude chamada a par-

53

ticipar do desaparecimento de um Brasil formal e do nascimento de uma nação."[3] Enquanto Paulo Emilio afirmava de maneira categórica a preeminência da política sobre a cultura, o mesmo não ocorria no depoimento de Ruy Coelho. Formado em 1941 em filosofia e, no ano seguinte, em ciências sociais, Ruy estava, em 1943, cursando a Faculdade de Direito, e desde abril de 1942 ensinava sociologia no Colégio Universitário. Crítico cinematográfico do *Diário de S. Paulo*, colaborava na revista *Clima*, onde publicou, segundo o coordenador do inquérito, "alguns excelentes ensaios, destacando-se 'Marcel Proust e a nossa época', e 'Da crítica'. Ele tem em preparo sua tese para doutoramento em filosofia, que versará sobre 'O instinto na teoria de Freud'", arremata Mário Neme.[4]

Ruy Coelho abre o depoimento com uma questão de fundo mais geral: "O grupo biológico situado entre vinte e trinta anos, que surgiu agora na vida intelectual brasileira, constitui uma geração?". A seu ver, o que a define é menos o enquadramento etário e mais o "entrecruzamento das tendências, idéias e concepções de proveniências cronológicas diferentes".[5] Esse reparo sociológico serve de fio condutor para situar a sua geração e, ao mesmo tempo, para abordar o problema principal das preocupações do autor na época: o da personalidade humana. Mas no lugar de uma plataforma, no sentido de um programa de ação futura, Ruy escreve um ensaio. Forma mais apropriada, segundo ele, para desenvolver a questão proposta e mais condizente com o seu modo de pensar, aos 23 anos: "Na fase que atravesso esse se apresenta como tomadas de consciência sucessivas, através de leituras".[6]

Para afirmar a não-separação de suas crenças pessoais da reflexão e do estudo, Ruy Coelho lança mão de uma metáfora sexual e, em seguida, destaca a característica central de sua geração. À declaração de que "não me apaixono pelas idéias como o d. Juan vulgar, pronto a vibrar ante alguns quilos de carne pintada que lhe passam pela frente", segue-se o levantamento dos traços compartilhados com "alguns dos mais brilhantes dentre os meus companheiros de geração". São eles: a busca do conhecimento sistemático, do estudo em profundidade e das opiniões bem fundamentadas. "Nós somos gente de tanta imaginação e riqueza afetiva quanto os que nos precederam. Seres perfeitamente normais, rimos, namoramos, brincamos, amamos e nos estrepamos como quaisquer moços em qualquer época. Mas não nos parece opor-

54

tuno o momento para virmos a público contar os nossos casinhos pessoais."[7] A gravidade da situação, desencadeada no plano externo pela Segunda Guerra Mundial e internamente pelo clima repressivo do Estado Novo, impunha, a seu ver, a reflexão séria, o debate que procura solucionar. "Não há mais lugar para boas pilhérias, para sustos no burguês, para chispadas em automóveis vermelhos."[8]

A contraposição aos modernistas é transparente no depoimento de Ruy Coelho. Oswald de Andrade, que em 1941 cunhara o termo *chatoboys* para designar o grupo da revista *Clima* — numa alusão aberta ao caráter universitário e bem-comportado de seus membros —, é citado por ele. "Ainda conservo, com carinho, meu caro Oswald de Andrade, um exemplar de *Os condenados* com uma dedicatória que começa assim: 'Ruy, a sua geração vale muito mais que a minha'." O tom simpático, quase complacente, não impede a mordacidade do comentário que vem a seguir. Afora Mário de Andrade e Sérgio Milliet, que "procuraram aprofundar-se em algum ramo do conhecimento", os demais modernistas viveram, segundo Ruy, "do palpite". Eles acreditavam que a

> intuição genial que os animava era garantia bastante para tudo quanto dissessem sobre qualquer matéria. Imagino a irritação que sentiram quando surgiu um bando de "chato-boys" que ousaram analisar o que diziam e, suprema afronta, exigir que as opiniões fossem fundamentadas em conhecimentos. É perfeitamente compreensível que o primeiro movimento de boa acolhida e festas se transformasse em desconfiança e amargura quando viram que os peixes não mordiam nos anzóis.[9]

A afirmação categórica de Ruy Coelho sobre a diferença de sua geração em relação à dos modernistas de 22 é reforçada, em seu depoimento, pelo tipo de tratamento que concede à questão da personalidade humana. Invocando Durkheim, "que a velha geração não leu e não gostou", ele enfatiza a preponderância do grupo sobre os indivíduos, com o propósito de mostrar a construção social da personalidade. Para tanto, faz um mapeamento amplo da questão, que vai das sociedades primitivas às sociedades ocidentais contemporâneas, passando pelos gregos e romanos, pelos filósofos escolásticos, desaguando em Hegel, Marx e Nietzsche, e terminando com a idéia do "homem total", que "não está submetido ao Estado, nem vive isolado. Tendo-se apropriado das forças criadoras, poderá desenvolvê-las, fazendo-as convergir para o benefício da comunidade harmoniosa. A totalidade não está adstrita ao Estado, nem ao indivíduo, mas ao homem".[10]

O fato de Ruy Coelho mesclar uma perspectiva sociológica com um tom filosófico, longe de ser apenas uma marca pessoal do autor, revela a importância que a filosofia tinha na formação do corpo discente da Faculdade de Filosofia, Ciências e Letras. De todos os membros do Grupo Clima, Ruy foi o que mais procurou ressaltar esse lado da formação recebida na Universidade de São Paulo. Se essa atitude tem pouco em comum com o perfil intelectual dos sociólogos de hoje, na época causava furor entre os jovens diplomados em início de carreira. Por isso, não é de estranhar que Ruy termine o depoimento postulando a crença no mundo do pós-guerra como capaz de restabelecer os "aspectos mutilados da personalidade humana". Tal crença, prossegue,

é parte integrante de mim mesmo. Não que, candidamente, espere o aparecimento do super-homem. Não existe o super-homem. O que existe é a simples criatura humana, procurando dolorosamente afirmar-se através dos tempos. Repudiando a fórmula nietzschiana — "O homem deve ser superado" —, aceito outra — o homem é aquele que supera.[11]

Enquanto Ruy acentuava a dimensão filosófica de sua formação, Antonio Candido lançava mão de sua atividade como crítico literário para circunscrever as particularidades e diferenças mais significativas de sua geração. Mas, antes de abordá-las, vejamos como ele foi apresentado pelo coordenador do inquérito.

Licenciando-se em ciências sociais em 1941, pela Faculdade de Filosofia, Ciências e Letras da Universidade de São Paulo, foi nomeado no ano seguinte para o cargo de primeiro assistente da segunda cadeira de sociologia da mesma faculdade, cargo que está exercendo até hoje. Iniciando-se na literatura, Antonio Candido se dedicou à crítica, tornando-se em pouco tempo um dos mais autorizados escritores da geração dos moços. Seus primeiros trabalhos críticos [apareceram] na revista *Clima* [...] uma das mais representativas [publicações] da formação universitária da mocidade brasileira. Desde janeiro deste ano [1943], Antonio Candido vem fazendo o rodapé semanal de crítica da *Folha da Manhã* desta capital. Seus comentários, que se caracterizam pela seriedade com que os autores são estudados, pela sobriedade dos conceitos, e por um certo amadurecimento de idéias, revelaram desde logo uma sólida e ampla cultura literária aliada a uma invejável capacidade de discernimento, ausente, aliás, em numerosos críticos de mais idade e maior exercício. Candido tem em preparo a sua tese de doutoramento em ciências, que versa sobre problemas da aculturação em São Paulo.[12]

Embora Antonio Candido tenha demorado mais onze anos para obter o título de doutor em sociologia (o que só aconteceria em 1954), sua competência como crítico e o reconhecimento público advindo do exercício desse tipo de trabalho intelectual foram conquistados muito mais cedo. De fato, como indica a apresentação de Mário Neme, Candido já era considerado uma das figuras mais promissoras de sua geração, capaz de fazer sombra a críticos bem mais velhos que ele, treinados no autodidatismo amadorístico, no diletantismo e na improvisação. Quando Alvaro Lins (1912-70), o crítico literário de rodapé mais importante do período,[13] decidiu lançar, em 1947, a quinta série do seu *Jornal de Crítica*, convidou Antonio Candido para fazer a apresentação do livro.[14] Prova incontestável do prestígio que ele vinha acumulando no meio literário da época.

Antonio Candido chama atenção, no início de seu depoimento, para o momento de desorganização social que o país atravessava, proporcional à tendência a "questionar todo mundo, numa ânsia desesperada de entender a confusão". Não fosse isso e o inquérito centrado na explicitação da plataforma de uma geração faria, a seu ver, bem pouco sentido. Mas o tempo era mesmo "de inquietude e de melancolia; de entusiasmos nervosos que se gastam por nada; de desesperos bruscos que quebram uma vida".[15] Por essa razão, Candido aceita o desafio de responder às questões propostas por Mário Neme, afirmando de saída a ligação de sua geração com Carlos Drummond de Andrade, "homem da 'outra geração', da tal que [se] quer que nós julguemos". Ninguém melhor que Drummond esclareceu, a seu ver, "o sentido do momento". Ele representa "essa coisa invejável que é o amadurecimento paralelo aos fatos". A maturidade do poeta tinha para o jovem crítico mais sentido do que "o verdor quase sempre desnorteado e não raro faroleiro de todos nós".[16]

Com essa linguagem cifrada, explicável à luz do contexto repressivo do Estado Novo, Antonio Candido procurou sublinhar, nas entrelinhas, o engajamento político do poeta. Em 1940, em plena ditadura, Drummond lançara o livro *Sentimento do mundo*, numa tiragem fora do comércio, de 150 exemplares, rapidamente difundida por meio de cópias feitas para leituras de empréstimo. Suas funções como chefe de gabinete do ministro Capanema, se impossibilitaram a publicação comercial do livro, não impediram a sua expressão através da chamada poesia participante. Com *Sentimento do mundo*, ela ganhou, no entender de Candido, "uma tonalidade diferente, pois o poeta conseguia exprimir o estado de sua alma de um jeito que importava simultaneamente em negar a ordem dominante, não faltando poemas nos quais era visível a adesão ao socialismo e a negação do sistema capitalista".[17] O engajamento político de Drummond, traduzido em "chave de lirismo",[18] explica o destaque conferido por Antonio Candido ao poeta no depoimento que prestou, em 1943, para *O Estado de S. Paulo*. Mas, no lugar de referendar ali uma continuidade entre a sua geração e a de Drummond, ele foi enfático em afirmar que o escritor era uma exceção entre os seus pares, sacrificados em sua maioria pelo excesso de êxito.

> A gente de 22, que é mais ou menos a dele, prestou um grande serviço ao Brasil, tornando possível a liberdade do escritor e do artista. Mas os que conseguiram tal coisa, à custa de quanta luta e quanto barulho, se esgotaram todos na tarefa. Poucos tiveram força para arrancar a sua obra ao experimentalismo hedonístico, e se perderam na piada, na virtuosidade e na ação política reacionária, isto é, o tipo de política tendente a preservar as gracinhas literárias e o exibicionismo intelectual.[19]

Partilhando com Ruy Coelho a mesma visão sobre a geração de 22, Antonio Candido diferia, no entanto, de Paulo Emilio Salles Gomes, ao sublinhar a importância da política não apenas no plano partidário, como também no âmbito cultural. Conquistada a liberdade de criação pelos modernistas, mesmo que à custa da preservação de alguns dos traços mais retrógrados da vida intelectual, coube à geração de 30 a tarefa de continuar a renovação cultural iniciada na década anterior. Os escritores que "pouco deviam ao modelo estrangeiro" e os intérpretes do país, como Sérgio Buarque de Holanda, Caio Prado Júnior e Gilberto Freyre, entre outros, foram os grandes responsáveis, no entender de Candido, pela sedimentação da nossa literatura e pela sistematização dos estudos de múltiplas facetas da realidade brasileira.

Formados sob o influxo do contexto intelectual e cultural dos anos 30, Antonio Candido e seus amigos mais próximos concebiam-se em grande parte como o seu resultado. Da "atmosfera de crítica e de revisão, [do] período de violentas contradições e de enorme esforço intelectual"—[20] próprios dessa década — saíram os jovens da geração de 40, orientados para a crítica e para a análise.

A geração de Candido encarava a atividade intelectual como estudo e trabalho sistemáticos, em contraposição a tudo aquilo que pudesse significar "individualismo narcísico e hipertrofia do próprio eu".[21]

58

Não é aleatório, portanto, que fosse Oswald de Andrade o alvo preferencial de suas críticas. A afirmação do escritor modernista de que o grupo da revista *Clima* "perdia cada coisa" por ler "desde os três anos" e por ter "Splenger no intestino aos vinte"[22] é refutada por Candido nos seguintes termos:

> Garanto-lhe que não, meu caro Oswald. O negócio não é assim tão simples. É preciso compreender que o surto dessa tendência para o estudo corresponde em nós a uma imposição da necessidade social de crítica. É a necessidade de pensar as coisas e as obras, inclusive as que você e seus companheiros fizeram, sem compreender bem o que estavam fazendo, como é de praxe.[23]

Aos 25 anos, Antonio Candido já se sentia suficientemente seguro para traçar uma linha nítida entre a sua geração e a dos modernistas de 22, demarcando dessa forma quase que uma ruptura entre elas.

Os da geração famosa de 20 formaram também, a seu modo, uma geração crítica. E fizeram mais: criticaram criando, isto é, já mostrando como devia ser — o que é natural em se tratando de ficção, poesia, arte. Foi uma geração de artistas, e se separa radicalmente da nossa por esse caráter. Mas foi também uma geração de crítica, no que está mais perto de nós. *O que nos distingue aí, no entanto, é o caráter da nossa crítica respectiva. A deles foi demolidora e construtora. A nossa é mais propriamente analítica e funcional* [...] Sob esse aspecto, de que abriram caminho para o estudo de muitos problemas brasileiros e colocaram a necessidade do trabalho que hoje fazemos, somos os seus continuadores. Mas, veja bem, *pouca influência exerceram intelectualmente sobre nós*, pelo fato, mesmo, de serem sobretudo artistas. Você [Mário Neme] quase não encontrará influência de Oswald, ou de Mário, ou de Menotti ou de Guilherme de Almeida. Encontrará, conforme o caso, muito amor pela obra deles: muito entusiasmo pela sua ação. *E mais nada. A sua influência foi toda indireta e mínima. Somos seus continuadores por uma questão de inevitável continuidade histórica e cultural.*[24] [grifos meus]

Da mesma maneira que Ruy Coelho, Antonio Candido reconhecia em Sérgio Milliet um precursor, que "só veio a se realizar e ser plenamente compreendido" na sua geração. Sua crítica de arte e de livros (pautada por uma orientação sociológica), somada à sua inteligência analítica (revelada pelos estudos sociais que empreendeu), garantiu a Milliet um lugar especial. De todos os de 22, ele foi o que "mais aguda-

59

mente representou a crítica e as tendências de sistematização intelectual", construindo assim "como que uma ponte entre eles e nós".[25] A "crítica como princípio, como meio e como fim", tal era, para Lourival Gomes Machado, a atitude básica da sua geração.

> Agora que os nossos predecessores mais eminentes — os modernistas de São Paulo — estão chegando, na maciez de cinqüentões repousados, à compreensão dos seus problemas, basta para os moços marcar tendências. E nessa linha da procura da cultura que se reflete praticamente na conquista de um direito à crítica já há muito, porque há um princípio de ação que pode levar ao cumprimento de uma função que poderá vir a ser a "nossa" função.[26]

Com essas palavras, Lourival definia a plataforma de sua geração e, em particular, de seu grupo de juventude, assentada no balanço dos valores do passado, na análise das condições e tendências atuais, na tentativa de fazer uma cultura mais sistemática, no estabelecimento da crítica educativa com o propósito de expandir a atividade intelectual para além das elites "privilegiadas de espírito embora freqüentemente desprotegidas de fortuna".[27]

Para os moços da faixa etária de Lourival, que "espicharam como seres humanos entre as duas guerras", o termo *cultura* ganha uma conotação precisa.

> Cultura para nós parece coisa muito mais alimentar, imprescindível ao arcabouço, do que parecia há algum tempo [...], quando passava por um sinônimo de penduricalho ornamental, inimigo dos impulsos personalíssimos. Nesse sentido é que tenho uma dívida enorme de gratidão para com os autodidatas um pouco anteriores. Foi a insistência sofrida desses heróicos que acabou impondo à dura burrice ambiente a evidência dessa necessidade. Se pudesse empregar a terminologia de Clóvis Graciano, diria que a "patrulha da madrugada" ensinou aos "comandos" a necessidade do treinamento prévio.[28]

A ligação de Lourival com os artistas não acadêmicos da época, fruto da sua atividade como crítico de arte, repercute também na avaliação que ele faz da geração modernista. De todos os membros do Grupo Clima que responderam ao inquérito promovido pelo jornal *O Estado de S. Paulo*, Lourival foi o que se mostrou menos reticente em relação aos modernistas. Pois, embora reconhecesse a necessidade e importância do trabalho que seus companheiros de idade vinham fazendo no âmbito da crítica, ressentia-se da ausência de criadores entre eles. Esse sentimento de desconforto, apenas enunciado no depoimento que concedeu em 1943, seria tematizado com mais vagar no final de 1945.

Lourival, que já vinha "se distinguindo na crítica de artes plásticas por um método muito fecundo, que se ampara num conhecimento sólido dos princípios da pintura, num bom gosto muito apurado [e na sua] formação eminentemente sociológica",[29] volta ao tema das gerações, de suas marcas, contrastes e legados, no último capítulo de *Retrato da arte moderna do Brasil*. A presença ativa dos modernistas de 22, em plena militância quando o livro foi escrito, colocava, no entanto, um problema adicional para o historiador da cultura que ele pretendia ser: o da proximidade da perspectiva, que, a seu ver, impedia o julgamento frio do movimento de renovação cultural desencadeado por eles. "Malgrado todos os esforços de fria isenção de ânimo", ponderava Lourival, em 1945, é preciso reconhecer que o *"modernismo está vivo, no sentido mais concreto da condição carnal*. Encontramo-lo em nossa cidade não só pendurado nas paredes e plantado nos jardins, mas transitando humaníssimo pelas ruas, dando aulas, fazendo conferências, inaugurando exposições. Ele é a arte atual, concretizada em seus artistas" (grifos meus).[30]

A presença ativa do modernismo aparecia, a seu ver, sob uma dupla dimensão. De um lado, pela irradiação de suas conquistas no plano da criação, cujo efeito maior na história da cultura brasileira foi "a eliminação dos arrepelamentos azedos e do abatimento sorumbático, que revelavam um como-que-incurável complexo de inferioridade secularmente imbricado na personalidade intelectual do Brasil, e sua substituição por uma calma consciência de nossas verdadeiras e curabilíssimas inferioridades".[31] De outro lado, pela presença física de seus protagonistas na cena cultural, em contato freqüente com os membros das gerações subseqüentes. E essas, para Lourival, já eram duas: a "geração de 30" e a "geração de 40" — integrada por ele e por seus companheiros do Grupo Clima.

À geração de 30 coube a responsabilidade pela sedimentação do jato criador aberto "pela perfuratriz do modernismo paulista, que deixou escapar, para fora da crosta dura da tradição, todas as fontes subterrâneas que a inteligência nacional, abafada, represada, juntara silenciosamente nos subterrâneos da resignação aparente".[32] Quanto à geração de 40 — à qual ele pertencia —, apesar de ter se pronunciado

61

"pessimamente mal" no plano da criação, vinha dando a sua contribuição no âmbito da crítica. Para Lourival, ela era e seria fundamentalmente "uma geração crítica". Basta observar, em suas palavras,

> que o *delírio crítico* de que se tomou o grupo da revista [*Clima*] foi o mesmo que assaltou, sem qualquer ligação consciente, os que foram aparecendo de todos os lados, de Pernambuco ou do Paraná. *Muita crítica e quase que só crítica*; é preciso não esquecer, no entanto, que era a crítica que faltava. Os mestres dessa geração, em sua tarefa de análise e classificação, foram os mesmos primeiríssimos que tinham procurado resolver teoricamente a Semana [de Arte Moderna], *pois que críticos não deu a geração de 30*. E a crítica urgia, depois de vinte anos de exuberância criadora, ilimitada e não dirigida.[33]

No lugar de responsabilizar os modernistas pelo desfalque, na geração de 40, de "moços impelidos para a criação", ou de culpar seus companheiros de idade por tal lacuna, Lourival preferia pensar a questão como resultado dos condicionamentos impostos pelo ambiente cultural que modelou "a orientação espiritual" dos jovens no "caminho da análise".[34] Sobretudo daqueles oriundos da Faculdade de Filosofia, Ciências e Letras, como era o caso dos membros do seu grupo, voltados para o exercício de modalidades variadas de crítica cultural.

Atribuindo aos membros da geração de 30 o mérito de revelar múltiplos e significativos aspectos da realidade brasileira, Lourival irá criticá-los pelo fato de que "esgotaram as possibilidades contidas na própria palavra *atualização*". Ao relegarem o "conteúdo maior da famosa liberdade estética" — entendida antes como "ilimitação estilística" — e a pesquisa necessária à produção artística autônoma, tanto os modernistas da primeira geração como os da segunda deixaram como legado "não um entesouramento, mas um arquivo". Diante de tal acervo, pontifica Lourival, "só poderiam nascer críticos. E assim aconteceu".[35]

O tom, ao mesmo tempo entusiasmado e reticente, adotado por ele para avaliar os modernistas de 22 e seus seguidores não o impede de concluir o livro *Retrato da arte moderna do Brasil* com um inegável otimismo: "Embora ainda não a tenha realizado concretamente, o Movimento Modernista conserva todas as possibilidades de vir a realizar a '*estabilização de uma consciência criadora nacional*'" (grifos meus).[36] A citação não nomeada dessa célebre frase de Mário de Andrade sinaliza a pretensão de Lourival de filiar-se à maior figura do modernismo e, simultaneamente, constituir-se como seu herdeiro intelectual. Seu livro, não nos esqueçamos, foi finalizado em dezembro de 1945, dez meses depois do falecimento de Mário e da realização do I Congresso Brasileiro de Escritores — que congregou parte expressiva da intelectualidade da época em prol das liberdades democráticas e em repúdio à política repressiva do Estado Novo.[37]

Os assuntos abordados por Lourival Gomes Machado, Paulo Emilio Salles Gomes, Ruy Coelho e Antonio Candido, em seus respectivos depoimentos, incidem sobre dimensões relevantes da política, da cultura, da literatura, da formação universitária, e sobretudo da crítica que vinham fazendo. Ao mesmo tempo, indicam com clareza o tamanho da ambição intelectual, dos objetos e dos problemas perseguidos pelo grupo de que faziam parte. Integrado também por Decio de Almeida Prado, Antonio Branco Lefèvre, Alfredo Mesquita, Cícero Christiano de Souza, José de Barros Pinto, João Ernesto Souza Campos, Frederico Viotti, Roberto Pinto de Souza; pelas então jovens universitárias Gilda de Mello e Souza, Maria de Lourdes Machado, Ruth Alcântara, Sara Lifchitz, Dorothy Fineberg, Yolanda Paiva, Helena Gordo; e por freqüentadores menos assíduos, como Carlos Vergueiro, por exemplo.

Cultura e política, literatura e cinema, artes plásticas e estética, música e teatro, tais são os temas que permitiram a projeção de vários dos membros do Grupo Clima e garantiram a reputação da geração como um todo, no decorrer dos decênios de 40 e 50. Juntos buscaram se firmar no campo intelectual e cultural paulista do período, por meio do exercício da crítica e da chancela da Faculdade de Filosofia da Universidade de São Paulo. O primeiro veículo que criaram para a divulgação de suas idéias foi a revista *Clima*, lançada em maio de 1941. Voltada para a cobertura do movimento cultural da cidade e da produção intelectual em geral, essa publicação "amarrou o destino" de seus principais colaboradores nas seções escritas por eles.

Lourival Gomes Machado viabilizou-se como crítico de artes plásticas através de suas páginas. O mesmo ocorreu com seus companheiros mais próximos, só que em outras modalidades de trabalho. Paulo Emilio Salles Gomes fez-se reconhecido como crítico de cinema; Decio de Almeida Prado, como crítico de teatro; Antonio Candido, como crítico de literatura. Ruy Coelho, escrevendo ao mesmo tempo

63

nessas três áreas, definia-se como um intelectual polivalente, antes de sua ida para os Estados Unidos, em 1945, motivada pelo desejo de alterar as rotas de seu itinerário. Gilda de Mello e Souza, por sua vez, lançou-se como ficcionista em *Clima* e, embora tenha escrito críticas literárias esparsas para a revista, só obteve o reconhecimento intelectual, merecido, alguns anos depois de seus amigos, em função de sua carreira e produção acadêmica na Universidade de São Paulo.

Primeiro produto coletivo da Faculdade de Filosofia, Ciências e Letras, a revista *Clima* assegurou aos seus editores a visibilidade necessária para inserirem-se na grande imprensa e nos empreendimentos culturais mais amplos da cidade de São Paulo. Propiciando-lhes, ao mesmo tempo, o impulso inicial para deslancharem intelectualmente e para demarcarem a sua diferença em relação aos modernistas de 22, aos intérpretes da realidade brasileira dos anos 30 e aos cientistas sociais em sentido estrito com os quais conviveram dentro e fora da Universidade de São Paulo.

Quando o jornal *O Estado de S. Paulo* publicou os depoimentos mencionados anteriormente, a revista *Clima* encontrava-se no seu terceiro ano de funcionamento. Sua circulação, embora restrita (nunca mais de mil exemplares por edição), causou grande impacto entre os intelectuais da época. Prova disso reside, como veremos, na maneira como foi recebida e no fato de quatro de seus editores terem sido chamados a responder ao inquérito coordenado por Mário Neme. Jovens, recém ou em via de concluírem a graduação na Faculdade de Filosofia, ostentando os conhecimentos adquiridos por meio da formação sociológica e filosófica recebida, eles não mediram esforços para tornar público o projeto intelectual e cultural que estavam construindo e para se contraporem, mesmo que de forma respeitosa, aos que vieram antes deles.

Esboçado no final dos anos 30, a princípio como resultado de afinidades pessoais, eletivas e doutrinárias, surgidas no tempo em que todos eles eram estudantes de graduação da Universidade de São Paulo e se viam sobretudo como um grupo de amigos, tal projeto consolidou-se nas décadas de 1940 e 1950, e pode hoje, passados mais de quarenta anos de sua emergência, ser apreendido também por suas realizações e pelos esforços que fizeram para deixar sua marca na cidade de São Paulo, dado que a história intelectual e cultural da capital paulista no decorrer dos anos 40 e 50 é ininteligível sem o rastreamento da presença, da trajetória e da atuação desses outrora jovens em início de carreira. Elegendo a crítica como modelo por excelência do trabalho intelectual, eles fizeram da revista *Clima* a plataforma da geração. O resultado imediato desse empreendimento de juventude apareceu sob a forma de convites para atuarem profissionalmente na grande imprensa. Paralelamente ou posteriormente, dependendo de cada caso, inseriram-se na Universidade de São Paulo como professores, nas revistas culturais, nos projetos editoriais de ponta, nos grupos que estavam renovando o teatro da época, na Escola de Arte Dramática, nos eventos de artes plásticas, no Museu de Arte Moderna, nos cineclubes, na Cinemateca, no *Suplemento Literário* do jornal *O Estado de S. Paulo*. Essa listagem rápida (destituída de hierarquia e de rigor cronológico) é suficiente, no entanto, para dimensionar o alcance e o impacto de sua atuação na cena cultural paulista.

Com a consolidação do grupo mais expressivo dessa geração no campo intelectual brasileiro, ocorrida na década de 60, alterar-se-iam os termos utilizados por seus integrantes para diferenciá-la daquelas que a precederam. Estes, definitivamente, já não eram mais os mesmos empregados no inquérito patrocinado pelo jornal *O Estado de S. Paulo*. Embora Lourival Gomes Machado, Ruy Coelho, Decio de Almeida Prado, Paulo Emilio Salles Gomes, Antonio Candido e Gilda de Mello e Souza continuassem a enfatizar a amizade partilhada, a referendar a importância do trabalho intelectual conjunto que compartilharam em momentos diversos e decisivos de seus itinerários individuais, e a contestar, às vezes de forma aberta, outras nem tanto, os rumos tomados pela institucionalização da Faculdade de Filosofia, Ciências e Letras, eles já tinham conquistado espaço, autoria e autoridade intelectual próprias.

A RECEPÇÃO DOS "NOVÍSSIMOS"

A contraposição aos modernistas de 22 feita pelos dirigentes da revista *Clima* nos depoimentos que prestaram, entre 1943 e 1944, a *O Estado de S. Paulo*, tem, aos olhos de hoje, um duplo significado. Em primeiro lugar, traçar os contornos ainda fluidos da identidade geracional que estavam construindo.[38] Em segundo, demarcar espaço com o intuito de promover uma reordenação das posições ocupadas pelos modernistas no campo intelectual e cultural da época e, por tabela, forçar a abertura de novos lugares para os jovens estreantes. O fato de que se concebiam como seus prosseguidores — por "uma questão de inevitável continuidade histórica e cultural" —[39] não deve obscurecer o caráter inédito do trabalho intelectual que se propunham a realizar, assentado na crítica analítica e na atualização da formação acadêmica e universitária, fortemente impregnada pela influência francesa, aprendida na Faculdade de Filosofia, Ciências e Letras. Herdeiros, sem dúvida, do legado modernista, mas empenhados desde cedo em administrar a herança recebida por meio de operações intelectuais e de procedimentos discursivos distintos dos utilizados por seus antecessores. A resposta dos modernistas, por sua vez, não se fez esperar. De maneira análoga aos jovens críticos de cultura, mas com sinais contrários, eles também manifestaram admiração e desconforto em relação à nova geração, retraduzindo, por meio de sua presença, algumas das clivagens internas que atravessavam o movimento como um todo. A polaridade estabelecida entre os Andrade, Mário e Oswald, desde finais dos anos 20, ganhou significados novos à medida que foi se processando a incorporação dos mesmos nas fileiras da nova geração.

Na condição de patrono intelectual do primeiro número de *Clima*, editado em maio de 1941, Mário de Andrade deu o aval necessário para que seus editores se projetassem em espaços mais amplos que os da Faculdade de Filosofia da Universidade de São Paulo. Avalista reticente, Mário, aos 48 anos, manifestava sentimentos contraditórios no texto de abertura da revista: aceitação e admiração, mas também recusa, ressalvas e desconfianças. Expressos tanto em relação aos jovens como em relação ao desempenho de sua própria geração. "Poucas vezes me vi tão indeciso como neste momento", afirma Mário,

> em que uma revista de moços me pede iniciar nela a colaboração dos veteranos. Seria mais hábil lhe ceder um desses estudos especializados, que salvasse em sua máscara os meus louros possíveis de escritor. Mas ainda conservo, das minhas aventuras literárias, aquela audácia de poder errar, com que aceitei de um dos moços que me convidaram a este artigo a sugestão de falar sobre a inteligência nova do meu país. E confessarei desde logo que não a sinto muito superior à de minha geração.[40]

Apesar do tom pouco otimista, Mário reconhece que do ponto de vista cultural ocorreu um progresso incontestável, atestado em várias direções. De um lado, pelo fato de serem mais numerosos os escritores jovens que iniciavam a carreira escrevendo exclusivamente prosa, quebrando assim a "tradição do livrinho de versos inaugural".[41] De outro, pela presença de certas "faculdades novas" de filosofia, ciências e letras. Por terem tido o "bom senso de buscar professores estrangeiros", que trouxeram de seus hábitos culturais e pedagógicos "uma mentalidade mais sadia que desistiu do brilho e da adivinhação",[42] essas faculdades vinham formando gerações mais técnicas e ao mesmo tempo mais humanísticas, empenhadas em construir afirmações fundamentadas, baseadas em pesquisas e não em conclusões precipitadas. Tal é a primeira grande diferença sublinhada pelo escritor modernista para definir a particularidade da nova geração.

Reconhecida a diferença, Mário não se contenta em enunciá-la. Pois, mesmo grande, ela lhe parece insuficiente para caracterizar tudo o que se passou, de geração a geração, do início do modernismo ao começo do decênio de 40. Sobre a sua própria, "de espírito formado antes de 1914", Mário afirma que seus membros eram "abstencionistas, na infinita maioria". E pondera:

> Nem poderei dizer "abstencionistas", o que implica uma atitude consciente do espírito: nós éramos uns inconscientes. Nem mesmo o nacionalismo que praticávamos com um pouco maior largueza que os regionalistas, nossos antecessores, conseguira definir em nós qualquer consciência da condição do intelectual, seus deveres para com a arte e a humanidade, suas relações com a sociedade e o Estado.[43]

Entre o "abstencionismo" da geração modernista e a "consciência profissional" da geração a que pertenciam os membros do Grupo Clima, interpunha-se, no entender de Mário de Andrade, uma outra parcela da intelectualidade que não era nem inconsciente nem praticante de nenhum tipo de neutralidade: aquela que se integrou nos quadros do regime político de Vargas. Se no meio dela existiam os comprometidos com "movimentos mais sérios e honestos", o grosso, no entanto, era composto por intelectuais que "viveram de namorar com as novas ideologias do telégrafo".[44]

Com essa linguagem cifrada, Mário refere-se às tendências políticas de esquerda e de direita que dividiam a intelectualidade no período. O desligamento político inicial do escritor sofrera, portanto, uma transformação substantiva.[45] Nessa altura, Carlos Lacerda, no Rio, e os líderes estudantis da Faculdade de Direito de São Paulo — como Germinal Feijó, Israel Dias Novais, entre outros — representavam, para ele, a atitude modelar em face da política: sintonizada com a situação nacional e internacional, combativa e refratária ao governo Vargas.[46] Insurgindo-se contra os intelectuais que colaboravam abertamente com o Estado Novo, Mário argumenta que o efeito mais pernicioso dessa cooperação residiu na eliminação de "qualquer noção moral de inteligência".[47] Essa avaliação pessimista pode ser atribuída, em parte, ao ajuste de contas que o escritor modernista vinha fazendo consigo mesmo. Obrigado a deixar o cargo de direção do Departamento de Cultura de São Paulo, após o golpe de 1937, Mário mudou-se no ano seguinte para o Rio de Janeiro, onde assumiria as funções de catedrático do curso de filosofia e história da arte, e também de diretor do Instituto de Arte da Universidade do Distrito Federal. Sua diligência em instaurar um projeto educacional e artístico sem precedentes no país malogrou rapidamente, em razão do fechamento dessa universidade, em 1939, em conseqüência da política repressiva do Estado Novo. No entanto, Mário (assim como uma série de outros intelectuais progressistas) continuou a colaborar com o programa cultural do Estado Novo. Através da ligação com o Ministério da Educação, dirigido por Capanema, exerceu o cargo de consultor técnico do Instituto Nacional do Livro e realizou diversos trabalhos para o SPHAN. Apesar da ambigüidade de sua situação, desfeita em parte com a volta para São Paulo no começo de 1941, Mário mostrava-se implacável com os intelectuais que se entregaram à "fantasia arlequinal do conformismo e sujeitaram a inteligência a toda espécie de imperativos econômicos".[48]

Dessa sujeição resultou, a seu ver, a glorificação da incompetência, justificada em nome da luta pela vida. "Pão e doença, filho gripado e mulher grávida" tornaram-se, nesse contexto, "os mais fáceis avatares do cinismo moral".[49] A contrapartida dessa situação, no plano da produção literária, foi a proliferação do fracassado como personagem paradigmática. Esse ser destituído de força, desfibrado moralmente, "que não consegue opor elemento pessoal nenhum, nenhum traço de caráter, nenhum músculo como nenhum ideal, contra a vida ambiente".[50] Fenômeno contemporâneo, sem raízes na tradição literária brasileira, só podia ser entendido, a seu ver, como expressão condensada da situação que a intelectualidade estava vivendo. Essa literatura "dissolvente" não seria, pergunta-se Mário, "um sintoma de que o homem brasileiro está às portas de desistir de si mesmo?".[51]

A indagação revela toda uma faceta dilacerada do escritor, salpicada ao longo do artigo pelo repúdio ao conformismo da época, pelas duras ressalvas à propalada arte social, pela dúvida quanto ao desempenho de sua própria geração, pela desconfiança em relação às que lhe sucederam. "Minha pífia geração", afirma Mário,

> representava bastante bem a sua época dissolvida nas garoas de um impressionismo que alagava as morais como as políticas. Uma geração de degeneração aristocrática, amoral, gozada, e, apesar da revolução modernista, não muito distante das gerações de que ela era o "sorriso" final. E teve sempre o mérito de proclamar a chegada de um mundo novo, fazendo o modernismo e em grande parte 1930. Ao passo que as gerações seguintes, já de outro e mais bem municiado realismo, nada têm de gozadas, são alevantadas mesmo, e já buscam o seu prazer no estudo e na discussão dos problemas humanos e não... no prazer.[52]

Essa afirmação aparentemente elogiosa é seguida por outra que, rapidamente, desfaz a impressão inicial. Pois essas mesmas gerações que buscavam o prazer no estudo e na discussão dos problemas candentes da época não pareciam capazes, segundo Mário, de "agüentar o tranco da sua diferença".[53] Enquanto os modernistas de 22 se mostraram "dignos" de sua época, essas, ao contrário, vinham se revelando "bem inferiores" ao momento que estavam vivendo. Pessimista, Mário não abandona, porém, a esperança de que a "consciência técnica profissional", revelada tanto na pintura como nas ciências sociais praticadas em São Paulo, pudesse reverter esse quadro.

Para os jovens críticos que acabavam de lançar a revista *Clima* era um alento que o melhor da esperança de Mário pudesse vir a se concretizar através deles e da geração a que pertenciam. Sobretudo se levarmos em consideração que até maio de 1941 seu raio de ação e de reconhecimento não ultrapassava os muros da Faculdade de Filosofia, Ciências e Letras. Acrescente-se a isso o fato de que a própria faculdade — idealizada no decênio de 20, em meio à ocorrência do movimento modernista e dos primeiros empreendimentos editoriais de dimensão mais empresarial —[54] não havia completado ainda uma década de existência.

Menos de três meses após a publicação de "Elegia de abril", de Mário de Andrade, dois outros intelectuais importantes vieram a público manifestar suas opiniões sobre a geração que lançou a revista *Clima*. Um deles, Sérgio Milliet, pertencia à geração de Mário; o outro, Alvaro Lins, mais novo, era um dos grandes nomes da crítica literária na época.

No dia 19 de julho de 1941, Alvaro Lins informou aos leitores de seu rodapé literário, no jornal carioca *Correio da Manhã*, que algo de novo estava acontecendo na capital paulista: eram os "sinais da nova geração". Segundo o crítico,

> a vida literária — a que não entra na história e não tem outra duração além dos seus próprios dias — revela-se sempre em movimento através de revistas, de pequenos jornais, de publicações diversas que aparecem e desaparecem numa espécie de ritmo natural. No entanto, pensando bem, verificamos que é sobre este movimento que se constrói a literatura.[55]

Revistas e jornais aparecem, ainda, como o lugar privilegiado para as gerações afirmarem "os seus primeiros sinais" e comunicarem "a sua presença nas letras". Tal era precisamente o caso da nova geração que acabava de "oferecer um forte sinal da sua presença através da revista *Clima*".[56]

Ostentando os sinais de sua maturidade precoce, Alvaro Lins, embora tivesse 32 anos na época, refere-se aos editores de *Clima* como se fosse quase um senhor. "Não fico indiferente diante desta nova geração que se aproxima porque será sempre o partido dos mais moços que espero sustentar a vida toda. Sinto-me solidário até mesmo com os seus impossíveis, até mesmo com aqueles sonhos que já sei que não se realizam nunca mais."[57] Cauteloso, o crítico literário não deixa, porém, de manifestar o "pressentimento" de que essa geração iria entender a "complexidade do artista no mundo moderno" e a "necessidade de se apresentar harmonicamente como um 'clérigo' e um cidadão. Afirmo este pressentimento através da revista *Clima, de São Paulo*, que representa unanimemente as melhores tendências de todos os jovens da nova geração brasileira" (grifos meus).[58]

Um certo idealismo, uma certa disposição para influir e afirmar, uma certa capacidade de defender princípios e ideais, tais são os atributos utilizados por Alvaro Lins para explicar a "presença de cidadãos" na revista. Já as páginas literárias e os estudos veiculados por ela demonstrariam a "presença dos clérigos". Revelada, a seu ver, pelo ensaio de "um rapaz de vinte anos que escreve longamente sobre Marcel Proust" (publicado no número de estréia de *Clima*), pela atuação de "um seu companheiro que se dedica à crítica literária com uma ardente seriedade" e pela participação de "outros que se ocupam, com um mesmo espírito, de poemas, de música, de artes plásticas, de cinema, de ciência, de economia e de direito".[59]

A avaliação de Alvaro Lins seria corroborada dias mais tarde por Sérgio Milliet. Por meio do artigo "A novíssima" (publicado no início de agosto de 1941 no quinzenário de cultura *Planalto*), o crítico paulista chamava a atenção para a intensa atividade intelectual e artística que estava ocorrendo na cidade de São Paulo. Motivada, acima de tudo, pela atuação e atitude dos "novíssimos": os "moços de *Clima*". Confessando que alimentava, de início, uma certa desconfiança em relação a eles, afirma que foi com a "maior alegria" que viu tal sentimento "esvair-se" quando leu o primeiro número da revista, que editaram em maio de 1941.[60]

Nas palavras de Milliet,

> a "novísssima geração" [...] parece-me dotada de algumas qualidades essenciais de primeiro plano que eu desejaria ver se desenvolverem aceleradamente. Em primeiro lugar, o espírito construtivo. Nós que pertencemos à novíssima de 1922 entramos na arena literária como bárbaros iconoclastas, decididos a nos entregar com ardor a um trabalho ingente de demolição. [...] Agora, outra geração chega; normalmente deveria mostrar-se também irreverente, iconoclasta, sarcástica, devastadora. [...] Mas os rapazes de vinte a trinta anos, que constituem a "novíssima", para maior espanto nosso, se apresentam cheios de leituras filosóficas e sociológicas, cheios de conhecimentos severos.[61]

Como exemplo, cita os nomes de Ruy Coelho, autor de um "alentado estudo sobre Proust", de Paulo Emilio Salles Gomes, cuja crítica cinematográfica estava sendo construída "dentro de um espírito novo, com indiscutível inteligência", e de Lourival Gomes Machado, que, "em oposição à crítica de arte objetiva, técnica, plástica exclusivamente", defendia "a tese da crítica filosófica e sociológica".[62]

Após manifestar o "imenso prazer" que sentia pela "fria indiferença" desses jovens em relação à demagogia filosófica e à retórica literária, Milliet destaca a importante contribuição que vinham dando no plano do ensaio. Nesse domínio, a "novíssima" despontava com "grandes possibilidades de vitória". O mesmo, porém, não ocorria com a produção ficcional veiculada em *Clima*. A seu ver, nada de novo estava sendo revelado "nessa frente de batalha literária. [...] É por certo curiosa essa tendência vencedora dos paulistas para a crítica, em detrimento do romance e da poesia, tendência que vem se firmando desde 1922 quase sem solução de continuidade".[63]

Apesar de reconhecer que o problema era mais geral e não podia ser atribuído apenas à conduta intelectual dos "novíssimos", Milliet não deixa de manifestar uma certa reticência em relação à "mentalidade universitária" apresentada por eles. "Não que [ela] nos pareça incompatível com o êxito literário, mas temos receio de que venha a influir num sentido didático que leva ao academismo de preferência ao realismo."[64] Mas, se "o espírito universitário" parecia-lhe um perigo virtual para a produção literária da "novíssima", em compensação, militava "em seu favor a ausência de preconceito modernista, tão nefasto quanto o preconceito acadêmico".[65]

Enquanto Sérgio Milliet e Alvaro Lins buscavam sublinhar os sinais mais promissores da nova geração, Oswald de Andrade, menos comportado, daria vazão ao sentimento de desconforto produzido pela presença dos jovens. Não que esse sentimento inexistisse para os dois primeiros. O tom altivo e sobranceiro adotado pelo crítico pernambucano — que se firmou intelectual e profissionalmente no Rio de Janeiro — é um indício enviesado desse desconforto. Mas, diferentemente de Milliet, Alvaro Lins só precisa incorporar a "novíssima" à distância — é preciso lembrar que São Paulo ainda era vista como uma cidade provinciana quando comparada à antiga capital federal.

No caso de Milliet, a proximidade colocava-lhe problemas adicionais. Entretanto, ele foi o que mais rapidamente aceitou a nova geração, não só em termos verbais como através da relação efetiva que estabeleceu com seus membros mais promissores. Prova disso reside, como vimos, na maneira como Antonio Candido destacou a sua presença no inquérito promovido pelo jornal *O Estado de S. Paulo*: o precursor que só veio a se realizar e ser plenamente compreendido pela nova geração; o intelectual que soube construir como que uma ponte entre os modernistas de 1922 e os "novíssimos" de 1940.

Mas, no começo do decênio de 40, nem tudo parecia um mar de rosas para Milliet. Antes de *Clima* surgir, alguém lhe disse que "estávamos preparando uma revista contra ele", recorda Decio de Almeida Prado. Embora não houvesse "absolutamente nada nesse sentido" — pois "nunca pensamos em escrever contra ninguém", ao contrário, "estávamos mais preocupados em nos afirmarmos" —, a suspeita ficou no ar. Sérgio Milliet, porém, não foi o único a manifestar a "desconfiança de uma geração mais velha em relação a uma geração mais nova", e a achar "que nós viemos para desmontar os mais velhos, para criticá-los".[66]

Segundo Maria de Lourdes Machado, que se casou com Lourival em 1939, a "turma do *Clima*", no início, foi

> muito mal recebida porque os intelectuais da geração mais antiga, como Oswald de Andrade, Sérgio Milliet e Luis Martins, eram os donos do pedaço. E eram autodidatas. Então, quando surgiram aqueles universitários, eles ficaram com medo, porque poderiam saber que eles não sabiam. Mas o Sérgio Milliet, por exemplo, sabia muito mais do que qualquer um com formação universitária.[67]

Muitos anos depois, Luis Martins relembrará a estréia do Grupo Clima — "de formação universitária, uma novidade no Brasil" — em termos mais adocicados.

> Não havia, entre aqueles jovens, um contista, um romancista, nem um poeta. Eu logo os conheci e achei-os extremamente simpáticos, além de finos, cordiais e muito bem-educados. Mas a um remanescente da boêmia "geração Lapa", como eu, não podia deixar de surpreender — quase escandalizar — a precoce severidade, o severo bom comportamento daqueles estranhos rapazes. Aparentemente, nenhum deles bebia um chope, uma cerveja, um uísque, nada! Eram todos rigorosamente abstêmios. Mais tarde, tendo maior convivência com quase todos eles, teria ocasião de verificar que isto não era verdade: o único verdadeiramente abstêmio do grupo era Decio de Almeida Prado. Mas, naquele tempo, as nossas relações eram apenas cordiais, sem qualquer intimidade.[68]

Numa tarde dos idos anos 40, Luis Martins estava em uma das confeitarias da rua Barão de Itapetininga, talvez a Vienense ou a Seleta, "bebericando um tranqüilo uísque" em companhia do cronista Rubem Braga, quando "entraram os rapazes de *Clima*". Após os cordiais cumprimentos, eles se sentaram em uma mesa próxima à de Martins e de Braga. Pediram chá, refrescos, e um deles, "para escândalo" dos dois escritores, "encomendou ao garçom uma coca-cola". O cronista fez "uma observação qualquer" e Martins, em resposta, replicou: "Que quer você, meu caro? É a geração coca-cola".[69] A piada espalhou-se mas, segundo Martins, não chegou a comprometer a sua relação com o grupo. Tanto que em 1944 ele foi convidado a publicar no último número da revista *Clima* (editado em novembro daquele ano) um dos capítulos do livro que estava escrevendo na época, *O patriarca e o bacharel*.[70]

OSWALD DE ANDRADE E OS "CHATO-BOYS"

Ao contrário de Luis Martins, Oswald de Andrade não precisou esperar três anos para ser convidado a escrever em *Clima*. Ou melhor, para enviar aos seus editores um bilhete sobre o filme *Fantasia*, de Walt Disney (tema central do quinto número da revista), publicado em outubro de 1941. Após emitir suas opiniões sobre a fita, fez um rápido comentário sobre a nova geração: ela não só lia desde os três anos, como tinha Spengler no intestino aos vinte e, por essas e outras, perdia muitas coisas. A imagem causou furor, como atestam os depoimentos prestados ao jornal *O Estado de S. Paulo*, transcritos no início do capítulo. Mas os jovens, além de comportados e universitários, tinham humor e, por isso, a divulgaram na revista. Entretanto, nunca mais se livraram da alcunha que Oswald lhes atribuiu: "os chato-boys".

Com o passar do tempo e com o estreitamento da relação que mantiveram com Oswald de Andrade, o termo perdeu a conotação de origem. No lugar da acidez inicial, ganhou o tom maroto de brincadeira. Constantemente lembrado nas entrevistas e depoimentos que os membros do Grupo Clima deram ao longo da vida, parece servir mais para retratar o escritor do que a eles mesmos. Visto que, também com o passar do tempo, eles próprios se tornaram os intérpretes mais autorizados do modernismo brasileiro e, por tabela, de seus maiores protagonistas, Mário e Oswald.

O início da relação da "turma do Clima" com os Andrades remonta ao ano de 1939. Mas, antes disso, dois de seus membros já partilhavam uma certa intimidade com eles: Paulo Emilio Salles Gomes e Gilda de Mello e Souza. O primeiro se ligara a Oswald em 1935, por ocasião da montagem de *Movimento*,[71] revista de um número só, editada em conjunto com seu maior amigo dos tempos de adolescência, Decio de Almeida Prado. Gilda, por sua vez, possuía mais do que uma ligação de consangüinidade com Mário. Ao mudar-se de Araraquara para São Paulo, em 1932, com a finalidade de completar seus estudos secundários, ela morou na casa de sua tia-avó, Maria Luísa Leite de

Moraes Andrade — mãe de Mário. E só saiu de lá em 1943, para se casar com Antonio Candido.[72] As relações dos membros do Grupo Clima com Mário e Oswald foram distintas. Com o primo de segundo grau de Gilda, mostravam-se muito mais formais do que com o amigo mais velho de Paulo Emilio. Segundo Decio de Almeida Prado,

> nós tínhamos mais relação pessoal com Oswald, ficávamos mais à vontade com ele, porque achávamos que não havia uma diferença muito grande de cultura entre ele e nós. Já o Mário de Andrade tinha uma cultura muito maior e era muito mais cerimonioso. Oswald fazia muita brincadeira e nós nos dávamos muito bem. Mas tínhamos mais respeito pelo Mário porque ele era, vamos dizer assim, um universitário antes que houvesse a universidade. Ele tinha muito esse espírito e era considerado, mesmo entre nós, a primeira figura da literatura moderna.

Gilda corrobora essa observação de Decio: "Nós éramos mais pelo Mário do que pelo Oswald, pela noção que ele tinha de intelectual dentro da coletividade. Éramos muito mais parecidos com as coisas que Mário escrevia e fazia do que com Oswald [...] Menos Paulo Emilio, que tinha mais afinidade com ele".[73]

Considerando-se um discípulo de Oswald, mas do tipo que está sempre contrariando o mestre, Paulo Emilio facilitou a aproximação do grupo com o escritor modernista, casado, na época, com uma das alunas da Faculdade de Filosofia, Julieta Bárbara. Por essa razão, "ele estava sempre rondando a faculdade".[74] Um motivo a mais para que Antonio Candido se ligasse a ele. Em suas palavras, "fui mais amigo e íntimo de Oswald do que de Mário. Eu fazia muita cerimônia com Mário de Andrade. E ele morreu logo, em 1945. [...] Através do contato com estes dois homens, pude fazer a experiência da amizade, não íntima, mas uma certa convivência com dois homens de uma envergadura realmente espantosa! Isto foi um privilégio".[75]

Mário e Oswald foram, ao lado dos professores franceses, as "influências mais marcantes" que os membros do Grupo Clima receberam. Nas palavras de Ruy Coelho,

> nós também líamos Gilberto Freyre, Sérgio Buarque de Holanda, mas eram figuras mais distantes. [...] O que mais nos unia à geração anterior é esta preocupação com o Brasil e com o estudo do Brasil. Por isso é que Mário de Andrade tinha tanta influência, não só o contista, o poeta, mas o Mário pesquisador. O nível de seriedade da pesquisa de Mário de Andrade era impres-

sionante! [...] Nós nos sentíamos ainda muito presos a 22. Eram as idéias de 22, a renovação estética, tudo aquilo que nos deslumbrava que era exatamente a graça, a coisa escandalosa, o espírito, muito avessos ao nosso feitio, mas pelos quais sentíamos grande fascínio.[76]

Os depoimentos de Decio de Almeida Prado, Gilda de Mello e Souza, Antonio Candido e Ruy Coelho, transcritos acima, foram emitidos entre 1978 e 1991, muitos anos depois do início das relações que estabeleceram com Oswald e Mário de Andrade. Constituem, portanto, uma reconstrução tardia dessas relações que tende a ressaltar mais o lado positivo do que os aspectos conflitantes e ambíguos que marcaram o seu começo. Se a influência que os dois escritores modernistas exerceram sobre eles parece incontestável, é preciso atentar, no entanto, para o fato de que, no final dos anos 70, estavam muito longe do tempo em que eram jovens estreantes preocupados em conquistar espaço no campo intelectual paulista. Nesse sentido, o que precisa ser relativizado é menos o conteúdo dessa avaliação e mais o momento de sua enunciação.

Ao longo de sua vasta produção como crítico literário, Antonio Candido, por exemplo, escreveu desigualmente sobre os Andrades: muito sobre Oswald e pouco sobre Mário. A razão desse investimento discursivo diferenciado reside, a seu ver, em uma razão aparentemente simples:

> Na nossa geração, Oswald estava muito por baixo. Era considerado um piadista, e como era um sujeito muito difícil, brigava com todo mundo, amolava todo mundo, então todo mundo tinha birra dele. Havia quase que um desinteresse em relação a ele, pois já não publicava livros há muito tempo. Por essa razão, achei que era minha obrigação dar o testemunho sobre ele. Oswald foi quase um imperativo de dever crítico. Com Mário não precisava, porque estava no apogeu da glória. Ele era a primeira figura.[77]

Como tal, exercia "uma espécie de soberania intelectual" na capital paulista dos idos anos de 1940. "À sua volta, juntava-se o grosso da vida literária e Oswald ficava meio à margem."[78]

O imperativo do dever crítico que Antonio Candido sentiu em relação a Oswald de Andrade manifestou-se pela primeira vez em agosto de 1943, nos artigos "Romance e expectativa" e "Antes do marco zero", publicados na coluna "Notas de crítica literária", da *Folha da Manhã*. Graças ao amigo Lourival Gomes Machado, que o empurrara "para a aventura mais ampla e comprometedora do rodapé do jornal",[79] Candido tornou-se crítico titular desse matutino, a partir de janeiro de 1943. E foi nessa condição que escreveu em 15 de agosto daquele ano o primeiro ensaio sobre a produção literária de Oswald, aberto com as seguintes palavras: "Em contrário a uma opinião evidentemente malévola, que tende a aumentar dia a dia em certas rodas, tanto de velhos quanto de moços, acho que o sr. Oswald de Andrade deve ser levado a sério".[80]

A maneira mais adequada que Candido encontrou de levá-lo a sério foi "destrinchar o personagem da lenda do artista e do escritor". A "mitologia andradina" que se formara a respeito de Oswald, por interferir nos julgamentos de sua obra, mais comprometia do que explicava a sua produção literária. Assim sendo, tornara-se "quase impossível ao crítico contemporâneo considerar objetivamente a produção separada do personagem que vive gingando atrás e na frente dela, a desperdiçar no farol o seu sarcasmo já meio secular". Manifestando a sua quase certeza de que o público conhecia apenas "a crônica romanceada de sua vida, as piadas gloriosas e a fama de ter escrito uma porção de coisas pornográficas", Candido considera que poucos escritores foram "tão deformados pela opinião pública e pela incompreensão de seus confrades".[81] Só que a culpa, neste caso, cabia em grande parte a ele mesmo.

Munido do propósito de desfazer as opiniões equivocadas que acabaram por recobrir não só a pessoa como a obra de Oswald, Antonio Candido passa em revista a sua produção como romancista, deixando propositalmente de lado os outros aspectos de sua obra, como poeta, jornalista e dramaturgo. Para tanto, parte do pressuposto de que é preciso estabelecer "alguns juízos cuidadosamente formados, e não oriundos das conversas de café ou da informação apressada", visto ser essa a forma dominante como o "sr. Oswald de Andrade" tem sido julgado — "numa ironia do destino, que faz ser pago na mesma moeda o homem que emite, sobre todos e sobre tudo, opiniões deformadas pela estilização fácil e para ele irresistível da pilhéria".[82]

Cauteloso por princípio mas peremptório de fato, Antonio Candido examina o primeiro romance de *A trilogia do exílio*, de Oswald: *Os condenados* (1922), "escrito e pensado dentro de uma concepção religiosa do bem e do mal". Bem-sucedido "como solução técnica", o livro lhe parece, no entanto, "falho como estilo, como criação de personagens, como expressão de humanidade. Há nele um 'gongorismo psicológico' ainda mais grave do que o gongorismo verbal da escrita". Os adjetivos empregados ganham ao longo do rodapé um sentido mais preciso, quando o autor analisa a composição interna do livro. Seus personagens, por serem feitos de "um bloco só", são "convencionais", "sem complexidade e sem profundidade", não passando "de autômatos, cada um com a sua etiqueta moral pendurada no pescoço. Reina nesse primeiro livro um convencionalismo total do ponto de vista psicológico".[83]

Quanto ao segundo romance da trilogia, *A estrela de absinto* (1927), Candido considera que do ponto de vista do estilo ocorreu um inegável progresso, embora a psicologia de seus personagens tenha sofrido uma banalização maior do que a verificada em *Os condenados*. O mesmo problema aparecerá em *A escada vermelha* (o último livro da trilogia, publicado em 1934), com a diferença de que nele o "sr. Oswald de Andrade redime o seu estilo, libertando-o quase por completo do verbalismo". Se "psicologicamente" o livro "continua primário", há nele, contudo, "a força poética, dom deste escritor emotivo".[84]

Após examinar cada um dos romances mencionados, em termos do estilo, das soluções técnicas, do conteúdo narrativo e da psicologia dos personagens, Candido conclui que o valor literário da série que compõe *A trilogia do exílio* é reduzido.

> São tentativas falhas de romance, revelando, aliás, um Oswald de Andrade diferente da lenda: profundamente sério, não raro comovido e roçando, freqüentemente por inabilidade, no ridículo de um patético fácil e gongórico. Todavia, sente-se neste monte trabalhado de esboços uma personalidade forte, uma vitalidade romanesca que lhes empresta, num ponto ou noutro, uma qualidade superior. E da mesma maneira por que o tenebroso, o sinistro mau gosto de Euclides da Cunha não matou o seu talento e as suas intuições geniais, o gongorismo desvairado do sr. Oswald de Andrade não chegou a abafar o vigoroso escritor que sentimos perdido por essas páginas medíocres.[85]

O escritor vigoroso que Antonio Candido reconhece em Oswald é revelado em seus dois outros romances: *Memórias sentimentais de João Miramar* (1924) e *Serafim Ponte Grande* (1933). O primeiro, "sobre ser um dos maiores livros de nossa literatura, é uma tentativa seríssima de estilo e narrativa, ao mesmo tempo que um primeiro esboço de sátira social. A burguesia endinheirada roda pelo mundo o seu vazio, as suas convenções, numa esterilidade apavorante". Quanto ao segundo, Candido afirma ser o "acontecimento mais sensacional da carreira de ficcionista" de Oswald. Uma "sorte de *Macunaíma* urbano", extremamente "significativo como documento intelectual", *Serafim* tem "muito de grande livro", apesar de "falho e talvez algo fácil sob muitos aspectos". Para o jovem crítico, "o mal" desse livro era o mesmo "mal" do escritor: "confiança excessiva no valor do dito de espírito, da piada feliz. Ora, um e outro são instrumentos que perdem a significação e o valor se erigidos em fins".[86]

Antonio Candido aproveita a deixa para reacender a polêmica com Oswald sobre o escritor de origem proletária Tito Batini,[87] desencadeada pelos artigos que ambos escreveram a seu respeito. Segundo Candido, os escritos de Oswald apresentam uma "amostra do lado estéril de sua ironia". "Penso", prossegue o crítico, que, "quando se julga um escritor, é permitido ir às últimas conseqüências, isto é, negar-lhe todo e qualquer valor literário." Mas, para tanto, "é um dever de honra a análise prévia, que fundamente e justifique qualquer conclusão".[88]

Ao criticar Tito Batini, Antonio Candido afirma que o fez baseado na análise de sua obra. A conclusão a que chegou "pode ter sido errada", mas foi "honesta". O mesmo, porém, não ocorreu, a seu ver, nos artigos que Oswald endereçou a esse escritor. De maneira "injustificável", ele veio

> a público fazer piadas fáceis e emitir juízos não fundamentados sobre um confrade honesto e, portanto, merecedor de crítica. Essa atitude do sr. Oswald de Andrade, tomo-a como o lado fraco e superficial do seu espírito crítico que esquece freqüentemente no entusiasmo do ataque que o fundamento ético da crítica é a análise justificante. *Mas não será isso uma questão de gerações?*[89] [grifos meus]

A resposta de Oswald foi imediata. No dia 19 de agosto de 1943, ele saiu a campo com um artigo de título igual ao de Antonio Candido — "Antes do marco zero" — que, mais do que uma brigada ligeira, pretendia ser um tiro certeiro. Nas páginas do jornal *O Estado de S. Paulo*, lançou a sua artilharia verbal contra o crítico.

> Segundo o sr. Antonio Candido eu seria o inventor do sarcasmo pelo sarcasmo. Meio século de sarcasmo! Contra quê? Contra o vento a quem a prefeitura e o poeta Guilherme de Almeida entregam as folhas dos plátanos e as pernas das normalistas! A minha pena sempre foi dirigida contra os fracos [...] Olavo Bilac e Coelho Neto no pleno fastígio de sua glória.

O próprio Graça Aranha quando quis se apossar do modernismo. Ataquei o verbalismo de Rui, a *italianitá* e a *futilitá* de Carlos Gomes, muito antes do incidente com Toscanini. Em pintura, abri o caminho de Tarsila. Bem antes, fora eu o único a responder, na hora, ao assalto desastrado com que Monteiro Lobato encerrou a carreira de Anita Malfatti. Fui quem escreveu contra o ambiente oficial e definitivo, o primeiro artigo sobre Mário de Andrade e o primeiro sobre Portinari. Soube também enfrentar o apogeu do verdismo e o sr. Plínio Salgado.[90]

Feito o levantamento de suas múltiplas contribuições para a implantação da mentalidade modernista no país, Oswald parte para o ataque.

Tudo isso não passou [para Antonio Candido] de sarcasmo e pilhéria! Porque a vigilante construção de minha crítica revisora nunca usou a maquilagem da sisudez nem o guarda-roupa da profundidade. O sr. Antonio Candido e com ele muita gente simples confundem *sério* com *cacete*. [...] *O caso do sr. Antonio Candido é típico.* Estão aí, da sua idade, com valor tão ou mais autêntico do que o seu, o sr. Luís Washington, o sr. Rui Coelho, o sr. Mário Schenberg [...] e outros, *mas o "crítico" ficou sendo ele. Fala já por delegação da posteridade e em nome dela decide.* Para isso, de dentro do capote da "seriedade" tira economicamente três sorrisos: um sorriso fino, um sorriso cético e um sorriso mineiro, neste último entrando algum latim e muita malandragem.[91] [grifos meus]

Foi com o "sorriso fino", segundo Oswald, que Antonio Candido fechou o seu rodapé literário de 15 de agosto de 1943, ao se perguntar se a questão da diferença entre as gerações não seria uma das explicações possíveis para o comportamento do escritor modernista, esquecido "no entusiasmo do ataque que o fundamento ético da crítica é a análise justificante". Citando a frase de seu contendor, Oswald não hesita e afirma que, apesar de tomá-la com "todo respeito", vai mostrar "como a análise que [ele] acaba de fazer de minha obra é, ao contrário, um modelo de leviandade carrancuda". Contrapondo a crítica de Candido à que Roger Bastide fizera de seu livro *Os condenados*, segundo a qual este ocupava uma posição análoga à de *Madame Bovary* na França, Oswald ironiza: "O sr. Antonio Candido, multiplicando toda a sua argúcia cultivada no convívio universitário, não viu nada disso".[92]

A estratégia discursiva adotada por Oswald para desqualificar Antonio Candido consiste em compará-lo a outros críticos da sua idade — como Ruy Coelho, por exemplo —, em diminuí-lo em face do sociólogo francês, e em apontar uma série de autores reconhecidos que emitiram opiniões favoráveis sobre o romance em questão, como Carlos Drummond de Andrade, Astrogildo Pereira e até mesmo Monteiro Lobato. Além disso, Oswald retoma a questão das gerações, que serviu de fecho ao artigo de Candido. A seu ver, "bastaria para ilustrar a acusação que ficou no ar, de que a geração [dele] é *séria* e a de 22 *leviana*, a presença nesta do sr. Sérgio Milliet. Evidentemente há um pequeno equívoco no afirmar que a *seriedade* no Brasil teria começado com o sr. Lourival Gomes Machado ou com o próprio sr. Antonio Candido".[93]

Na sua costumeira incontinência verbal, Oswald não poupa adjetivos para detratar Antonio Candido. "Modelo de leviandade carrancuda"; "trêfego, leviano, mineiro (mineiro no caso significa aluno do Caraça e sovina)"; "juvenilidade do crítico"; "normativo e gravibundo como se descendesse de Bulhão Pato", tais são alguns dos qualificativos usados pelo escritor ao longo do texto. A crítica, no entanto, não se encerra aí e envereda pela discussão de duas outras questões tratadas no artigo de Candido. A primeira, relativa à expressão "gongorismo psicológico", utilizada por ele para definir *A trilogia*. Gôngora não só "foi reabilitado", contra-ataca Oswald, como dele "saiu Mallarmé e [toda] a trama expressional e luxuriante dos surrealistas". Além disso, Candido equivocou-se quanto à psicologia dos personagens de seus livros: "são românticos e filhos, portanto, de uma deformação de ângulo que em nada é gongórica".[94] A segunda questão refere-se à avaliação que fizera do romance de Tito Batini, um "ferroviário que queria escrever" e que, por essa razão, merecera "efusiva acolhida".[95]

Assim sendo, Tito Batini chegou a ir à residência de Oswald para entregar-lhe os originais do romance que estava escrevendo. A leitura do livro revelou-se, porém, uma decepção. Por isso,

> é uma inverdade do sr. Antonio Candido dizer que eu critiquei sem analisar. Analisei mesmo antes do sr. Octales Ferreira [o editor]. Mas analisei penosamente, porque aquilo não era livro nem aqui nem em Lourenço Marques. Que faria a honestidade do sr. Antonio Candido no caso? Eu disse ao estreante com franqueza, o mais delicadamente que pude, o que pensava. Ele trazia consigo um bom material, mas sua obra se ressentia do verdolengo e do tosco. Era preciso esperar, amadurecer. Um romance não se faz sem um longo recolhimento ou sem uma vocação excepcional e irrevogável. Desse dia em diante perdi um admirador. E se fez, fogueteiro, o lançamento do escriba.[96]

Assim como perdera a amizade de Tito Batini, Oswald tinha tudo para perder também a de Antonio Candido. Sobretudo se levarmos em consideração os termos que usou para denegri-lo e o recado que lhe enviou por intermédio do artigo.

> Eu costumo atirar a bola longe, não tenho culpa dela passar por cima da cabeça do sr. Antonio Candido e ir atingir sensibilidades mais vivas, mais altas ou mais jovens. Ele não deu nenhuma atenção, no seu balanço, à minha obra poética nem à profecia do meu *Teatro*. Outros darão. Para ele será falho *Serafim Ponte Grande*. Mas outros possuem os códigos úteis à exegese desse *gran-finale* do mundo burguês entre nós. Também para mim vai ser, entre outras delícias, uma experiência, a prova dos nove que espero com a próxima publicação do primeiro volume de *Marco zero*. *Quero ver como se portam o sr. Antonio Candido e seus CHATO-BOYS.*[97] [grifos meus]

Ao contrário do esperado, Antonio Candido não reagiu às provocações de Oswald. Aceitou, contudo, o desafio proposto pelo escritor no sentido de oferecer-lhe a "prova dos nove" com a avaliação do tão aguardado *Marco zero*. O romance, que já tinha uma espécie de fama antecipada — "pois toda a gente sabia que estava sendo preparado com a minúcia documentária de quem, após ter baseado a sua obra principalmente na transposição da própria experiência, queria pôr em primeiro plano a observação da sociedade" —,[98] foi finalmente editado no segundo semestre de 1943. De pronto, Antonio Candido voltou a sua veia analítica para a apreensão do livro e publicou, em 24 de outubro de 1943, no seu rodapé semanal da *Folha da Manhã*, o artigo "Marco zero". Decepcionado com seu resultado literário, procurou ressalvar o que lhe parecia possível e carregou nas restrições.

A maneira como o livro foi recebido nos meios intelectuais e artísticos do período, se não foi inversamente proporcional à decepção manifestada por Antonio Candido, passou longe da recepção entusiástica esperada por Oswald. Para o então jovem crítico literário, o primeiro volume de *Marco zero* (*A revolução melancólica*) apresentava "um bombardeio de pequenas cenas, muitas delas providas da sua competente chave de ouro" e de seu processo de escrita. "Bom para captar a multiplicidade e o simultaneísmo do real", afastava-se no entanto de "qualquer veleidade de aprofundamento psicológico mais acentuado". Seu assunto, porém, era "maravilhoso". Se uma das "condições de perfeição de um livro é o fato de encerrar em si alguns dos aspectos fundamentais da sua época" — como o fazem, segundo Candido, Stendhal, Balzac, Dostoievski e Tolstoi —, o romance de Oswald não faltou "a essa condição".[99]

Apesar de reconhecer a grandiosidade do assunto tratado em *Marco zero*, uma sorte de "desabafo da grande burguesia golpeada no seu centro vital, o café", Antonio Candido não deixa de apontar os aspectos que lhe pareciam mais problemáticos, decorrentes da antinomia entre a concepção e a realização da obra. "O que há de bom [nela] é um bom sólido, definitivo, feliz. O que há de mau é também um mau sólido, infeliz, definitivo.[...] Há um paralelismo irremediável do bom e do mau coexistindo estanques, este atrapalhando aquele e não justificando a sua existência."[100]

Após examinar a estrutura, o significado como criação literária, a linguagem e a psicologia de *Marco zero*, Antonio Candido emite o seguinte juízo geral: "Embora seja uma realização bastante deficiente", principalmente no que diz respeito a sua psicologia, que "continua primária", é uma "vitória do ponto de vista da diretriz literária". Pois ultrapassou "o esteticismo desvairado" e a "crítica puramente negativa" dos romances anteriores. Por fim, afirma que "não seria possível encerrar [o artigo] sem mencionar a perfeição com que a fala dos estrangeiros é reproduzida, sobretudo a dos italianos e dos japoneses. A sua sugestão é real e o seu efeito indubitável no conjunto da obra".[101]

Em 1970, 27 anos depois da publicação dos artigos "Romance e expectativa", "Antes do marco zero" e "Marco zero" (escritos para a coluna "Notas de crítica literária" da *Folha da Manhã*),[102] Antonio Candido relembrará a polêmica com Oswald de Andrade nos seguintes termos:

> Os meus dois primeiros artigos, relidos depois de tanto tempo, são cheios de erro e têm aquela agressividade misturada de condescendência que parece tão oportuna aos 25 anos. Oswald tinha razão de sobra para ficar irritado, mas não o demonstrou na dedicatória com que mandou o livro [*Marco Zero — A revolução melancólica*], dali a dois meses: "Por ser de justiça, ao Antonio Candido. P. Deferimento, o Oswald de Andrade (9/10/43)".[103]

O romance enviado pelo escritor decepcionou o crítico literário. Mas "àquela altura", prossegue Candido, "eu já estava melhor documentado para sentir que ele não superava os precedentes, conforme a expectativa. Escrevi então o artigo final. Oswald danou e respondeu com o artigo divertido e contundente reproduzido a seguir no seu livro *Ponta de lança*, da Coleção Mosaico (Editora Martins)".[104] A lembrança que Antonio Candido guardou desse acontecimento é incompleta no sentido de que não reproduz a totalidade do ocorrido. Oswald de fato danou-se com a intervenção de Candido. Sua resposta, dura e contundente, além de bastante divertida para o leitor e talvez um pouco menos para o então jovem crítico literário de 25 anos, tinha um alvo preciso: o artigo "Antes do marco zero" (de 15 de agosto de 1943) e não o "artigo final" ("Marco zero", de 24 de outubro de 1943), como recorda Candido. Não foi sem razão que o escritor replicou com um artigo de título igual ao dele, "Antes do marco zero", pois naquela altura *Marco zero* não tinha sido editado. Basta relembrar, para tanto, o recado que Oswald lhe enviou: "Também para mim vai ser, entre outras delícias, uma experiência, a prova dos nove que espero com a próxima publicação do primeiro volume de *Marco zero*. Quero ver como se portam o sr. Antonio Candido e seus chato-boys".[105]

Essa correção de datas pode parecer firula mas sem dúvida suscita algumas indagações. O fato de Antonio Candido ter trocado as datas de seus artigos pode muito bem ser atribuído a um previsível lapso de memória, dado o longo tempo transcorrido entre seus escritos de juventude, produzidos no decênio de 40, e o ensaio de maturidade sobre Oswald que abre a sua produção da década de 70. Mas é provável também que a explicação se encontre em outro lugar: menos nos meandros da memória e mais nas alterações de sua posição no campo intelectual. No início de 1970, Antonio Candido já era um intelectual consagrado e não mais um jovem estreante dividido entre o exercício da crítica literária e o ensino da sociologia em moldes estritamente acadêmicos. Essa tensão, que marcou o início da sua carreira, já fora desfeita.

Rompidos também foram os conflitos, as ambigüidades e as competições presentes no início da relação que ele e seus amigos mais próximos do Grupo Clima estabeleceram com os modernistas da primeira geração. Com o falecimento de Mário de Andrade em 1945, de Oswald em 1954 e de Sérgio Milliet em 1966, Antonio Candido, Decio de Almeida Prado, Lourival Gomes Machado, Paulo Emilio Salles Gomes, Ruy Coelho e Gilda de Mello e Souza tornaram-se uma espécie de memória viva do modernismo paulista. E passaram a ser reconhecidos como seus intérpretes mais autorizados, à medida que foram articulando os domínios da experiência intelectual com o plano do vivido, ou seja, com a lembrança da relação que tiveram, na juventude, com seus protagonistas. Nesse processo, deram o tom da direção analítica a ser seguida para examinar o modernismo e suas contribuições. Isso é revelado tanto nos escritos que produziram sobre o assunto como nos de seus discípulos, inicialmente alunos da Universidade de São Paulo.

A legitimidade intelectual conquistada por Antonio Candido no decurso de seu itinerário como crítico literário pode ser dimensionada, por exemplo, através das diferentes formas narrativas que utilizou para avaliar a produção e a figura de Oswald de Andrade. Se ao longo dos ensaios que escreveu sobre o escritor modernista jamais abandonou a sua poderosa veia analítica — centrada na análise de dimensões internas da obra e de suas relações com o contexto mais amplo, seja de Oswald, seja de seu universo temático —, com o decorrer do tempo, a digressão sentimental foi ganhando espaço nesses escritos de Candido.[106]

Firmada a sua posição de crítico e estudioso maior da nossa literatura, Antonio Candido começou a mostrar a sua vocação de memorialista e passou a exercer a sua "soberania intelectual" por meio também da evocação do mosaico de figuras e de recortes biográficos que formaram e conformaram a sua trajetória. Na visão de um de seus discípulos que construiu uma sólida carreira própria, Roberto Schwarz, "os trabalhos mais complexos" de Antonio Candido, "publicados a partir de fins dos anos 60", apresentam uma combinação de "depoimento exato e análise".

> São escritos que abrem mão da terminologia e exposição científica, mas não da disciplina mental e conhecimentos correspondentes. Apoiado na sua excelente memória, onde está repertoriada a experiência nesta altura já longa do estudioso da literatura e da sociedade, o ensaísta circula reflexivamente entre anedotas, testemunhos, decênios, explicações, teorias, numa prosa simples e precisa, que é o espelho daquela agilidade.[107]

Se a escrita de Antonio Candido é, sem dúvida, o espelho da agilidade do autor, ela também é um indício simbólico da posição que ele passou a ocupar, a partir de meados da década de 60, no campo intelectual paulista. Análoga em alguns sentidos à que Mário de Andrade deteve nos decênios de 30 e 40, tal posição permitiu e, simultaneamente, obrigou Antonio Candido a examinar a produção literária de Oswald sob ângulos outros que os estritamente acadêmicos. Com a recuperação da figura e da obra desse escritor, iniciada em grande parte por Candido nos anos 40 e levada à frente nas décadas seguintes pelos concretistas (Decio Pignatari e os irmãos Campos) e por José Celso Martinez Corrêa, novas cartas foram postas na mesa do jogo.

Enquanto os concretistas reabilitavam os aspectos mais irreverentes e inventivos da linguagem poética de Oswald, Martinez Corrêa, como diretor do teatro Oficina, colocava na ordem do dia a produção teatral do escritor com a montagem, em 1967, de *O rei da vela*.[108] Nesse contexto, firmou-se novamente, mas com sinais contrários, a polaridade entre os Andrades, através das leituras e avaliações que esses intelectuais e artistas fizeram de ambos. Como uma espécie de figuras totêmicas, Mário e Oswald funcionaram como operadores de alianças e de rupturas. De um lado, Oswald, os concretistas, a vanguarda do teatro da época; de outro, Mário, Antonio Candido, seus colegas e orientandos da Universidade de São Paulo. Tal é a imagem caricata com que a dualidade Oswald-Mário foi expressa na época.[109]

Paralelamente ao movimento de reedição das obras completas de Oswald, promovido pela Editora Civilização Brasileira a partir de finais dos anos 60, e da leva de estudos iniciados sobre o escritor, Antonio Candido escreveu, em janeiro de 1970, o ensaio "Digressão sentimental sobre Oswald de Andrade", incluído em *Vários escritos*.[110] Como uma espécie de Mário redivivo, ele fez em relação ao outro Andrade o que Mário não quis fazer em vida.

Nesse acerto de contas, ambos saíram ganhando. Oswald, por ter tido a sua obra recuperada no interior da Faculdade de Filosofia, Ciências e Letras, onde em 1945 procurara inserir-se como professor da cadeira de literatura brasileira — não tendo obtido o primeiro lugar no concurso, ganhou, no entanto, o título de livre-docente. Antonio Candido, por ter acrescentado à sua crítica acadêmica uma dimensão autobiográfica, mostrando, dessa maneira, que podia realizar um tríplice feito em relação aos seus contemporâneos: analisar com competência a produção literária de Oswald, expor publicamente alguns dos equívocos críticos que cometera em relação à sua obra, manejar os trunfos da sociabilidade que mantivera com ele a partir de meados da década de 1940.

* * *

Se, com o passar do tempo, a memória de Antonio Candido tendeu a encobrir os aspectos mais agressivos da crítica que Oswald de Andrade lhe endereçou em 1943, ela foi pródiga, no entanto, no apanhado dos meandros das relações que ele e seu grupo de amigos — nucleados inicialmente na revista *Clima* e na Faculdade de Filosofia, Ciências e Letras — mantiveram com o escritor. Pautadas pela "mistura de estima e agressividade", de ambos os lados, tais relações se transformaram ao longo do tempo. Próximo inicialmente de Paulo Emilio Salles Gomes e de Decio de Almeida Prado, em seguida de Ruy Coelho e Antonio Candido, Oswald aos poucos se avizinhou do Grupo Clima como um todo, a ponto de seus membros freqüentarem a sua casa, em animados encontros nos domingos à tarde.

No início dos anos 40, Ruy Coelho, além de "íntimo e festejado", era, dentre todos os membros do Grupo Clima, o que "mais tinha relações cordiais" com o escritor.[111] Não por muito tempo, diga-se de passagem, pois Oswald logo romperia com ele. Em janeiro de 1942, Ruy publicou na revista *Clima* um longo comentário sobre *Os condenados* que desagradou profundamente ao autor. Apesar de ressaltar que tinha "uma grande simpatia humana" por esse romance, Ruy não hesitou em apontar os aspectos mais problemáticos da obra. E encerrou o artigo com as seguintes palavras: "Não se doa Oswald com as críticas, talvez severas em excesso. Achei meu dever de moço exprimir a opinião sincera acerca desse livro de mocidade. Fi-lo pela estima que lhe dedico, sem sombra de hostilidade".[112]

Na opinião de Antonio Candido, o artigo de seu amigo "era justo, em certos pontos elogiosos, noutros restritivos, encaixando algumas piadas, das que Oswald gostava de fazer com os outros, mas não de receber. Ele subiu a serra e interrompeu as relações com Ruy, coisa que nunca fez a nenhum outro de nós, mesmo quando se zangava". Em 1945, Ruy foi para os Estados Unidos e só retornou ao Brasil oito anos depois. Com o passar do tempo, Oswald "esqueceu a turra e falava dele com a maior simpatia".[113]

Igual sentimento de simpatia teria Oswald por Antonio Candido, após a polêmica que mantiveram em 1943. O fato de Candido ter sustentado a discussão no terreno mais objetivo da crítica literária acabou por esmorecer a ira do escritor. Não de imediato, ressalve-se, pois, de agosto de 1943 a finais de 1945, Oswald ignorou-o solenemente, embora não perdesse nenhuma oportunidade, pública ou privada, para ironizá-lo. Candido não se deixou intimidar e, em 1945, escreveu um longo ensaio sobre a produção de Oswald como romancista, "Estouro e libertação" — incluído em seu primeiro livro, *Brigada ligeira*.[114]

Pouco tempo depois de sua publicação, o escritor avistou Antonio Candido na livraria que ambos freqüentavam, a Jaraguá, e disse-lhe "que fizera mal em reagir com veemência"[115] aos artigos que ele havia escrito, em 1943, para a *Folha da Manhã*. Antes de mais nada, porque constatou que Candido conservara uma atitude objetiva durante a polêmica, não se deixando influir pelas provocações de ordem pessoal. Como prova de reconhecimento, propôs que consolidassem a amizade e declarou que dali por diante o crítico "ficava com a liberdade de escrever o que quisesse a respeito de sua obra, que ele não se molestaria nem responderia".[116] A partir desse encontro, Oswald passou a tratar Antonio Candido com o "maior carinho", "lutando contra a sua bisonhice", "levando-o para a sua intimidade", "associando-o de vários modos à sua vida e à sua obra".[117]

Se Oswald só consolidou a amizade com Candido no final de 1945, Decio de Almeida Prado e Lourival Gomes Machado conquistaram mais cedo a admiração do escritor. Só que num terreno diverso: o teatro. Em 1943, ambos criaram o Grupo Universitário de Teatro e fizeram a sua estréia com a encenação da peça *Auto da barca do inferno*, de Gil Vicente. Entusiasmado com o primeiro resultado desse empreendimento de atores amadores dirigido por Decio e patrocinado pelo Fundo Universitário de Pesquisa,[118] Oswald manifestou a sua aprovação incondicional ao que vira, por meio do artigo "Diante de Gil Vicente", publicado em 1944 em *O Estado de S. Paulo*.

Ao contrário do que dissera no ano anterior, quando lançou a sua artilharia verbal contra Candido, nesse artigo Oswald afirma de saída que

> os CHATO-BOYS estão de parabéns. Eles acharam o seu refúgio brilhante, a sua paixão vocacional talvez. É o teatro. *Funcionários tristes da sociologia*, quem havia de esperar desses parceiros dum cômodo sete-e-meio do documento aquela justeza grandiosa que souberam imprimir ao *Auto da barca* de Gil Vicente, levado à cena em nosso teatro principal? Honra aos que tiveram a audaciosa invenção de restaurar no palco um trecho do Shakespeare lusitano, com os elementos nativos que possuíam. Os srs.

Decio de Almeida Prado, Lourival Gomes Machado e Clóvis Graciano, secundados pela pequena *troupe* universitária, ficam credores de nossa admiração por terem realizado diante do público um dos melhores espetáculos que São Paulo já viu. E São Paulo conhece grandes coisas.[119]

Com esses elogios rasgados o escritor modernista expressou o seu reconhecimento pela "glória da estréia do grupo universitário que montou Gil Vicente à altura das intenções quinhentistas".[120] Coroamento à parte, ele não perdeu, contudo, a oportunidade para explicitar mais uma vez a sua ironia em relação à formação sociológica dos dirigentes do grupo. O incômodo sentido por Oswald, para além das idiossincrasias de sua personalidade avassaladora, sinaliza um aspecto mais geral das transformações em curso no campo intelectual do período, desencadeadas pela fundação da Universidade de São Paulo.

A introdução de novas maneiras de conceber e praticar o trabalho intelectual, promovida por essa instituição e atualizada por seus integrantes, chocava-se com o padrão dominante das carreiras intelectuais da época, construídas na intersecção do jornalismo, da política, da literatura e da vida mundana. Oswald não foi o único, portanto, a manifestar sentimentos ambivalentes — de recusa, desconfiança, ressentimento, surpresa e admiração — diante da mentalidade universitária, especializada e profissional que estava sendo construída no período, por meio da presença dos professores estrangeiros e da atuação da nova geração de críticos de cultura — "a novíssima", como queria Milliet — oriunda da Faculdade de Filosofia, Ciências e Letras.

A FACULDADE DE FILOSOFIA, OS FRANCESES E O GRUPO CLIMA

A fundação da Universidade de São Paulo, em 1934, ocorreu no interior de um contexto intelectual mais amplo de interesse renovado pelo Brasil que se expressou nos mais variados setores da vida cultural do país: na instrução pública, nas reformas do ensino primário e secundário, na produção artística e literária, nos meios de difusão cultural e, sobretudo, na ênfase posta no conhecimento do país. "O Brasil começou a se apalpar."[121] A realidade brasileira tornou-se o conceito-chave do período, encarnando-se nos estudos histórico-sociológicos, políticos, geográficos, econômicos e antropológicos. Pautados por um frenesi por reinterpretar o passado nacional, por interpretar e diagnosticar o presente, tais estudos foram veiculados principalmente através das coleções Brasiliana e Documentos Brasileiros, editadas respectivamente em São Paulo e no Rio de Janeiro.[122] Ao acolher uma parte significativa desses estudos, o mercado editorial criava condições para que vários escritores se tornassem profissionais da literatura.[123]

Outro sinal seguro de que o campo intelectual estava em via de sofrer um complexo processo de diversificação interna, sem precedentes na história brasileira, foi emitido em São Paulo pela atuação dos educadores que integravam o movimento de renovação educacional da Escola Nova. Em conjunto com o grupo dirigente do jornal *O Estado de S. Paulo*, eles lançaram as bases do projeto da Universidade de São Paulo, implementado na década de 30 graças à contribuição dos intelectuais franceses.[124] Os últimos forneceram não apenas "o modelo e a concepção da universidade, como conferiram maior legitimidade e força às reivindicações dos educadores".[125]

A missão francesa que se integrou à Universidade de São Paulo[126] deve ser entendida, por um lado, como um desdobramento do intercâmbio cultural entre o Brasil e a França (intensificado com a criação, em 1921, do Liceu Franco-Brasileiro)[127] e, por outro, como uma conseqüência da aliança entre educadores profissionais e liberais doutrinários, articulados em torno de Júlio de Mesquita Filho. Enquanto os franceses chegaram a São Paulo para dar vida a um projeto para cujo formato, teor e direção, eles supostamente poderiam e deveriam contribuir, no Rio de Janeiro (com exceção da Universidade do Distrito Federal, fechada no início do Estado Novo), eles se fizeram presentes por vias oficiais, com autorização direta de Vargas e com a exigência básica de serem ligados à Igreja, para dar conta de um trabalho docente no âmbito de uma universidade sob controle confessional muito mais rígido e estrito.[128] A estadia desses professores na antiga capital federal, além de curta, teve um "impacto intelectual mais modesto do que aquele exercido pela missão francesa na USP".[129]

Em São Paulo, ao contrário, a contribuição dos professores franceses foi decisiva para a implantação e consolidação da Faculdade de Filosofia, Ciências e Letras.[130] E mais: para impulsionar a ruptura com a mentalidade jurídica vigente nos centros tradicionais de ensino superior do país, de onde até então saía "boa safra de figuras de destaque nas carreiras intelectuais não científicas, em especial literárias".[131] Por serem "treinados nas regras e costumes da competição acadêmica européia", empenharam-se para instituir aqui "um elenco de procedimentos, exigências e critérios acadêmicos de avaliação, titulação e promoção".[132]

Não devemos minimizar, entretanto, o fato de os franceses que vieram para a Universidade de São Paulo serem, como mostra Fernanda Peixoto,

> jovens em início de carreira, principalmente aqueles que chegaram antes da guerra — como Jean Maugüé, Claude Lévi-Strauss, Pierre Monbeig e Roger Bastide. Ainda que entre eles se encontrassem doutores, com livros publicados e carreiras em faculdades, não possuíam maior projeção no meio intelectual francês: davam aulas em liceus ou em faculdades fora de Paris, publicavam nas regiões em que lecionavam.[133]

O Brasil representava para eles a possibilidade de deslanchar a carreira acadêmica, além de oferecer ao grupo de cientistas sociais uma especialização temática original. Como professores e pesquisadores, procuraram construir aqui um sistema de produção intelectual, universitário e acadêmico, sem raízes fortes na tradição brasileira. À juventude dos professores franceses, somava-se a da universidade e de seus alunos. Decepções, entusiasmos, impasses, curiosidades, esperanças e poucas certezas entrelaçavam-se nos sentimentos dos mestres e de seus alunos.

O depoimento de Claude Lévi-Strauss (1908) ilustra bem o estado das coisas que encontrou na recém-criada Faculdade de Filosofia, onde, por dois anos (1935-7), ocupou a cadeira de sociologia. Tendo descoberto aqui a sua vocação de etnólogo, Lévi-Strauss organizou diversas expedições científicas ao Mato Grosso e à Amazônia,[134] nos períodos das férias letivas, longe do assédio dos estudantes. Sobre eles, afirma o antropólogo:

> Queriam saber tudo; qualquer que fosse o campo do saber, só a teoria mais recente merecia ser considerada. Fartos dos festins intelectuais do passado, que de resto só conheciam de ouvido, pois nunca liam as obras originais, mostravam um entusiasmo permanente pelos novos pratos. Seria preciso, no que lhes diz respeito, falar de moda e não de cultura: idéias e doutrinas não apresentavam aos seus olhos um valor intrínseco, eram apenas consideradas por eles como instrumentos de prestígio, cuja primazia tinham de obter. O fato de partilhar uma teoria já conhecida por outros era o mesmo que usar um vestido pela segunda vez: corria-se o risco de um vexame. Por outro lado, verificava-se uma concorrência

encarniçada, com grande reforço de revistas de divulgação, periódicos sensacionalistas e manuais, com o fito da obtenção do exclusivo modelo mais recente no nosso campo das idéias.[135]

Formados em outro sistema acadêmico, treinados para respeitarem "apenas as idéias amadurecidas", Lévi-Strauss e seus colegas sentiam-se embaraçados com a atitude dos alunos que

> manifestavam uma ignorância total quanto ao passado mas que mantinham sempre um avanço de alguns meses, em relação a nós, quanto à informação. Todavia, a erudição, para a qual não sentiam vontade nem tinham método, parecia-lhes, apesar de tudo, um dever [...] *Cada um de* [...] *nós [os professores] avaliava a sua influência pela importância da pequena corte que organizava à sua volta. Estas clientelas travavam entre si uma guerra de prestígio de que os professores preferidos eram os símbolos, os beneficiários ou as vítimas.* Isto traduzia-se nas homenagens, isto é, nas manifestações em honra do mestre, almoços ou chás oferecidos em virtude de esforços que se tornavam ainda mais comoventes porque pressupunham privações reais. *As pessoas e as disciplinas flutuavam ao longo dessas festas como valores da bolsa*, em função do prestígio do estabelecimento, do número de participantes, da categoria das personalidades mundanas ou oficiais que aceitavam participar.[136] [grifos meus]

A avaliação de Lévi-Strauss, ácida e impiedosa, pode ser lida, hoje, numa chave diversa da intenção do autor: menos como fonte primária a revelar a situação da Faculdade de Filosofia na época e mais como expressão dos sentimentos tumultuados do professor e antropólogo iniciante — formado em outro sistema de pensamento e de trabalho — diante do que encontrou por aqui. Pois, se é certo que toda carreira etnológica, para ser bem-sucedida, exige dos que a ela se entregam, profissional e intelectualmente, um movimento prévio de relativização das noções, concepções, valores arraigados, enfim, de tudo que conforma o universo cultural do pesquisador, com vistas à compreensão de outros sistemas simbólicos e sociais, distintos e muitas vezes opostos aos do antropólogo, é certo também que inúmeras são as dificuldades que se interpõem na realização desse empreendimento. Lévi-Strauss não é uma exceção à regra. Apesar da obra absolutamente genial que produziu, cuja envergadura intelectual o torna um dos grandes pensadores deste século, ele não foi capaz de traduzir a sua experiência na Universidade de São Paulo no mesmo registro analítico que construiu para dar conta dos objetos etnológicos contemplados ao longo de sua trajetória.

Suas observações sobre os estudantes e o sistema de ensino brasileiro, ainda que corretas do ponto de vista etnográfico, deixam entrever todo um lado incontido do seu "pré-conceito" em relação à situação que encontrou na recém-instalada Faculdade de Filosofia. Elas sugerem que talvez seja mais fácil para os antropólogos — formados nos centros de produção dos paradigmas dessa disciplina — explicar as sociedades indígenas, verdadeiramente outras em relação à Europa, do que aquelas, como a brasileira, que são a um só tempo prolongamento e negação do Velho Mundo.[137] Sobretudo quando se trata de analisar um grupo muito particular dessas sociedades: o dos intelectuais.

A dificuldade de Lévi-Strauss em apreender o que se passava no Brasil em termos de um sistema intelectual distinto culturalmente do seu não se reduz a uma questão de idiossincrasia pessoal. Reside antes nos obstáculos, afetivos e epistemológicos, que precisam ser transpostos para entender culturas, sociedades e grupos diferentes dos nossos. O maior deles talvez seja relativizar a lógica de compreensão que organiza a nossa apreensão do mundo. Se Lévi-Strauss foi longe na explicação do universo simbólico das sociedades indígenas, parece ter falhado na compreensão do nosso mundo intelectual. Seu depoimento pode ser lido, então, como uma expressão condensada da fala nativa, nesse caso européia, acerca do impacto e decepções decorrentes do esforço de implantar um sistema de trabalho e de pensamento sem um enraizamento maior na tradição nativa dos outros, no caso brasileira.

Apesar dos desacertos advindos desse encontro, foi enorme a influência intelectual que os professores franceses exerceram sobre os estudantes da Faculdade de Filosofia, Ciências e Letras, notadamente entre aqueles que integravam as suas primeiras turmas. Claude Lévi-Strauss, Roger Bastide e particularmente Jean Maugüé (1904-90) foram decisivos na formação intelectual de Antonio Candido, Gilda de Mello e Souza, Lourival Gomes Machado, Ruy Coelho e Decio de Almeida Prado. Com eles aprenderam a estudar e descobriram, segundo Gilda, o que era uma aula de verdade:

> Não mais a repetição mecânica de um texto, vazio e inatual, cujas fontes eram cuidadosamente escamoteadas da classe, mas a exposição de um assunto preciso, apoiado numa bibliografia moderna, fornecida com lealdade ao aluno. Ao contrário da tradição romântica de ensino, baseada na improvisação do brilho fácil, que ainda imperava na Faculdade de Direito, por exemplo, o professor consultava disciplinadamente as suas

anotações, aumentando com isso a confiança dos alunos na seriedade do ensino.[138]

Pelo exemplo do curso de Lévi-Strauss (então um jovem professor de 27 anos em via de constituir uma brilhante carreira em etnologia), Gilda de Mello e Souza, Lourival Gomes Machado e Decio de Almeida Prado experimentaram, no decorrer de 1937, os primeiros sinais do que viria a ser uma "transformação capital em nossos hábitos intelectuais":[139] a indissociabilidade entre teoria, método e pesquisa. Com Lévi-Strauss, aprenderam que as sociedades indígenas, tidas como primitivas, apresentam um alto grau de complexidade. Sendo assim, não deveriam ser enquadradas "em esquemas evolutivos que dão por comprovada a nossa superioridade. O método comparativo é bom para compreender melhor o outro, não para diminuí-lo". Tal foi a "última lição" — e "não das menores" — que Decio recebeu "de viva voz" do professor.[140]

Com Roger Bastide (que, em 1938, substituiria Lévi-Strauss na cadeira de sociologia), Gilda, Decio e Lourival, seguidos desta vez por Antonio Candido, Ruy Coelho e Paulo Emilio Salles Gomes, aprenderam que os modernos métodos de investigação sociológica podiam — e deveriam — ser aplicados ao estudo de dimensões variadas da sociedade e da cultura brasileiras. Para cujo esclarecimento, enfatizava Roger Bastide, era necessário substituir o brilho fácil e muitas vezes infundado das hipóteses livrescas pela pesquisa minuciosa e sistemática das fontes.[141]

Com o professor de filosofia Jean Maugüé, aprenderam bem mais que o conteúdo da disciplina de seus cursos. Acima de tudo, introjetaram um estilo de operação intelectual. Nas palavras de Gilda,

> Maugüé não era apenas um professor — era uma maneira de andar e falar, que alguns de nós imitavam afetuosamente com perfeição; era um modo de abordar os assuntos, hesitando, como quem ainda não decidiu por onde começar e não sabe ao certo o que tem a dizer; e por isso se perde em atalhos, retrocede, retoma um pensamento que deixara incompleto, segue as idéias ao sabor das associações. Mas esse era o momento preparatório no qual, como um acrobata, esquentava os músculos; depois, alçava vôo e, então, era inigualável.[142]

Antonio Candido, um dos admiradores mais entusiasmados de Maugüé, não hesita em afirmar que "ele foi um verdadeiro mestre. A minha maneira de ver o mundo, de raciocinar sobre o mundo, é, provavelmente, devida a [esse] professor. Não só eu como toda a minha geração. Maugüé nos preparou para refletir sobre a vida".[143] Decio de Almeida Prado complementa: "A filosofia para ele era bagagem fundamental para se entender a história e o presente".[144]

A abertura desse professor francês para tratar os temas mais diversos sob uma forma filosófica e para estimular nos alunos a reflexão a partir das fitas que viam, dos romances que liam, dos acontecimentos e idéias políticas da hora, foi central para os membros do Grupo Clima, que acabaram não sendo filósofos nem sociólogos estrito senso, mas sempre se utilizaram "da filosofia e da sociologia para pensar a vida cotidiana".[145] Segundo Antonio Candido, Maugüé "confirmou em muitos de nós uma vocação de crítica e ensaísmo que nos foi levando a deixar de lado filosofia e sociologia, para nos aninharmos na literatura e nas artes".[146] O primeiro movimento que fizeram nessa direção encontra-se, como veremos a seguir, nas páginas de *Clima* e na definição do perfil intelectual dessa publicação.

3
REVISTA "CLIMA"

DIVIDINDO O TRABALHO INTELECTUAL

Criada pelo grupo mais expressivo de alunos das primeiras turmas da Faculdade de Filosofia, Ciências e Letras, *Clima* foi patrocinada, de início, por Alfredo Mesquita (1907-88), que desde meados da década de 30 vinha tentando inovar a dramaturgia paulista, como crítico e diretor de teatro.[1] Formado em direito em 1932, Alfredo freqüentou também uma série de cursos na recém-criada Faculdade de Filosofia. Ali travou os primeiros contatos com os futuros produtores da revista. Como relembra Decio de Almeida Prado, "a nossa aproximação com Alfredo foi devida ao teatro. Ele tinha um grupo de teatro amador e me convidou, em 1939, para representar a peça *Dona Branca*, de sua autoria, e a Gilda para fazer um artigo para o programa. A partir daí, ele foi aos poucos se aproximando do nosso grupo".[2]

Atuando como uma espécie de patrono do grupo, Alfredo Mesquita, dada a sua condição social e cultural, forneceu o impulso inicial de que seus membros precisavam para tornar públicas as suas idéias. "Vendo tantos moços que pareciam capazes de dizer e fazer alguma coisa no campo da cultura, imaginou fundar com eles uma revista que lhes servisse de oportunidade para se definirem e de veículo para se manifestarem [...] Sem ele, acho que nunca teríamos feito a revista",[3] esclarece Antonio Candido. O mais provável, no entanto, é que a teriam feito de qualquer maneira. Mas é certo também que Alfredo Mesquita tornou tudo mais fácil ao conseguir os anúncios que financiaram os primeiros números desse empreendimento.

A idéia da revista surgiu no final de 1940, a partir de conversas travadas entre Lourival Gomes Machado (que desde o ano anterior era assistente do professor Arbousse-Bastide) e Antonio Candido (que cursava na época o segundo ano de ciências sociais). A princípio, eles pensaram em editar uma publicação pequena, de circulação restrita, provavelmente mimeografada, para "dar curso a pontos de vista do grupo".[4] Com o encerramento do ano letivo de 1940, Candido saiu de férias e foi para a casa de seus pais em Minas Gerais. Lourival permaneceu em São Paulo e continuou a fermentar o projeto de ambos. Procurou então Alfredo Mesquita, que, de imediato, se mostrou disposto a patrociná-lo. Mas, no lugar de uma revistinha mimeografada, Alfredo propôs o lançamento de uma publicação mais acabada, com freqüência mensal. Juntos enviaram cartas para os amigos mais próximos de Lourival, que estavam gozando as férias longe de São Paulo. Decio de Almeida Prado encontrava-se nos Estados Unidos; Gilda de Mello e Souza (então Moraes Rocha), em Araraquara; Ruy Coelho, em Campos do Jordão; Antonio Candido, em Poços de Caldas; Paulo Emilio Salles Gomes, não sabemos onde. Eles foram comunicados à distância sobre a data provável da estréia da revista e sobre as seções que ficariam encarregados de produzir.

De volta a São Paulo, todos se concentraram na organização da publicação, que já estava em andamento, inclusive com os anúncios que deveriam assegurar a sua base material. "Suamos para encontrar um nome, afinal descoberto por Lourival, autor do projeto da capa e diretor por sugestão de Alfredo, com apoio de todos nós",[5] explica Antonio Candido. "Nós passávamos os dias sugerindo os nomes mais idiotas possíveis: 'Revista Paulista de Cultura', 'São Paulo para o Brasil', essas bobagens todas. Até que Lourival sugeriu o nome *Clima*." Gilda de Mello e Souza corrobora a informação de Candido e acrescenta que, no início de 1941, quando estavam saindo da Confeitaria Seleta (localizada na rua Barão de Itapetininga, nas imediações do Teatro Municipal), pararam em frente à vitrine de uma loja que ostentava "um enorme cartaz de vilegiatura, escrito com letras bem grandes, em francês, *CLIMAT*. Lourival apontou o dedo e disse: 'Olha o nome da revista'.[6]

Definidos o título, o diretor responsável (Lourival Gomes Machado), os editores encarregados das seções permanentes (Antonio Candido, literatura; Lourival, artes plásticas; Paulo Emilio Salles

Gomes, cinema; Decio de Almeida Prado, teatro; Antonio Branco Lefèvre,[7] música; Roberto Pinto Souza, economia e direito; Marcelo Damy de Souza, ciência)[8] e os colaboradores (como Gilda de Mello e Souza, Ruy Coelho, Cícero Christiano de Souza,[9] entre outros), a revista circulou de maio de 1941 a novembro de 1944. No decorrer dos seus dezesseis números, firmou-se sobretudo como uma publicação cultural.

A divisão do trabalho intelectual instituída entre os editores de *Clima* amarrou, segundo Antonio Candido, "o destino de cada um na seção de que era encarregado".[10] Até o lançamento da revista, explica Decio de Almeida Prado,

> nós ainda estávamos no começo quase que absoluto. Eu, por exemplo, não pretendia ser crítico de teatro; pretendia primeiro ser escritor, depois professor de filosofia (que fui durante muito tempo). Nesse período é que comecei a perceber, por exemplo, que o Lourival tinha uma vocação para as artes plásticas, através de conversas e também pelo fato dele ir mais às exposições, comentar mais, falar mais sobre arte. Mas ele não escreveu nada antes do *Clima*, como eu também não escrevi nada sobre o teatro antes do *Clima*, como Antonio Candido não escreveu nada sobre literatura e nem o Paulo Emilio sobre cinema.[11]

Eclética e no início sem muita unidade editorial, a revista procurou mostrar os resultados da formação intelectual que seus editores e colaboradores mais próximos tinham recebido na Faculdade de Filosofia, Ciências e Letras. Escrevendo sobre modalidades variadas da crítica de cultura, eles deram visibilidade à nova mentalidade universitária que estava sendo definida pela Universidade de São Paulo. Mas, no lugar de fazerem uma crítica apoiada apenas na discussão de posições teóricas, centraram-se principalmente na análise interna dos produtos culturais. Tal foi, em linhas gerais, a marca introduzida pelos membros dessa geração no contexto cultural e intelectual do período.

Segundo Ruy Coelho,

> nós não revelamos grandes talentos de ficção e de poesia. As boas coisas que existiam de ficção, de poesia, eram de pessoas que já estavam formadas. Mas, do ponto de vista da crítica, uma crítica que se pretendia filosófica ou sociológica, uma crítica que visava ser mais científica, nós tivemos influência. Eu creio que em relação às revistas anteriores, no panorama da literatura brasileira, a parte principal do *Clima* é esta noção de crítica. Nós éramos muito universitários. Com todos os pedantismos e vícios que tem uma posição universitária. Isto marca uma certa diferen-

ça. [...] Quer dizer, nós não tínhamos muita liberdade de pilhéria, de espírito. Não havia como dentro do modernismo a frase de espírito, a exploração da veia cômica, que era uma coisa essencial. Nós éramos, como dizia o Oswald de Andrade, os chato-boys.[12]

Graças a essa publicação de juventude, conquistaram rapidamente o reconhecimento de que precisavam para se lançarem em empreendimentos culturais e intelectuais mais ambiciosos. A partir dela, confirma Ruy Coelho, "quase todo mundo recebeu propostas para escrever em outros órgãos da imprensa. Nós nos tornamos conhecidos com *Clima*. De uma certa maneira, não fomos nós que fizemos *Clima*, foi *Clima* que nos fez. Isto nós sentimos bem".[13]

FIXANDO OS CONTORNOS DE UMA DICÇÃO AUTORAL

O primeiro número de *Clima*, editado em maio de 1941, traz um "Manifesto" em que são expostas as razões que motivaram tanto a sua criação como a publicação do ensaio "Elegia de abril", de Mário de Andrade.

Se pedimos [ao escritor] que se incumbisse de uma das apresentações, foi que o seu nome nos pareceu, por diversas razões, o mais indicado para tal fim. A escolha teve um sentido ou, por outra, vários sentidos: em primeiro lugar, *Clima* é uma revista de gente nova e desconhecida, gente que poderia parecer por demais ousada apresentando-se a si mesma e que, a seu próprio ver, precisava de uma apresentação feita por pessoa de reconhecida autoridade. Ninguém mais do que Mário de Andrade estava nessas condições.[14]

A escolha de um nome consagrado para abrir a revista não devia, segundo seus redatores, obscurecer o fato de que ela pretendia veicular acima de tudo os pontos de vista da "mocidade de espírito", com o intuito de facilitar os "primeiros passos" dos jovens escritores, artistas, sociólogos, filósofos e cientistas organizados à sua volta. E simultaneamente mostrar

aos mais velhos e aos de fora, sobretudo àqueles que têm o mau hábito de duvidar e de negar a priori valor às novas gerações, que há em São Paulo uma mocidade que estuda, trabalha e se esforça, sem o fim exclusivo de ganhar dinheiro ou galgar posições. Mocidade digna desse nome, cheia de coragem, de desprendimento, de entusiasmo, que se interessa por coisas sérias, que pensa e produz [...]; mocidade cheia de promessas, que representa o futuro do país, de um país novo como o nosso, cujo maior, mais sério problema é, sem dúvida, o problema cultural.[15]

Explicitados os objetivos de *Clima*, cada um dos editores procurou firmar-se na sua área de especialidade por intermédio dos artigos que escreviam para as seções permanentes da revista. Dedicando-se à crítica de livros, Antonio Candido fixou, desde o início, o viés analítico mais geral que guiaria a sua trajetória como crítico e estudioso da literatura. Atento às relações entre literatura e sociedade, e às mediações necessárias para a sua apreensão, buscou circunscrever o papel do crítico e a sua função, tendo em vista suplantar a crítica impressionista, que lhe parecia "detestável" por basear-se em "impressões vagas e tiradas sem sentido".[16] Seu empenho em construir uma crítica que se exprimisse por conceitos e abandonasse a visão do "autor como uma entidade independente" — para em seu lugar buscar as "ligações profundas" que todo escritor mantém com seu "tempo" e com "o grupo social em função do qual trabalha e cria"[17] dá o tom da plataforma crítica que formulou no interior de *Clima*.

Sustentando a tese de que toda "obra literária tem, evidentemente, um aspecto que pode ser considerado seu, específico; e um outro, que significa a sua posição funcional na cultura de uma época",[18] Antonio Candido estabelece que uma das grandes funções do crítico é

> justamente a de servir como que de agente de ligação entre uma obra e seu tempo — e não apenas entre a obra e o leitor. E esta função implica na busca dos ligamentos através dos quais uma obra se prende ao seu momento histórico e social. Somente graças à compreensão deste sistema de relações obra-momento é que se poderá ter uma noção orgânica da literatura. Ater-se à produção literária "em si" será talvez mais interessante, mais artístico, mais especificamente literário. Mas é preciso lembrar que a crítica não pode e não deve ser puramente literária — no sentido de "artístico" —, porque estará neste caso sacrificando uma grande parte de sua significação e limitando o seu alcance. Ao crítico individualista, gidiano, opomos sem medo o crítico orgânico, o crítico funcionalista, por assim dizer, que busca numa produção não apenas o seu significado artístico, mas a sua conexão com as grandes correntes de idéias da época, e a sua razão de ser em face do "estado" de um dado momento.[19]

O interesse de Candido pelos elementos culturais e sociais mais amplos que condicionam o sistema literário, explicitado inicialmente por meio dos artigos escritos para *Clima*, sofrerá sucessivas reavaliações no decorrer de sua trajetória. No decênio de 40, que corresponde à primeira fase de sua produção, Candido voltou-se prioritariamente para a análise dos condicionantes que presidem à criação das obras literárias. Mas, passados vinte anos de sua estréia como crítico, alterar-se-iam os termos de sua busca intelectual. Tendo desfeito a ambigüidade de sua situação institucional — assistente da cadeira de sociologia II da Faculdade de Filosofia, entre 1942 e 1958, e produtor de conhecimentos na área de literatura desde 1941 —,[20] Antonio Candido redirecionou o seu projeto intelectual. A partir do início da década de 60, seu desafio será o de revelar, através de análises circunstanciadas, a maneira pela qual os elementos externos à obra literária são retrabalhados como elementos internos, estruturantes do próprio sistema literário.[21]

Esse redirecionamento analítico de Candido é compreensível também à luz das transformações que estavam ocorrendo no âmbito dos estudos literários, desencadeadas em grande parte pela introdução, a partir dos anos 40, de visadas mais acadêmicas no tratamento da literatura. Nesse contexto de reavaliação da figura do crítico e da função da crítica, Candido não esteve sozinho: Alvaro Lins, Sérgio Milliet, Otto Maria Carpeaux (1900-78), Sérgio Buarque de Holanda (1902-82), Afrânio Coutinho (1911), entre outros, deram a sua contribuição nessa direção. O ponto de inflexão dessa reorientação inscreve-se na tentativa de dotar os estudos literários de instrumentos analíticos mais poderosos — construídos na intersecção e no diálogo com as ciências do social —, tendo em vista a superação do impressionismo e do amadorismo que ainda caracterizavam a crítica da época.

Até a implantação de uma mentalidade propriamente universitária e acadêmica, promovida em grande parte pelas faculdades de filosofia que se criaram no país a partir do decênio de 30, as revistas literárias e os rodapés dos jornais eram o lugar privilegiado para a veiculação da produção dos críticos.[22] Entre as várias modalidades de trabalho simbólico praticadas no período, a crítica literária era a mais enraizada na tradição intelectual brasileira. Pois o objeto de que se nutria, a literatura, aparecia como "o fenômeno central da vida do espírito no país".[23] Ao lado de sua contribuição decisiva para a formação de uma consciência nacional e para a pesquisa da vida e dos problemas brasileiros, a literatura e seu exercício constituíam um canal privilegiado para a aquisição de prestígio e reconhecimento no campo intelectual da época. O mesmo, porém, não ocorria com outras variantes de produção cultural, como a crítica de cinema e de teatro.

Decio de Almeida Prado e sobretudo Paulo Emilio Salles Gomes, ao se iniciarem nessas áreas desprovidas de tradição e de uma malha institucional forte que garantisse a profissionalização de seus praticantes, estavam praticamente inaugurando a crítica moderna de cinema e de teatro, no momento em que o "teatro moderno" e o "cinema de arte" estavam sendo descobertos na capital paulista.[24] Em grande parte, pela atuação de ambos. Decio, como diretor do Grupo Universitário de Teatro, cuja estréia se deu, como vimos, com a montagem da peça de Gil Vicente, *Auto da barca do inferno*. Paulo Emilio, como idealizador e aglutinador principal do Clube de Cinema de São Paulo, criado em agosto de 1940, pouco tempo depois do seu retorno da Europa, onde passara os anos de 1937 a 1939, e onde se iniciara nas artes cinematográficas, graças à influência de Plínio Sussekind, defensor intransigente do cinema mudo, de quem Paulo Emilio se considerava discípulo.[25]

O Clube de Cinema, que antecedeu o lançamento da revista *Clima* e, como ela, nasceu ligado à Faculdade de Filosofia, constituiu a primeira manifestação concreta do interesse intelectual pelo cinema que estava surgindo na capital paulista. Seu objetivo era "estudar o cinema como arte independente, por meio de projeções, conferências, debates e publicações". Além disso, propunha-se a abordar o cinema brasileiro através da conjunção do "melhor de seus esforços de crítica, orientação e, num tempo próximo, criação".[26]

Durante o ano de 1940, o clube promoveu cinco sessões de cinema, três delas fechadas, as outras duas públicas. Nas reuniões fechadas foram projetados vários filmes de Charles Chaplin, e do expressionismo alemão, como *Gabinete do doutor Caligari*, de Robert Wiene, *Metrópolis* e *Os espiões*, de Fritz Lang, por exemplo. Segundo Ruy Coelho, "os filmes eram os disponíveis nas empresas comerciais que os alugavam. Perfaziam no máximo vinte títulos, se não me falha a memória, e, escusa dizer, eram todos silenciosos".[27] Nas reuniões abertas (que tinham lugar na sala de conferências da Faculdade de Filosofia, situada na época no terceiro andar da Escola Normal, na praça da República), após a projeção dos filmes sucediam-se os debates. O público presente era composto por "estudantes e professores da Faculdade de Filosofia, aos quais se juntavam intelectuais e artistas, os mesmos que se encontravam nas exposições de pintura, récitas de música e dança, estréias de teatro".[28]

Para o ano de 1941, o Clube de Cinema preparou uma série de palestras que seriam proferidas por Guilherme de Almeida, Otávio de Faria e Vinicius de Moraes.[29] Infelizmente, elas não chegaram a acontecer, pois o clube, que não tinha estatutos registrados, foi fechado no início de 1941 pela censura do Estado Novo, sob a alegação de incitar a projeção de filmes subversivos.

Inconformado com a decisão do Departamento de Imprensa e Propaganda (DIP),[30] Paulo Emilio Salles Gomes viajou para o Rio de Janeiro com o propósito de discutir a questão diretamente com as autoridades responsáveis. Lá, encontrou-se com Israel Souto, autor da medida que encerrou as atividades públicas do cineclube paulista. Nas palavras de Paulo Emilio,

> tive com ele uma conversa incrível. "A juventude é ingênua", explicou-me Israel Souto, "deixa-se convencer facilmente pela propaganda subversiva." Vou lhe dar um exemplo. Vocês vêem uma fita russa, onde aparece uma mulher gorda, saudável, cheia de vida, amamentando um bebê risonho. Aparentemente, nada mais inocente. Mas precisamente aí é que está a propaganda, porque nós sabemos que na verdade as coisas na Rússia não são assim, e a juventude se pode deixar enganar. Estou lhe dando um exemplo de um filme que eu vi. Agora imagine o que há por aí que nós não sabemos [...].[31]

De volta a São Paulo, Paulo Emilio comunicou aos amigos que a decisão do DIP, arbitrária e injustificável, não seria alterada. O máximo que podiam fazer para burlar e contornar a censura era promover algumas sessões privadas, como de fato fizeram, mas não por muito tempo, na casa de Paulo Emilio.

Pródigos no cumprimento do estudo do cinema como arte independente, o Clube de Cinema e a revista *Clima* mantiveram-se ausentes em relação ao cinema brasileiro. O cinema visto e discutido era basicamente estrangeiro: clássicos europeus e americanos, produzidos nos anos 20, sobre o quais "já havia todo um conjunto de interpretações e teorizações".[32] O cinema feito no Brasil não encontrava lugar nem nas projeções do clube nem nas páginas de *Clima.*[33] Nelas, relembra Paulo Emilio, "além de uma declaração formal do enorme apoio que teria a revista em lutar pelo desenvolvimento do cinema nacional, há uma única referência, puramente ocasional, a um filme brasileiro, e mesmo assim porque foi a forma que eu encontrei de fazer um pouco de polêmica política a propósito de um assunto qualquer".[34]

A primeira e única referência de Paulo Emilio a uma fita brasileira, *Aves sem ninho*, de Raul Roulien, não deixa dúvidas sobre a sua visão, na época, a respeito do cinema nacional, partilhada também pelos demais editores de *Clima*. Implacável e telegráfico, Paulo Emilio afirmava em julho de 1941: "É um filme ruim, mesmo em relação ao cinema brasileiro".[35] O comentário destoa do restante de sua produção na revista, como crítico titular da área de cinema. Mesmo quando suas opiniões não eram particularmente favoráveis a uma determinada fita, ele se dava ao trabalho de analisar o filme, a construção das personagens, o movimento da câmara, a ligação entre as imagens, a intervenção do diretor, a transposição do enredo a uma linguagem cinematográfica e, dependendo do caso, seus eventuais acertos. Mas isso era feito sempre em relação ao cinema estrangeiro.

A estréia de Paulo Emilio em *Clima* se deu, em julho de 1941, com um longo e primoroso ensaio sobre o filme *A longa viagem de volta* (*The long voyage home*), de John Ford. Sua repercussão foi imediata nos meios intelectualizados da cidade, acostumados a uma crítica cinematográfica mais informativa do que analítica.[36] Transpondo para o cinema um tratamento até então reservado apenas aos melhores estudos literários feitos entre nós, Paulo Emilio firmou-se rapidamente como um dos críticos mais importantes de São Paulo. Sua estadia na França propiciara um conhecimento amplo e comparativo da produção cinematográfica de ponta, que ele rapidamente tratou de aplicar quando voltou ao Brasil, no final de 1939. Primeiro, através do Clube de Cinema; em seguida, em *Clima*. Nos artigos que escreveu sobre John Ford e Orson Welles, dois dos cineastas de sua predileção, encontramos alguns dos pressupostos mais gerais que guiariam a sua análise do cinema como arte independente, particular e específica.[37]

Uma das grandes qualidades de John Ford, no entender de Paulo Emilio, foi ter "dado às coisas" uma linguagem eminentemente cinematográfica. Os objetos, no cinema, "ficam todos no mesmo plano: homens, seres irracionais e coisas, o que não acontece no teatro, onde os atores que dizem o texto são evidentemente mais importantes que os vasos, as cadeiras e as janelas".[38] Comparando o cinema com a pintura e a literatura, Paulo Emilio afirma que os pintores também usam freqüentemente essas *coisas*, mas, para eles, elas são mais um pretexto para a combinação de volumes e cores que realmente um motivo. O professor Jean Gagé, numa conferência recente,[39] declarava que uma das conquistas de Victor Hugo era a de ter, depois que a Revolução deu a cidadania política a todos os homens, dado cidadania poética a todas as *palavras*. O cinema deu cidadania poética a todas as *coisas*. E John Ford não se esqueceu disso.[40]

Orson Welles também não. Entre outros motivos, porque a ligação que faz entre as imagens não depende, segundo Paulo Emilio, "unicamente do aspecto psicológico e anedótico da história a ser contada, como no caso da produção cinematográfica média". Nos filmes do diretor de *Cidadão Kane*, "a imagem (e às vezes a combinação imagem-som) é um organismo vivo, com seu *movimento* (que pode ser imóvel) próprio".[41]

Menos aparelhado, de início, que Paulo Emilio, Decio de Almeida Prado fez valer os conhecimentos assistemáticos que tinha até então sobre as artes cênicas para escrever os seus primeiros artigos como crítico de teatro de *Clima*. Adquiridos por meio de sua experiência como ator amador da peça *Dona Branca*, das leituras esparsas e das duas viagens que fizera para o exterior antes do lançamento da revista,[42] tais conhecimentos foram reforçados pela situação inusitada que o teatro vivia em São Paulo, em decorrência da Segunda Guerra Mundial. No caso da capital paulista (e de outras grandes cidades da América do Sul, como Buenos Aires, Montevidéu e Rio de Janeiro), os efeitos da guerra foram, paradoxalmente, sentidos sob a forma de uma grande efervescência cultural.

Com o bloqueio do Atlântico, relembra Gilda de Mello e Souza,

as companhias de teatro e balé, que haviam saído da Europa para as *tournées* costumeiras pela América do Sul, ficaram presas do lado de cá do mundo e viram-se obrigadas a circular, indefinidamente, pelas grandes capitais [...] O teatro de L'Atelier, por exemplo, dirigido por Jouvet, fez grandes temporadas no Brasil, o que tornou possível conhecer a domicílio alguns dos mais belos espetáculos teatrais da época. Especialmente o repertório recente de Giraudoux, nas montagens inesquecíveis de Christian Bérard, com Jouvet e Madeleine Ozeray nos papéis centrais.[43]

E foi justamente com um artigo sobre Louis Jouvet que Decio de Almeida Prado fez sua estréia, em julho de 1941, no segundo número de *Clima*. Após informar aos leitores que a importância desse ator e diretor francês residia, antes de tudo, em sua contribuição para salvar "o moderno teatro francês do Boulevard e do espírito *boulevardien*", Decio anunciou a sua chegada a São Paulo, prevista para o final de julho de 1941. Manifestando o entusiasmo antecipado pelo que iria ocorrer no "nosso velho [Teatro] Municipal, tão pretensioso, tão feioso, tão importante para nós", o crítico concluiu o artigo com as seguintes palavras: a temporada de Jouvet entre nós "criará *'cet accord, ce consentement harmonieux et equilibré entre un public, des acteurs et des auteurs'* e por algumas noites viveremos sob o encantamento misterioso do Teatro".[44]

De fato foi o que se deu, segundo a avaliação bastante positiva que Decio fez dessa temporada, em agosto de 1941, no segundo artigo que escreveu para *Clima*. Mais analítico do que o primeiro, nesse o autor faz algumas incursões pelo teatro moderno, com o propósito de fixar os pontos capitais da produção de Jouvet, que, associando-se ao escritor Jean Giraudoux, trouxe de volta "a convenção teatral". Ou seja, "a recriação da ilusão cênica", rompida pelo teatro naturalista no seu afã de "representar uma peça como se sua ação se realizasse normalmente, de maneira que o espectador tivesse a impressão de assisti-la por indiscrição ou surpresa".[45]

A segunda intervenção de Decio em *Clima* é acompanhada por uma pequena nota sobre a temporada que Dulcina de Moraes e Odilon Azevedo estavam fazendo no Rio de Janeiro, com a peça *Nunca me deixarás* (original de Margareth Kennedy). Após cumprimentar os atores pelo sucesso da montagem apresentada em 1941, o crítico expressou o desejo de que eles continuassem a manter o "compromisso" possível entre o teatro comercial e o de arte, visto que "o último parece por ora impossível no Brasil".[46] Atento ao que se passava na produção teatral brasileira, Decio não deixava escapar nenhuma oportunidade para expor as suas restrições ao teatro meramente comercial e para elogiar os diretores e atores que já estavam trilhando os caminhos do experimentalismo e da inovação no domínio da representação. No primeiro caso, encontrava-se Procópio Ferreira, que queria "elevar o nível de seu repertório mas, ao mesmo tempo, não [queria] perder o público dos bons tempos das traduções espanholas no Boa-Vista".[47]

Frente à indecisão do ator, Decio não hesitou em lhe mandar o seguinte recado pela revista: "Sr. Procópio, raramente a arte permite acomodações. Decida-se de uma vez num sentido ou noutro, escolha entre ganhar mais dinheiro, ou a arriscar um pouco do que ganhou em novas experiências".[48] A busca da inovação, ausente em Procópio, era a marca de Os Comediantes. No entender de Decio, o grupo de teatro carioca estava "contribuindo decisivamente" para que o teatro brasileiro alcançasse "o nível do teatro universal". A "ousadia do sr. Nelson Rodrigues" parecia-lhe "extremamente importante e fecunda, ao procurar novos caminhos, sacudindo a pasmaceira que vai por aí".[49]

O entusiasmo de Decio pela montagem de *Vestido de noiva*, de Nelson Rodrigues, encenada em São Paulo, em 1944, pelo grupo Os Comediantes, foi compartilhado pelos demais editores de *Clima*, todos eles interessados no movimento de renovação teatral que estava ocorrendo na capital paulista. Em 1942, Alfredo Mesquita criou o Grupo Experimental de Teatro. No ano seguinte, Decio e Lourival Gomes Machado fundaram o Grupo Universitário de Teatro. Cinco anos mais tarde, integraram-se à Escola de Arte Dramática:[50] Decio, como professor regular de história do teatro; Lourival, como conferencista no domínio da história da arte. Também em 1948, ambos se ligaram ao recém-criado Teatro Brasileiro de Comédia (TBC), patrocinado e dirigido inicialmente por Franco Zampari (1889-1966).[51] Decio, como encenador de um espetáculo amador; Lourival, como autor da peça *Raquel*, representada pelo grupo fora do circuito comercial e muito bem recebida por Sérgio Milliet. Na coluna que mantinha em *O Estado de S. Paulo*, o crítico paulista deixou registrado o seguinte comentário:

> Da peça de Lourival Gomes Machado, *Raquel*, já se disse que opunha à paixão romântica, ao devaneio poético e ao misticismo idealista a escolha necessária da realidade cotidiana, o sacrifício fecundo da obediência à regra. Peça escrita por um sociólogo, tinha que assumir, ainda que sob a forma bíblica, a defesa de uma filosofia social. Acontece, porém, que o sociólogo é também crítico de arte e, portanto, artista potencial.[52]

O envolvimento de Lourival e Decio com o teatro de ponta que se fazia na época era acompanhado pelos amigos mais próximos de ambos. Gilda de Mello e Souza escreveu, em 1939, um dos textos do programa da peça *Dona Branca*, traduziu *A dama das camélias*, de Alexandre Dumas, para o TBC e, entre 1948 e 1958, foi professora de estética na Escola de Arte Dramática. Antonio Candido, que em 1945 havia escrito um artigo de crítica de teatro para *O Estado de S. Paulo*,[53] também deu a sua contribuição para o teatro paulista, traduzindo a peça *O baile dos ladrões*, de Jean Anouilh, representada pelo Grupo Uni-

107

versitário de Teatro no TBC. Além disso, foi "ponto" em alguns espetáculos do Grupo Experimental de Teatro, assim como o amigo Ruy Coelho, que desempenhou a mesma função no grupo dirigido por Decio.

Ruy Coelho, o mais jovem colaborador de *Clima*, tinha múltiplos interesses na época. De todos os membros da revista, foi o que mais se dedicou a assuntos diversos: filosofia, estética, teatro, cinema e literatura. Publicou seu primeiro artigo aos 21 anos, em maio de 1941. Intitulado "Marcel Proust e a nossa época", ele recebeu elogios de Alvaro Lins, Sérgio Milliet e Vinicius de Moraes. A precocidade do autor, somada ao ângulo que escolhera para abordar o escritor francês — centrado na apreensão de dimensões internas da obra e da vida de Proust, lidas por meio do viés analítico desenvolvido pela psicanálise freudiana —, causou admiração e espanto nos leitores da revista.

Recheado de citações em inglês e francês, permeado por referências filosóficas e pela exposição de fragmentos do universo literário e erudito do autor, o ensaio é provocativo e bastante ambicioso. "Que resulta da busca em sete volumes, do tempo perdido, que é afinal achado?", pergunta-se Ruy. Resposta: "Os seres, as coisas, todo o mundo exterior nos é inacessível, pois é a projeção de nós mesmos. E nós mesmos não temos maior realidade, pois que somos uns hoje e outros amanhã".[54]

Enveredando por essa trilha psicanalítica, Ruy tenta provar que a obra de Proust é o resultado da "sublimação das tendências inconscientes do autor" (de seus desejos homossexuais tumultuados), "que não acharam vazão perfeita por serem condenadas pela época [em] que viveu". Mas, antes de chegar a essa conclusão, compara a obra de Proust com as de Schopenhauer, Pirandello e James Joyce. E avisa aos leitores: "Estes confrontos não têm como base a concessão ao gosto fácil do paralelo". São antes respostas a "questões fundamentais, que são o móvel de todo esse trabalho: como se devem aceitar as idéias proustianas? São elas revelações de uma vontade superior ou o convento em que se refugiu um neurótico? Até que ponto foi ele o produto de sua época? Que resta de Proust para nós, moços de hoje?".[55] Em termos literários, muita coisa, pois, além "de estilista delicioso", foi "um romancista extraordinário". Apesar disso, Ruy afirma que jamais chegaria a confiar-lhe as suas dúvidas com o propósito de pedir-lhe soluções.

Em face da vida — sentencia Ruy — Proust fracassou. "Porém, o mais grave é que fez de sua infelicidade regra geral, e enxergou na própria raiz da existência a atividade, a luta, a fonte de todo o mal. Este negativismo covarde não pode ser aceito. Se o cotidiano é horrível, cabe a nós mudá-lo e não fugir a ele e nos encerrar nos ninhos inócuos e calmos da arte."[56] Para tanto, postula o fim dos "paraísos artificiais" e sustenta uma concepção da vida contrária à de Proust. "Embora carregada de graves falhas e angustiosos problemas aceitamos esta vida, única realidade que conhecemos. Para resolver estes problemas adotamos soluções que, se não são definitivas, nos permitem ao menos lutar."[57]

O tom grave que encerra o artigo, ao mesmo tempo que revela a juventude do autor, sinaliza uma característica mais geral dos editores de *Clima*: a postura altiva e professoral que, por vezes, adotavam nas seções da revista, levada ao paroxismo por Ruy Coelho. A idade que tinham quando se lançaram nesse empreendimento (entre 21 e 25 anos), a segurança social que detinham e, sobretudo, o fato de que pretendiam introduzir uma maneira nova na abordagem da produção cultural — universitária e acadêmica —, com todos os ganhos e cacoetes decorrentes do ineditismo dessa empreitada no sistema intelectual da época, explicam em parte o modo de proceder de todos. Mas, enquanto os amigos de Ruy tendiam a ser mais cautelosos no tratamento de temas que fugiam às áreas de competência para as quais se autodesignaram, ele parecia não hesitar diante de nenhum obstáculo. Escrevia sobre cinema, teatro e literatura; discorria sobre a função mais geral da crítica; fazia correlações entre a ética e a estética; sustentava a tese de que a filosofia é a disciplina mais aparelhada para analisar os fenômenos artísticos.

A supremacia da filosofia, nesse domínio, residia no entender de Ruy na situação particular e especial vivida por seus praticantes. "O filósofo é aquele que, vivendo o drama humano na sua plenitude, se alça acima dele, tentando formular suas experiências e interrogações em idéias abstratas. O artista as cristaliza em sentimentos, em emoções, em vibrações."[58] Mas, para que a análise filosófica seja bem-sucedida, é necessário que se ancore em um método adequado, voltado a um só tempo para a apreensão de dimensões internas e externas do fenômeno artístico. Tal é o método que, nas palavras de Ruy, "tem me norteado até hoje [...]. Não pretendo que seja original. É de inspiração hegeliana mas me foi também sugerido em parte por Jean-Paul Sartre".[59]

109

A formação filosófica de Ruy Coelho e a versatilidade que ele demonstrava na abordagem de assuntos diversos chamaram a atenção de Vinicius de Moraes.

No dia 6 de outubro de 1941, o poeta escreveu um texto para o jornal carioca *A Manhã*, no qual expressou as suas opiniões em relação aos artigos que a revista *Clima* havia publicado sobre o filme *Fantasia*, de Walt Disney.

> Com o título de "Fantasia e estética", o jovem sr. Ruy Coelho — que surge nas letras nacionais assim como um acrobata malabarista, adolescente, grácil, manipulando, com o mecanismo de um sorriso, os seus halteres, arcos e esferas sobre os trapézios volantes de qualquer assunto do mundo, inteligentíssimo mas, para o meu gosto, muito perigosamente em excesso, seguro demais de si mesmo nas suas volatas — faz *loopings* e *grands écarts* sobre a cabeça dimensional do mau pintor e mau poeta Antonio Pedro.[60]

Ruy não se deixou intimidar com o comentário do poeta carioca e, em janeiro de 1942, enviou-lhe uma breve resposta no final do ensaio que escrevera a respeito do filme *Pérfida* (*The little foxes*), de William Wyler. Mas antes analisou a fita. Viu nela um ritmo particular e interessantíssimo — próprio dos "romances de Dostoievski" — e fez a ressalva de que essa avaliação talvez resultasse da utilização, de sua parte, "de uma noção imprecisa", porventura "mais literária que cinematográfica de ritmo".[61]

Comentado o filme, Ruy passa a discorrer sobre a situação dos Estados Unidos na Segunda Guerra. "Oxalá que, neste momento difícil que atravessa, domine na jovem nação irmã o espírito de luta e sacrifício dos moços e não o egoísmo estéril e monstruoso dos velhos exploradores! E eis ao que conduz abandonar-se uma pessoa ao curso de suas idéias. Parte-se do simples filme e chega-se aos problemas mais morais [...]."[62] Esta foi a deixa encontrada por Ruy para afirmar que Vinicius de Moraes enganara-se ao qualificá-lo de "malabarista acrobata". "Nesta revista desempenho o papel do casaca-de-ferro.[63] Quando falha algum artista de mais nomeada, faço algumas pelotiquices para distrair o público."[64]

Apesar de ter escrito sobre temas variados, Ruy Coelho nunca se aventurou na crítica de artes plásticas. Esse assunto foi desde o início da revista domínio exclusivo de Lourival Gomes Machado. Através de sua seção, ele acompanhou a produção plástica dos primeiros anos da década de 40; comentou exposições; escreveu sobre vários artistas jovens do período; defendeu o modernismo, atacou o academicismo; discorreu sobre a pintura contemporânea; sustentou a importância da crítica educativa num país como o nosso, marcado por um enorme abismo entre as "elites e as massas"; ajudou no patrocínio de eventos — como a mostra do pintor e poeta português Antonio Pedro, realizada em São Paulo em julho de 1941;[65] prefaciou catálogos de exposição; convidou os pintores Enrico Bianco e Jean-Pierre Chabloz para fazerem uma intervenção escrita em *Clima*; bolou e implementou o projeto de imprimir, a cada número da revista, um conjunto significativo de gravuras de Lívio Abramo, Manoel Martins, Oswaldo Goeldi, Claudio Abramo e Walter Levy, apresentados nessa ordem a partir de 1942.

Como crítico militante, atento à produção pictórica do período e empenhado na sua discussão e avaliação, Lourival Gomes Machado foi aos poucos firmando uma dicção própria para dar conta da seção de artes plásticas de *Clima* e, por tabela, da arte moderna brasileira. No decorrer de sua atuação na revista, transitou ainda pelas áreas de cinema, literatura e teatro.[66] Nesse aspecto, Lourival difere de Antonio Candido e de Paulo Emilio Salles Gomes (voltados de maneira exclusiva e respectivamente para a crítica literária e de cinema), mas se avizinha de Decio de Almeida Prado, que também fez algumas incursões pelo cinema, e de Ruy Coelho, o mais polivalente membro do grupo. Em outro aspecto, Lourival distancia-se de Paulo Emilio, aproximando-se de Decio e sobretudo de Antonio Candido. Pois, se naquele período o cinema brasileiro estava fora do universo de preocupações intelectuais e estéticas de Paulo Emilio, o teatro e especialmente a pintura e a literatura feitas no país eram objetos centrais da atenção crítica de Decio, Lourival e Antonio Candido, nessa ordem.

Não é aleatório, portanto, que, dentre todos os membros de *Clima*, Antonio Candido e Lourival tenham sido os primeiros a produzirem trabalhos de maior fôlego sobre temas e personagens brasileiros: *Introdução ao método crítico de Sílvio Romero* (1945) e *Retrato da arte moderna do Brasil* (1947).

O primeiro livro, de autoria de Candido, apresenta um estudo denso da obra de um dos fundadores da crítica no Brasil, Sílvio Romero (1851-1914), centrando-se na análise do seu método crítico, dos seus fundamentos, da sua função cultural e do seu significado histórico. Nas palavras do autor,

111

na vasta obra de Sílvio Romero, não escolhemos um estudo de conjunto. Deixamos de lado os demais aspectos a fim de considerarmos somente a sua crítica literária. Ainda nesta, deixamos de lado as discussões de conteúdo, atendo-nos somente ao aspecto metodológico. *Aprendemos este espírito de especialização do trabalho intelectual com os nossos mestres da Faculdade de Filosofia, Ciências e Letras da Universidade de São Paulo, orientados segundo os critérios mais fecundos da ciência moderna*.[67] [grifos meus]

Esse espírito de especialização, se permitiu a Antonio Candido delimitar a sua diferença em relação à tradição do pensamento social brasileiro, não implicou uma ruptura com ela, conforme se pode depreender pela leitura do livro mencionado acima. Candido e Sílvio Romero compartilham — ainda que por meio de enfoques metodológicos distintos e de chaves explanatórias incontestavelmente diversas — uma preocupação comum: estabelecer uma correlação forte entre literatura e sociedade. Cada qual, à sua maneira e a seu tempo, procurou construir uma chave explicativa e um repertório (metodológico e conceitual) para enfrentar os problemas postos pela análise dessa correlação.

Preocupações e desafios análogos encontram-se no livro de Lourival Gomes Machado, *Retrato da arte moderna do Brasil*, só que em relação a um objeto distinto: a arte brasileira, examinada à luz de uma tradição intelectual mais recente, modernista e, sob vários aspectos, paulista. Escrito no final de 1945, esse livro, como vimos, deve muito à formação que o autor recebeu na Faculdade de Filosofia, às relações que manteve com os artistas não acadêmicos da época, e sobretudo à experiência intelectual que adquiriu, entre 1941 e 1944, como editor da seção de artes plásticas de *Clima*.

CULTURA E POLÍTICA

A revista *Clima* ocupa um lugar muito preciso na trajetória de seus editores e colaboradores mais próximos. Por meio desse experimento cultural de juventude, com forte conotação de marco inaugural, conseguiram um tríplice feito: fixaram os contornos da plataforma intelectual e política da geração e, em particular, do grupo de que faziam parte; lançaram as bases para a construção de uma dicção autoral própria; viabilizaram o início de suas carreiras como críticos profissionais.

Após um ano de funcionamento da revista, começaram a receber convites para escrever na imprensa diária. O primeiro deles foi feito a Lourival Gomes Machado. Ele, que havia sido o primeiro do grupo a inserir-se profissionalmente na Faculdade de Filosofia (em 1939), passou a trabalhar também como crítico de arte nos jornais da *Folha* (a partir de 1942) e, mais tarde, como redator especializado em política internacional de *O Estado de S. Paulo* (a partir de 1946). No ano de 1942, Lourival levou Ruy Coelho para a *Folha da Noite*, onde este permaneceu até 1943, quando então se transferiu para o *Diário de S. Paulo*, na condição de crítico de cinema — função que exerceria até setembro de 1945. Nesse último jornal, Decio de Almeida Prado fez uma curta temporada como crítico, não de teatro mas de cinema, no mês de fevereiro de 1944, no lugar de Ruy Coelho, que estava de férias. Dois anos depois, passaria a escrever com regularidade para *O Estado de S. Paulo*, como crítico de teatro. Antonio Candido, por fim, tornou-se crítico titular de literatura da *Folha da Manhã*, em janeiro de 1943, graças à mediação de Lourival, que o indicou a Hermínio Sachetta,[68] então secretário de redação do referido matutino.

A projeção dos redatores de *Clima* na imprensa paulista vai se refletir no andamento da revista, que circulou de maio de 1941 a novembro de 1944. Não é aleatório, nesse sentido, que o primeiro ano desse empreendimento seja justamente o mais regular em termos de publicação, pois todos os editores estavam envolvidos exclusivamente com a sua produção. Entre maio de 1941 e abril de 1942, foram editados nove números mensais, mais da metade do que seria publicado até o final de *Clima*. De junho de 1942 a novembro de 1944, saíram mais sete números, distribuídos na seguinte ordem cronológica: dois em 1942 (referentes aos meses de junho, julho e agosto); um em abril de 1943; os outros quatro em 1944 (tirados mensalmente, entre agosto e novembro). Ao todo, foram editados dezesseis números.

O caráter eminentemente cultural de *Clima*, expresso em seu repertório temático, em suas seções permanentes e no tipo de crítica praticada por seus redatores, é particularmente evidente nos seus dez números iniciais, editados entre maio de 1941 e junho de 1942. No decorrer do primeiro ano, a revista publicou, por exemplo, a série de conferências sobre o romantismo (na literatura, no teatro e na poesia) realizadas em fevereiro de 1941 na Sociedade Cultura Artística —[69] dirigida pela irmã de Alfredo Mesquita, Ester Mesquita. Ao longo

113

desse período, nenhum pronunciamento mais direto, seja sob a forma de artigo ou de nota da redação, é feito sobre a situação política mundial ou nacional. As duas únicas exceções, ainda assim laterais, são o artigo do cronista capixaba Rubem Braga, responsabilizando o nazismo pelo suicídio do escritor judeu Stefan Zweig,[70] e a resenha de Gilda de Mello e Souza sobre o livro *Out of the night*, de Jean Valtin, centrado na história de um militante comunista que, "depois de tudo ter sacrificado ao Partido, vê aos poucos sua fé desaparecer, continuando porém a lutar contra sua razão, mergulhando cada vez mais na luta".[71]

Essa postura apolítica de *Clima*, parcialmente explicável à luz da forte censura instituída pelo Estado Novo, vai sofrer uma alteração significativa em seu décimo primeiro número, referente aos meses de julho e agosto de 1942. Pela primeira vez e de forma conjunta, seus editores expõem a posição do grupo em relação aos acontecimentos políticos desencadeados pela Segunda Guerra, repudiando com veemência as várias formas assumidas pelo fascismo, entre elas, o integralismo. Essa "Declaração", datada de 25 de agosto de 1942, assinada por todos os redatores e escrita basicamente por Paulo Emilio,[72] é aberta com as seguintes palavras:

> O grupo que fundou *Clima* em 1941 resolveu que nesta revista não seriam debatidos assuntos de política, nacional ou internacional. Esta reorientação foi escrupulosamente seguida até o número 10. *Clima* recebeu, pediu e publicou ensaios, críticas e poesias de intelectuais da mais variada procedência ideológica,[73] desde que não contrariassem a norma de abstenção política estabelecida.[74]

Referendando a posição oficialmente assumida pelo Brasil na Segunda Guerra, ao lado dos aliados e em guerra declarada a partir de 22 de agosto de 1942 contra a Alemanha e a Itália, os editores de *Clima* sustentam a tese de que, no plano internacional e nacional, dever-se-ia lutar, acima de tudo, contra o fascismo. Para eles, "os inimigos de Hitler e de Mussolini, na Alemanha e na Itália, são nossos amigos. Os amigos de Hitler e de Mussolini, no Brasil, são nossos inimigos".[75] Entre os últimos, encontravam-se os integralistas. Estes que, segundo os redatores da "Declaração", não poupariam palavras para lançarem contra eles uma de suas "armas favoritas": afirmar que eram comunistas ou que estavam sendo "manobrados por comunistas". Precavendo-se contra esse tipo de investida, enfatizam que o socialismo e o "comunismo das internacionais numeradas" são questões "historicamente superadas", e que a admiração de todo o mundo pelo esforço de guerra do povo russo nada tinha a ver com "marxismos, leninismos, trotskismos ou stalinismos acadêmicos".[76]

O contexto repressivo do Estado Novo, momentaneamente atenuado a partir de agosto de 1942 pela reorientação oficial do governo brasileiro em relação aos países envolvidos na guerra, se contribuiu para o tom patriótico contido na "Declaração", não impediu que seus autores finalizassem o texto com um apelo para que os nossos dirigentes resolvessem a situação dos exilados, presos e refugiados políticos brasileiros. Isso porque a "união dos brasileiros, em torno do governo, pela defesa nacional contra as agressões fascistas", só seria efetiva com a incorporação daqueles que também desejavam "trabalhar e lutar pelo Brasil".[77]

A posição assumida pelos editores de *Clima* em relação à guerra, ao fascismo e ao integralismo teve uma repercussão imediata e maior do que a esperada por eles. A "Declaração" foi lida em várias estações de rádio da capital paulista e do interior, sendo divulgada também no Rio de Janeiro, graças ao empenho de estudantes e intelectuais antifascistas envolvidos na luta pela volta da democracia no país. Os integralistas, porém, não mediram esforços para atacá-los e para contestarem globalmente as suas premissas, por considerarem arbitrária a extensão que eles imprimiram à palavra e ao conteúdo político do fascismo.

Para os redatores de *Clima*, o fascismo manifestou-se sob múltiplas formas: nos ataques do Japão à Manchúria e da Itália à Abissínia; no apoio da Alemanha e da Itália aos facciosos espanhóis; na invasão da Áustria e da Tchecoslováquia e na fraqueza das grandes democracias diante desse acontecimento; na agressão da Alemanha à Polônia, Noruega, Dinamarca, Holanda, Bélgica e Iugoslávia; na traição de vastos setores das classes dirigentes e militares da França; na investida da Alemanha à Rússia, e do Japão aos Estados Unidos; no ataque da Alemanha e da Itália ao Brasil; e também no integralismo de Plínio Salgado e seus seguidores.[78]

Diante da repercussão da "Declaração", os editores de *Clima* lançaram, em abril de 1943, um novo manifesto, publicado no seu décimo segundo número.[79] Mas, antes de abordar o assunto político, fizeram um balanço da revista, que havia completado dois anos de existência. Ao lado dos "sinais de amizade e de incentivo" recebidos no decorrer

115

desse tempo, enfrentaram também algumas críticas e acusações centradas no fato de que escreviam uma "revista de e para elite". Agradecendo, com ironia, a primeira parte do comentário, teceram algumas considerações sobre a segunda.

> O nosso profundo desejo, como o de toda gente digna, seria fazer uma obra largamente popular; seria atingir as nossas massas incultas e sofredoras, frente às quais o nosso sentimento é o da mais inteira fraternidade. Seria, ainda, interessar o homem médio, que se debate no Brasil entre as condições abafantes para o desenvolvimento da sua personalidade e da sua consciência social. Mas não estamos certos de que seja possível, no nosso país, realizar obra de verdadeira cultura, em relação a esses grupos. *A tarefa junto a eles cabe mais propriamente aos higienistas e educadores, que os devem tirar, quer desse estado de sub-humanidade em que jazem, quer do círculo asfixiante dos subvalores em que se organizam as suas existências.* A esses educadores e à pequena superestrutura intelectual com que podemos contar é que julgamos de bom aviso nos dirigir.[80]

A oposição entre elite e massa, traduzida também pelo par *cultura erudita* e *cultura popular*, revela uma dimensão importante da experiência social dos editores de *Clima*. Apesar da formação recebida nas teorias e metodologias da sociologia e da antropologia, eles se mantinham presos, no período, à concepção mais geral que as elites dirigentes brasileiras nutriam acerca do universo cultural e social das camadas populares. O fato de essa concepção ter sofrido modificações substantivas ao longo da trajetória intelectual dos membros mais expressivos da revista — motivadas pela contribuição decisiva das ciências sociais nesse domínio e pelas alterações que se produziram no quadro político e partidário brasileiro — não deve nos impedir de resgatar os termos com que ela foi apreendida no momento de emergência da geração de que faziam parte, quando então pensavam "os seus deveres para com a coletividade" por meio da colaboração que poderiam dar "para moldar a consciência de uma nova geração, armada dos instrumentos culturais necessários a agir em benefício da sua gente".[81]

Desculpando-se pelo "pouco" que fizeram no decorrer dos dois anos de existência de *Clima* — "muito" aquém do que "desejariam" de fato realizar —, os editores encerram o texto de abertura do seu décimo segundo número com as seguintes palavras: "Resta-nos o consolo de ter dado aos moços da nossa geração um exemplo de absoluta honestidade e da mais intransigente independência, princípios que não podemos desprezar nos tempos que correm".[82] Munidos desse propósito e imbuídos desses valores, publicam o segundo manifesto político do grupo, intitulado "Comentário".

De início, apresentam a seguinte e única retificação em relação ao que disseram sobre os integralistas na "Declaração" de agosto de 1942 — escrita por Paulo Emilio e endossada por todos: "É evidente que quando falamos [deles] não nos referimos àqueles que sinceramente abandonaram as idéias do partido de Plínio Salgado. O capitão Jeová Mota, por exemplo. Ou mesmo o dr. Santiago Dantas, de cuja boa-fé não podemos duvidar por não termos nenhum motivo flagrante para tal. Ou ainda, mais perto de nós, nosso colaborador, o jovem intelectual Lauro Escorel".[83] Separados os integralistas de carteirinha daqueles que romperam com o movimento, sustentam mais uma vez, em abril de 1943, as posições que assumiram no ano anterior. A primeira delas relativa à extensão do fascismo, concebido como um movimento político amplo — independente de nacionalidades definidas — que extrapolou os países de origem nos quais foi gestado. A segunda, concernente à questão do comunismo e da "ortodoxia marxista".

Em função da intensificação da luta política entre integralistas e comunistas,[84] afirmam de maneira mais clara que no ano anterior a filiação do grupo ao socialismo democrático. Mas, no lugar de se oporem incondicionalmente aos comunistas, manifestam solidariedade em relação ao que eles vinham fazendo na Rússia, na França, na China, na Inglaterra e nos Estados Unidos, pelo aniquilamento do fascismo. No entanto, "diante das novas condições políticas que se abriram", negam a "eficácia, para o progresso humano, do programa e da tática daquilo que um dia foi a Terceira Internacional".[85] Por ela, pela "Segunda Internacional" (cuja "função histórica" parece-lhes "há muito terminada") e "pelas abstrações políticas" daqueles que se esforçavam "em acreditar numa Quarta Internacional", afirmam ter apenas um "interesse histórico e intelectual". No conjunto, prosseguem, "olhamos com admiração para esse ciclo de internacionais e, vendo perpassar por elas as melhores energias do espírito, temos a convicção de que colaboraram de maneira decidida para o enriquecimento do homem".[86]

Politicamente, entretanto, apostavam numa direção diversa da dos stalinistas e trotskistas. Para os redatores de *Clima*, a união feita na época entre os Estados Unidos, a Inglaterra e a Rússia, "no quadro das Nações Unidas, para o esforço de destruição do fascismo", fornecia a esperança de construção de um "mundo melhor", baseado "numa síntese e numa efetivação final dos princípios da igualdade e da liberdade". Mundo esse em "que a liberdade não precise estar necessariamente condicionada pelo sistema capitalista de produção. Mundo em que a igualdade baseada numa estrutura econômica planificada não tenha como condição o aniquilamento da liberdade".[87]

Para referendar a posição política assumida no "Comentário", os editores de *Clima* publicam em abril de 1943 artigos de Mário Schenberg, Otávio de Freitas Júnior e Lívio Xavier ("O destino das Nações Unidas", "A incompreensão política" e "Stendhal, moralista romântico", respectivamente). Lívio Xavier (1900-88), autor do ensaio sobre o escritor francês, nasceu no mesmo dia, mês e ano que Mario Pedrosa, de quem seria colega na Faculdade de Direito do Rio de Janeiro e companheiro de militância política. Em 1927, filiou-se ao Partido Comunista mas saiu no ano seguinte, por discordar e abertamente criticar a falta de democracia interna dessa organização. Participou, em 1928, da fundação do Grupo Comunista Lenine e da Liga Comunista Internacionalista, de orientação trotskista.[88] Em 1935, abandonou a militância partidária.[89] O fato de Lívio Xavier ter feito a sua primeira colaboração em *Clima* no mesmo número em que foi divulgado o "Comentário" político do grupo sinaliza o tipo de aliança que os redatores da revista estavam construindo com figuras da intelectualidade jovem da época. Como eles, Lívio Xavier era também um defensor intransigente dos princípios democráticos, socialistas e anticapitalistas.

Enquanto Lívio Xavier centrava-se no problema da moral em Stendhal, Otávio de Freitas Júnior e Mário Schenberg discutiam questões candentes da situação política mundial, posicionando-se abertamente contra o fascismo e pela democracia. O primeiro, por meio da defesa dos valores cristãos,[90] o segundo, através de um longo ensaio sobre o destino das Nações Unidas, permeado pela análise das seguintes questões: a estratégia do Eixo, a Quinta Coluna, as doutrinas populares do fascismo, o espírito da elite fascista, a gênese da aristocracia fascista, a Revolução Russa, o imperialismo, os novos centros culturais, a fisionomia do futuro, entre outras.[91]

Físico de renome internacional, Mário Schenberg (1916-90)[92] interessava-se também pelas artes e pela política. Quando publicou seu artigo em *Clima*, a pedido de Paulo Emilio (que o conheceu em Paris,

118

em 1938, junto com Decio de Almeida Prado), Schenberg militava no Partido Comunista Brasileiro. Mas, nesse período, encontrava-se numa posição dissidente: crítico ferrenho da política defendida pela liderança do partido, aglutinada em torno da Comissão Nacional de Reorganização Provisória (CNOP). Como membro do Comitê de Ação, Schenberg e outros militantes opunham-se à CNOP, por entenderem que a declaração de guerra às potências do Eixo, feita pelo governo de Getúlio Vargas em agosto de 1942, não significava que este estivesse automaticamente alinhado à União Soviética. A ala vencedora do partido, ao contrário, preconizava "a união nacional democrática" em torno do governo, sustentando a tese de que qualquer ação hostil a Vargas deveria ser evitada.[93]

A colaboração de Lívio Xavier, Otávio de Freitas Júnior e sobretudo de Schenberg, no décimo segundo número de *Clima*, tem um sentido político claro: reforçar a posição dos editores da revista no momento em que eles lançavam o segundo e mais contundente manifesto político do grupo. Declarações feitas, posições assumidas, alinhamentos propostos, a revista seguiu, no entanto, o perfil cultural que a caracterizava desde o início, e que em linhas gerais não seria alterado até o seu fechamento. As duas únicas mudanças ocorridas nesse tempo referem-se ao espaçamento de sua publicação e à agilidade que adquiriu no último ano de sua existência (1944), quando passou a divulgar, ao lado dos ensaios e artigos de maior fôlego, notas curtas sobre eventos culturais e artísticos, correspondências e um noticiário variado.

De abril de 1943 a agosto de 1944, *Clima* ficou um ano e cinco meses fora de circulação. E, quando voltou, seus redatores não deram nenhuma explicação sobre os motivos de sua prolongada ausência.[94] Individualmente, estiveram envolvidos no trabalho com a grande imprensa, nos estudos ou ainda, dependendo do caso, nas lides da vida acadêmica. Como grupo, foram convidados a participar, em 1942, da organização da Associação Brasileira de Escritores, seção São Paulo — presidida por Sérgio Milliet e filiada à sua congênere carioca.

Voltadas inicialmente para a resolução dos problemas dos direitos autorais, essas agremiações se transformaram rapidamente num centro de discussão e agitação política, congregando escritores e intelectuais que se opunham ao regime repressivo do Estado Novo.[95] Entre eles, os redatores e colaboradores mais próximos da revista *Clima*, que, dessa

119

forma, ganharam cidadania plena no campo da cultura política da época.

A POLÍTICA REVISITADA

Na década de 70, Antonio Candido fez com *Clima* o mesmo que fizera no decênio de 60 em relação ao modernismo: levou-os para a Universidade de São Paulo. Como "tema de pesquisa histórico-literária", o modernismo foi analisado por ele e por vários de seus orientandos.[96] Como tema de história intelectual, a revista *Clima* foi introduzida no âmbito dos estudos universitários a partir da palestra que Antonio Candido fez, em fevereiro de 1974, no Instituto de Estudos Brasileiros da Universidade de São Paulo, por ocasião do ciclo de debates sobre o decênio de 1940.[97] Publicada originalmente na revista *Discurso*, em 1978, com o título "Clima", foi reproduzida no livro *Teresina etc.*, que, no conjunto da obra de Candido, destaca-se como seu trabalho mais engajado politicamente.

No artigo sobre *Clima*, Antonio Candido faz a um só tempo reconstrução memorialística e descrição etnográfica. Como alguém que viveu por inteiro as experiências intelectuais e afetivas decorrentes do esforço de sustentar uma revista de estudantes recém-formados, com pouquíssimo traquejo inicial nessa modalidade de produção cultural — largamente compensado pelo entusiasmo apaixonado com que se lançaram a campo —, Candido produz um relato vívido e insubstituível do percurso e dos percalços dessa publicação. Como autor de um relato quase etnográfico, no qual o informante faz às vezes papel de antropólogo, Candido transforma o sistema classificatório "nativo" em chave de sistematização analítica, sobretudo no que concerne ao engajamento político da revista. Este passa a ser visto como o verdadeiro divisor de águas, responsável pela criação de um "antes" e de um "depois" na existência de *Clima*.

Quanto à sua orientação, enfatiza Candido,

> houve duas fases tão distintas que quase se poderia falar de duas revistas, com exagero e tudo. A primeira fase foi do número 1 ao 11; houve uma transição no número 12 e depois uma segunda fase do 13 ao 16. Para compreender isso, e para compreender a orientação do chamado "grupo de *Clima*", é preciso ler três documentos publicados em momentos diferen-

tes: o "Manifesto" do número 1, assinado "Redação", mas escrito por Alfredo Mesquita; a "Declaração" do número 11, escrita por Paulo Emilio e assinada por todos os redatores; e o "Comentário" longo do número 12, sem assinaturas, também da autoria de Paulo [Emilio]. Eles fazem compreender o trajeto contraditório mas não inesperado de uma revista que começou apolítica, preocupada com o trabalho puramente intelectual, e foi se politizando lentamente, ficando cada vez mais radical, até uma atitude francamente empenhada.[98]

A classificação proposta serve de fio condutor para a abordagem da revista e dos desafios perseguidos por seus redatores. Serve ainda para delimitar as "duas fases" de *Clima*: apolítica, no primeiro momento; comprometida, no segundo. Quanto à primeira atitude, "coisa difícil de imaginar", ressalta Candido (numa referência direta ao contexto altamente politizado dos anos 70, quando fez a sua palestra), deveria ser entendida a partir do pressuposto de "cunho bastante idealista" que informava a prática do grupo: "a idéia de uma certa transcendência da cultura intelectual e artística, que estaria acima das divergências políticas".[99]

Com exceção de Paulo Emilio, que tinha um passado, uma experiência e uma cultura política, os demais editores de *Clima* mantiveram-se relativamente distantes desse universo até 1942. Apesar de se oporem à ditadura de Vargas, somente se pronunciaram politicamente, como grupo, após a entrada do Brasil na Segunda Guerra. A partir de então, promoveram uma reorientação ideológica da revista, que, de apolítica, teria se transformado numa publicação francamente engajada. A ponto de se poder falar, como enfatiza Antonio Candido, em duas revistas distintas.

Que essa reorientação aconteceu, não há a menor dúvida. Mas isso não parece adequar-se à dimensão, ao peso e ao alcance atribuídos por Candido. De fato, mudou o perfil dos colaboradores: após a publicação dos manifestos "Declaração" e "Comentário" não houve mais espaço para quem sustentasse posições contrárias à democracia. Mas o perfil da revista permaneceu inalterado, visto que a sua organização temática e as suas seções principais — voltadas basicamente para o acompanhamento e avaliação da produção cultural do período — continuaram as mesmas. Longe de existirem duas revistas, o que sobreveio foi uma irregularidade maior em termos de sua publicação, compensada por uma tentativa, esta sim clara, de torná-la mais ágil no seu último ano de existência, quando foram editados os seus quatro números finais.

121

A fase "apolítica" de *Clima* corresponde ao momento em que seus redatores estavam concentrados quase exclusivamente na sua produção. Advém daí a constância com que era impressa: praticamente um número a cada mês. Mas a partir da reorientação ideológica da revista, que coincide com o período em que enfrentou sua maior dificuldade financeira, tornou-se mais irregular, chegando a ficar mais de um ano fora de circulação. Isso ocorreu ao mesmo tempo que seus editores recebiam os primeiros sinais de reconhecimento pelo trabalho intelectual que vinham fazendo como críticos de cultura. Expressos, como vimos, sob a forma de convites para trabalharem na imprensa paulista; para participarem do inquérito patrocinado pelo jornal *O Estado de S. Paulo*, entre 1943 e 1944, na prestigiosa condição de membros representativos da "nova geração de moços escritores do Brasil"; ou, ainda, para ingressarem, como grupo, na Associação Brasileira de Escritores. No decorrer desse período, Paulo Emilio e Antonio Candido atuaram politicamente: primeiro na clandestinidade, até o fim do Estado Novo, depois na legalidade, quando então Decio de Almeida Prado e Lourival Gomes Machado juntaram-se a eles nos quadros da Esquerda Democrática, denominada a partir de 1947 Partido Socialista Brasileiro. Mas isso se deu fora do âmbito da revista e, no caso dos dois últimos, depois de sua extinção.

A ênfase atribuída por Candido à reorientação ideológica de *Clima*, se não corresponde integralmente ao que sucedeu em suas páginas, corresponde sim à tentativa de traçar uma linha de continuidade entre a militância política que ele exerceu nos anos 40 e a que implementou, como intelectual já consagrado, a partir da década de 60. Seu empenho em entrelaçar a atividade intelectual com uma atitude engajada pode ser resumido, como mostra Celso Lafer, em dois grandes temas: "o da *resistência à opressão* e o da *afirmação de uma identidade socialista*, nos dois períodos de democratização da política"[100] que se seguiram ao término do Estado Novo (1937-45) e do regime militar, instaurado em 1964 no país.

A identidade socialista de Antonio Candido revela-se sob múltiplos prismas: na sua atuação como membro do extinto Partido Socialista Brasileiro e do atual Partido dos Trabalhadores; nos diversos pronunciamentos que fez como admirador entusiasta das conquistas sociais promovidas pela Revolução Cubana; nas entrevistas que concedeu sobre a experiência intelectual e política de seu grupo de juventude. A "turma do Clima" foi fundamental em sua vida, seja pela influência intelectual recíproca que seus membros exerceram uns sobre os outros, seja pelo que fizeram e aprenderam em termos políticos.

Dos manifestos que publicaram na revista *Clima* saiu, no entender de Candido, "a definição de uma coisa totalmente nova no Brasil: a tentativa de construção de uma esquerda socialista, nem stalinista, nem trotskista, e sem a ortodoxia marxista".[101] A seu ver, o "Comentário", de abril de 1943,

> foi uma das primeiras definições escritas, no Brasil, de um socialismo revolucionário, mas democrático. Naquele tempo, entre os moços de esquerda, ninguém dizia: "Eu sou socialista", porque isso lembrava uma social-democracia muito vaga. Ou se era stalinista ou trotskista [...] Nós não éramos uma coisa nem outra, mas éramos chamados de trotskistas pelos stalinistas, porque para eles isso era uma ofensa [...] Mas nós nunca fomos trotskistas. O caso é que líamos e admirávamos os livros de Trotski, que o pessoal stalinista era proibido de ler.[102]

Nesse período, lançaram as bases para a construção de uma ação socialista, "sem sectarismo mas sem transigência", fundada na "fidelidade à Revolução Russa" e no "marxismo como base", mas aberta "às correntes filosóficas e políticas do século", com o propósito imediato de "lutar contra o Estado Novo e o fascismo".[103] Tais eram o clima intelectual e o teor doutrinário que davam sentido à plataforma política do grupo. Explicitada por intermédio dos manifestos divulgados em *Clima*, servirá mais como fonte para a orientação da militância política de Antonio Candido e principalmente de Paulo Emilio do que como matriz para a redefinição da revista. Outros foram, como vimos, os desafios e as temáticas que efetivamente marcaram a sua trajetória.

AS MULHERES E A FICÇÃO. A ÓPERA E O POPULAR

A presença das mulheres em *Clima* aparece sob uma tríplice dimensão: como poetisas e contistas; como personagens do universo ficcional; como apoio logístico e afetivo para a produção da revista. Comecemos pelo último aspecto. A "turma do Clima", composta basicamente por estudantes oriundos da Faculdade de Filosofia, Ciências e Letras, congregava homens e mulheres numa intensa sociabilidade em comum. Diferentemente da revista modernista *Klaxon*, criada por pessoas com mais de trinta anos, escritores já feitos, que se reuniam para implementar um programa estético claramente definido, *Clima* nasceu do encontro de jovens amigos, com tendências e idades parecidas, cuja base inicial foi o convívio social.

Como relembra Gilda de Mello e Souza,

> nós saíamos muito juntos. A partir de certo momento, creio que só conseguíamos nos divertir se estivéssemos juntos. Em geral nos encontrávamos no fim da tarde, nas aulas de Maugüé [...] Era já noitinha quando saíamos dos cursos para a réplica ligeiramente européia da praça da República de então. Os plátanos, a algazarra dos pardais, o vento frio, o eco francês da voz de Maugüé — que, carregando meio curvado a sua inseparável *serviette*, ia à nossa frente, discutindo a aula com algum aluno —, tudo isso nos envolvia numa doce miragem civilizada. Se não tínhamos nenhuma tarefa escolar urgente, seguíamos dali para o nosso quartel-general, a Confeitaria Vienense, na Barão de Itapetininga. Era então que entre um *croissant* e um *ice chocolate alemão* (pois ninguém bebia em nosso grupo) combinávamos uma esticada ao cinema, quase sempre um filme francês, já visto e fora do circuito, que íamos caçar em qualquer cinema de bairro.[104]

Além da paixão pela cinema francês, os integrantes do Grupo Clima gostavam de dançar e, sobretudo de cantar, mas sempre canções francesas, nunca música brasileira. Num repertório bastante diversificado que incluía "desde canções muito antigas — *chansons à boire*, peças cômicas e *grivoises* — até os sucessos recentes de Maurice Chevalier e Fernandel, terminando numa ou outra canção dilacerada de Edith Piaf, na ária central de Kurt Weill para *L'opéra des quat'sous*".[105]

A referência à França — à sua música, à sua produção artística, literária e cinematográfica, às suas personalidades intelectuais — era constante no grupo. Esse "aspecto mundano" da vida de seus membros, que talvez pareça, segundo Gilda de Mello e Souza, "alienado aos olhos da juventude de hoje", foi "incrivelmente formador". Principalmente para ela, que havia chegado à Faculdade de Filosofia muito menina, com enorme "desejo de saber" e de se "pôr a par". Participando de um grupo em que vários dos integrantes se "sentiam muito seguros de si" em razão do acesso a experiências culturais diversificadas, proporcionado pelas estadas prolongadas ou viagens curtas para a Europa e os Estados Unidos, Gilda vivia "de olhos muito abertos, sugando a vida, não querendo perder nada".[106]

À sua juventude, somava-se a experiência pouco usual, para os padrões da época, de participar de um grupo em que as mulheres não só freqüentavam todo tipo de eventos culturais, como ainda dividiam com seus amigos as contas do que consumiam nas confeitarias da cidade. Como relembra Carlos Vergueiro, "foi a primeira vez que eu freqüentei um grupo em que as mulheres pagavam a parte delas. Nunca tinha visto isto. Para nós, homens, era muito cômodo, porque ninguém era milionário, éramos todos estudantes, e assim ficava mais barato e mais agradável, porque eram todas moças inteligentes com quem podíamos conversar".[107]

Desse grupo, participavam umas vinte pessoas, entre rapazes e moças, como Sara Lifchtiz (que se casou com um dos colaboradores ocasionais de *Clima* e futuro embaixador, Lauro Escorel), Doroth Fineberg (posteriormente Lefèvre, em função do seu casamento com o crítico de música da revista, Antonio Branco Lefèvre), Yolanda Paiva (que namorou Ruy Coelho, por um curto período), Helena Gordo (que se casou com João Guilherme de Oliveira Costa), Maria de Lourdes dos Santos, Ruth Alcântara e Gilda de Moraes Rocha. As três últimas tiveram um papel importante na produção da revista e na vida de três de seus editores. Maria de Lourdes casou-se com Lourival Gomes Machado, em 1939; Ruth casou-se com Decio de Almeida Prado em 1941; Gilda com Antonio Candido de Mello e Souza, em 1943.

De todos os editores de *Clima*, Lourival, Decio e Candido foram os que mais se empenharam na realização da revista. Lourival viabilizou a sua idéia e configuração inicial. Decio garantiu o trabalho necessário para a sua confecção. Antonio Candido implementou a sua transformação numa publicação mais ágil, ocorrida nos seus quatro números finais. Mas nessa empreitada não estiveram sozinhos: contaram com a colaboração decidida de suas respectivas mulheres. O planejamento de *Clima* foi feito na residência do casal Gomes Machado, localizada na época na rua Franco da Rocha. Enquanto Lourival assumia a direção da revista, Maria de Lourdes atuava como secretária da mesma. Após o casamento de Decio, em junho de 1941, as tarefas de secretaria e de redação transferiram-se para a sua nova residência, na rua Itambé, e passaram a ser executadas basicamente por ele e por sua mulher, Ruth. Os outros ajudavam, mas não com a mesma diligência do casal Almeida Prado. Enquanto Lourival e Decio ganhavam confiança e reconhecimento pelo trabalho que vinham fazendo como críticos de arte e

125

de teatro, Maria de Lourdes e Ruth asseguravam o apoio logístico e afetivo necessário, de um lado, para a execução de *Clima*, de outro, para a realização profissional e intelectual de seus respectivos maridos.

Especializada em administração escolar, Maria de Lourdes dos Santos Machado formou-se no Instituto de Educação, onde trabalhou como assistente de Fernando de Azevedo. Em 1937, transferiu-se para a Faculdade de Filosofia, junto com o corpo docente do extinto instituto, para ministrar os cursos de didática. Na época em que atuou como secretária de *Clima*, já estava inserida profissionalmente na Universidade de São Paulo (onde se aposentou em 1963). Apesar disso, não escreveu nenhum artigo para a revista. Ruth de Almeida Prado tampouco. Formada em geografia e história pela Faculdade de Filosofia, em 1938, Ruth fora convidada no ano seguinte para ser assistente de Plínio Ayrosa (1895-1961) na cadeira de etnologia e língua tupi-guarani. Mas assim que ficou noiva de Decio de Almeida Prado retirou-se da faculdade e abandonou a profissão. Não por pressão do noivo e sim por considerar que essa não era a sua verdadeira vocação.

O mesmo, entretanto, não aconteceu com Gilda de Mello e Souza. Formada pela Faculdade de Filosofia, em 1939, ela se profissionalizou como professora universitária, e lançou-se como ficcionista em *Clima*. Mas como suas amigas, Maria de Lourdes e Ruth, não se furtou ao trabalho menos visível, e nem por isso menos necessário, que ocorria no âmbito privado da revista e no plano das relações pessoais do grupo. Como prima em segundo grau de Mário de Andrade, com quem morava na casa da mãe deste, Maria Luísa, sua tia-avó e madrinha, Gilda fez as vezes de pombo-correio entre o escritor e seus companheiros de *Clima*, retratados por ele na poesia que integra o volume *Lira paulistana*.[108]

Além de levar e trazer recados da revista para Mário e de Mário para a revista, Gilda costumava bater à máquina os artigos que seu noivo escrevia para o rodapé semanal da *Folha da Manhã*. Todos os sábados, Antonio Candido ia visitá-la na casa da rua Lopes Chaves e aproveitava a oportunidade para entregar-lhe os seus manuscritos e para conversar com Mário de Andrade.[109] Uma vez casados, esse deslocamento tornou-se desnecessário.

De todas as mulheres do grupo, Gilda foi a única que conseguiu conciliar o trabalho e as atribuições domésticas com a carreira universitária. Diferentemente de Maria de Lourdes, que como ela também se profissionalizou na Universidade de São Paulo, Gilda não abriu mão de

*São Paulo, c. 1934, casa de Paulo Emilio Salles Gomes.
Da esquerda para a direita: Decio de Almeida Prado,
rapaz não identificado e Paulo Emilio Salles Gomes.*

* *Todas as fotos, salvo indicação contrária, foram cedidas
  por Decio de Almeida Prado.*

São Paulo, c. 1934. Da esquerda para a direita: Leônidas Pacheco Ferreira, Paulo Emilio Salles Gomes e Decio de Almeida Prado.

O Grupo Clima reunia rapazes e moças numa intensa sociabilidade, inclusive nos períodos de férias escolares. As fotos que seguem foram tiradas em Itatiaia e Campos do Jordão, em julho de 1940. Acima, Itatiaia, 1940. Da esquerda para a direita: Roberto Pinto de Souza, Sara Lifichitz, Ruth Alcântara (a partir de 1942, Almeida Prado), Dorothy Fineberg e Cícero Christiano de Souza. À direita, Itatiaia, 1940. Sara Lifichitz e Decio de Almeida Prado.

Itatiaia, 1940. Da esquerda para a direita: Sara Lifichitz, Branca Ribeiro, Ruth Alcântara, Decio de Almeida Prado, Helena Gordo e Yolanda Paiva.

Campos do Jordão, 1940. Da esquerda para a direita: Decio de Almeida Prado, Ruth Alcântara, Ruy Coelho, rapaz não identificado e Lucy Pestana.

São Paulo, julho de 1944, praça da República. Da esquerda para a direita: Decio de Almeida Prado, Paulo Emilio Salles Gomes, Carlos Lacerda, Lourival Gomes Machado, Clóvis Graciano e Antonio Candido.

São Paulo, 1940, em um restaurante. Da esquerda para a direita, em mangas de camisa: Antonio Candido, Decio de Almeida Prado e Érico Veríssimo.

São Paulo, 1944, praça da República. Da esquerda para a direita: Decio de Almeida Prado, Paulo Emilio Salles Gomes, Antonio Candido e Lourival Gomes Machado.

Foto "oficial" do grupo da revista Clima, c. 1941. Da esquerda para a direita, em pé: Antonio Branco Lefèvre, Decio de Almeida Prado, Paulo Emilio Salles Gomes e Roberto Pinto Souza. Sentados: Alfredo Mesquita, Antonio Candido e Lourival Gomes Machado.

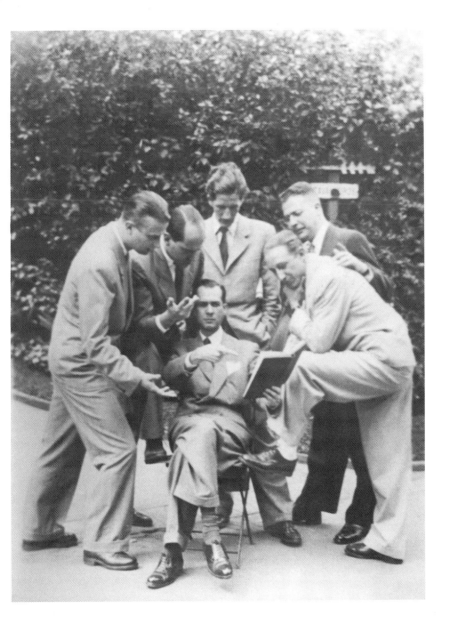

São Paulo, agosto de 1945, praça da República. Da esquerda para a direita: Decio de Almeida Prado, Paulo Emilio Salles Gomes, Gustavo Nonemberg, Lourival Gomes Machado e José Portinari. No centro: Antonio Candido apontando o dedo para sua tese de livre-docência em literatura, "Introdução ao método crítico de Silvio Romero".

Belo Horizonte, 1944. Da esquerda para a direita: Maria de Lourdes Santos Machado, Lourival Gomes Machado, Eugênia Franco, Alfredo Mesquita, Ruth de Almeida Prado, Decio de Almeida Prado, Clóvis Graciano, Sérgio Milliet e Ruy Coelho. Atrás, rapaz não identificado.

São Paulo, 1944, em um jantar promovido pela Editora Flama. Da esquerda para a direita, em primeiro plano: José de Barros Pinto Souza, Helena Gordo, João Guilherme Oliveira Costa, Maria de Lourdes Santos Machado e Lourival Gomes Machado. De frente para o fotógrafo: Antonio Candido (encoberto), Ruy Coelho, Luis Martins, Paulo Emilio Salles Gomes, Ruth de Almeida Prado e Decio de Almeida Prado. Na mesa do fundo, reservada para as "personalidades", encontram-se Mário de Andrade e Guilherme de Almeida.

*São Paulo, 1974. Paulo Emilio Salles Gomes
e Decio de Almeida Prado.*

*São Paulo, 1974. Foto tirada durante
a argüição da dissertação de mestrado
de Maria Rita Galvão ("Crônica do cinema
paulistano"). Da esquerda para a direita:
Antonio Candido, Paulo Emilio Salles
Gomes e Decio de Almeida Prado.*

São Paulo, 1982. Antonio Candido de Mello e Souza.

São Paulo, 1982. Gilda de Mello e Souza.

São Paulo, 1951. Gilda de Mello e Souza, seu marido Antonio Candido e uma das filhas do casal, Ana Luiza.

seus projetos intelectuais e da vontade de escrever. O primeiro texto que publicou, em 1939, de forte inspiração andradiana, foi incluído no programa da peça *Dona Branca*, de Alfredo Mesquita. Dois anos depois, estreou em *Clima* com o conto "Week-end com Teresinha". A personagem, uma menina do interior, às vésperas de completar dez anos e às voltas com as suas relações familiares, seus amigos, sua sexualidade latente, seus afazeres, o tédio provocado pelas aulas de piano, a vontade (interditada pelos pais) de ser bailarina, vive com ansiedade a proximidade da festa de seu aniversário, estragada por uma súbita chuva forte.

> Não demorou muito a chuva caiu copiosa, alagando tudo. No princípio Teresinha ainda quis reagir, pensando, com um resto de esperança, que chuva forte assim, até que era melhor, passava logo. Se uma banda do céu clareava um pouco, grudava os olhos nela e ficava rezando baixo, pedindo pra santa Teresinha que mandasse limpar o tempo. [...] Aos poucos foi sentindo a inutilidade de lutar contra uma força que não conhecia, que era maior que ela, que era *contra* ela. Se despegou da janela e ficou olhando, através das lágrimas, a mesa de doces.
>
> Roberto [o irmão] encontrou ela assim, parada no meio da sala. Quis caçoar com a irmã:
>
> "Xi, que azar, não Teresinha? Agora você vai precisar comer tudo isso sozinha..."
>
> Então ela não agüentou mais. Virou depressa o rosto pro outro lado, escondendo as lágrimas, e saiu correndo, pra se trancar no quarto, bem longe daquela gente perversa que estragava com tudo, que não entendia nada.[110]

Mesclando a caracterização psicológica com a descrição objetiva do universo familiar de classe média de Teresinha, a autora, como mostra Vilma Arêas, entrelaça ainda o tema do aniversário frustrado a dimensões menos aparentes da sexualidade em mutação da personagem pré-adolescente: sua

> preguiça e sensualidade na cama, as cócegas com que era despertada, o "abraço pegajoso das cobertas", desejos de parecer mais velha, desejos de calças compridas para liberdade das pernas e para brincar de sela (que o pai proibia), curiosidade sexual (espia a empregada quando esta sobe na árvore). O movimento contraditório das relações familiares, entre os mimos e a rigidez, ameaças, castigos físicos, a experiência da crueldade, separação rígida dos sexos, diferenças e ambigüidades nas relações com os criados, sentimentos de culpa, volubilidade grave — e tola — de cer-

tos momentos de transição, mais a exuberância da natureza — muitas cores e muitos cheiros —, tudo isso significa intencionalidade na composição da figura da pré-adolescente cheia de desejos e cheia de energia. O título da história não parece fora de propósito. Ao contrário, obedecendo ao gosto da autora pelos ângulos disfarçados e pela composição descentrada, ele tem algo de promessa [...] futura.[111]

A estréia de Gilda de Mello e Souza na ficção continha, por sua vez, a promessa da escritora plena que ela poderia vir a ser. Mas, ao contrário do esperado, não foi bem isso o que aconteceu. Enquanto seus amigos foram brindados com elogios rasgados pela importante contribuição que vinham dando como críticos de cultura, Gilda recebeu uma única avaliação, assim mesmo enviesada, pelo primeiro conto que publicou em *Clima*. Sérgio Milliet fora enfático ao afirmar, como vimos no capítulo anterior, que a "novíssima" geração surgia com "grandes possibilidades de vitória" no plano do ensaio e da crítica, mas não no âmbito da ficção. A seu ver, nada de novo estava sendo revelado "nessa frente de batalha literária". O comentário de Milliet, publicado em agosto de 1941 no quinzenário *Planalto* e reproduzido nesse mesmo período em *Clima*, visava destinatários precisos: Almeida Salles e Antonio Pedro, poetas; Gilda de Mello e Souza (então Moraes Rocha) e Mário Neme, contistas.

A avaliação desfavorável do crítico paulista não teve a princípio o efeito paralisante que se poderia esperar. No final de 1941, Gilda escreveu o segundo conto para *Clima*: "Armando deu no macaco". Se no primeiro a personagem central era uma menina, neste ela constrói os dilemas e frustrações de um jovem funcionário público, pobre, às voltas com os sonhos de escapar de seu cotidiano exasperante, banal, repetitivo. Nas vigílias passadas em uma pensão barata, Armando procura compensar as possibilidades escassas de sua vida com as lembranças do passado: a infância na cidade pequena do interior, os amigos, a canção estranha que a mãe cantava para ele adormecer (cuja estrofe inicial aparece no título do conto).

> Era engraçado como a vigília o tornava superior entre os homens dormindo [...] Só ele acordado, velando [...] Parecia que toda a força jovem que existia dentro dele havia despertado milagrosamente e agora estava alerta, querendo se expandir ao primeiro gesto. Não, não estava perdido [...] Se quisesse, chegava na repartição com a cara de quem estava dando graças a Deus e iria dizendo, bom, eu me despeço, amanhã embarco num

cargueiro, vou-me embora [...] E enquanto o chefe da seção, o primeiro, o segundo, o terceiro escriturários ficassem abanando a cabeça e dizendo "que besteira do seu Armando, abandonar o emprego numa época dessas", ele iria livre como antigamente, caminhando sem amarras, sabe lá pra onde [...]

E foi assim até que não pôde mais ficar ali, sentindo o perfume úmido da noite. Passou os dedos pelos cabelos em desordem, bateu com a mão no dinheiro do bolso, apagou a luz e deixou o quarto, estabanadamente.

Pro homem retardatário das duas horas que ia entrando, perguntou à queima-roupa, arregalando os olhos: "O senhor sabe, por acaso, o que é um cacho de uvas?". E saiu para a rua, cantando em voz baixa "Armando deu no macaco".[112]

O terceiro e último conto que Gilda escreveu para *Clima* data de abril de 1943. Em "Rosa pasmada", a autora pinça os desencontros de um casal a partir da descrição de uma cena corriqueira do cotidiano. Roberto, o marido, quer evadir-se do casamento sufocante mas não consegue; Lúcia, ao contrário, agarra-se cada vez mais às lembranças do passado de ambos. Enquanto o marido lê, ela entra no escritório e lhe faz um carinho. Roberto mal a olha.

Não lhe teria custado nada ter estendido mais francamente a sua mão, ter revelado por um momento que recebera o beijo amigo. Mas todas essas eram concessões perigosas, contrárias à linha de conduta que vinha traçando. Tinha horror de que um gesto mais terno seu tornasse a despertar em Lúcia a antiga sofreguidão e que, como um cão humilde que recebe carinho, ela se pusesse a rondar à sua volta. [...] Além do mais, não era preciso se inquietar muito, porque a incapacidade que a mulher tinha de aturar a solidão logo a traria de volta. Agora ficaria por algum tempo vagando pela casa, desguaritada, lutando contra as lágrimas, tão fáceis de rolar.[113]

Construindo um "olhar de esguelha", a autora faz deslizar nesse conto, de forma quase imperceptível, o ponto de vista masculino para o feminino, tornando "ambíguas as racionalizações" e empurrando "a solução do conflito para um beco sem saída".[114] Sua capacidade para retirar de um fragmento do cotidiano todas as implicações psicológicas que permeiam o desencontro amoroso, aliada ao seu talento para tratar o tema na linguagem concisa do conto, não foi suficiente para que ela desse continuidade à carreira de escritora. Com "Rosa pasmada" (título sugerido por Mário de Andrade), Gilda encerrou a sua produção na revista. Seriam necessários mais quinze anos e uma nova conjuntura para que ela voltasse a publicar o seu quarto e último conto: "A visita", lançado em março de 1958 no *Suplemento Literário* do jornal *O Estado de S. Paulo*, que reuniu mais uma vez, só que em novas bases, o grupo da extinta revista *Clima*.

A insegurança poderia ser apontada como uma das razões que levaram Gilda de Mello e Souza a abandonar a ficção no período de *Clima*. Mas, se assim o foi, longe de ser apenas um problema pessoal, decorrente de uma trajetória particular, tal sentimento é uma expressão condensada da situação vivida na época pelas mulheres da sua geração. O acesso à formação intelectual que tiveram na Faculdade de Filosofia, somado à vivência inédita de uma sociabilidade fortemente ancorada na vida universitária, permitiu a várias delas reorientar o papel social para o qual haviam sido educadas: mães e donas de casa. O impacto dessa experiência renovadora propiciada pela faculdade foi enorme, sobretudo para aquelas que efetivamente tentaram inventar para si um novo destino, como foi o caso de Gilda. Mas isso se deu à custa de conflitos, inseguranças e dilemas muito específicos. Principalmente no início, quando não se sentiam socialmente seguras para se inserirem no campo intelectual predominantemente masculino da época.

As dificuldades preliminares que enfrentaram, transmutadas em inseguranças pessoais, foram sendo contornadas, mas não eliminadas, à medida que construíram novos modelos de conduta e atuação. Um deles, o mais radical, implementado, segundo Gilda, pelas mais "afirmativas e talvez mais corajosas", implicou "apagar da memória o velho modelo feminino, que ainda vigorava nas famílias, substituindo-o pelo modelo masculino. Por outras palavras, consistiu em assumir integralmente a carreira intelectual, com todos os sacrifícios afetivos que isso implicava". Outro, mais "cauteloso", tentou "um compromisso entre o novo e o velho, optando pela carreira, mas sem radicalismo, quer dizer, procurando preservar alguns traços do modelo convencional, com a realização afetiva e as obrigações familiares dela decorrentes. Era uma solução harmoniosa do ponto de vista humano, mas lenta e incompleta como realização profissional". O terceiro, mais "conservador", baseado na antiga dependência das mulheres, converteu o "papel de prisioneira do lar em secretária dedicada: aquela que localiza as obras na estante, ficha os assuntos, ajuda em pequenas pesquisas, discute as idéias, passa os originais à máquina e se realiza, modestamente, delegando à cabeça do casal as glórias finais".[115]

No período em que *Clima* foi produzida, estavam em curso a montagem de um novo sistema de produção intelectual e o início das transformações dos papéis femininos que Gilda de Mello e Souza e outras mulheres de sua geração iriam viver, com as ambigüidades e dilemas apontados acima, nas décadas seguintes. Nesse contexto de dupla redefinição, Gilda abandonou a ficção. Seu gesto, reforçado ao que tudo indica pela ausência de críticas claramente favoráveis à sua produção como contista, teve um sentido preciso: recusar a posição e o papel que seus companheiros da revista lhe atribuíram. Insurgir-se contra as duas modalidades mais adequadas — socialmente, bem entendido — de expressão intelectual para as mulheres na época, a ficção e a poesia, foi talvez o seu "primeiro ato de liberdade",[116] ainda que arrevesado.

Com certeza, pondera Gilda,

> eu não quis ser como as outras mulheres, preferi me realizar como um homem. Não sei... Hoje fico pensando se não foi esse pecado de orgulho que moveu toda aquela geração feminina da faculdade. Nós até que tínhamos bastante prestígio. É verdade que a relação conosco era ambivalente. Havia um interesse franco pelo nosso destino, mas uma disposição bem menor de se apostar nele. Creio que àquela altura os homens, mesmo os do nosso grupo mais restrito, se relacionavam conosco um pouco como um marchand diante de um artista jovem que, embora aparentando talento, ainda está muito no início da carreira para merecer crédito. O brilho podia ser fogacho de mocidade e com o tempo talvez iluminasse uma *bas bleu* a mais. E havia tantas envelhecendo pelo foyer dos teatros, pelas exposições de pintura, cortejando os jovens professores franceses no final dos cursos! Também não era saudável ser muito valorizada, pois a confiança excessiva podia estar nos alçando acima de nossas forças, de nossos projetos. Foi bem difícil, para a minha geração, harmonizar a carreira com a realização afetiva.[117]

Se o grupo de *Clima* foi pródigo em encontros afetivos que deram certo, foram poucos, no entanto, os casais que conseguiram realizar carreiras paralelas. Os Mello e Souza são, nesse sentido, uma exceção a confirmar a regra. No início dos anos 40, Gilda, embora tivesse uma formação acadêmica em filosofia, sociologia e estética, escreveu apenas duas críticas literárias[118] e jamais se aventurou, por exemplo, na crítica de artes plásticas. O fato de essas áreas terem sido domínio de Lourival Gomes Machado e Antonio Candido, respectivamente, não significa apenas uma questão de divisão interna do trabalho intelectual: é antes indicativo da maneira como eram vividas as relações de gênero no interior do grupo. Aos homens couberam as posições e os temas nobres: a cultura e a editoria das seções permanentes. Às mulheres, a "costura" da redação, a função de colaboradoras, a poesia e o conto — na dupla condição de escritoras eventuais e de personagens principais do universo ficcional masculino.

Nesse contexto, Gilda cumpriu, mas não à risca, o papel de ficcionista oficial do grupo. Seguindo o conselho que Mário de Andrade lhe dera em carta enviada do Rio de Janeiro no início de 1941, ela aceitou, com prontidão, a sugestão do primo de que seria bom para a revista ter um contista permanente, alguém preocupado exclusivamente com a ficção. Mas rapidamente se deu conta de que se metera numa sinuca. O prestígio desfrutado não parecia suficiente para compensar a ambivalência de seus sentimentos. Os ciúmes e um certo ressentimento decorrentes do fato de se dedicar à literatura enquanto seus amigos se voltavam para "as coisas do pensamento", somados à percepção de ser "muito principiante",[119] dificultaram a sua afirmação no interior de *Clima*. Se não de fato, ao menos — o que já é muito — no plano da autorepresentação que conforma uma experiência intelectual vivida inicialmente na chave da insegurança.

Que essa insegurança não fosse apenas pessoal mas fundamentalmente geracional e de gênero — contrariando uma afirmação de Decio de Almeida Prado, que dizia que, na revista, Gilda estava exatamente "no mesmo plano que os homens" —,[120] isso dá bem o quadro das dificuldades enfrentadas pelas mulheres no grupo e fora dele. Sobretudo para aquelas, como Gilda, que ainda não sabiam exatamente o que queriam ser mas tinham clareza do que não desejam mais: "Ser apenas mãe, casar, ter filhos, dirigir a casa, receber e pagar visitas, viver submissa à sombra do marido".[121]

Ao longo de sua trajetória, *Clima* divulgou artistas e escritores jovens da época. Entre os artistas plásticos contemplados, nenhuma mulher. Entre os poetas, encontramos dezoito homens e cinco mulheres: Almeida Salles, Antonio Pedro, Ivan Ribeiro, Péricles Eugênio da Silva Ramos, Alvaro de Abreu, Vinicius de Moraes, Cid Silveira, Carlos Tinoco, Manuel Cerqueira Leite, Carlos Drummond de Andrade, Afrânio Zuccolotto, Eduardo de Oliveira, Sérgio Milliet, Sosígenes Costa, Ledo Ivo, Carlos Penteado de Rezende, Rossini

Camargo Guarnieri, Geraldo Vidigal; Oneyda Alvarenga, Clotilde Guerrini, Dora Ferreira da Silva (que escrevia com o pseudônimo de Mariana Ribeiro), Maria Eugênia Franco e Cecília Meireles.[122] Do total de treze contos publicados, nove foram escritos por homens e quatro por mulheres. Mário Neme publicou três contos. Barradas de Oliveira, Francisco de Marchi, Miroel Silveira, Silvio Rodrigues, Mário de Andrade e Almeida Fischer são autores dos outros seis. Os quatro contos restantes foram escritos por Gilda de Mello e Souza e Lygia Fagundes Telles — que anos depois se casaria com Paulo Emilio Salles Gomes, mas antes disso se destacaria como um dos grandes nomes da literatura brasileira.

Como autoras, as mulheres se fizeram presentes na condição de poetisas e contistas. Como personagens, ocuparam um lugar de destaque no universo ficcional da revista. Dos treze contos publicados, praticamente a metade é construída a partir de personagens exclusivamente femininos. São eles: "Week-end com Teresinha", de Gilda de Mello e Souza; "Ensaio sobre a comadre", "Mula que faz him, mulher que sabe latim...", "Dona Adelaide, como o nome indica", todos de autoria de Mário Neme; "O suicídio de Locádia", de Lygia Fagundes Telles, "Percalços, mas enfim...", de Silvio Rodrigues. Dois contos abordam questões das relações conjugais, centrando-se nas angústias das personagens femininas: "Rosa pasmada", de Gilda de Mello e Souza, e "Quase Fausto", de Miroel Silveira. Entre os cinco restantes, três voltam-se exclusivamente para personagens masculinos: "A aventura das mãos", de Barradas de Oliveira; "Armando deu no macaco", de Gilda de Mello e Souza, e "Uma solução em qualquer parte", de Francisco de Marchi. Os dois últimos, "O ladrão", de Mário de Andrade, e "Infância, primeiro ciclo", de Almeida Fischer, abordam, respectivamente, relações de vizinhança e a infância tumultuada de um menino, filho de pais separados.

Entre os contos publicados, mais da metade trata de mulheres. Mas essa supremacia numérica está longe de corresponder a uma abordagem mais complexa e nuançada do universo feminino. Com exceção dos contos de Gilda de Mello e Souza e de Lygia Fagundes Telles, os outros reproduzem o senso comum, beirando por vezes a caricatura. Senão vejamos. "Ensaio sobre a comadre", de Mário Neme, centra-se na história de uma senhora que se dedica com afinco à cura, a cuidar dos doentes, a contar para os amigos (que a temiam pelo seu comportamento esquisito) as desgraças acontecidas aos outros. "É difícil de principiar um estudinho a respeito da comadre dona Antonia, pois basta dizer que volta e meia o marido está confessando pra mim: 'Ah, seu Mário, que eu não compreendo a psicologia dessa bicha não...'."[123]

Se nem o marido era capaz de compreender a "psicologia" da mulher, menos ainda o autor, tanto nesse como em seu outro conto, "Mula que faz him, mulher que sabe latim...". A personagem, dona de uma pensão, fala alto, trai o marido, compra a prestações, anda de cabeça erguida e grita com os empregados. "Com desprezo nos olhos, muito digna, andando decidida que dava gosto ver, chegou na porta do corredor da cozinha, e berrou muito alto e bem soante, mostrando pra todos que ela era mesmo uma mulher de raça, mulher que sabe latim: 'Essa negra ainda não arrumou o meu banho? Será possível!?'."[124]

É provável que a intenção de Mário Neme e de outros contistas publicados em *Clima* — que centraram suas histórias na apreensão de aspectos e fragmentos da vida das mulheres, das crianças, dos homens pobres e suburbanos, dos destituídos em geral — fosse a de filiarem-se à tradição do conto moderno. A atenção ao cotidiano e ao personagem humilde ou humilhado sinaliza essa pretensão, mas não resolve o problema. Em vez de exercitarem a alteridade necessária para a compreensão dos processos psicológicos, sociais e simbólicos que conformam o universo popular e as relações de gênero, com vistas à sua retradução na linguagem literária do conto, acabam por apresentar, na maioria das vezes, uma imagem congelada, quase caricata, do mundo dos "outros".

Se a ficção foi o lugar reservado em *Clima* para as mulheres, os pobres, o homem comum, eles também entraram pela porta dos fundos, quase sempre de forma pejorativa e depreciativa, na seção de música da revista, a cargo de Antonio Branco Lefèvre. Crítico moderno, bem aparelhado conceitualmente e profundamente sintonizado com a música clássica e contemporânea, Lefèvre tinha, no entanto, horror à ópera. Gênero menor, adição confusa das artes, vista com o mesmo desdém com que se olhou o barroco no século XIX, a ópera aparece em seus artigos invariavelmente ligada aos imigrantes italianos que se fixaram em São Paulo, "público estritamente operista, que tudo aceita com igual julgamento e não influi e nem interessa mesmo ao desenvolvimento artístico nosso".[125]

A opinião de Lefèvre era compartilhada também por Alvaro Bittencourt, outro colaborador ativo da seção de música de *Clima*. A seu ver, "aquele que aceita a ópera como um mal necessário, como um gênero consagrado pelo tempo, como uma convenção útil, recusa-se de início toda a liberdade de julgamento".[126] Visto que os equívocos que ela carrega — "o falso e o vulgar ao lado de certa beleza e espontaneidade melódica, despertando os sentimentos e as emoções mais contraditórias" — só faziam "retardar e atrapalhar uma boa cultura musical". Para Bittencourt, eram raros os que conseguiam se "libertar" das "tremendas convulsões" suscitadas por esse gênero musical, "saindo para o ar puro e sadio da música de câmara ou sinfônica. Para a maioria, a ópera fica sendo uma verdadeira 'cachaça' musical".[127]

As oposições entre boa e má cultura musical, belo e vulgar, erudito e popular, que estão na base da apreciação estética da ópera emitida pelos críticos de música de *Clima*, sinalizam também um julgamento social. No contexto dos anos 40, a ópera e os programas musicais das rádios eram vistos, por eles, com a mesma suspeição que anos depois recairia sobre os programas de auditório, as telenovelas e a televisão em geral. Para Lefèvre, o que havia em São Paulo em relação à música era

> a ignorância mais simples e despida de disfarce [...]. Não há nem falta de gosto nem hostilidade a uma época ou escola musical. Há apenas ignorância. Ignorância de coisas inteiramente comezinhas tais como a existência de certos autores consagrados em qualquer centro civilizado. *Uma prova disto são as nossas infelizes estações de rádio* que agora não contentes de infestar o honesto ar paulista vão se estendendo por aí afora levando para o exterior esta incrível pobreza artística em matéria de música séria, quando não transmitem *as chalaças grosseiras do bateboca de japoneses, turcos, alemães, italianos, portugueses e caipiras, nesta algaravia completamente sem sentido* de que nunca nenhum humorista nacional conseguiu se livrar.[128] [grifos meus]

De um lado, os críticos, os intelectuais e apreciadores em geral da música erudita, séria, culta, profunda, esteticamente rica; de outro, os imigrantes, o popular, a ignorância, a pobreza cultural, o rádio. Valendo-se da entrevista que fizera com o músico uruguaio Curt Lange, Lefèvre volta a sustentar as opiniões sobre os programas musicais e a ópera, no artigo que escreveu em abril de 1943.

> Na difusão radioelétrica comercializada não existe princípio estético algum e, como a estética é um fator capital na educação e divulgação cultural, nenhuma pessoa que se ocupe com problemas culturais de um país pode simpatizar com este novo meio imposto ao ambiente. Os programas elaborados diariamente por uma minoria sem graduação universitária ou

magisterial, sem qualquer experiência artística, constituem um quadro muito doloroso porque significa a comunicação de um nível inferior, com outro igualmente inferior, em lugar de ser um veículo de educação por onde as pessoas de educação artística, entusiasmo e experiência pudessem se pôr a serviço da cultura popular.[129]

Antes de encerrar o artigo, Lefèvre transcreve mais um trecho da entrevista feita com Curt Lange, centrado nos motivos que levariam os italianos a apreciarem de maneira desmedida a ópera e a possuírem tão "grande e difundida musicalidade". Estes se devem "a condições inatas" decorrentes de "um fenômeno de ordem racial". Por essa razão, no entender do entrevistado, "o imigrante italiano não pôde eliminar as características da música italiana que estão confundidas totalmente com sua vida psíquica. A prova disto é que mesmo na música culta italiana moderna é extraordinariamente difícil a vitória sobre a inclinação melódica tradicional. Se há alguns artistas que conseguiram vencê-la, o povo italiano com muita dificuldade o conseguirá".[130] Fazendo suas as observações de Lange, Lefèvre afirma que as dificuldades enfrentadas na renovação do meio musical paulista deviam-se, entre outras coisas, à "escravização do gosto das massas [pela] ópera italiana".[131]

O empenho militante de Lefèvre em promover a elevação da cultura musical de seus leitores, por meio de comentários longos, didáticos, a um só tempo opinativos e bem informados, é correlato aos ataques constantes que ele endereça à ópera e às companhias estrangeiras que montavam esse gênero de espetáculo no país. Fora uma ou outra exceção, o grosso era constituído, a seu ver, por notórios fracassos artísticos. A visão de Lefèvre, compartilhada por quase todos os membros de *Clima*, correspondia por sua vez ao status da ópera junto aos intelectuais da época: completamente desmoralizada, era considerada, segundo Antonio Candido, "um divertimento de gente de mau gosto, kitsch, de burguesia".[132]

Os espetáculos de ópera eram "um acontecimento de sociedade", prossegue Candido.

> As nossas temporadas aqui eram modestíssimas. As grandes companhias vinham para o Colón de Buenos Aires, onde ficavam de dois a três meses. Uma parte dessas companhias ia para o Rio de Janeiro, onde davam de doze a quinze até vinte espetáculos, o que era raro. E um pedaço disso vinha para São Paulo e dava seis ou sete espetáculos. São Paulo era o primo pobre. Aqui tinha uma colônia italiana muito grande, sempre teve. Então, a ópera era vista como coisa de italiano e gozava-se muito italia-

no naquele tempo. Ópera era coisa de italiano e também da burguesia: tudo de casaca, de vestido de baile — naquele tempo tudo era muito rigoroso. Então, ela estava muito desmoralizada.[133]

Outro fator que contribuiu, involuntariamente, para a desvalorização da ópera foi, segundo Candido, a atitude de Mário de Andrade no campo da música.

A única coisa que havia em matéria de música, naquele período em São Paulo, era ópera e solo de concerto de piano. Mário de Andrade combateu muito as duas coisas. Não que ele fosse contra o concerto de piano ou contra a ópera. O que ele queria era acabar com a tirania dos maestros italianos, da ópera italiana e dos pianistas habituais — a pianolatria. Então o Mário de Andrade, quando foi diretor do Departamento de Cultura, fez um movimento extraordinário: criou quarteto, criou trio, criou os coros, criou a sinfônica e quis pôr um paradeiro nessa mania de solo. Isso deve ter contribuído para acirrar nos intelectuais a crítica em relação à ópera, que já vinha da Semana de Arte Moderna. Oswald de Andrade e Antonio de Alcântara Machado gozavam muito a ópera. O Mário conhecia muito bem ópera e levava-a muito a sério. Ele achava, por exemplo, Puccini um músico realmente extraordinário. Ele não era contra os músicos de ópera, era contra a mania de ópera.[134]

Tal é o quadro de fundo para se entender o descrédito que recaiu sobre esse gênero musical. Partilhado não só por modernistas importantes da primeira geração como por vários editores de *Clima*. Menos por Decio de Almeida Prado e Antonio Candido. Nas palavras do último,

nós sempre fomos fiéis à ópera. Mas, na revista, o crítico de música era o Lefèvre. Ali cada um respeitava a seção do outro. E uma coisa extraordinária da crítica musical do Lefèvre era a sua modernidade. Graças a ele, nós começamos a nos abrir para o dodecafonismo. A crítica dele era muito moderna, mas a ópera não existia. Era vista de maneira negativa. Depois a ópera foi ficando na moda na Europa, aí o pessoal foi virando. Uma coisa decisiva que contribuiu para essa mudança foi a publicação, nos anos 50, de um artigo importantíssimo de René Leibowitz sobre Puccini.[135] Aí o pessoal começou a virar e achar a ópera importante. Então a coisa começou a mudar. Mas antes ela estava muito por baixo.[136]

As observações detalhadas de Candido permitem contextualizar o status da ópera e o porquê de sua baixa receptividade nos meios intelectualizados dos idos anos 40. Mas não explicam as razões da associação pejorativa que os críticos de música de *Clima* faziam entre esse gênero musical, o rádio (a mídia popular da época) e o universo cultural dos imigrantes. Razões de ordem social e não estéticas encontram-se na base dos julgamentos emitidos por eles e partilhados, se não integralmente ao menos tacitamente, pelos demais editores da revista. Nas entrelinhas de um incontido preconceito em relação às manifestações da cultura popular, confirmavam a distância social que os separava das "massas incultas e sofredoras".[137]

A postura política sustentada pelos editores de *Clima* durante o período de circulação da revista — calcada na defesa dos princípios democráticos e socialistas e na contestação aberta ao capitalismo e ao fascismo — não fora suficiente para que rompessem com a visão dominante entre as elites dirigentes sobre o universo social e cultural das camadas desprivilegiadas do país. Não é aleatório, portanto, que o primeiro movimento consistente de ruptura com essa visão tenha partido de um outro integrante da Faculdade de Filosofia, com quem até então se relacionavam de maneira distante: o jovem sociólogo Florestan Fernandes.

Em 1943, no mesmo ano em que os editores de *Clima* divulgavam o segundo manifesto político do grupo, Florestan publicava seu primeiro artigo na revista *Sociologia*, concebida como uma publicação científica e especializada. Enquanto Decio de Almeida Prado, Antonio Candido, Lourival Gomes Machado, Ruy Coelho e Paulo Emilio Salles Gomes escreviam sobre domínios variados da cultura erudita — mesclando as preocupações metodológicas aprendidas na faculdade com a recuperação da tradição ensaística brasileira —, Florestan Fernandes se lançava com um artigo estritamente sociológico, centrado na análise da única dimensão da cultura com a qual tivera, até então, uma ampla familiaridade, em função de sua trajetória e experiência social: o folclore em São Paulo.

Na defesa da tese de doutorado de Paulo Emilio Salles Gomes,[138] ocorrida em 1972 na Universidade de São Paulo, Gilda de Mello e Souza cumpriu a função de orientadora daquele que começara avesso ao cinema nacional e terminara como um dos seus mais intransigentes defensores. E foi no contexto desse ritual de passagem acadêmica, marcado pelo embaralhamento de posições e pela evocação emocionada da amizade compartilhada, que Gilda fez o seguinte comentário sobre o grupo a que ela e Paulo Emilio pertenceram nos tempos de juventude.

O que define o pequeno grupo da revista *Clima*, desde o início, é a paixão pelo concreto. Efetivamente, como explicar o apelo das coisas, do real, dos acontecimentos e das obras, que nos atingia a todos, recém-formados em filosofia e ciências sociais, e nos levava, assim que nos libertávamos das tarefas universitárias, a abandonar o pensamento abstrato, para o qual não fomos talhados, pelas pesquisas da antropologia ou a análise das produções artísticas? Líamos os criadores, não os teóricos da literatura, e nos interessávamos por todas as manifestações da arte, freqüentando o cinema, o teatro, os concertos, as exposições de quadros, o circo e o ballet. *E se nossa geração não produziu nenhum filósofo, nenhuma cabeça teórica, foi sem dúvida uma geração de críticos que inaugurou entre nós a crítica moderna de teatro e de cinema, retomando em bom nível os estudos anteriores de música, literatura e artes plásticas.*[139] [grifos meus]

A resposta que Gilda de Mello e Souza dá à sua própria indagação, com o propósito de explicar o apelo das coisas, do real, dos acontecimentos e das obras que atingia todos os membros de *Clima*, é sem dúvida precisa no que diz respeito à contribuição efetiva que eles deram no terreno do ensaísmo e da crítica cultural. Mas não esgota a questão. Combinar a perspectiva desenvolvida pela história das idéias com os achados das análises feitas na linha da sociologia da vida intelectual parece ser o caminho mais frutífero para aprofundar a indagação pertinente da autora. Para tanto, será necessário reconstituir o perfil social do grupo de juventude de Gilda e, simultaneamente, as trajetórias e as carreiras de seus membros mais expressivos, ao longo dos decênios de 40, 50 e meados dos anos 60.

4
INTELECTUAIS ACADÊMICOS

DE VOLTA À UNIVERSIDADE DE SÃO PAULO

A formação do grupo que produziu a revista *Clima* remonta ao ano de 1939, ao espaço da Faculdade de Filosofia, Ciências e Letras, e a um de seus cursos mais concorridos na época: o do professor de filosofia Jean Maugüé. Foi no decorrer de suas aulas, segundo Gilda de Mello e Souza, que

> nasceu espontaneamente o nosso grupo, fruto de um conjunto de afinidades e circunstâncias. Em primeiro lugar, éramos todos discípulos de Maugüé; em seguida, tínhamos todos mais pendor literário que filosófico; em terceiro lugar — e descontados os matizes mais variados — éramos todos esquerdizantes; e por último, *tínhamos origens sociais equivalentes.* Parafraseando Paulo Emilio e o seu talento de cunhar fórmulas, pertencíamos àquele setor da burguesia formado por profissionais liberais, altos funcionários, fazendeiros e industriais médios... *Essas injunções nos davam um ar de família, um viés definido de enxergar o real.*[1] [grifos meus]

De forma precisa, Gilda circunscreve algumas das razões centrais que propiciaram e alimentaram "o convívio geral, intenso, quase diário",[2] entre 1939 e 1944, de seu grupo de juventude. As afinidades que os uniram, decorrentes de suas origens sociais semelhantes, da vivência parecida que tiveram na infância e adolescência, do tipo de formação cultural que receberam de suas famílias e das escolas que freqüentaram, foram reforçadas e sedimentadas ao longo do período em que cursaram a Faculdade de Filosofia. Para muitos deles, essa instituição representou bem mais do que um espaço de profissionalização. Foi, antes de tudo, o centro irradiador que conformou o universo de sociabilidade do grupo. Ali construíram as relações pessoais, intelectuais, afetivas, e em alguns casos amorosas, que marcariam para sempre as suas vidas. Segundo Decio de Almeida Prado, por exemplo, a faculdade lhe "deu tudo, ou quase tudo: mulher, amigos, ganha-pão, interesses intelectuais, métodos de pensar".[3]

Quando Decio iniciou, em 1936, o curso de graduação em filosofia, seu pai, Antonio de Almeida Prado (1889-1965), era diretor da Faculdade de Filosofia. Médico conceituado, formado em 1912 pela Faculdade de Medicina do Rio de Janeiro, nomeado em 1916 para o cargo de professor da Faculdade de Medicina de São Paulo (graças à recomendação de Miguel Pereira, de quem fora aluno e discípulo), Antonio de Almeida Prado foi também secretário de Educação em 1931 na interventoria de Laudo de Camargo. Nesse período, nomeou uma primeira comissão — composta por Alcântara Machado, Lúcio Martins Rodrigues, Raul Briquet, Fernando de Azevedo e Júlio de Mesquita Filho — para estudar as bases da Universidade de São Paulo, que seria criada dois anos depois, no governo de Armando de Salles Oliveira.

Para o cargo de primeiro diretor da Faculdade de Filosofia foi designado Theodoro Ramos (1895-1935), professor de matemática da Escola Politécnica que se incumbira de recrutar professores na Europa para integrarem o corpo docente da universidade paulista. Convidado para um alto posto no governo federal, Ramos mudou-se para o Rio de Janeiro no final de 1933 e deixou a direção da Faculdade de Filosofia. Para preencher esse súbito vazio administrativo, Armando de Salles Oliveira e Júlio de Mesquita Filho indicaram Antonio de Almeida Prado, que, na opinião de seu filho, Decio, "aliava a experiência no magistério superior ao gosto pelas idéias gerais e pela literatura".[4]

Naquela altura, Antonio de Almeida Prado não desconhecia as dificuldades que teria de enfrentar para "instalar de uma hora para outra uma faculdade ampla e complexa como a que se planejava, que só existia de um lado no papel e de outro num corpo de professores recém-chegados ao Brasil, que não haviam dado sequer a primeira aula regular".[5] Coube-lhe, como segundo diretor em termos oficiais, mas de fato o primeiro sob todos os aspectos práticos, dirigir a instituição na sua fase inaugural, "providenciando desde a redação de seu regimento interno, até a localização de um prédio que lhe servisse provisoriamente de

141

sede" —[6] no caso, algumas salas da Faculdade de Medicina, obtidas com o aval do diretor dessa instituição, Aguiar Pupo, seu colega de trabalho e companheiro desde os tempos de estudante na antiga capital federal.

"Um dos tropeços iniciais" que Antonio de Almeida Prado teve, em sua gestão, foi a falta de candidatos para os cursos. A seu ver, "as novas habilitações, de caráter cultural desinteressado, não seduziam as ambições comuns", acostumadas "a procurar, nas profissões liberais, um meio de vida — de médico, engenheiro, advogado, agrônomo etc. No entanto, era necessário recrutar alunos a qualquer preço".[7] O expediente de comissionar professores públicos primários — primeiro como ouvintes e depois como matriculados condicionalmente — seria o recurso encontrado para atrair alunos para a faculdade recém-instalada. Tal foi, por exemplo, o caso de Mário Wagner Vieira da Cunha, que ingressou na faculdade em 1934, na condição de professor primário comissionado.

Naquele momento, Mário Wagner cursava também a Escola Livre de Sociologia,[8] onde viria a ser assistente de Herbert Baldus,[9] em função do seu interesse intelectual pela antropologia. Em 1937, Baldus levou-o para trabalhar na primeira associação de cientistas sociais criada no país, a Sociedade de Etnologia e Folclore,[10] abrigada no interior do Departamento de Cultura, idealizado e dirigido por Mário de Andrade, entre 1935 e 1938. Essas rápidas informações sobre o início da carreira antropológica de Mário Wagner são suficientes para mostrar que ele, assim como os integrantes do Grupo Clima, era um aluno bastante promissor na época em que cursou a Faculdade de Filosofia. Apesar disso, suas lembranças dos tempos de estudante nessa instituição não são nada efusivas.

No "começo da universidade", recorda-se Mário Wagner,

> não havia alunos suficientes, a dificuldade era encontrar quem quisesse cursá-la. Por isso, tive que protestar contra o diretor da Faculdade de Filosofia, que na época era o Almeida Prado, porque ele disse uma coisa que nos ofendeu bastante. Durante uma reunião pública, ele disse que a situação da falta de alunos estava tão grave que era preciso até pagar os professores primários para que eles viessem assistir os cursos. Então, para nós, que éramos professores primários comissionados, humildes, na escala mais baixa, aquilo foi muito desagradável. Realmente houve momentos nas aulas de sociologia e filosofia [em] que a coisa era irritante, porque havia os alunos oficiais, matriculados, que faziam os traba-

lhos, se esforçavam humildemente, e havia os alunos *snobs*, que vinham com os grandes chapéus e vestidos muito bonitos,[11] assistiam às aulas, conversavam com os professores, convidavam para um chá e a sociologia ficava entre um salão literário muito importante e uma sala de aula. E nós, sempre no cantinho, empurrados dessa forma.[12]

Essa polaridade social e cultural produziu, segundo Mário Wagner, "um grande mal-estar" entre os estudantes comissionados, que se sentiam "duplamente bárbaros". Não só pela atitude dos "alunos bem relacionados, vistos como uma promessa de grandiosidade" (entre estes, "o grupo de Decio de Almeida Prado"), como por pertencerem às "classes sociais mais humildes".[13]

A presença dos professores primários comissionados entre os alunos das primeiras turmas da faculdade revela, por outro lado, a distância que se interpôs entre o projeto dessa instituição e a sua execução. Concebida como o lugar privilegiado para a formação de uma nova elite cultural, capaz de fazer frente às tradicionais elites paulistas — advindas das faculdades de Direito, Medicina e Politécnica — e de responder cientificamente às demandas culturais, políticas e econômicas do período, tal projeto não se concretizou nos termos esperados por seus mentores. O "perfil de recrutamento" dos alunos obedeceu a uma lógica distinta da planejada: "As posições disponíveis para a prática profissional das novas disciplinas foram caindo em mãos das mulheres ou de descendentes de famílias de origem imigrante, muitas delas abastadas do ponto de vista material, mas sem qualquer enraizamento anterior junto aos setores cultos dos grupos dirigentes".[14]

Mas não só de professores primários comissionados, de "estudantes bem relacionados" ou de alunos descendentes de famílias abastadas de origem imigrante viveu a Faculdade de Filosofia em seu começo. Modificações em curso na estrutura social da cidade de São Paulo permitiram a alguns jovens, destituídos de capital econômico e cultural, o ingresso nessa instituição. Tal foi o caso de Florestan Fernandes, que iniciou a graduação em 1941, no mesmo ano em que Antonio Candido licenciou-se no curso de ciências sociais.

Homem "sem geração", presença singular entre os estudantes da época, Florestan ganhou nome, sobrenome e notoriedade a partir de sua inserção e profissionalização na Faculdade de Filosofia da Universidade de São Paulo.[15] Um exame mais circunstanciado de sua origem, de seu universo familiar, de sua carreira acadêmica e de sua trajetória intelectual permite caracterizar, pela *diferença*, as razões de ordem cultural e social mais amplas que estão na base da formação do Grupo Clima. Essa perspectiva relacional e comparativa é fundamental para que possamos analisar, de um lado, o perfil e a experiência do grupo no contexto intelectual e institucional da Faculdade de Filosofia entre 1940 e meados dos anos 60. De outro lado, para entendermos a distância de Florestan em relação a esse círculo de amigos. Pois, se ele pertence, cronologicamente, à geração de Antonio Candido e dos companheiros mais próximos do crítico e estudioso maior da literatura brasileira, sociologicamente, entretanto, afasta-se decisivamente dela, como veremos ao longo deste capítulo.

Ele, que viria a ser a expressão mais acabada e profissionalizada do novo sistema de produção intelectual implantando em São Paulo através da Faculdade de Filosofia, sentia-se, no início de sua graduação, como a

> espécie mais pobre do nosso meio cultural. Eu não sabia francês. O que eu tinha aprendido de francês e de inglês só dava para passar no exame, não dava para ler um livro, quanto mais ouvir um curso do professor Maugüé, ou do professor Hugon. Nós fomos obrigados a fazer um esforço enorme, principalmente os estudantes pobres. Um esforço enorme de leitura. Todos nós éramos autodidatas. Era uma formação típica de um mundo colonial. Mas esta situação foi muito produtiva, porque, de uma hora para outra, em qualquer setor do conhecimento, nós estávamos realmente na metade do século XX. Se não acontecesse isto, nós realmente continuaríamos com um débito muito grande. Os professores franceses não entendiam a situação em que estavam e por isso exigiam. E nós tínhamos que avançar [...] E avançamos com rapidez. Sem relação maternal, sem mamadeira, o estudante cresce, amadurece. Isto, contudo, não impediu que as coisas fossem difíceis para mim.[16]

As dificuldades propriamente escolares e de formação somaram-se, no caso de Florestan, aos problemas de sociabilidade com os colegas.

> Eu era como que um estranho e, a vários respeitos, um *intruso*. O núcleo daquele pequeno grupo [de estudantes da Faculdade] não só procedia de famílias tradicionais de classe média ou alta. Ele era composto por estudantes que vinham do pré [referência ao Colégio Universitário] e que tinham, portanto, laços intensos de camaradagem e de solidariedade intelectual. Se não se revelaram hostis, também não abriram as comportas do seu "círculo". *Eu ficava de fora e sentia que não me cabia alterar as regras*

144

tácitas do jogo, o que tornaria o meu forte cheiro de ralé insuportável. Deixei que o tempo corresse, sem abrandar o meu caráter agreste, nascido da insegurança e da inexperiência. Também nunca me fizeram algo de que me devesse queixar, em termos de boas maneiras ou dos mínimos que regulam a convivência formal dos estudantes de uma mesma classe. O que quebrou o gelo foi a situação de convivência comum, prolongada e destituída de áreas pessoais de conflito.[17] [grifos meus]

Para compensar o seu modesto capital cultural e a falta de um "nome de família", Florestan submeteu-se a uma disciplina monástica de estudo durante o primeiro ano de sua graduação. Todos os seus esforços e energias foram concentrados na realização dos trabalhos escolares. O primeiro deles, entregue para Roger Bastide no final do primeiro semestre de 1941, versava sobre a "crise da explicação causal na sociologia" e fora feito a partir da bibliografia encontrada na biblioteca central da faculdade e na Biblioteca Municipal. A nota obtida, porém, ficou abaixo das suas expectativas: quatro e meio, acrescida de um "comentário piedoso do professor", "o que ele esperava era uma dissertação, não uma reportagem".[18]

O resultado obtido, longe de forçar Florestan a desistir do curso, serviu para que ele se atirasse ainda mais nos estudos. No segundo semestre de 1941, faria um novo curso com Bastide e outro com Paul Hugon, que regia a cadeira de economia. Como trabalho de conclusão apresentou um texto sobre a "Evolução do comércio exterior no Brasil, da Independência a 1940" (entregue para Hugon) e outro sobre "O folclore em São Paulo" (destinado ao curso de Bastide). "Para um recém-egresso dos quadros mentais da cultura *folk*", a pesquisa sobre o folclore foi "fascinante". Florestan lançou-se a ela "com o alvoroço de um 'primeiro amor'". Em função da sua "experiência de vida, sabia onde coligir os dados e como".[19]

O trabalho foi examinado por Lavínia da Costa Vilela, assistente de Bastide na cadeira de sociologia I. Recebeu nove e meio de nota, com o comentário de que ele, Florestan, havia ido longe demais no tratamento sociológico do tema. Quando Bastide retornou de suas férias na França, Florestan o procurou e disse "que queria uma crítica séria do trabalho". O professor mostrou-se surpreso com a existência de uma monografia sobre o folclore em São Paulo e afirmou que o trabalho lhe interessava muito. Convidou Florestan a ir à sua casa e disse que estava disposto a corrigir a nota. Florestan recusou a proposta, mas aceitou o convite. Na residência de Bastide, ouviu "comentários preciosos sobre a interpretação sociológica dos dados". No entender do professor, ele não só tinha tomado "a pista correta", como deveria "explorá-la de modo mais amplo".[20]

A discussão sobre o trabalho serviu ainda para que Bastide se inteirasse das dificuldades financeiras de Florestan. Pouco tempo depois, levou-o a Sérgio Milliet, com o propósito de arrumar-lhe um emprego na Biblioteca Municipal, onde seria possível conciliar a atividade intelectual com a questão da sobrevivência. Milliet, contudo, não aprovou a proposta de Bastide. A seu ver, "se o Florestan começasse a trabalhar na biblioteca, ele enterraria qualquer coisa que o seu talento lhe pudesse abrir. Como alternativa, colocou-se à disposição para publicar os artigos que quisesse escrever em *O Estado de S. Paulo*".[21] Bastide, porém, não parou aí: "Levou o trabalho [sobre o folclore] ao professor Emílio Willems e pediu sua publicação na revista *Sociologia*".[22]

A publicação do artigo, o bom desempenho nos trabalhos escolares e os visíveis progressos que vinha fazendo como estudante produziram um efeito notável no jovem sociólogo, que adquiria assim uma "nova estatura psicológica". Em suas palavras, "o *Vicente* que eu fora estava finalmente morrendo e nascia em seu lugar, de forma assustadora para mim, o *Florestan* que eu iria ser".[23]

As dificuldades iniciais que sentira no convívio com os colegas foram compensadas, naquele período, pela sedimentação de um tipo muito particular de relação que estabeleceu com alguns de seus professores, sobretudo com Bastide, que se tornaria, com o tempo, um misto de mestre e de padrinho. Nesse plano, afirma Florestan,

> a lógica dos pequenos números me beneficiou mais depressa e mais fartamente do que eu poderia imaginar. Decerto, o acaso favoreceu-me bastante — e por muito tempo! Mas não se deve negligenciar a habilidade que adquiri, desde a mais tenra idade, como MENINO DE RUA e nos vários empregos que tive de enfrentar. Se fizera bem alguma coisa antes, fora aprender a conhecer as pessoas e a lidar com elas. A questão era ter acesso aos professores fora dos contatos formais das salas de aula. Eu não sabia como conseguir isso e, o pior, não era capaz de falar francês ou italiano. Como também não possuía um "nome de família", eu desaparecia no pequeno número, como se estivesse perdido em uma massa enorme de estudantes. No entanto, como tinha decidido concentrar o melhor dos meus esforços nos trabalhos de aproveitamento [dos cursos], foi por aí,

inesperadamente, que se abriram as portas para entrevistas pessoais nas casas daqueles professores.[24]

Como todos os estudantes do seu tempo, Florestan também se impressionara com o professor Maugüé. Mas, diferentemente dos integrantes do grupo que produziu a revista *Clima*, não o reconhecia como a grande influência na sua formação intelectual. Maugüé não teve para ele "a mesma importância de Roger Bastide e Emílio Willems".[25] Outra diferença significativa entre Florestan e os membros de *Clima* diz respeito aos autores que lia. Durkheim, Weber, mais tarde Marx, e uma série de antropólogos ingleses formados no interior do paradigma estrutural-funcionalista marcaram de maneira indelével a formação e a trajetória intelectual de Florestan. Nas entrevistas que concedeu ao longo da vida, quase não encontramos referências à literatura: os autores mencionados são de um modo geral cientistas sociais. Eles formaram o seu universo intelectual e forneceram a herança cultural do sociólogo que Florestan pretendia ser desde o tempo de sua graduação.

Ao contrário dos membros mais importantes do Grupo Clima (como Decio de Almeida Prado, Paulo Emilio Salles Gomes, Ruy Coelho, Gilda de Mello e Souza, Antonio Candido e Lourival Gomes Machado), Florestan não sofreu nenhuma influência direta dos modernistas e das inovações estéticas por eles produzidas. Por ser e se sentir "um desenraizado", não se ligara na adolescência "a nenhum grupo intelectual em São Paulo". Sua primeira vinculação antes de ingressar na faculdade coincidiu com o curso de madureza, feito no Ginásio Riachuelo. Lá, com os colegas, entrou "em contato com várias correntes literárias que prevaleciam aqui no meio brasileiro". Até então, afirma Florestan,

> a minha concepção de escrever era praticamente uma preocupação *clássica*. Foi graças a um colega no curso de madureza que eu me iniciei na literatura moderna brasileira e procurei melhorar a minha concepção de estilística. De modo que, naqueles anos, por exemplo, *eu valorizava muito mais Monteiro Lobato do que Mário de Andrade*, porque através dele eu conhecia coisas que me interessavam muito. Ele tinha um estilo vivo. *De modo que eu não sou típico*.[26] [grifos meus]

Em 1944, Florestan concluiu a graduação em ciências sociais. Tinha então 24 anos. Como prova do seu excelente desempenho escolar, foi convidado por Paul Hugon e Eduardo Alcântara de Oliveira para ser assistente nas cadeiras de economia e de estatística, respectivamente. Florestan recusou o convite de ambos, mas aceitou o de Fernando de Azevedo para trabalhar com ele na cadeira de sociologia II da Faculdade de Filosofia, onde também se encontrava Antonio Candido, que, para surpresa do jovem sociólogo, teria um papel importante na sua contratação.

Durante o curso, relembra Florestan,

> o Antonio Candido nunca percebera a minha presença nas aulas do professor Maugüé ou em outras ocasiões (nós fomos contemporâneos, porém ele fazia o último ano do curso enquanto eu começava). Todavia, eu o conhecia muito bem e era um dos seus leitores mais assíduos. Ele cumpria, em relação a nós, a mesma função que Mário de Andrade tivera para a Semana de Arte Moderna. Por isso, eu próprio tomei a iniciativa de escrever-lhe. A nossa amizade se iniciou sem muito entusiasmo da parte dele. Contudo, ele já me conhecia o bastante, quando o dr. Fernando de Azevedo formalizou o convite, para apoiar-me de modo seguro. Eu, desastradamente, fora tão convincente, argumentando contra as inconveniências de um jovem, que mal terminara o curso, ser convidado para um lugar de tamanha responsabilidade, que o dr. Fernando hesitou. Não fora a intervenção providencial de Antonio Candido e eu iria trabalhar, mesmo, na cadeira de economia. Devo-lhe, também, uma desprendida colaboração, que facilitou os ajustamentos iniciais e me levou a corrigir, em tempo, certos desvios que me levavam a botar maior interesse nas tarefas de pesquisa que nas do ensino.[27]

A avaliação positiva de Florestan sobre a amizade com Candido, inúmeras vezes reiterada ao longo de sua vida, não se aplica contudo às relações que manteve, nos tempos de estudante, com outros colegas da faculdade. A seu ver,

> só lentamente ganhei o respeito deles. *Por isto, na verdade, eu não sou uma pessoa com um grupo de geração.* Tive amigos muito sólidos, meus professores franceses, Roger Bastide, Hugon e, mais tarde, Baldus. Tive um amigo muito sólido em Antonio Candido, que já era um crítico literário destacado. *Havia toda a chamada geração de* Clima. *Mas eu não pertencia.* A única pessoa com quem eu me dava bem era o *Antonio Candido.* De uma maneira menos íntima com o *Lourival Gomes Machado.*[28]

O empenho com que se lançou na carreira, a obstinação com que promoveu a construção da sociologia acadêmica por meio de sua obra e do trabalho feito junto ao grupo de alunos e orientandos aglutinados à sua volta na cadeira de sociologia I, garantiram a Florestan um lugar de destaque no campo intelectual e universitário paulista.[29] No entanto, sua origem, o sentimento de desenraizamento social e cultural, a vivência de uma forte "visibilidade negativa", afastaram-no do círculo mais atuante de alunos da Faculdade de Filosofia, nos anos 40 — o Grupo Clima. Não é aleatório, portanto, que o sentimento de pertencer a uma geração estivesse ausente no seu caso.

Radicalmente distinta foi a experiência dos integrantes da "turma do Clima", que sempre se viram e se pensaram como partes indissociáveis de um grupo de amigos. Poderoso a ponto de definir para vários deles um destino e uma trajetória. Tal foi, por exemplo, o caso de Decio de Almeida Prado, para quem

> uma revista de jovens, que reunia um grupo de amigos, deu-me, dentro da literatura, um espaço reservado, uma parte determinada, aquilo que se chamava seção fixa — a do teatro. *Estava definido para sempre o meu destino, no jornalismo e na universidade.* O que fora até [aquela] altura divertimento artístico, hobby intelectual, atividade circunstancial e descompromissada, tornar-se-ia o centro de minhas preocupações enquanto ser pensante e escrevente. *Durante os cinqüenta anos seguintes prossegui, como colega obediente, no caminho que os meus amigos — amigos de coração, é verdade — haviam escolhido para mim*, certamente me conhecendo melhor do que eu mesmo me conhecia. E confesso, revendo agora esses cinco decênios, que tenho certo orgulho de haver contribuído, com a minha geração e na medida de minhas forças, para que o teatro saísse da posição humilhante de primo pobre que ocupava entre as artes literárias brasileiras.[30] [grifos meus]

Rastreando os anos de sua formação, quando ele e seus amigos foram "descobrindo aos poucos, meio por acaso, o que eram e a que vieram",[31] Decio de Almeida Prado enfatizou, na homenagem que recebeu, em novembro de 1994, da União Brasileira de Escritores, a importância daquele período para seu aprendizado intelectual e para o contato que manteve com as questões postas pelas vanguardas literárias que desaguaram no modernismo. Resumir o que aconteceu depois de 1944 nesse terreno, marcado pela sucessão de uma cadeia "de ismos", como o existencialismo, o concretismo, o abstracionismo, o estruturalismo, parecia-lhe uma tarefa pouco apropriada para o relato "finito, pessoal e nostálgico" —[32] e acrescentaríamos, pungente — que pronunciou naquela ocasião.

149

Para mostrar a sua perplexidade diante dos dois "últimos ismos" que atravessam a discussão contemporânea, o desconstrucionismo e pós-modernismo, Decio se perguntava se eles não "significarão, porventura, que o [seu] amado século XX", vivido por ele "quase em sua inteireza, já terminou e que temos de desmanchar tudo que edificamos com tanto custo?". Felizmente, responde,

> a minha idade, se me permite ainda fazer perguntas, desobriga-me de lhe dar respostas. Liberado pela velhice, já sem ter a preocupação de parecer moderno, não tendo mais a obrigação moral e profissional de rever periodicamente os meus conceitos e reciclar a minha bibliografia, posso finalmente dar-me ao luxo de ser apenas eu mesmo. Ou melhor, como diria Ortega y Gasset, *"eu e minhas circunstâncias". No caso, eu e os meus amigos.*[33] [grifos meus]

Com essas palavras, Decio de Almeida Prado encerrou a sessão de homenagem que lhe fora prestada, referindo-se alusivamente aos amigos com os quais convivera ao longo da vida. Entre eles, sem dúvida, os companheiros mais próximos do seu círculo de juventude — o Grupo Clima —, que acompanharam de perto, e com bastante interesse, a sua bem-sucedida trajetória profissional e intelectual como crítico e estudioso do teatro brasileiro.

LAÇOS DE FAMÍLIA

O intenso sentimento de amizade que uniu o núcleo mais importante do Grupo Clima, nos idos anos 40, encontra-se diretamente entrelaçado às experiências intelectuais compartilhadas na Faculdade de Filosofia e às origens sociais semelhantes de seus membros. Os pais de Decio de Almeida Prado, Antonio Candido e Paulo Emilio Salles Gomes eram médicos. Ruy Coelho era filho de um advogado bem estabelecido em São Paulo. Gilda de Mello e Souza provém de uma família de fazendeiros médios. Lourival Gomes Machado, o menos favorecido de todos, era filho de um comerciante, oriundo de uma família pernambucana em descenso social. Candido, Lourival e Gilda vieram do interior (de Minas, no caso do primeiro, e de São Paulo, nos dois últimos) para estudar em São Paulo. Decio, embora nascido na capital paulista, viveu a primeira parte da infância na fazenda de seu avô paterno, localizada no município de São Joaquim da Barra.

Paulo Emilio, o mais velho do grupo, nasceu em São Paulo, em dezembro de 1916. Filho de Gilda Moreira Salles Gomes e do médico Francisco Salles Gomes Júnior, formado no primeiro decênio deste século. Sua atuação no decorrer da década de 30, como diretor do Serviço Sanitário, secretário de Educação e diretor do Serviço de Profilaxia da Lepra, garantiu-lhe um lugar de destaque na administração pública da capital paulista. Empenhado na execução de uma política médica para o tratamento da lepra, Francisco Salles Gomes Júnior criou leprosários pelo interior do estado de São Paulo, contribuindo assim para a erradicação da doença.

Além de homem público, o pai de Paulo Emilio era um dos proprietários da Companhia Fiação e Tecidos Santa Maria, instalada em Sorocaba e presidida no começo do século por Francisco Salles Gomes, que, como o filho, também era médico. Vindo da Bahia para o município de Tatuí, no interior do estado de São Paulo, o avô paterno de Paulo Emilio casou-se com Ana Lilian Kenworthy, filha de um técnico inglês em tecelagem, e tornou-se acionista majoritário da fábrica onde o sogro trabalhava.[34] Embora fosse uma sociedade anônima, a Santa Maria era uma empresa estritamente familiar. Entre 1934 e 1935, sua presidência esteve a cargo de Francisco Salles Gomes Júnior, mas quem a dirigia de fato era um de seus cunhados.

Caçula de uma família pequena para os padrões da época, composta pelo casal e por dois filhos homens, Paulo Emilio Salles Gomes foi, na infância, um menino "apático e inexpressivo". Até que um dia, segundo reza a lenda familiar, deram-lhe uma dose de vermífugo. "Ficou dois dias largado, como se estivesse para morrer. Acordou de chofre, completamente mudado. Estrábico e careteiro. E muito falador."[35] Durante a adolescência, passada na residência da rua Veiga Filho, sua casa "permanecia sempre aberta para os amigos, sem horários rígidos",[36] o que causaria surpresa para as pessoas de sua convivência mais íntima, como Decio de Almeida Prado.

Órfão de mãe aos dois anos, Decio passou os quatro anos seguintes sob os cuidados de seus avós paternos, longe da cidade de São Paulo, onde nascera em agosto de 1917. Enquanto isso, seu pai, Antonio de Almeida Prado, permaneceu na capital paulista, trabalhando ao mesmo tempo como clínico e professor da Faculdade de Medicina. Antes de completar sete anos, Decio mudou-se novamente para São Paulo. Veio com os irmãos e os avós paternos (que tinham vendido a

151

fazenda e passaram a viver de rendas) para residirem na companhia do pai. A casa em que moravam permanecia sempre aberta, como a de Paulo Emilio. Mas, diferentemente da última, mais para os parentes, primos e tios, do que para os amigos dos filhos.

Apesar de ter ficado viúvo muito cedo, com trinta anos, o pai de Decio de Almeida Prado não se casou de novo. Dedicou-se integralmente aos filhos, à medicina e à Universidade de São Paulo. Ali, exerceu os seguintes cargos: diretor da Faculdade de Filosofia (agosto de 1934 a junho de 1937), vice-reitor (no mesmo período) e reitor (entre outubro de 1946 e janeiro de 1947). Em 1951, aposentou-se como catedrático da Faculdade de Medicina, nas áreas de medicina geral e patologia médica.

Ao longo da vida, Antonio de Almeida Prado manteve-se fiel a três de suas paixões de juventude: a literatura, a ópera e o teatro. O interesse pelo teatro chegou, na sua mocidade, "à verdadeira mania". Seu "gosto polimorfo e cosmopolita, sem distinção de gêneros e de línguas, do *grand-guignol* aos escabrosos *vaudevilles*, das comédias ligeiras aos dramas, das revistas às operetas, das *zarzuelas* às óperas, do teatro clássico às tragédias",[37] sedimentado durante a estada no Rio de Janeiro, quando cursava a faculdade e podia dar-se ao luxo de freqüentar algumas das melhores temporadas teatrais da época, refletiu-se de maneira profunda na educação do filho. Antes de tornar-se crítico profissional de teatro, Decio de Almeida Prado recebera do pai os insumos iniciais para dar direção intelectual ao seu interesse juvenil pelas artes cênicas.[38]

Admirador do teatro francês, espanhol e italiano, Antonio de Almeida Prado tinha especial predileção pela ópera. A "carreira de freqüentador" de óperas transcorreu, segundo suas palavras, "quase toda no Rio de Janeiro, durante o curso médico. O curso prático, fi-lo, quase na íntegra, nos galinheiros dos teatros cariocas".[39] Na antiga capital federal, ouviu cantoras líricas e tenores de fama mundial e assistiu, maravilhado, às montagens de *Rigoletto* (Verdi), *Manon* (Massenet), *Carmen* (Bizet), *Cavalleria rusticana* (Mascagni) e *O anel do nibelungo* (Wagner), entre outras.[40]

Em São Paulo, mais atarefado, às voltas com as obrigações profissionais e familiares, Antonio de Almeida Prado deixaria de comparecer ao teatro com a mesma assiduidade dos tempos de estudante. Em compensação, continuou um ouvinte de ópera inveterado e tornou-se um freqüentador rotineiro da redação de *O Estado de S. Paulo*, que funcionava como um centro literário e intelectual da cidade. À noite, depois do expediente, passava quase sempre por lá, para conversar sobre literatura e política. Seus contatos com os Mesquita, como médico de família e como colaborador do jornal, levaram-no, como vimos, à direção da Faculdade de Filosofia. Quanto à literatura, foi como todos os homens cultos de sua época "alimentado pela França",[41] e um admirador entusiasta da poesia de Olavo Bilac.

Por tudo isso, e por muito mais que não cabe rastrear aqui, Antonio de Almeida Prado foi uma influência marcante na vida de Decio. O mesmo aconteceu na relação de Antonio Candido com seu pai, Aristides Candido de Mello e Souza (1885-1942). Como Antonio de Almeida Prado, Aristides também cursara a Faculdade de Medicina do Rio de Janeiro, onde se formou em 1910.

Primeiro filho de Clarisse Tolentino de Mello e Souza, Antonio Candido nasceu no Rio de Janeiro, em julho de 1918. Seu avô materno também era médico. Médicos também foram alguns de seus tios e de seus primos, tanto de primeiro como de segundo grau. De modo que na sua casa a medicina era um assunto constante.[42] Seu pai, além de discípulo, fora também concunhado de Miguel Pereira, em razão do casamento com d. Clarisse, irmã de Maria Clara Tolentino, mulher do referido médico e cientista de projeção nacional no período. Daí o parentesco de Antonio Candido com Lúcia Miguel-Pereira (1901-59), sua prima de primeiro grau, por quem nutria grande afeição e amizade, e a quem chamava de tia pelo fato de ser dezessete anos mais velha que ele.[43]

Tendo se iniciado na crítica literária aos 28 anos, como colaboradora do *Boletim de Ariel* (uma das publicações literárias mais importantes da década de 30, dirigida por Agrippino Grieco e Gastão Cruls), Lúcia Miguel-Pereira exerceu uma grande influência em Antonio Candido, em função da sua produção como romancista, escritora de literatura infantil, crítica e historiadora da literatura. Além de escrever uma biografia sobre Machado de Assis e um estudo mais alentado sobre Gonçalves Dias, Lúcia foi a única mulher que alcançou, no interior de um sistema de produção intelectual marcadamente masculino, a condição de autora mais editada pela prestigiosa coleção Documentos Brasileiros.[44] Repartiu os louros dessa "condecoração" com Sérgio Buarque de Holanda, Gilberto Freyre e seu próprio marido, Otávio Tarquínio de Souza,[45] o segundo diretor da coleção, publicada pela renomada editora José Olympio. Como críticos e historiadores, Lúcia e Otávio Tarquínio de Souza tiveram uma atuação importante no mundo intelectual e editorial carioca.

Essa menção sumária a parentes e afins de Antonio Candido nos permite dimensionar o grau de convivência que ele teve com o modelo dominante das carreiras intelectuais nos decênios de 20 e 30, que correspondem, no seu caso, ao período da infância e adolescência. Carreiras estas que, fomentadas pela inserção na vida política do país, eram construídas na intersecção do jornalismo e da crítica literária de rodapé, e ao mesmo tempo na confluência com as instituições prestigiadas da época (editoras de prestígio, grandes jornais, academias de letras, faculdades de direito e de medicina).[46]

A intimidade de Antonio Candido com esse padrão de carreira intelectual seria reforçada pela influência do pai. Formado "num tempo em que os médicos brasileiros ainda achavam que era de sua obrigação ter uma cultura geral grande",[47] Aristides de Mello e Souza construiu, ao lado da clínica bem-sucedida, uma sólida biblioteca particular, na qual constavam "um núcleo de divulgação filosófica e científica, um núcleo de história e um núcleo de literatura".[48] O último deles era constituído por obras de Eça de Queirós, Olavo Bilac, Euclides da Cunha, Anatole France, Machado de Assis, Alphonse Daudet, Goethe, Schiller, Tolstoi, Proust, Ibsen, Valéry, Jean Cocteau, Jules Romains, Dostoievski, Romain Rolland, Baudelaire, entre outros.

A cultura humanística de Aristides de Mello e Souza não substituiu, contudo, a sua cultura médica, "mas formou-se ao mesmo tempo que ela e com ela. De fato, a maioria absoluta de sua biblioteca era formada pelos livros e revistas de medicina; eram as leituras de medicina que ocupavam a maior parte do seu tempo e quanto a elas procurava estar rigorosamente atualizado",[49] esclarece Antonio Candido.

A influência que Aristides de Mello e Souza exerceu sobre o filho foi enorme, tanto diretamente, por meio da dedicação com que acompanhava os estudos de Candido, como indiretamente, através de sua biblioteca. Esta, ao lado da biblioteca particular da mãe, foi a fonte inicial de suas descobertas literárias. Na estante paterna, entrou em contato com a obra de Sílvio Romero, *História da literatura brasileira*, cuja "lombada vermelha, na edição Garnier de 1902, foi bem cedo uma das [suas] fascinações, tendo sido um dos livros que mais [consultou] entre os dez e quinze anos, à busca de excertos, dados biográficos e os saborosos julgamentos do autor. Nele estão, provavelmente, as raízes do [seu] interesse pelas nossas letras".[50]

O fato de ter vivido a infância e a adolescência na companhia de "pai e mãe muito inteligentes e cultos", numa casa "cheia de livros", onde a conversa girava em torno de assuntos ligados à medicina e à cultura, foi uma "sorte muito grande", decisiva na vida de Candido. Sua mãe, d. Clarisse, além de apreciar música, a ópera em particular, era "uma pessoa bastante lida" e incentivava a leitura dos filhos, que liam os livros que pertenciam a ela e ao pai. Se isso contribuiu — e muito — para despertar o interesse intelectual de Candido, também marcou, no seu entender, "um pouco negativamente a minha formação, porque eu fiquei um pouco apegado ao universo bibliográfico de meus pais".[51]

Mesmo depois de deixar a casa de Poços de Caldas para vir morar em São Paulo, com a finalidade de completar os estudos secundários e ingressar na universidade, Candido ainda lia os livros da biblioteca dos pais quando ia visitá-los nas férias. Livros "de uma outra geração, de um outro tempo", que talvez tenham contribuído para produzir "um certo apego à tradição e ao passado".[52]

Mas não só de livros, de música e de conversas ligadas à medicina e à cultura em geral vivera Antonio Candido na infância. Graças aos compromissos profissionais do pai, passou um ano na Europa, entre o final de 1928 e o término de 1929. Enquanto Aristides de Mello e Souza fazia o seu segundo curso de especialização médica no exterior, Candido aprendia francês e história européia com mademoiselle Marie Rohlfs de Sussex, que, mais do que uma professora particular, foi uma espécie de preceptora. Solteira, oriunda de uma família da pequena nobreza empobrecida pela guerra, Marie de Sussex ganhava a vida com as aulas que ministrava. Três vezes por semana, ela ia à residência dos Mello e Souza para cuidar da educação dos filhos do casal. Ao longo das aulas, lia os livros franceses de história que iam sendo adquiridos pelo dr. Aristides.

Para Antonio Candido, que saíra do interior de Minas Gerais, de Santa Rita de Cássia, diretamente para Paris, a experiência da viagem e o aprendizado com Marie de Sussex tiveram um impacto fortíssimo. Aos dez anos de idade, ele se viu diante do desafio de ler, por exemplo, *A vida dos homens ilustres*, de Plutarco, num francês quinhentista — leitura difícil para qualquer criança francesa, quanto mais para uma brasileira. Através de Plutarco e outros, Marie de Sussex ensinou-lhe, de forma condensada e no decorrer de apenas um ano, toda a matéria de história européia dada ao longo do ginásio francês.

Além das aulas de francês, Marie de Sussex levava Candido e os irmãos para visitarem os museus parisienses. Lá, explicava-lhes os quadros, as esculturas, os principais movimentos artísticos. Por tudo isso, foi enorme a influência que ela exerceu sobre Candido. Em suas palavras,

> ela praticamente solidificou e cristalizou aquela influência clássica do brasileiro de classe média que é a presença da França. Que já era muito grande na minha família, o francês na minha família era quase uma segunda língua e, com esta estadia na França e graças a esta senhora, eu tive de fato, para a minha idade, uma impregnação que os meninos brasileiros, meus contemporâneos, talvez não tenham tido. Graças a esta senhora, que era muito inteligente, muito culta, e que me fez ler muita coisa.[53]

Enquanto Antonio Candido voltava da França para Poços de Caldas, em razão do convite que o pai recebera para "organizar e dirigir os novos serviços termais da cidade",[54] Ruy Coelho iniciava aos dez anos o seu aprendizado da língua francesa através das aulas que uma tia ministrava em sua casa. Em pouco tempo, teria um domínio total do francês, tanto na escrita como na fala.

Nascido em São Paulo, em dezembro de 1920, filho de Adelaíde Galvão e do advogado Carlos de Andrada Coelho, Ruy Coelho ingressou em 1927 na Escola Modelo Caetano de Campos. Completado o curso primário, transferiu-se para o Liceu Rio Branco (concebido no espírito da reforma educacional promovida por Fernando de Azevedo e Lourenço Filho). Lá, estudavam também Paulo Emilio Salles Gomes e Decio de Almeida Prado. Mas, dada a diferença de idade, não chegou a conhecê-los naquele período. Quando Ruy, aos dez anos, iniciou o curso secundário, Decio e Paulo Emilio tinham treze e catorze anos, respectivamente. Ambos estudavam na mesma classe e tornaram-se amigos inseparáveis. Além das visitas constantes que faziam um ao outro, saíam sempre juntos para irem ao teatro e ao cinema.

A literatura foi outro fator que os uniu. Decio, que já tinha uma boa formação em literatura brasileira, graças à influência de seu pai, ligou-se profundamente a Machado de Assis, seu autor preferido até entrar na Faculdade de Filosofia.[55] Paulo Emilio, por sua vez, desenvolveu uma predileção especial por Eça de Queirós. A descoberta do escritor português foi proporcionada por um tio, Abílio Martins de Castro, casado com uma das irmãs de seu pai. Médico especializado em doenças de pele, Abílio de Castro interessava-se bastante por literatura,[56] ao contrário de Francisco Salles Gomes Júnior, voltado exclusivamente para assuntos ligados à política médica e administrativa. Na ausência de uma biblioteca paterna bem constituída, Paulo Emilio lia os livros que iam sendo emprestados pelo tio, antes de formar a sua própria biblioteca particular.

Se o capital cultural de Francisco Salles Gomes Júnior era relativamente exíguo, bem mais sólidos eram a sua situação econômica e o montante de relações sociais que ele mobilizava. Como pai, procurou respeitar as posições intelectuais e políticas do filho, assegurando-lhe a independência financeira necessária para que ele viabilizasse alguns de seus projetos culturais de juventude. No final de julho de 1935, Paulo Emilio lançou, em conjunto com Decio, a revista *Movimento*. Tinham então dezoito e dezessete anos respectivamente e dispunham de dois contos e 720 mil-réis para levar a cabo o empreendimento. A quantia, "uma soma respeitável na época",[57] foi obtida por Paulo Emilio com os dividendos de algumas ações da empresa de sua família, a Santa Maria, da qual era sócio minoritário.

Aberta com o lema "A revista do presente que enxerga o futuro", *Movimento* contou com a colaboração de várias personalidades do período, como Mário de Andrade, Flávio de Carvalho, Anita Malfatti (responsável pela capa), Gilberto Amado, Lúcia Miguel-Pereira, Pontes de Miranda, entre outros. No seu número inaugural, foram publicados, por exemplo, dois artigos sobre pintura, escritos por Flávio de Carvalho e pelo próprio Paulo Emilio. O primeiro, voltado para a pintura moderna; o segundo, centrado nos desafios postos para o artista revolucionário. Sob o pseudônimo de Hag Reindrahr, Paulo Emilio publicou também um poema no qual narra a morte de um operário judeu de dezoito anos, que ficara tuberculoso em razão das péssimas condições de trabalho da fábrica Santa Maria, a mesma que pertencia à sua família.

O convite aos colaboradores partiu de Paulo Emilio, que tinha a idéia de incluir na revista a "velha-guarda dos novos". Decio, porém, achou o número de "novíssimos" bastante reduzido. Sua restrição, contudo, não chegou a ser levada em consideração pelo amigo. Não porque Paulo Emilio sustentasse opinião diversa e sim porque a revista acabou no primeiro número. O investimento de Paulo Emilio, fracassado do ponto de vista econômico, foi amplamente recompensado no plano das relações sociais e culturais que se abriram para ele, a partir de então.

A publicação da revista, segundo José Inácio de Mello Souza,

> e o duelo a tapa de Paulo Emilio com o bibliotecário do Conservatório Municipal [que se recusou a catalogá-la por considerá-la imoral, visto que um dos artigos de Paulo continha termos "chulos"] deram a ele notoriedade na cidade. Assim, as suas atividades vanguardistas fatalmente o jogaram na direção de um dos representantes máximos do modernismo: Oswald de Andrade. A amizade, que tinha tido um prólogo no ano anterior, quando travaram conhecimento visual, obtinha agora a oportunidade de se aprofundar. Paulo e Oswald tinham muitos pontos em comum. A atividade política aliancista e comunista, o gosto pela brincadeira e o riso fácil, a maldade e a ironia, a atração pelas celebridades.[58]

Quando Decio retornou das férias em Campos do Jordão, constatou que Paulo Emilio perdera o interesse na publicação da revista. "Do *Movimento*, revista trimestral, cujo segundo número deveria aparecer em outubro [de 1935], não se cogitava mais. Paulo Emilio conquistara espaço próprio, onde podia publicar artigos e reportagens, algumas não assinadas, em *A Platéia*, diário de cunho esquerdista, quanto à orientação política, e populista, pela tonalidade e pelo público a que se dirigia."[59]

A razão principal da colaboração de Paulo Emilio nesse jornal advém da ampla cobertura que a Aliança Nacional Libertadora (ANL) e as ações de Luís Carlos Prestes recebiam em suas páginas. Em 1935, quando a ANL foi fundada, Paulo Emilio aderiu à entidade em decorrência da participação que tivera no ano anterior no Comitê Juvenil contra a Guerra, organizado pela juventude comunista com o propósito de lutar contra o fascismo e o imperialismo.

O interesse de Paulo Emilio pela política, firmado no ano de 1935, não impediu que ele desse vazão ao seu lado mais cultural. Após a publicação do primeiro e último número de *Movimento*, fundou, com Oswald de Andrade, o "Quarteirão". O objetivo de ambos era reunir a vanguarda artística de São Paulo, que se encontrava dispersa desde o fechamento, em 1934, da Sociedade Pró-Arte Moderna[60] e do Clube dos Artistas Modernos.[61]

A direção provisória do Quarteirão foi composta por Paulo Emilio, Oswald de Andrade, Geraldo Ferraz, Anita Malfatti, Mário de Andrade, Lasar Segall e Brecheret. Nos estatutos, constava ainda a formação das seguintes comissões: relações culturais com o estrangeiro (Vera Vicente de Azevedo, Oswald de Andrade Filho, Caio Prado Júnior); artes plásticas (Anita Malfatti, Tarsila do Amaral, Victor Brecheret, Geraldo Ferraz); música, folclore e rádio (Mário de Andrade, Camargo Guarnieri), literatura (Oswald de Andrade e outros, como Decio de Almeida Prado, por exemplo); arquitetura e urbanismo (Flávio de Carvalho, Paulo Duarte, Carlos Prado); ciências (André Dreyfus, Raul Briquet, Lévi-Strauss); espetáculos (Sangirardi Júnior, Julieta Barbara, Chinita Ulmann).[62] Definidas após inúmeras reuniões de organização, as comissões não chegaram a funcionar. Muito menos o clube, que só existiu no papel.

Duas semanas depois de publicados os estatutos do Quarteirão, como mostra José Inácio de Mello Souza,

> Paulo Emilio atacou Oswald na resenha que fez do livro de José Lins do Rego, *Moleque Ricardo*. Para destacar a evolução que detectara em José Lins do Rego, Paulo resolveu comparar o escritor com Oswald. Este, depois de dar um salto intelectual, avançando na forma de sua escrita, entrara em descompasso com o meio social, que queria "representar e educar". O pito no mestre podia ter ficado por aí, mas ele continuou com críticas às "obscenidades inúteis" contidas no livro de Oswald. A resposta de Oswald, publicada no dia 25 de setembro de 1935 no jornal *A Platéia*, dava-se ao trabalho de identificar Paulo Emilio como um "piolho da revolução", fracassado, "subintelectual". O ponto final da discórdia foi dado pelo jornalista Brasil Gerson no artigo "Dispersão de forças", onde pedia aos dois que suspendessem a polêmica, já que o momento era da "frente única" [a revolução se aproximava], devendo-se evitar querelas nos meios literários esquerdistas. Paulo Emilio sentiu-se eufórico por ter sido tratado, por Gerson, como um intelectual revolucionário. Aproximou-se ainda mais de Oswald, para grande escândalo de sua mãe, dona Gilda, inconformada com as acusações lançadas contra o filho.[63]

O ano de 1935 marcou a vida de Paulo Emílio não só pelas realizações culturais e pelos contatos que manteve com algumas das figuras mais importantes do mundo intelectual e artístico paulistano, como pela reviravolta que o contexto político nacional produziu em sua trajetória. A onda de repressão que sucedeu a fracassada Intentona Comunista alteraria de maneira profunda o cotidiano, a essa altura bastante movimentado, do jovem estudante que se preparava para o exame vestibular da Faculdade de Filosofia. No dia 5 de dezembro de 1935, doze dias antes de completar dezenove anos, Paulo Emilio foi preso sob a alegação de que estaria conspirando, juntamente com os comunistas, contra a ordem política brasileira. Ao todo, ficaria catorze meses na prisão, primeiro no presídio Paraíso e depois no presídio Maria Zélia.[64]

Enquanto Paulo Emilio passava o Natal de 1935 longe da família e junto com seus novos companheiros de prisão, todos eles presos políticos do regime Vargas, Decio se preparava para prestar o exame vestibular da Faculdade de Filosofia. E, ao mesmo tempo, prosseguia nas suas descobertas dos artistas e escritores modernos do período, entre eles, Mário de Andrade, a quem fora apresentado no início de 1935, junto com Paulo Emilio, graças à intermediação de um amigo em comum que os levou à casa do escritor.

Nesse encontro, o anfitrião, além de discorrer sobre seus amigos comunistas e trotskistas, contou-lhes "com divertida ternura do movimento literário ocorrido em Cataguases alguns anos antes. Encantara-o um bilhete malcriado de Rosário Fusco solicitando 'uma bosta qualquer' para a revista que estavam publicando".[65] Foi a primeira vez que Decio e Paulo Emilio ouviram falar de Cataguases e de seu movimento literário de cunho modernista. A cidade longínqua (que trinta anos depois ocuparia um lugar importante no trabalho de Paulo Emilio voltado para a reconstituição da trajetória e da produção de um dos primeiros cineastas brasileiros, o mineiro Humberto Mauro) foi "apresentada" aos convidados nessa ocasião. Mas não uma das moradoras da residência de Mário de Andrade: a jovem secundarista de quinze anos, Gilda de Mello e Souza (então Moraes Rocha), que talvez tivesse viajado para passar uns dias com a família, na cidade onde vivera a sua infância.

Filha de Hilda e de Candido de Moraes Rocha, Gilda nasceu em São Paulo, em março de 1919, mas logo em seguida voltou com a mãe para Araraquara, onde seus pais eram proprietários de uma fazenda de médio porte, a Santa Isabel. Ali, Mário de Andrade costumava passar uma parte de suas férias na companhia do casal Moraes Rocha e de seus filhos. Os pais de Gilda o "recebiam sempre com grande alegria", sobretudo a mãe, d. Hilda, que era "comunicativa, hospitaleira, e adorava ver rompida a rotina de sua vida isolada". A chegada de Mário era uma festa para todos os membros da família. "Para os adultos, porque podiam renovar os assuntos, pondo-se a par dos últimos *potins* da cidade grande e das últimas escaramuças familiares; para a criançada, porque previa um período excitante de passeios, inovações culinárias e muitas histórias."[66]

Fascinada com as histórias contadas pelo primo, Gilda teve aos seis anos o privilégio de ouvir em primeira mão "uma versão expurgada de *Macunaíma*". No verão de 1926, depois de redigir a narrativa em seis dias ininterruptos de trabalho (na chácara de Zulmira e Pio Lourenço Corrêa, amigos e parentes dos pais de Gilda), Mário veio terminar as suas férias na fazenda Santa Isabel. Nessa ocasião, divertiu-se "em testar os achados de sua grande criação junto a um público infantil, ávido de peripécias, afeito à esperteza dos bichos e ao mau-caratismo dos gigantes". Com ansiedade Gilda e seus irmãos "esperavam o cair da tarde, quando a porta do quarto [do hóspede] se abria para o corredor e ele já [os] encontrava de banho tomado, acocorados no chão".[67]

A presença de Mário de Andrade acompanhou todo o primeiro período da vida de Gilda. No início de sua adolescência, quando ela, aos doze anos, mudou-se com a irmã para a casa de sua "vovó Iaiá",[68] o primo a recebeu "com a generosidade que o caracterizava". Desde então, Mário estivera atento à sua formação. "Sem muito alarde, aparentemente sem interferir", recorda-se Gilda,

observava os meus gostos e tendências, as vagas aspirações que ia deixando escapar entre as conversas. No princípio foi apenas meu professor de piano. Todas as semanas, por mais urgentes que fossem as tarefas, descia do escritório com o paletó leve de seda listrada, que usava em casa, e sentava-se ao piano da salinha de música, para me tomar a lição [...] Um belo dia me surpreendeu desenhando a lápis de cor uma enorme arara vermelha, que eu ampliara de uma ilustração do *Ladies Home Journal*. Creio que foi com um certo alívio que concluiu, afastando-se um pouco para avaliar melhor minha obra: "Acho que você tem jeito mesmo é para pintura". Suspendemos sem remorso as aulas de piano e durante algum tempo discutimos se não era o caso de eu começar a aprender desenho. E se falássemos com Anita Malfatti? Mas por aquela altura eu estava mais interessada em escrever. Muitas vezes, me apanhando com um livro na mão, olhava por cima de meus ombros e, verificando o assunto ou o autor, comentava: "Não perca tempo com isso, isso não vai te adiantar nada". E pouco tempo depois, interrompendo o trabalho, descia do estúdio com outros volumes que escolhera cuidadosamente entre os seus livros.[69]

161

No ano em que Paulo Emilio e Decio lançaram a revista *Movimento*, Gilda concentrou os seus interesses na escrita. Em 1936, enquanto Paulo Emilio estava na prisão e Decio iniciava o curso de graduação na Faculdade de Filosofia (um ano depois ingressaria também na Faculdade de Direito), Gilda começou a escrever poesias. Mário de Andrade foi prontamente informado do acontecimento e exigiu que ela lhe mostrasse seus versos de adolescente. Minuciosamente anotados por ele, eram devolvidos, segundo Gilda, "com várias sugestões de mudança e com comentários tão agudos sobre a escolha de palavras que, apesar da total mediocridade dos poemas, não tive coragem de jogar fora o manuscrito. De vez em quando o releio, comovida com aquela prova de exigência e respeito. Mas não fiz mais versos".[70] Sete anos mais tarde, como colaboradora da revista *Clima*, abandonaria também, como vimos, a ficção.

No ano de 1936, quando ela ainda se permitia experimentar como poetisa, Lourival Gomes Machado ingressou na Faculdade de Filosofia e tornou-se colega de classe de Decio de Almeida Prado. Mas, ao contrário dele e também de Gilda, Paulo Emilio, Ruy Coelho e Antonio Candido, Lourival não tinha na família nenhum membro com projeção no campo literário, político ou científico da época.

Filho de Matilde Gomes Pinto e de Dijalma Cavalcanti Machado, Lourival nasceu em Ribeirão Preto, em abril de 1917. Ali passou a infância e uma parte de sua adolescência. Em 1928, ingressou no ginásio estadual da cidade e concluiu o secundário em 1932, com quinze anos de idade. No início desse mesmo ano, seu pai mudou-se para Santos, junto com a mulher, a filha e a mãe. Lourival, no entanto, permaneceu em Ribeirão, na companhia de uma tia. Em 1933, transferiu-se para São Paulo, com o propósito de fazer o curso de preparação para o vestibular da Faculdade de Direito. Dessa vez, veio com a família. Os negócios malsucedidos de Dijalma Machado levaram-no à capital paulista, onde tentou se estabelecer como representante comercial e não mais como proprietário de loja.[71]

Comerciante relativamente estável nos anos 20, Dijalma Machado perdera tudo que tinha depois da crise econômica de 1929. Iniciou-se assim o seu segundo e irreversível período de descenso econômico e social. O primeiro começara bem antes, no século passado, quando ficou órfão de pai e veio de Pernambuco para Ribeirão Preto, com nove anos de idade, sem a mãe e os irmãos, acompanhado apenas

162

por um casal de tios. Com a morte de seu pai, que havia se formado na Faculdade de Direito de Recife e exercido o cargo de juiz no município pernambucano de Água Preta, sua mãe, d. Maria, ficou viúva aos 27 anos e com três filhos pequenos para criar. Oriunda de uma família de proprietários de engenhos arruinados, encontraria grandes dificuldades para se sustentar. A ajuda oferecida pelo irmão de seu falecido marido não fora suficiente para minimizar a precariedade de sua situação econômica. Isso só seria solucionado quando Dijalma Machado, já estabelecido em Ribeirão Preto como comerciante, trouxe a mãe e os irmãos para morarem com ele.

Nesse meio tempo, Dijalma casou-se com Matilde, filha de um fazendeiro arruinado que, como o genro, também montou uma casa de comércio em Ribeirão Preto. Aos dezesseis anos, Matilde teve o seu primeiro filho, Lourival, e três anos depois, Isabel. Diferentemente do marido, que não pôde estudar e concentrou seus interesses no comércio e na manutenção da família, Matilde teve uma educação mais refinada. Primeiro, pela influência da mãe, que seu pai conhecera na França e com quem se casara no Brasil. Em seguida, pelas aulas de piano, bordado e literatura que recebeu de uma preceptora portuguesa, contratada pelo pai para acompanhar a educação da filha, que ficara órfã de mãe aos doze anos.

Tanto pelo lado materno como pelo paterno, Lourival Gomes Machado provinha de famílias empobrecidas. Mas sua mãe, por possuir um nível cultural maior que o do pai, empenhou-se em oferecer aos filhos uma educação mais aprimorada. Contratou, por exemplo, uma professora particular de música. Lourival, por um período, teve aulas de violino e a irmã, de piano. Mas desde cedo se desinteressou da música. Gostava mesmo era de desenhar, ler e estudar. Tanto assim que antes de completar dezessete anos já havia ingressado na Faculdade de Direito de São Paulo. O ano era 1934 e ele, para custear uma parte de seus estudos, passou a dar aulas no Ginásio Perdizes. A outra parte era financiada com os recursos do pai. Mas não por muito tempo, pois novamente Dijalma iria transferir-se de cidade. Da capital paulista partiu, em meados de 1936, para Porto Alegre, junto com a mulher, a filha e a mãe.

Lourival, mais uma vez, deixou de acompanhar a família, agora para completar a faculdade. Mudou-se então para a pensão de d. Maninha, mãe de sua futura mulher, Maria de Lourdes dos Santos. As

163

famílias de Lourival e de Maria de Lourdes se conheciam desde os tempos de Ribeirão Preto, onde foram vizinhos. Mas o namoro só começou em 1936, no mesmo ano em que Lourival iniciou o seu segundo curso de graduação: o de ciências sociais, na Faculdade de Filosofia da Universidade de São Paulo.

No início de 1938, como presidente do grêmio de alunos da faculdade, ele tentou montar um grupo de teatro com Decio de Almeida Prado. Juntos decidiram encenar a peça *Asmodée*, de François Mauriac. Traduzida por Decio, Helena Gordo e Gilda de Mello e Souza, a peça não chegou a ser representada. Serviu, no entanto, para estreitar os laços de amizade entre eles e os novos amigos que tinham feito na faculdade: Ruy Coelho e Antonio Candido. Paulo Emilio, na Europa, só seria incorporado ao grupo no final de 1939, quando de sua volta para São Paulo. Mas, antes disso, já estava formado o Grupo Clima, cujos membros pertenciam, em sua maioria, a famílias bem posicionadas socialmente, que puseram o montante de capital cultural e o seu funcionamento a serviço da educação, da realização, da segurança e do êxito pessoal de seus filhos.

Nesse contexto, Lourival Gomes Machado era uma exceção. Oriundo de uma família com pouco capital cultural e em visível processo de descenso social, ele foi o único membro do Grupo Clima que precisou trabalhar para custear uma parte de seus estudos universitários. Como relembra Decio de Almeida Prado, "ele já se sustentava nessa época, se mantinha. Lourival, nesse sentido, era muito mais experiente do que eu. Eu era muito mais filho de família, vamos dizer assim. Enquanto eu ainda recebia dinheiro do meu pai, Lourival já se virava por conta própria".[72]

Essa dimensão da experiência social de Lourival vai se refletir na maneira como ele se lançou na carreira acadêmica e na atividade jornalística. Enquanto seus amigos mostravam-se, de início, diletantes e amadorísticos, ele procurou firmar-se de modo mais profissional. Não é aleatório que tenha sido o primeiro do grupo em várias frentes: na conclusão da Faculdade de Direito, na inserção como professor da Faculdade de Filosofia, no ingresso na imprensa paulista como crítico e redator especializado em política internacional, na finalização da tese de doutorado, na obtenção do título de professor titular. O investimento na carreira, a origem social, o empenho na profissionalização fazem de Lourival um caso transitivo entre os membros do grupo a que ele pertencia e Florestan Fernandes.

Contraponto necessário para analisarmos a trajetória dos integrantes do Grupo Clima, Florestan jamais se incorporou ao universo de sociabilidade desse círculo de amigos. Sua experiência de vida, no período anterior ao ingresso na Universidade de São Paulo, nada tinha em comum com a deles. Apesar disso, ele se fez presente no lugar em que todos se profissionalizaram como intelectuais acadêmicos: a Faculdade de Filosofia, Ciências e Letras. Presença marcante nesse espaço de trajetórias cruzadas, Florestan e sua carreira iluminam, pelo avesso, o perfil social, as afinidades intelectuais e o itinerário universitário de Lourival Gomes Machado, Gilda de Mello e Souza, Antonio Candido, Ruy Coelho, Decio de Almeida Prado e Paulo Emilio Salles Gomes.

CONTRAPONTO

Nascido em São Paulo, em julho de 1920, filho de pai desconhecido e de Maria Fernandes, Florestan descendia de uma família de imigrantes portugueses que vieram para o Brasil "tangidos pela fome". Aqui viveram uma "história dramática de desagregação familiar e de duros sacrifícios".[73] O avô materno, que trabalhara como colono numa fazenda do interior de São Paulo, morreu tuberculoso e a mãe, após mudar-se para a capital paulista, passou a sobreviver como empregada doméstica. Uma de suas patroas, Hermínia Bresser de Lima, tornou-se madrinha de Florestan. Mas desde muito cedo, antes de completar sete anos, ele já fazia bicos e serviços improvisados, como engraxar sapatos na rua, para ajudar a mãe.

Vivendo como uma "criança miserável", Florestan conheceu por dentro vários dos mecanismos de exclusão social que mais tarde se tornariam objetos de suas agudas análises sociológicas. Entre eles, o de experimentar a humilhação da fome. "Às vezes", recorda-se Florestan, "as pessoas queriam me dar comida, mas eu não aceitava. Só na casa de uma professora eu aceitava, porque ela convidava o filho para comer comigo. *Então não parecia que eu era um pequeno animal que estava sendo alimentado.* Com fome eu não comia. Este passado contou muito em mim."[74]

Dada a precariedade da situação econômica de sua mãe, Florestan não freqüentou a escola com regularidade. Apesar de gratuita, era um "luxo" que ele só pôde usufruir durante um curto espaço de tempo. Aos nove anos de idade, depois de cursar por três anos o Grupo Escolar Maria José, interrompeu os estudos para trabalhar. Como muitos de seus colegas, Florestan fora um aluno rebelde, pois a escola, em suas palavras,

> não fazia parte da "nossa cultura" e tolhia as nossas cogitações imediatas. Não só cabulava aulas, uma vez ou outra. Aceitava a violência que minava a nossa cultura de machões em potencial. Como tomava tabuada de outros colegas — e o fazia segundo regras muito estritas —, o resultado era que tinha que "acertar contas na rua" com muita freqüência. O próprio ensino também não nos atraía. Preferíamos, muito mais, fugir para o morro dos Ingleses [nas imediações da escola] e construir lá um mundo mais humano que o dos nossos lares e da nossa vizinhança, um mundo no qual prevalecia a nossa vontade e os nossos desejos.[75]

Sonhos e desejos à parte, Florestan aprendeu na escola o "mínimo de requisitos" exigidos na vida urbana: ler, escrever e contar. Seus professores ensinaram-lhe também "muitos hábitos higiênicos e ideais de vida" que nunca mais abandonou. E, principalmente, "um certo amor pela leitura e a vontade de ligar a curiosidade aos livros". Isso foi fundamental para que, no futuro, rompesse a "castração cultural invisível" a que se encontrava exposto, decorrente de sua precária situação social. Aos poucos, foi formando uma "curiosa cultura letrada, que ia do Tico-Tico à literatura de cordel, aos livros de piada, e a uma variadíssima literatura 'erudita', na qual prevaleciam os livros didáticos e de história, vendidos nos sebos, e os romances".[76]

Ao relembrar a sua condição de "típico morador pobre da cidade de São Paulo na década de 20", Florestan afirma que

> o menino que eu era vivia [...] fascinado pelo luxo de uns ou pela pompa dos que desciam de carros com motoristas de libré, abrindo as portas, diante do Teatro Municipal ou do Cine Paramount; passando o dia-a-dia oscilando entre a fome e a fartura, trabalhando como se fosse adulto — o código de honra de ninguém evitava esse "fardo de criança" — e tendo de admitir que a limpeza exigente de minha mãe não excluía a presença das baratas, a roupa remendada e larga — ganha de famílias generosas ou herdada dos mais velhos. Em suma, para os que gostam de um toque

artístico, um "mundo" de Dickens ou de Carlitos, rebentando como uma floração da *belle époque* provinciana.[77]

Durante uma parte da adolescência, Florestan trabalhou como garçom no Bar Bidu, localizado na rua Líbero Badaró. Lá, conheceu Luis do Amaral Wagner, que, além de lhe emprestar livros, arrumou-lhe um novo emprego no Laboratório Novoteráptica, com o propósito de viabilizar a volta de Florestan para a escola. Em 1936, enquanto Decio de Almeida Prado e Lourival Gomes Machado iniciavam o curso de graduação na Faculdade de Filosofia, Florestan ingressava, aos dezessete anos, no Ginásio Riachuelo para fazer o curso de madureza.

Mas antes disso enfrentaria, de um lado, a "resistência rústica" da mãe, que achava que o filho "iria ficar com vergonha dela se estudas-se".[78] E, de outro, os preconceitos que seus pares, oriundos do "lum-pemproletariado", nutriam a respeito de suas vidas. Vítimas principais da "condição serviçal e da vassalagem à ordem estabelecida",[79] eles eram os primeiros a internalizarem a impossibilidade de qualquer alte-ração substantiva em suas trajetórias, vividas antes de tudo como um destino a que tinham de se sujeitar. Segundo Florestan, "vínhamos, na minha arquitetura mental daquela época, logo abaixo dos gatunos pro-fissionais e dos vagabundos, das prostitutas e dos soldados da Força Pública".[80]

O novo emprego no laboratório, onde começara como entregador de amostras e terminara como chefe da seção de materiais dentários, aliado à inserção como estudante no Ginásio Riachuelo, permitiu a Florestan romper o "círculo de ferro" de sua condição social. Para tanto, contou ainda com o apoio de Ivone e José de Castro, amigos da patroa de sua mãe, que ofereceram "cama e comida permanente" para que ele pudesse resolver o "problema do estudo". Florestan deixou, en-tão, a casa em que vivia com a mãe e passou a estudar à noite, depois da jornada diária de trabalho.

A experiência afetiva e intelectual proporcionada pela integração no Ginásio Riachuelo foi decisiva em sua vida. Em suas palavras,

> o Riachuelo logo desvendou um mundo novo, em que os professores e as lições não seriam o único eixo. Os estudantes compartilhavam comigo certas dificuldades — não todas. *Ninguém possuía origens tão toscas e um desenraizamento tão profundo.* Contudo, todos trabalhavam e viam no curso de madureza uma instrumentalidade que eu desconhecia. Todos íamos lá para aprender; os outros, porém, sabiam que abriam caminhos

para etapas mais complexas, como chegar ao ensino superior ou a novos empregos. Eu me contentava com o fruto visível, que podia apanhar com as mãos. Como trabalhávamos durante o dia, obtivemos do diretor, professor Benedito de Oliveira, o maior e talvez o único *educador* que tive a oportunidade de conhecer ao longo de minha vida, a chave do prédio. Lá ficávamos, depois das aulas, até bem tarde. Era uma rotina dura. Para racionalizar a verificação da aprendizagem, uns se converteram em "preparadores" dos outros [...] Passei, então, do pato ao ganso. As minhas leituras desordenadas adquiriram outra direção e, pela primeira vez, passei a ler os clássicos com afinco e a me concentrar sobre a literatura, especialmente a brasileira. Os debates eram, provavelmente, pretensiosos e ingênuos. Eu próprio ouvia mais do que falava. Ainda assim, fui formando plumagem e, aos poucos, alcei vôo, curto e incerto, no entanto por conta própria. *O Riachuelo converteu-se em um segundo lar, ou melhor, em um "lar coletivo"*. Tomamos conta do prédio nos sábados pela tarde e durante todo o dia nos domingos. Até banho e nossas festas, domingo à tarde, eram feitos no Riachuelo.[81] [grifos meus]

Pela primeira vez, Florestan sentia que podia romper com a "degradação social tácita" que estava implícita em sua condição. A experiência como estudante no Riachuelo e o emprego no laboratório abriram-lhe novos horizontes humanos, intelectuais e culturais, proporcionando ao mesmo tempo a vivência de uma profusão de sentimentos até então desconhecidos. Uma "alegria enorme" e "uma esperança sem limites" somavam-se à descoberta de que podia "viver como gente" e lançar-se "na corrente". A cidade de São Paulo deixara de ser apenas o lugar de "encantos proibidos" e convertera-se em um espaço de possibilidades concretas.[82]

Decidido a cursar a Universidade de São Paulo, Florestan inscreveu-se no vestibular para a Faculdade de Filosofia, Ciências e Letras. Ao que tudo indica por influência de Luis do Amaral Wagner, tio do cientista social Mário Wagner Vieira da Cunha, que, como vimos, ingressara naquela instituição no ano de 1936, na condição relegada de professor primário comissionado. Em 1941, após obter o quinto lugar no vestibular para o curso de ciências sociais, Florestan entrou na Faculdade de Filosofia.

No começo de 1941, enquanto Florestan iniciava o curso de graduação, o Grupo Clima preparava-se para lançar a revista que traria notabilidade a vários de seus editores e colaboradores. Nesse período, Gilda de Mello e Souza e Decio de Almeida Prado já estavam formados em filosofia, Paulo Emilio Salles Gomes começava o seu segundo ano como estudante universitário, Lourival Gomes Machado ensinava na cadeira de sociologia, Antonio Candido e Ruy Coelho finalizavam o curso de ciências sociais. A faculdade na qual todos estavam ou estiveram inseridos como alunos completava por sua vez o sétimo ano de sua existência. Sob o signo da juventude, da instituição e de seus membros, saíram a campo, criaram novos projetos de intervenção cultural e implementaram novas formas de trabalho intelectual.

CAMINHOS CRUZADOS

Florestan escolheu as ciências sociais porque acreditava que essa disciplina coincidia com os seus interesses intelectuais "mais profundos". Mas antes de tudo queria ser professor e isso poderia, a seu ver, ser alcançado por meio de outros cursos. Sua opção pelas ciências sociais, motivada por um "vago socialismo" e pelo desejo também impreciso de "mudar a sociedade", passou ao largo da escolha de uma profissão, no período em que prestou o vestibular para a Faculdade de Filosofia, Ciências e Letras.[83] O mesmo se deu, mas com conteúdos distintos, no caso do núcleo mais importante do Grupo Clima.

Antes de se decidirem pela Faculdade de Filosofia, Decio de Almeida Prado, Antonio Candido e Paulo Emilio Salles Gomes pensaram em seguir a profissão dos pais e chegaram a se preparar, no caso de Paulo Emilio, e a prestar o exame vestibular para a Faculdade de Medicina, no caso de Antonio Candido e Decio. O último, tomando como exemplo Antonio de Almeida Prado, que conseguira conciliar a carreira médica com o interesse pela literatura, pretendia ganhar a vida como médico e fazer literatura nas horas vagas. Por duas vezes, em 1934 e 1935, tentou entrar na Faculdade de Medicina. Reprovado nos exames, redirecionou o seu projeto e inscreveu-se no vestibular da Faculdade de Filosofia. O mesmo fez Paulo Emilio no final de 1939.

Para não romper com a tradição profissional da família, Antonio Candido prestou, em 1937, o vestibular para a Faculdade de Medicina. Reprovado, passou o ano seguinte preparando-se novamente para mais uma tentativa. Só que, no lugar de fazê-la, optou pela Faculdade de Filosofia. Aristides de Mello e Souza, embora desejasse que o filho seguisse a sua profissão, não se opôs à decisão de Candido, que, para contornar a esperada decepção paterna, inscreveu-se também no vestibular da Faculdade de Direito.[84]

Em 1939, ele ingressou ao mesmo tempo nas faculdades de Filosofia e de Direito. A primeira, freqüentada no período vespertino, foi decisiva em sua vida. Além da experiência da amizade duradoura, propiciada pelo convívio e sociabilidade intensa do Grupo Clima, teve nessa instituição a oportunidade de "viver muito de dentro a cultura européia",[85] graças à formação que ele e seus amigos receberam dos professores estrangeiros. Na Faculdade de Direito, cursada no período matutino, Antonio Candido encontrou a sua "grande escola de cidadania".[86] Lá, iniciou-se na "vida política associativa"[87] de sua geração, alinhada contra o Estado Novo.

Dentro da Universidade de São Paulo, Candido foi também um estudante "entre duas faculdades".[88] Essa divisão, desdobrada no plano intelectual pelo exercício da crítica literária e o ensino da sociologia em moldes acadêmicos, marcou desde o início a sua trajetória profissional. Outra seria a sua carreira, mas talvez não a sua produção intelectual, se tivesse optado desde o início pelo curso de letras.

Quando Antonio Candido decidiu-se, aos dezoito anos, pelas ciências sociais, essa possibilidade, entretanto, não se colocava para ele, nem para os futuros membros do Grupo Clima. Eles estavam mais interessados pelos estudos da chamada realidade brasileira do que pelas análises de literatura. Afinados com o movimento intelectual de "redescoberta" do país que marcou o decênio de 30, tanto no plano dos estudos sociais como no da produção literária, achavam que o curso de letras não estava de "acordo com a curiosidade pelo Brasil" e muito menos com "a radicalidade política e social" do período.[89] O curso de ciências sociais, por ensinar sociologia, economia, política, história e filosofia, aparecia como a alternativa mais adequada ao clima da época.

É preciso considerar, no entanto, que a opção pela Faculdade de Filosofia teve implicações e significados distintos para Florestan Fernandes e para os membros do Grupo Clima. Antonio Candido e Decio de Almeida Prado, como vimos, só ingressaram nessa instituição depois de serem reprovados no exame vestibular para a Faculdade de Medicina. O que, de certa maneira, sinalizou um movimento de rebaixamento social. Numa direção oposta àquela dos pais — que, como médicos, conseguiram manter uma posição social segura, conciliando a atividade profissional com o interesse pela cultura em sentido am-

170

plo —, eles ingressaram numa faculdade em processo de implantação, que não oferecia ainda uma perspectiva clara de profissionalização. Por essa razão, fizeram também a Faculdade de Direito, um dos principais redutos das elites intelectuais e políticas da época.

Para não romper com a expectativa paterna, Ruy Coelho fez o mesmo que Antonio Candido e Decio de Almeida Prado: cursou a Faculdade de Direito e simultaneamente a de Filosofia. Paulo Emilio Salles Gomes, embora tenha cogitado a possibilidade de seguir a profissão do pai, mudou de idéia ao fugir da prisão em 1937, onde passara um ano e dois meses encarcerado como preso político. Viajou para a Europa e se estabeleceu em Paris, onde permaneceu até o final de 1939. Ao voltar para São Paulo, inscreveu-se no vestibular para o curso de ciências sociais da Faculdade de Filosofia. Dada sua condição social e econômica, que lhe permitia manter-se independente dos recursos ou da vontade paterna, pôde se dar ao luxo de viver por um tempo como um homem sem profissão definida.

Lourival Gomes Machado, como vimos, ingressou primeiro na Faculdade de Direito, em 1934, e dois anos depois na Faculdade de Filosofia. Se a primeira lhe oferecia uma chance de ascensão social, a segunda continha uma promessa de realização intelectual. Ao contrário de Decio de Almeida Prado, Antonio Candido e Ruy Coelho, Lourival não teve que enfrentar o mesmo tipo de pressão familiar que recaíra sobre os demais. Sua situação social, precária quando comparada à deles, permitiu-lhe, em compensação, transitar com mais liberdade pelas duas faculdades. Para um filho de comerciante em crescentes dificuldades econômicas, a faculdade, qualquer que fosse ela, era uma esperança segura de reversão de uma trajetória familiar ameaçada.

Quanto a Florestan Fernandes, era o homem certo para a faculdade incerta. Sua origem social, somada às dificuldades de toda ordem que enfrentara na infância e na adolescência, dificilmente lhe franquearia o ingresso numa faculdade como a de Direito ou de Medicina. Destituído de todo tipo de capital, Florestan encontraria no curso de ciências sociais o espaço possível para romper com o "círculo de ferro" de sua condição social. Que esse curso correspondesse ou não aos seus interesses intelectuais "mais profundos" é uma questão relativamente secundária. O importante é que essa era a única chance que ele tinha de ingressar numa experiência universitária.

Ao optar pelas ciências sociais, Florestan não se preocupou com a escolha de uma profissão. Ele, que até então se sustentara com empregos variados e não tivera na família nenhum membro com uma experiência propriamente profissional, ingressou na Faculdade de Filosofia sem se colocar, de início, esse problema. Mesmo porque, no começo do decênio de 40, ninguém sabia ao certo o que era ser cientista social e muito menos o que se poderia esperar desse tipo de profissão.

No caso de Gilda de Mello e Souza, a opção pela Faculdade de Filosofia decorreu basicamente da interferência de Mário de Andrade. Ao concluir o secundário, em 1934, ela pretendia inscrever-se no curso de letras, em razão do forte interesse que tinha pela literatura. E só não o fez porque Mário, ao se inteirar de tal projeto, carregou na restrição e ponderou com a prima: "Se você tiver vocação literária e quiser mesmo ser escritora, como parece — pois isso a gente nunca sabe, você ainda é muito moça —, precisa se cultivar". No entender de Mário, o mais acertado para Gilda seria cursar filosofia ou ciências sociais, pois "escrever a gente aprende sozinho, lendo muito, se exercitando todos os dias". Aceitando o conselho do primo, Gilda escolheu a filosofia, desistiu do curso de letras, e só não fez regularmente o de ciências sociais porque se sentia incapaz de enfrentar uma de suas matérias obrigatórias, a de estatística, por se considerar "uma negação em matemática".[90]

A razão de fundo mais geral que levou Gilda, Decio, Antonio Candido, Lourival, Paulo Emilio e Ruy Coelho a optarem pelos cursos de filosofia ou de ciências sociais advém do fascínio que sentiam pela cultura francesa. Nesse aspecto, encontravam-se bastante próximos dos pais. Mas, diferentemente deles, tiveram a oportunidade inédita de entrar em contato com a cultura francesa em terras brasileiras, na própria Faculdade de Filosofia. Ou de reforçarem esse contato, no caso de Antonio Candido e de Paulo Emilio. O primeiro, como vimos, passara um ano de sua infância em Paris, o segundo fez o mesmo no início da vida adulta. Durante o período em que residiu na capital francesa, Paulo Emilio seguiu um curso de literatura francesa na Sorbonne, descobriu o cinema e aprimorou a sua cultura política.[91] Quando voltou ao Brasil e integrou-se à "turma do Clima" (onde exerceria uma função próxima à de orientador cinematográfico do grupo), já tinha experimentado boa parte daquilo que seus amigos pretendiam encontrar na Faculdade de Filosofia.

De início, eles estavam buscando, segundo Ruy Coelho,

uma cultura geral, queríamos nos pôr a par do pensamento europeu. Mas aí aconteceu uma coisa curiosa com os professores franceses, que tinham suas próprias motivações. Essa gente vinha ao Brasil porque estava interessada no Brasil. E o que eles queriam era conhecer o Brasil. De modo que eles nos fizeram descobrir o Brasil. Eu me lembro do meu vestibular de geografia, o Monbeig[92] me perguntou: "Pra que lado cresce São Paulo? De onde sopra o vento em São Paulo?". Eu respondi: "O senhor sabe que eu nunca pensei nisso". Ele disse: "Eu estou perdido. Os senhores não sabem geografia?". Respondi: "Nós sabemos...". E ele: "Mas o senhor não tem sensibilidade para a cidade onde mora? Quais são os eixos das atividades urbanas em São Paulo?" [...] E assim ele nos interessava pelo Brasil desde o vestibular.[93]

Não fosse a atuação dos professores franceses (em particular de Pierre Monbeig e Roger Bastide, e indiretamente de Claude Lévi-Strauss e Jean Maugüé), empenhados em despertar o interesse dos alunos pelo Brasil, Ruy Coelho teria se afrancesado completamente. Não só ele como vários de seus amigos. O que os salvou desse "risco" foi a própria Faculdade de Filosofia e o contexto intelectual mais amplo do período, do qual ela foi a um só tempo produto e produtora. Produto, porque criada num caldo de cultura em que se misturavam o movimento modernista e sua rotinização, a leva de estudos e de "retratos" do Brasil veiculados pelas coleções Brasiliana e Documentos Brasileiros, o romance nordestino, as realizações da arquitetura e da pintura brasileiras, os projetos de intervenção e de política cultural — como o Departamento de Cultura e o Serviço do Patrimônio Histórico e Artístico Nacional. De produto desse contexto mais amplo, a Faculdade de Filosofia se tornou, em pouco tempo, o centro e o eixo em torno do qual girou a formação de um novo sistema acadêmico de produção intelectual.

Implantado pelos professores estrangeiros, franceses em particular, esse sistema foi se aclimatando e fincando raízes no campo intelectual paulista, graças à atuação, no decorrer dos decênios de 40 e 50, dos membros mais expressivos do corpo discente da Faculdade de Filosofia: os integrantes do Grupo Clima e os cientistas sociais reunidos em torno da cadeira de sociologia I, sob a liderança intelectual e institucional de Florestan Fernandes.

Orientados intelectualmente para a crítica de cultura, os membros mais conhecidos do Grupo Clima procuraram abordar o cinema, a literatura, o teatro e as artes plásticas com o instrumental conceitual e metodológico aprendido na Universidade de São Paulo. Fascinados pela filosofia, tinham pouco interesse, quando estudantes, pela produção sociológica em sentido estrito. Em compensação, procuravam manter-se sempre atualizados com a produção cultural do período, tanto nacional como internacional. Atentos ao que se passava na literatura, no cinema, nas artes plásticas e no teatro, fizeram da crítica o elo de ligação entre a tradição intelectual brasileira, fortemente impregnada pelo ensaísmo, e o estilo acadêmico instaurado pela universidade.

Suas origens sociais, as experiências culturais que tiveram no decorrer da infância e adolescência, somadas à influência intelectual que receberam dos pais, de parentes próximos e sobretudo dos professores franceses, refletiram-se na escolha dos objetos culturais e no tratamento analítico que lhes concederam. Os trabalhos que produziram, em etapas e momentos distintos de suas carreiras, estão ancorados em um sólido projeto intelectual, dos mais bem-sucedidos na nossa história: a análise da formação da cultura erudita brasileira. Formação da literatura brasileira, no caso de Antonio Candido; do teatro, no caso de Decio de Almeida Prado; do cinema, no caso de Paulo Emilio Salles Gomes; da arte brasileira, no caso de Lourival Gomes Machado, que se deteve especialmente na análise do barroco mineiro.[94] E também da formação do gosto e do consumo da moda, no caso de Gilda de Mello e Souza, que, articulando o tema à questão da estrutura social, fez um estudo pioneiro, no início dos anos 50, sobre a ligação da moda com a divisão de classes e sexual da sociedade brasileira no século XIX.[95]

Florestan Fernandes construiu também um poderoso projeto intelectual centrado na análise da formação da sociedade burguesa no Brasil e de seus fundamentos estruturais. Mas, diferentemente dos membros mais importantes do Grupo Clima, executou-o por meio de uma linguagem especializada, acadêmica, pautada pela idéia de cientificidade. Longe de ser apenas uma questão formal, seu estilo de exposição e explicação dos fenômenos sociais configurou-se como um dos elementos centrais para a criação da identidade disciplinar da sociologia e de seus praticantes na época. Sinonimizando ensaísmo com amadorismo, ou mostrando que "o ensaio e a forma literária estavam comprometidos com uma visão estamental da cultura brasileira",[96] Florestan empreendeu uma luta simbólica no plano da linguagem com o propósito de legitimar a sociologia no campo intelectual paulista.[97] Não é aleatório, portanto, que vários de seus contemporâneos tenham julgado seu estilo "difícil" e "pesado". Partidários de uma tradição intelectual que fazia da "boa" escrita e do "escrever bem" valores supremos e intransitivos, recusavam-se a aceitar a determinação obstinada com que Florestan procurou separar os procedimentos científicos dos literários.[98]

No início de sua carreira, Florestan, como dizia Ruy Coelho, "era uma ilha de sociologia cercada de literatura por todos os lados".[99] A primeira "fornada" da faculdade ainda veio, segundo Antonio Candido,

> com traços fortes de amadorismo e gosto do saber pelo saber. É verdade que sempre houve, nela e nas anteriores, vocações científicas marcadas, como, por exemplo, as de Mário Wagner Vieira da Cunha, Egon Schaden, Lucila Herman. Mas não havia a organização científica do trabalho, naquela fase inicial em que as coisas se instalavam. Por isso, era usual que muitos concebessem a sociologia sobretudo como instrumento de visão de mundo e ingrediente para outros interesses, como a literatura, no meu caso. [...] *O Florestan revolucionou a situação. Depois dele, ficaram impossíveis o amadorismo, o mais-ou-menos e, na escrita, o ensaísmo, que sempre me seduziu.* [...] Foi ele quem desenvolveu e consolidou o espírito e a organização científica, como condição *sine qua non* para a qualificação de um sociólogo. Daí a sua influência decisiva, o papel de marco duma época, como tinham sido marcos anteriores Fernando de Azevedo, Roger Bastide, Emílio Willems, de cuja contribuição neste sentido ele foi o coroamento.[100] [grifos meus]

Como releitura do momento inaugural da atuação da primeira geração de cientistas sociais formada pela Universidade de São Paulo, essa avaliação precisa ser matizada. Se o papel e a atuação de Florestan são incontestáveis, o mesmo não ocorre com a visão que Antonio Candido tem de si e de outros integrantes da sua geração, entre os quais seus amigos do Grupo Clima. Não por uma questão de inveracidade do enunciado. De fato, a sociologia era concebida por eles mais como um instrumento de visão de mundo do que como trabalho sistemático de pesquisa e análise da realidade. O que precisa ser relativizado, e portanto contextualizado, é o período em que essa avaliação foi produzida.

No final dos anos 70, quando redigiu o depoimento sobre Florestan Fernandes — "amigo pelo qual tinha uma admiração sem limites" —,[101] Antonio Candido encontrava-se muito longe do tempo em que vivera dividido entre o exercício da crítica literária e o ensino da sociologia. Seguro de sua reputação intelectual, instalado profissional-

175

mente no Departamento de Teoria Literária e Literatura Comparada — onde formou mais de duas gerações de estudiosos da literatura —, ele não tinha mais que enfrentar as tensões e os conflitos que marcaram não só a sua experiência como professor assistente da cadeira de sociologia II (regida por Fernando de Azevedo), como a própria Faculdade de Filosofia nos idos anos 50.

A oposição estabelecida naquele período entre as atividades consideradas científicas e as qualificadas como culturais expressou-se de maneira quase emblemática nas figuras de Florestan Fernandes e Antonio Candido. Na visão de Fernando Henrique Cardoso, que foi aluno de ambos no início da década de 50,

> o Florestan Fernandes marcava, porque o Florestan era realmente a universidade como, vamos dizer, recrutamento para a guerra. Quer dizer, era tudo, força total, era guerra total. Ali a pessoa tinha que ter realmente um estilo de viver. A faculdade ainda era na praça da República. E o Florestan dava aula de avental branco [...] xingava muito, era sério, era didaticamente mau, mas transmitia um tal entusiasmo que marcava muito. O Antonio Candido, que não foi meu professor no primeiro ano, foi só no segundo, já na Maria Antônia, marcava de uma outra maneira [...] Como alguma coisa assim, de a gente transcender o cotidiano para [...] fazer parte do mundo da cultura. O Florestan não era transcender o mundo cotidiano. Era pesquisa, pesquisa com empenho total, e a crença na ciência. O Florestan acreditava na ciência, e permitia essa crença na ciência. E o Antonio Candido não, o Antônio Candido permitia uma outra coisa, permitia essa aspiração de transcender ao cotidiano, para deixar uma marca, num nível mais simbólico da cultura.[102]

No decorrer da década de 50, entretanto, Antonio Candido encontraria cada vez menos espaço na cadeira de sociologia para dar continuidade ao seu verdadeiro interesse intelectual: a literatura e a cultura em sentido amplo. Apesar de ter se tornado livre-docente em literatura brasileira, aos 27 anos, com o trabalho "Introdução ao método crítico de Sílvio Romero" (defendido em 1945),[103] só obteve o título de doutor em sociologia em 1954, com a tese "Os parceiros do rio Bonito: estudo sobre a crise nos meios de subsistência do caipira paulista".[104] Nesse trabalho, ele não pretendeu fazer um estudo de comunidade (tal como praticado na época pelos cientistas sociais ingleses e norte-americanos), por entender que esse tipo de enfoque, "em seu corte mais freqüente", tendia a "comprometer no pesquisador o senso dos problemas".[105]

Localizando um aspecto da vida social, a obtenção dos meios de vida como fator central da sociabilidade entre os caipiras, abordou o tema por meio de um enfoque sociológico e antropológico. Sem perder de vista a dimensão do "problema social" contida na questão e sem abrir mão da linguagem apurada e da clareza expositiva que a formação literária e a prática profissional como crítico imprimiram, de maneira indelével, em sua escrita, Antonio Candido produziu um trabalho que só seria plenamente aquilatado nas décadas seguintes.[106] Suas sucessivas reedições e o fato de ter se tornado uma referência obrigatória nos estudos sobre campesinato e cultura popular ocorreram, no entanto, quando ele já havia se afastado da cadeira de sociologia.

Dez anos depois de defendida, a tese de doutorado de Antonio Candido teve sua primeira edição em livro. O ano era 1964. Lançado pela José Olympio com o título *Os parceiros do rio Bonito*, o livro apresenta algumas alterações em relação à tese que merecem ser destacadas. A primeira refere-se à introdução. Esta não é a mesma que o autor escreveu em 1954, quando abria o trabalho com a afirmação de que ele fazia "parte de um projeto mais amplo de estudo, visando as transformações sociais e culturais por que vem passando o habitante tradicional das zonas rurais de São Paulo — o caipira".[107]

No prefácio de 1964, Candido afirma de saída que o *"livro teve como origem o desejo de analisar as relações entre literatura e sociedade*; e nasceu de uma pesquisa sobre a poesia popular, como se manifesta no *Cururu* — dança cantada do caipira paulista —, cuja base é um desafio sobre os mais vários temas, em versos obrigados a uma rima constante [carreira], que muda após cada rodada" (grifos meus).[108] As diversas modalidades do cururu reveladas pela pesquisa reduziam-se a alguns padrões que, por sua vez, correspondiam a momentos diferentes da sociedade estudada. Trabalhando com uma perspectiva ao mesmo tempo sincrônica e diacrônica, Candido chegou à conclusão de que

> se tratava de uma manifestação espiritual ligada estreitamente às mudanças da sociedade, e que uma podia ser tomada como ponto de vista para estudar a outra. Foi assim que a coerência da investigação levou a alargar pouco a pouco o conhecimento da realidade social em que se inscrevia o cururu, até suscitar um trabalho especial que é este (o outro, empreendido inicialmente, talvez nunca passe do estado de rascunho).[109]

Por outro lado, prossegue o autor,

a pesquisa foi aguçando no pesquisador o senso dos problemas que afligem o caipira nessa fase de transição. Querendo conhecer os aspectos básicos, necessários para compreendê-lo, cheguei aos problemas econômicos e tomei como ponto de apoio o problema elementar da subsistência. E assim foi que, *tendo partido da teoria literária e do folclore*, o trabalho lançou uma derivante para o lado da sociologia dos meios de vida; e quando esta chegou ao fim, terminou pelo desejo de assumir uma posição em face das condições descritas.[110] [grifos meus]

Vale a pena entender o porquê das alterações feitas por Candido no prefácio escrito em 1964 para a primeira edição do livro. A mais óbvia e por isso mesmo menos interessante diz respeito a um procedimento comum entre os autores que resolvem editar suas teses anos depois de as terem defendido: rearrumar o texto tanto no que ele possa ter de superado como no sentido de justificar a sua publicação no contexto maior dos desafios analíticos perseguidos ao longo de uma trajetória. No caso desse livro de Antonio Candido, outras razões devem ser levantadas.

Na apresentação da tese de 1954 não encontramos nenhuma menção ao desejo do autor de analisar as relações entre literatura e sociedade por meio da investigação da poesia popular e de sua correlação com as alterações observadas na estrutura social da sociedade dos caipiras. Expresso de maneira categórica no prefácio de 1964, esse objetivo encontra-se ausente no trabalho apresentado dez anos antes. Sua inclusão na primeira edição do livro (mantido nas edições subseqüentes) só é inteligível à luz do lugar que essa obra ocupa na carreira intelectual e institucional do autor. Em 1964, Candido já havia desfeito a ambigüidade inicial que marcara o início da sua profissionalização acadêmica: professor de sociologia e produtor de conhecimento no campo da literatura. Tendo deixado a cadeira de sociologia II da faculdade para assumir, em 1961, a de teoria literária e literatura comparada, ele encontrou o espaço institucional adequado para se legitimar academicamente como o crítico e estudioso de literatura mais importante da sua geração.

Sua condição de sociólogo não foi, porém, apagada. Ao contrário, com a transferência de uma cadeira para outra, podia dar continuidade, sem nenhum subterfúgio, a um de seus maiores desafios intelectuais: estabelecer as mediações analíticas necessárias para correlacionar literatura e sociedade. Indício disso encontra-se no fato de ter dedicado *Os parceiros do rio Bonito* ao seu orientador e amigo, Fernando de Azevedo. Sinal de reconhecimento, sem dúvida. Mas também atestado público de uma genealogia intelectual que procuraria fincar em outra esfera: na crítica literária e no ensino acadêmico da literatura.

A menção enfática, no prefácio de 1964, à origem do livro — "o desejo de analisar as relações entre literatura e sociedade" — sinaliza, assim, a tentativa do autor de estabelecer uma continuidade no interior de sua produção, inclusive nesse trabalho, o mais sociológico de sua obra. A ausência dessa menção em 1954 é indicativa, por outro lado, dos constrangimentos intelectuais e institucionais que recaíam sobre Antonio Candido naquele período. Se eram de fato reais ou não é uma questão difícil de ser respondida hoje, pois tanto ele quanto Florestan tornaram-se os símbolos mais proeminentes dos primórdios da Faculdade de Filosofia.

A bem-sucedida trajetória intelectual e institucional de ambos parece ter silenciado (para si mesmos e para os outros com os quais conviveram) as pressões, os conflitos, os ressentimentos gerados no interior da faculdade. O certo, porém, é que Antonio Candido não passou ileso por eles. A idade com que defendeu o doutorado (36 anos), comparada à de seus pares (Florestan foi livre-docente aos 33 anos e Lourival Gomes Machado professor catedrático aos 37); a dúvida sobre a natureza disciplinar do trabalho, se mais antropológico do que sociológico, partilhada por ele e por seus mestres, como Roger Bastide, que, por esse motivo, negou-lhe a nota máxima na argüição da tese; a angústia de ensinar sociologia e escrever sobre literatura, inúmeras vezes reiterada em entrevistas e situações públicas; a saída em 1958 da prestigiosa Faculdade de Filosofia para a recém-instalada Faculdade de Assis, num movimento inverso ao de uma carreira ascendente, que, quando parte da "periferia", almeja chegar ao "centro" do sistema profissional; tais são algumas das evidências disponíveis para dimensionarmos o peso e o impacto desses constrangimentos na trajetória de Antonio Candido, como professor assistente de sociologia, no decorrer dos decênios de 40 e 50.

Ainda em relação ao prefácio de 1964 (escrito três meses depois do golpe militar e no contexto do movimento de politização à esquerda que se iniciou na Faculdade de Filosofia), sobressai a tentativa de Antonio Candido de reforçar a dimensão política do livro.

> Apesar do caráter acadêmico, e da posição política ter sido apenas esboçada no fim [tanto do livro como da tese], talvez este trabalho ainda tenha

algum interesse para os que acham que a reforma das condições de vida do homem brasileiro do campo não deva ser baseada apenas em enunciados políticos ou investigações especializadas, econômicas ou agronômicas, mas também no estudo de sua cultura e de sua sociabilidade.[111]

Ao chamar atenção para a questão da cultura e da sociabilidade como elementos centrais de qualquer transformação política, Antonio Candido procura ressaltar a influência de Marx em seu trabalho. O reconhecimento dessa influência, presente também na introdução da tese de 1954, ganhou um destaque bem maior no livro de 1964.

> Devo à obra de Marx a consciência da importância dos meios de vida como fator dinâmico, tanto da sociabilidade quanto da solidariedade que, em decorrência das necessidades humanas, se estabelece entre o homem e a natureza, unificados pelo trabalho consciente. Homem e natureza surgem como aspectos indissoluvelmente ligados de um mesmo processo, que se desenrola como *História* da Sociedade. Neste sentido, foi decisivo, para o presente estudo, a parte inicial d'*A ideologia alemã*.[112]

Em 1964, Antonio Candido dispunha dos trunfos necessários para dar visibilidade, no interior da Faculdade de Filosofia, a uma outra dimensão da sua vida que se realizava fora dessa instituição, de forma também cindida: a de militante político de esquerda. Com 46 anos, seguro de sua reputação intelectual, ele podia tornar pública a sua opção política não apenas como resultado de sua filiação à esquerda democrática mas, ainda, como parte de suas preferências teóricas, moldadas no trabalho acadêmico. Sua posição no campo intelectual, aliada ao contexto mais amplo de intensa politização dos anos 60, permitia e como que solicitava essa tomada de posição. Daí, o destaque de Marx e de sua influência na construção de *Os parceiros do rio Bonito*.

Essa atitude a um só tempo intelectual e política era quase impensável no período em que Antonio Candido defendeu a tese de doutorado. Na década de 50, a Faculdade de Filosofia fez dos ideários científicos e da neutralidade acadêmica a sua marca distintiva. Definitivamente, não era ali que se formavam os quadros da elite política brasileira. Estes continuavam sendo recrutados nas Faculdades de Direito, Medicina e Politécnica, nessa ordem.

Para entendermos, de um lado, a situação de Antonio Candido e de seus pares (como Gilda de Mello e Souza, Ruy Coelho, Lourival Gomes Machado e Florestan Fernandes) na Faculdade de Filosofia e, de outro lado, o tipo de sociologia que faziam na época, parece oportuna uma comparação com o que estava acontecendo nesse domínio no Rio de Janeiro. O padrão de recrutamento dos cientistas sociais; as formas de relacionamento das ciências sociais e de seus praticantes com as elites culturais e com os poderes públicos não acadêmicos; a sociabilidade política, cultural e acadêmica dos cientistas sociais; a difusão e repercussão de suas obras no sistema de produção cultural mais amplo; todas essas dimensões foram vividas de maneiras diversas pelos cientistas sociais paulistas e cariocas.

Os praticantes cariocas das ciências sociais eram em sua maioria, como mostra Miceli, "membros por inteiro das elites políticas e culturais" da cidade.[113] Tal enraizamento social aparece com nitidez na prática, por exemplo, dos intelectuais isebianos, que pareciam operar menos em função da excelência acadêmica de seus trabalhos e mais "conforme o modelo usual das elites brasileiras: a inserção num anel informal de poder cujos integrantes lançam mão de recursos associados a cacifes complementares (laços familiares, relações de amizade e influência, patrimônio, ligações políticas e confessionais, e assim por diante)".[114]

Os cientistas sociais paulistas, ao contrário, não provinham das elites tradicionais e de seu círculo institucional, ainda que ao cabo de duas décadas de implantação da Faculdade de Filosofia tenham, eles próprios, constituído uma nova elite intelectual. Distante da arena política, essa elite se fez presente no campo científico e cultural, por meio de uma atuação balizada por dispositivos oriundos do universo acadêmico. No contexto dos anos 40 e 50, a Universidade de São Paulo tornou-se de fato a base social de seus membros. Ela era o centro de suas vidas e a instância decisiva de reconhecimento ou negação de seus méritos intelectuais. Tudo aquilo que conforma o universo de sociabilidade de um grupo — como as redes de relações pessoais, afetivas e até mesmo amorosas, bem como as influências intelectuais recíprocas e compartilhadas — foi construído e sedimentado no interior dessa instituição.

Tais dimensões da experiência social e intelectual vão se refletir na definição das ciências sociais praticadas em São Paulo e no Rio de Janeiro, ao longo dos decênios de 40 e 50. Enquanto na antiga capital federal prevalecia, segundo Miceli, "uma concepção 'intervencionista', 'militante', e 'aplicada', cuja expressão intelectual acabada eram as teorias desenvolvimentistas; em São Paulo se impunha uma preocupação marcante com o treinamento metodológico, as leituras dos clássicos, o trabalho de campo individual ou em equipe e toda uma socialização acadêmico/disciplinar então sob a hegemonia do paradigma sociológico funcionalista".[115]

Reflexões totalizantes, abrangentes, endereçadas ao universo político e aos setores principais das elites dirigentes, no caso carioca. Análises circunstanciadas, pautadas em pesquisas de campo, e balizadas por critérios propriamente acadêmicos de execução e avaliação, no caso paulista.[116]

Os parceiros do rio Bonito de Antonio Candido, fomentado no contexto intelectual da Faculdade de Filosofia, não fugiu à regra, e representou o primeiro atestado de maioridade acadêmica do autor na área de sociologia. O ano era 1954. Enquanto ele conquistava o título de doutor, Florestan deixava de ser seu companheiro de trabalho na cadeira de sociologia II (onde até então fora assistente de Fernando de Azevedo), para assumir a regência da cadeira de sociologia I.

Naquela altura, Florestan já havia cumprido todas as etapas necessárias para realizar, de um lado, uma sólida carreira como sociólogo e, de outro, para confirmar a sua posição como herdeiro intelectual da tradição científica das ciências sociais que os professores estrangeiros procuraram instaurar na Faculdade de Filosofia e na Escola Livre de Sociologia e Política.

Na última, Florestan cursara, em 1945, como aluno de pós-graduação, o "Seminário de Etnologia" ministrado por Herbert Baldus. Ali dera início à coleta sistemática de dados sobre os Tupinambá, necessários para a redação de sua dissertação de mestrado. Aos 27 anos, obteria o título de mestre com a tese "A organização social dos Tupinambás", defendida, em 1947, na Escola Livre de Sociologia e Política, sob a orientação de Herbert Baldus — que no contexto intelectual da antropologia da época representava a " 'ponte' entre a tradição etnológica alemã e o estilo monográfico funcionalista anglo-saxão".[117]

Quatro anos mais tarde, Florestan se tornaria doutor com "A função social da guerra na sociedade tupinambá". Defendida em 1951 na cadeira de sociologia II, essa tese deve muito ao treinamento nas teorias e metodologias das ciências sociais que ele recebera de Herbert Baldus e de Roger Bastide — para os quais, aliás, o trabalho é dedicado, como

182

"testemunho de amizade e admiração", em razão da influência marcante que tiveram em "sua formação etnológica e sociológica".[118]

Seguindo à risca o padrão de trabalho intelectual aprendido com Baldus e Bastide — na forma de exposição dos problemas, nas referências empíricas e bibliográficas, na orientação metodológica e da construção do objeto de estudo —, Florestan procurou analisar a guerra como um fato social total. Na esteira dos ensinamentos de Mauss (que fez da dádiva a chave principal para entender os fundamentos simbólicos das "sociedades primitivas")[119] e dos trabalhos monográficos da antropologia inglesa e norte-americana, ele produziu uma complexa e inovadora análise da guerra e de sua ligação com a estrutura social da extinta sociedade tupinambá.

Aplicando o método de interpretação funcionalista, por considerá-lo o mais apropriado para a investigação do tema,[120] Florestan demonstrou que a guerra era o fenômeno central para o entendimento daquela sociedade, pois articulava e perpassava todas as suas dimensões importantes: a organização social, o sistema político, a cultura, a organização da personalidade, a concepção de mundo, a unidade social, a moral, o parentesco, a religião e a magia. No interior desse sistema, a guerra cumpria uma função precisa, preservando a um só tempo "o equilíbrio social e o padrão correspondente de solidariedade social".[121]

Do ponto de vista narrativo, a tese foi organizada sob a forma de uma monografia, dividida em duas partes. Na primeira, o autor, valendo-se do "caráter artístico"[122] das descrições dos cronistas e da importância dessa fonte para o conhecimento dos costumes e tradições dos Tupinambá, procurou recriar o ambiente e o modo como os membros dessa sociedade faziam a guerra. O propósito era introduzir o leitor no universo de valores estranhos à sua mentalidade. Na segunda parte, voltada para a explicação sociológica da guerra, Florestan fez uso da estratégia expositiva e do estilo monográfico desenvolvidos pela antropologia anglo-saxônica.[123]

Apesar de o objeto dessa monografia inscrever-se no campo da etnologia, Florestan não se especializou como etnólogo. O fato de ter escrito duas teses (mestrado e doutorado) sobre os Tupi estava dentro da tradição francesa da época, seguida também na Faculdade de Filosofia da Universidade de São Paulo, que permitia "incluir o estudo de povos primitivos no campo da sociologia".[124] Na década de 50, as fronteiras entre a sociologia e a antropologia eram relativamente difusas e não tinham adquirido ainda os contornos de hoje.[125] A delimitação entre essas duas disciplinas ocorreria, em parte, pela própria atuação intelectual e institucional de Florestan Fernandes.

Após obter o título de doutor, Florestan voltou-se para o estudo de dimensões variadas da sociedade brasileira. Tal redirecionamento, entretanto, só é inteligível à luz da posição que ele ocupava na época no interior da Universidade de São Paulo. Com a tese de doutorado, ele, que até então se via e era visto como "a espécie mais pobre do nosso meio cultural",[126] demonstrou para seus pares e sobretudo para os professores estrangeiros a sua indiscutível competência como sociólogo. Ao escolher um objeto distante da atualidade política e social, Florestan deu "vazão aos seus ímpetos de scholar".[127]

A guerra entre os Tupinambá, inscrita como temática na tradição do pensamento brasileiro e reavivada pela publicação de uma série de relatos de viajantes (em alta no mercado editorial da época),[128] ganhou pela primeira vez um tratamento sociológico, científico e totalizante. A metodologia empregada e a rentabilidade analítica aferida por Florestan mostraram de maneira cabal que ele era o "produto puro" e mais bem-acabado do novo sistema de produção intelectual e acadêmico implantado na capital paulista.

Mais que qualquer outro assistente da Faculdade de Filosofia no período, Florestan concentrava a "voltagem" máxima de virtualidades na absorção do padrão de trabalho, da linguagem especializada e do rigor metodológico introduzidos pelos professores estrangeiros. O recorte erudito e científico que imprimiu ao objeto da tese de doutorado; a postura profissional e nada amadorística que, desde o início, modelou a sua atuação na faculdade; o uso do avental branco (que, por meio de uma transferência metonímica, simbolizava a tentativa de dotar as ciências sociais de um caráter "asséptico" e "laboratorial"); a receptividade com que se deixara impregnar pelas novas definições de trabalho intelectual e pelo conjunto de ensinamentos transplantados do exterior para universidade paulista; tudo isso contribuiu para fazer de Florestan o discípulo mais indicado para gerenciar a herança intelectual dos mestres estrangeiros.

Por não possuir os trunfos sociais e culturais de seus colegas, Florestan converteu a carreira no único espaço possível para angariar prestígio intelectual e se afirmar socialmente. E fez da guerra entre os

Tupinambá o "instrumento" e o "passaporte" para conquistar uma posição mais sólida na Faculdade de Filosofia.

O impacto de "A função social da guerra na sociedade tupinambá" foi imediato e se revelou sob múltiplas formas. Do ponto de vista pessoal, a tese lhe permitiu "acumular prestígio para mais tarde poder participar dos vários trabalhos que iria enfrentar (em conflito com uma sociedade nacional que é muito mais provinciana que a cidade de São Paulo)". [129] Do ponto de vista intelectual, fez-se reconhecido como autor de "uma das maiores obras da etnologia brasileira".[130] Cujo alcance, no entanto, só seria plenamente aquilatado muitos anos depois, a partir de meados da década de 80, graças à recuperação crítica — informada por outro paradigma que não o funcionalista — que a etnologia contemporânea vem fazendo desse trabalho.[131] Do ponto de vista institucional, a tese converteu-se em um poderoso trunfo acadêmico para que ele pudesse ganhar a regência da cadeira na qual seu mestre e "padrinho", Roger Bastide, havia introduzido os estudantes brasileiros na *grille* conceitual e metodológica da sociologia francesa.

Mas, antes que isso acontecesse, ele faria a sua primeira pesquisa de fôlego sobre as relações raciais no Brasil. Coordenada por Bastide, essa pesquisa foi patrocinada primeiro pela revista *Anhembi* (a pedido de seu editor, Paulo Duarte), posteriormente pela Unesco.[132] Contrariando a expectativa geral, a pesquisa, em sua face paulista, não apenas mostrou a existência do preconceito racial no país, como analisou as diversas formas de expressão das atitudes discriminatórias em relação à população negra.[133]

O tema dessa pesquisa, para além de sua relevância sociológica, encontrava ressonância na experiência de vida de Florestan. Antes de entender analiticamente o processo social que confina o "lumpemproletário" a reconhecer-se como "gente de segunda categoria" e a luta necessária para suplantar esse perverso sistema classificatório, Florestan vivera "esse processo em todos os matizes e magnitudes". Por essa razão, compreendia tanto o porquê das dificuldades encontradas pelos negros para obterem "uma posição no sistema ocupacional da cidade" como as suas implicações negativas na "história do meio negro [em sua] longa e penosa transição do trabalho escravo para o trabalho livre".[134]

A análise densa de Florestan sobre as relações raciais resultou, de um lado, da formação que recebera na Faculdade de Filosofia e na Escola Livre de Sociologia e Política. De outro lado, da retradução analítica da experiência de desenraizamento social que ele viveu por inteiro na infância e adolescência, quando foi obrigado a se inserir precocemente no mundo do trabalho e enfrentou dificuldades de todo tipo para romper com as amarras de sua condição. Entre elas, a falta de solidariedade de seus pares no período em que tomara a decisão de voltar a estudar.

A compreensão analítica dessa situação seria proporcionada no decorrer da pesquisa sobre as relações raciais. Florestan descobrira, então, segundo suas palavras,

> que não se tratava de uma demonstração rústica de falta de solidariedade. Era uma forma extrema de amor, de apego humano aos entes queridos. Os que *saíam*, se separavam, eram perdidos. As poucas, tornavam-se *outras pessoas*, mudavam-se do bairro e, por fim, deixavam de visitar os amigos e os parentes ou, mesmo, "rompiam relações" com eles. A alternativa consistia em impedir a evasão, o que criava uma forma inelutável de fraqueza — pois o círculo de ferro se fechava a partir de fora e a partir de dentro — pela qual se consolidava um modo brutal de autodefesa do "Nós coletivo". Essa situação, por sua vez, voltou à minha observação mais tarde, na pesquisa com Bastide: o tema do "emparedamento do negro". Esse tema foi agitado pelos movimentos de protesto. Muitos não acreditavam nele, especialmente os brancos. Todavia, antes de investigá-lo em relação aos outros eu conhecera a realidade que ele evoca bem perto e muito a fundo.[135]

Após concluir a pesquisa sobre as relações raciais, Florestan escreveu a tese de livre-docência, "Ensaio sobre o método de interpretação funcionalista na sociologia", defendida em 1953. No final do ano seguinte, assumiria a regência da cadeira de sociologia I. Mas, antes disso, enfrentaria a resistência de Fernando de Azevedo, que relutou em liberá-lo da cadeira de sociologia II. Por essa razão, trabalhou por um tempo nas duas cadeiras e chegou a dar catorze aulas por semana. Até que, segundo suas palavras,

> não agüentei mais e tive, na sala do dr. Fernando, uma briga seriíssima com ele. Disse-lhe que o elemento que explicava a minha não-transferência era a sua atitude intransigente, intervindo para que eu não fosse transferido. Ele disse: "*Florestan, vamos conversar de coração para coração*". Aí dei uma resposta da qual me arrependo amargamente: "*Dr. Fernando, nós nunca mais vamos conversar de coração para coração, conversaremos de cabeça para cabeça*". Ele olhou, ficou ruborizado, e as lágrimas correram-lhe pelas faces [...] Quando o vi chorando, também chorei; e ficamos ali como duas crianças, nos abraçando, e, naturalmen-

te, ele disse: "Bom, eu vou tratar de resolver o caso". Assim, nós tivemos o problema resolvido e as relações normalizadas.[136]

O incidente entre os dois — "doloroso para se contar, mas importante", segundo Florestan, "para mostrar o quanto Fernando de Azevedo era amigo dos amigos e como ele se prendia às pessoas, se apaixonava" —[137] não se resume a um embate de ordem pessoal. Revela acima de tudo uma tentativa de ruptura com os padrões hierárquicos de sociabilidade que regulavam as relações entre os assistentes e os titulares no interior da Faculdade de Filosofia da época. Diferentemente de seus colegas, Florestan enfrentou o conflito com Fernando de Azevedo como um "igual", de "cabeça para cabeça".

Ciente de que suas chances de afirmação intelectual encontravam-se diretamente ligadas à ampliação de seu poder institucional, Florestan transferiu-se, aos 34 anos, para a cadeira de sociologia I. Ali encontrou o espaço necessário para "pôr em prática as concepções que formara a respeito do ensino da sociologia e da investigação sociológica".[138] No decorrer dos catorze anos seguintes (de 1955 a 1969, quando foi compulsoriamente aposentado pelo regime militar), Florestan converteu a cadeira de sociologia I em um dos maiores centros de produção sociológica do país. Verdadeira "instituição dentro da instituição",[139] responsável pela configuração intelectual da chamada "Escola Paulista de Sociologia", essa cadeira reuniu, sob a sua liderança, o grupo mais expressivo de cientistas sociais da faculdade na época.[140]

O ano de 1954 foi importante tanto para Florestan Fernandes como para Antonio Candido, Ruy Coelho, Gilda de Mello e Souza e Lourival Gomes Machado. Por motivos diferentes, todos eles se viram colocados diante de novos desafios profissionais — alguns deles nem sempre fáceis de equacionar. Gilda, por exemplo, que até então era assistente de Bastide na cadeira de sociologia I, transferiu-se para a cadeira de estética. Embora fosse plenamente habilitada para a matéria, ela encontraria uma série de dificuldades para se adaptar à nova posição institucional como professora do curso de filosofia. Em suas palavras,

> eu não quis renunciar à personalidade intelectual que havia criado porque ela correspondia à minha vocação profunda, ao que eu era de fato. Por isso, fiquei como um corpo estranho dentro do Departamento de Filosofia. Todos eram especialistas, eram filósofos, e eu não era. Quando me diziam que os alunos estavam querendo um curso sobre Marx, me

recusava a dá-lo, porque não tinha a formação filosófica profunda de meus colegas. O que eu sabia era fazer crítica de arte. Mas era justamente este espírito, herdado da revista *Clima*, que incomodava os meus colegas. Eles queriam que eu permanecesse no departamento mas criavam muitos entraves.[141]

A transferência de Gilda de Mello e Souza para a cadeira de estética sinaliza uma questão de fundo mais geral: a situação das mulheres na Faculdade de Filosofia, expressa sob a forma de uma inegável, ainda que difusa, assimetria no plano das relações intelectuais e institucionais. Embora tivesse se doutorado mais cedo do que Florestan, em 1950, Gilda não obteve, na época, o mesmo tipo de reconhecimento que ele, quer da parte dos pares, quer dos professores estrangeiros. O tema que escolhera para a tese, a formação do gosto e do consumo da moda no século XIX, constituiu "uma espécie de desvio em relação às normas predominantes nas teses da Universidade de São Paulo".[142]

Apesar do recorte sociológico do trabalho, no qual a moda é apreendida como um fato social e cultural capaz de revelar dimensões importantes e inesperadas da sociedade brasileira, o tema — à boca pequena — foi considerado fútil por muitos. Coisa de mulher. Na hierarquia acadêmica e científica da época, que presidia tanto a escolha dos objetos de estudo como a forma de exposição e explicação dos mesmos, a tese de Gilda estava "condenada" à derrota. "Profana" e "plebéia", a moda, na escala de valor e legitimidade atribuídos por esse sistema classificatório, encontrava-se em uma posição diametralmente oposta à guerra: atividade masculina por excelência, "sagrada" e "nobre".

Não foi por acaso e muito menos por razões intrínsecas às qualidades, inegáveis, da tese de doutorado de Florestan que ele ganhou a "guerra" (quer como objeto de estudo, quer como posição institucional) travada naquele momento na Faculdade de Filosofia, de forma às vezes veladas, outras nem tanto, para a obtenção dos direitos de sucessão na "linhagem" acadêmica instaurada pelos professores estrangeiros. Ao contrário de Florestan, Gilda não só estudou um tema que simbólica e metonimicamente se associava ao universo feminino, como o apresentou sob a forma de um ensaio. O "espírito das roupas", o estilo de exposição, as fontes utilizadas (fotografias, gravuras, pinturas, trechos de romances e de crônicas da segunda metade do século XIX), o fato de ter sido escrito por uma mulher, tais são as razões que estão na base da pouca receptividade com que a tese foi recebida no início do decênio de 50. Seriam necessários mais de trinta anos e um novo contexto intelectual e institucional para que esse belo e criativo trabalho ganhasse o reconhecimento, atualidade e legitimidade devidos.[143]

A quarta mulher a defender tese de doutorado na faculdade (as três outras são Lucila Hermann, Anita Cabral e Lavinia Costa Villela),[144] Gilda de Mello e Souza, embora fosse assistente de Roger Bastide, não foi por ele escolhida para dar continuidade ao seu trabalho na Universidade de São Paulo. Antes de voltar para a França, em 1954, ele convidou Florestan para ser o regente de sua cadeira. Nesse mesmo ano, Gilda transferiu-se para a cadeira de estética. Sua decisão talvez não tenha sido tomada sob pressão. Em razão de seu perfil intelectual, pode ter sido uma opção pessoal. Mas, se assim o foi, é preciso não perder de vista que no contexto da sociologia praticada no período, e sobretudo daquela que viria a ser implementada graças à atuação de Florestan, essa era a única saída possível para que ela continuasse a ter espaço na faculdade. Mesmo que à custa, como vimos, de inúmeras dificuldades.

No interior de um departamento que fizera das "leituras dos clássicos o único meio de se aprender a filosofar",[145] Gilda viveria uma situação próxima à do exílio intelectual. Segundo um de seus alunos e, posteriormente, colega de departamento, o filósofo Paulo Arantes, ela "era uma ilha da melhor prosa de ensaio do país cercada de especialistas por todos os lados, cuja incompreensão polidamente desculpava, alegando o cunho artesanal de sua formação à antiga".[146]

A discípula de Jean Maugüé passou a ter como novos colegas de profissão Lívio Teixeira, Cruz Costa e um grupo de jovens filósofos que, em pouco tempo, dariam o tom do pequeno departamento onde ela se inseria: Bento Prado Jr., Giannotti, Oswaldo Porchat e Ruy Fausto.[147] Quando estudante, Bento chegou a torcer "o nariz para o livre ensaísmo de um Milliet [ou] de um Carpeaux".[148] Mais tarde, como professor da faculdade, passaria a investir contra o estilo sociológico. Segundo Paulo Arantes,

> Bento, que bocejava ao ler os sociólogos, mesmo os que não eram torrenciais, tinha a impressão de que o gênero infeliz cultivado por vários amigos de talento não falava das coisas, tal o prolixo cipoal de "padrões", "dinâmicas", "frações de classe" etc., ao passo que os filósofos estavam

189

pelo menos atrelados à materialidade bruta dos textos, daí a liga mais feliz com os críticos literários.[149]

Feliz em termos, visto que Gilda viveu ali uma situação bastante ambígua. Como membro do Grupo Clima, prezava e praticava o ensaísmo; como professora, não fazia filosofia na chave e nos termos esperados por seus colegas; como intelectual, não partilhava da ojeriza em relação à sociologia. Em inúmeras oportunidades (conferências, aulas e trabalhos escritos), ela sempre reiterou, por um lado, a contribuição da perspectiva antropológica na análise dos fenômenos estéticos, por outro, o alcance analítico dos estudos sociológicos de Roger Bastide e a importância que ele teve em sua formação. Prensada entre a filosofia que a aceitou mas não a incorporou de fato e a sociologia que a relegou, Gilda teria que percorrer um caminho institucional tortuoso para dar continuidade aos seus reais interesses intelectuais: a literatura, o cinema, as artes plásticas, a produção cultural em sentido amplo.

Em 1953, quando ela ainda estava ligada à cadeira de sociologia I, Ruy Coelho regressou ao Brasil — de onde estivera ausente nos últimos nove anos — e integrou-se à cadeira de sociologia, graças ao convite que recebeu de Fernando de Azevedo para ser seu assistente. Sua prolongada ausência do país iniciara-se em 1945. Após receber uma bolsa de estudo do Institute of International Education, Ruy instalou-se em Chicago para cursar o doutorado em antropologia na Northwestern University.

A decisão de estudar nos Estados Unidos fora motivada, nas palavras de Ruy Coelho,

> pela necessidade de uma formação profissional séria e de uma carreira. Eu me lembro de dizer ao Antonio Candido, no final de 1944, que nós corríamos o perigo muito sério de nos tornarmos diletantes, nos espraiarmos por várias coisas, ficarmos vendo balé, cinema, teatro etc. Então rompi com a literatura e com o cinema que eu fazia em *Clima*. Eu era um pouco o curinga em *Clima*, fazia de tudo. Faltava uma coisa me punham para fazer. Tudo que li sobre o cinema foi o Paulo Emilio que indicou. Aprender a ver uma fita, era assistir uma fita ao lado do Paulo Emilio, comentar com ele. O que eu aprendi sobre artes plásticas foi com o Lourival, nos livros que ele me emprestava, nos comentários sobre quadros. Teatro, foi com o Decio. Era um grupo onde todos se fecundavam.[150]

A formação intelectual que Ruy Coelho recebera na Faculdade de Filosofia e atualizara na revista *Clima* seria aprofundada durante a sua estadia no exterior. Primeiro nos Estados Unidos, como aluno de pósgraduação, entre 1945 e 1947. Em seguida, como pesquisador em Honduras, onde concluiu a pesquisa sobre os Caraíba negros, necessária para a redação de sua tese de doutorado.[151] Por fim, como professor assistente da Universidade de Porto Rico, entre 1949 e 1950, e pesquisador do Programa do Departamento de Ciências Sociais da Unesco, sediado em Paris.[152] Durante o tempo em que permaneceu na capital francesa (de meados de 1950 ao final de 1953),[153] Ruy Coelho estreitou seus laços de amizade com o casal Sônia e Paulo Emilio Salles Gomes. De volta ao Brasil, integrou-se ao corpo docente da Faculdade de Filosofia, Ciências e Letras.

Doutor aos 35 anos pela Universidade de Northwestern e livredocente aos 41 pela Universidade de São Paulo, com a tese "Indivíduo e sociedade na teoria de Augusto Comte", Ruy Coelho enfrentaria em 1964 um dos concursos mais tumultuados da Faculdade de Filosofia, aberto com a aposentadoria de Fernando de Azevedo. Após onze anos como professor auxiliar, ele era o candidato mais indicado para assumir a cátedra da cadeira de sociologia II. Mas a ordem "natural" de sucessão já havia sido alterada naquele período. Ao inscrever-se no concurso, deparou-se com outro concorrente: Octávio Ianni, assistente de Florestan Fernandes na cadeira de sociologia I e, por duas vezes, seu orientando: em 1953, na dissertação de mestrado "Raça e mobilidade social em Florianópolis" e, em 1956, na tese de doutorado "O negro na sociedade de castas".

Aos 38 anos, Octávio Ianni disputou o concurso de cátedra com a tese "O Estado e o desenvolvimento econômico no Brasil". Ruy Coelho, aos 44 anos, apresentou-se com a tese "Estrutura social e personalidade", e venceu o concurso. Sem entrar no mérito da competência de cada um dos candidatos, é preciso frisar que Ruy tornou-se catedrático da cadeira que ocupava o pólo "fraco" da sociologia praticada na época na Faculdade de Filosofia. O pólo forte encontrava-se na cadeira de sociologia I. A liderança intelectual e institucional de Florestan, atestada por sua produção e pela de seus orientandos e assistentes, expressava-se de maneira cabal na hegemonia exercida pela cadeira de sociologia I, da qual ele fora primeiro regente e, a partir de 1964, catedrático.

Como Florestan, Ruy Coelho obtivera o doutorado com um objeto etnológico, distante também da atualidade social e política do momento. Mas, enquanto os Tupinambá e sua guerra encontravam ressonâncias na tradição historiográfica brasileira, os negros caraíbas estavam muito longe do campo de reflexão da mesma. Seguindo um padrão de carreira antropológica próprio do mundo acadêmico norte-americano, Ruy Coelho escolheu um objeto distante geográfica e culturalmente da sociedade em que cursara o doutorado. Se essa opção fazia (e faz) um enorme sentido para a antropologia praticada nos Estados Unidos, o mesmo não acontecia aqui. A não ser a etnologia que se dedicava ao estudo das sociedades indígenas (mas somente daquelas situadas no território brasileiro), as demais ciências sociais da época voltavam-se de maneira predominante para a análise de fenômenos sociais e culturais da sociedade brasileira.

Nesse contexto, a tese de doutorado de Ruy Coelho encontraria uma receptividade pequena na Faculdade de Filosofia, por razões distintas daquelas que recaíram sobre o trabalho de Gilda de Mello e Souza. No caso de Ruy, pela falta de interlocutores aptos a darem continuidade à investigação que fizera sobre os Caraíba negros. Ainda que seus pares pudessem discutir as conclusões a que chegara, não havia aqui um chão intelectual propício para levá-las à frente e muito menos para constituir uma área de pesquisa a partir dos desdobramentos analíticos do tema que escolhera para o doutorado.

Como sociólogo, voltado para a apreensão teórica da relação entre indivíduo e sociedade, desdobrada pela análise da conformação da personalidade e de suas ligações com a estrutura social,[154] Ruy Coelho destoava do perfil intelectual dominante entre os sociólogos de seu tempo. Atento à produção cultural em sentido amplo, familiarizado com o universo literário e artístico, fazia sociologia numa chave diversa da de seus pares. Enquanto Florestan e seus assistentes dedicavam-se à investigação de fenômenos estruturais da sociedade brasileira, Ruy se interessava pelas dimensões simbólicas da experiência social. Por essa razão, sua atuação na faculdade seria desde o início marcada pela tentativa de construir a área de sociologia da cultura em bases intelectuais e institucionais mais sólidas.

Vários fatores, no entanto, impediriam a realização plena desse projeto. Um deles, como vimos, encontrava-se na polarização estabelecida pelos sociólogos, no decorrer do decênio de 50, entre as atividades consideradas científicas e aquelas qualificadas como culturais. Expressiva a ponto de motivar a transferência de Gilda de Mello e

Souza para a cadeira de estética e a mudança de Antonio Candido para Assis, tal oposição retirou de cena as duas pessoas mais qualificadas intelectualmente para darem sustentação à área de sociologia da cultura que Ruy pretendia implantar na faculdade.

Pouco tempo depois de defender o doutorado, Antonio Candido começou a preparar a sua saída da sociologia. Procurou então Fernando de Azevedo e disse-lhe:

"Dr. Fernando, vou ser muito leal com senhor. Agora que paguei meu tributo à sociologia, assim que puder pretendo sair da cadeira e me dedicar à literatura". E ele me respondeu: "Antonio Candido, não faça isso. Você está casado com a sociologia e tem uma bela amante, que é a literatura. Mas se fizer o contrário, e se casar com a literatura, você vai querer ser amante da sociologia".[155]

Em 1956, Antonio Candido publicou o seu terceiro livro na área de literatura: *Ficção e confissão*, centrado na análise da obra de Graciliano Ramos.[156] Os outros dois foram editados em 1945: *Introdução ao método crítico de Sílvio Romero* e *Brigada ligeira*. Em 1957, tirou um ano de licença não remunerada na Faculdade de Filosofia. Sentindo que ele estava prestes a tomar uma decisão mais séria, os colegas procuraram oferecer-lhe novas condições de trabalho para mantê-lo na faculdade. Propuseram, para tanto, a disciplina de sociologia da educação. Longe de atingirem o objetivo esperado, precipitaram a decisão de Candido. Em suas palavras, "agora que vou mesmo embora. Não fico mais de jeito nenhum: eu não sou sociólogo, eu sou professor de sociologia, que é outra coisa! Professor de música não é compositor, não é? Então decidi: vou sair daqui, nem que seja para dar aula em ginásio. Disse para Gilda: nosso padrão de vida vai descer. Ela respondeu que tudo bem".[157]

Graças à intermediação de Querino Ribeiro junto a Antonio Soares Amora, então diretor da Faculdade de Filosofia, Ciências e Letras de Assis, Candido deixou a cadeira de sociologia II e mudou-se para o interior do estado. Em suas palavras, "Assis foi para mim uma oportunidade decisiva. O convite de Antonio Soares Amora permitiu a um crítico literário que era livre-docente de literatura brasileira, mas também doutor em ciências sociais e, na Universidade de São Paulo, assistente de sociologia, realizar o desejo de atender integralmente a sua vocação — os estudos literários".[158]

193

Durante o tempo em que permaneceu em Assis, Antonio Candido publicou *O observador literário*[159] e *Formação da literatura brasileira: momentos decisivos*. O primeiro, uma coletânea de artigos, escritos entre 1943 e 1959 e divulgados nos maiores jornais de São Paulo, confirmava mais uma vez a qualidade da crítica literária do autor. O segundo, redigido e preparado ao longo de mais de dez anos de trabalho intermitente,[160] não "deixava dúvidas quanto ao lugar que lhe cabia na estante, exatamente ao lado das obras clássicas de Gilberto Freyre, Sérgio Buarque de Holanda e Caio Prado Jr.".[161]

Distinguindo "manifestações literárias de literatura propriamente dita",[162] Antonio Candido lança mão da noção de sistema literário para estruturar a armação analítica do livro. Entendida como "síntese de tendências universalistas e particularistas",[163] e concebida como um sistema simbólico, articulado e dinâmico, de autores, obras e público, a literatura brasileira e a análise de sua formação pressupõem, de um lado, o rastreamento da "solidariedade estreita" observada entre o "arcadismo e o romantismo",[164] de outro lado, a utilização de um método a um só tempo histórico e estético.

Resguardado o princípio básico de que a obra literária é uma entidade autônoma, cujo valor reside "na fórmula que obteve para plasmar elementos não literários" e cuja importância "quase nunca é devida à circunstância de exprimir um aspecto da realidade, social ou individual, mas à maneira por que o faz",[165] Antonio Candido contrapõe-se tanto à análise formalista como às visadas estritamente sociológicas ou históricas do fenômeno literário. Por meio do estudo criterioso e exaustivo das obras, apreendidas na sua integridade estética e na sua correlação com o sistema literário brasileiro, em seus momentos decisivos de formação, o autor busca a eficácia e o alcance da expressão propriamente literária, ao mesmo tempo que procura ver "o social em sua pertinência com relação ao estético".[166]

A repercussão do livro foi imediata e não deixou dúvidas quanto à posição de Antonio Candido no conjunto dos críticos e estudiosos da nossa literatura. Com *Formação da literatura brasileira*, ele passou a ser reconhecido, nacionalmente, como autor de uma das obras mais importantes de toda a história literária brasileira. O ano era 1959 e Antonio Candido, residindo em Assis, encontrara na Faculdade de Filosofia da cidade o espaço institucional necessário para realizar a sua verdadeira vocação intelectual. Dois anos depois, retornaria à Universidade de São Paulo, desta vez para assumir a cadeira de teoria e literatura comparada.

Ruy Coelho, diante da transferência de Antonio Candido para o curso de letras, viu-se isolado na cadeira de sociologia II e privado do interlocutor mais próximo com quem trabalhara até então. Naquele momento, a supremacia do grupo organizado em torno de Florestan Fernandes era um fato incontestável. No contexto da sociologia praticada por eles na Universidade de São Paulo, Ruy passou a ocupar uma posição periférica: interessava-se por temas e questões tidos como menores, culturais e não estruturais, e o fazia por meio de discussões teóricas, desvinculadas de uma investigação empírica mais sistemática.

Reconhecido por sua erudição e competência como professor, Ruy Coelho, entretanto, não se dedicou ao estudo de temas brasileiros. Por essa razão, também não teve discípulos na Universidade de São Paulo, ao contrário de Antonio Candido, Decio de Almeida Prado e Paulo Emilio Salles Gomes. Eles não só abriram frentes importantes de investigação como formaram alunos empenhados em dar continuidade ao projeto intelectual que construíram ao longo de suas trajetórias. Mas isso se deu fora da sociologia.

Lourival Gomes Machado, por sua vez, situa-se numa posição intermediária entre os nomes mencionados acima. Como Ruy Coelho, manteve-se profissionalmente na área de ciências sociais, centrando-se também na discussão dos aspectos mais teóricos e metodológicos da disciplina. Como Antonio Candido, Decio e Paulo Emilio, atuou de maneira significativa na cena cultural paulista e produziu trabalhos relevantes para o entendimento da cultura brasileira. Com seu primeiro livro, *Retrato da arte moderna do Brasil*, obteve, como vimos, o prêmio Fábio Prado.

Crítico de arte na imprensa paulista desde 1942, Lourival interessava-se também por teatro e cinema. Além de organizar o Grupo de Teatro Universitário, em 1943, junto com Decio de Almeida Prado, escreveu algumas peças, entre elas *Raquel*, encenada, como vimos, fora do circuito comercial pelo Teatro Brasileiro de Comédia, em 1951. Quanto ao cinema, participou da fundação dos dois primeiros cineclubes de São Paulo, criados na década de 40. O primeiro ligado à Faculdade de Filosofia, o segundo montado em 1946, por ele, Benedito Duarte, Almeida Salles e outros. Após a projeção dos filmes, Lourival conduzia os debates, que, por sua vez, eram transformados em textos por Benedito Duarte para serem publicados em *O Estado de S. Paulo.*

Em 1949, três anos depois de tornar-se redator de política internacional do jornal dos Mesquita, Lourival foi convidado por Francisco Matarazzo para exercer o cargo de diretor artístico do Museu de Arte Moderna de São Paulo. No decorrer dos dois anos de sua gestão, organizou as sessões cinematográficas do museu (em conjunto com Benedito Duarte) e promoveu a I Bienal de São Paulo, realizada em outubro de 1951. Seu objetivo, no entender de Lourival, seria "cumprir duas tarefas principais: colocar a arte moderna do Brasil, não em simples confronto, mas em vivo contato com a arte do resto do mundo, ao mesmo tempo que para São Paulo se buscaria conquistar a posição de centro artístico mundial".[167]

O sucesso dessa I Bienal confirmou para um público mais amplo a importância do trabalho que Lourival vinha fazendo como crítico e organizador de eventos ligados às artes plásticas. O interesse pelo assunto, no entanto, não se constituiu no centro de sua carreira universitária. Durante 28 anos, esteve ligado à Faculdade de Filosofia, Ciências e Letras. Entre 1939 e 1941, como assistente de Paul Arbousse-Bastide na cadeira de sociologia. A partir de 1942, como professor da cadeira de política. Ali trabalhou como assistente de Arbousse-Bastide (até 1944), de George Gurvitch (entre 1947 e 1948) e de Charles Morazé (entre 1949 e 1952). Com a volta do último regente da cadeira de política para a França, foi aberto o primeiro concurso de cátedra na área de ciências sociais da Faculdade de Filosofia. Lourival apresentou-se com a tese "Homem e sociedade na teoria política de Jean-Jacques Rousseau".[168] Em 1954, no ano em que ganhou a cátedra da cadeira de política, Florestan Fernandes tornou-se regente da cadeira de sociologia I, Antonio Candido obteve o doutorado em sociologia, Gilda de Mello e Souza transferiu-se para a cadeira de estética e Ruy Coelho foi contratado como professor assistente da cadeira de sociologia II. Naquela altura, apenas Lourival e Florestan eram livres-docentes em ciências sociais.

Concebendo a política como uma sociologia especial, voltada para a análise "do conjunto de fatos, relações, estruturas e processos componentes da vida política das sociedades",[169] Lourival dedicou-se também ao estudo da arte colonial brasileira. Seu interesse pela relação entre o absolutismo e o barroco mineiro levou-o a analisar o *Tratado do direito natural* de Tomás Antônio Gonzaga, produzido antes da adesão do poeta ao movimento da inconfidência mineira. O tema, inscrito na história das idéias, recebeu em sua tese de livre-docência uma abordagem sociológica. Evitando julgar o tratado por padrões dominantes do século XX, procedendo a uma análise exaustiva e erudita de seu conteúdo, Lourival mostrou que o pensamento de Gonzaga exprimia as grandes tendências da sociedade portuguesa do século XVIII. Defensor do direito divino dos reis, contrário às teorias que sustentavam o direito natural independente da existência de Deus, "o desígnio da ação política de Gonzaga repele qualquer sugestão de transformação inovadora, restringindo-se a intuitos de conservação e reforço da ordem existente".[170]

O fato de Lourival ter se dedicado, como professor de política, ao estudo do direito e da arte estava dentro da tradição sociológica francesa seguida naquele período na Faculdade de Filosofia. Nela, encontrou o fundamento de sua postura metodológica para tratar as idéias como representações coletivas que soldam e dão direção à vida social. A arte e o direito, como produtos sociais que se exprimem no plano simbólico da cultura, são realidades relativamente autônomas que permitem "apreender o sentido das transformações que se processam no seio das sociedades em que desabrocham e desempenham a sua função".[171]

A busca das conexões entre os fenômenos de ordem política, jurídica e estética levou-o a examinar a originalidade do barroco mineiro a partir de novas chaves analíticas. Inscrito no rol das temáticas privilegiadas pelo Serviço do Patrimônio Histórico e Artístico Nacional, constituído como eixo central da política cultural de tombamento na época, o assunto ganhou nos trabalhos de Lourival uma abordagem eminentemente acadêmica. Adotado como "forma estética adequada às competições intergrupais" que tinham lugar na sociedade mineira do século XVIII, sua função não se reduzia "a instrumento de expressão do absolutismo".[172]

Essa conclusão, enunciada por Lourival em 1949, no artigo "O barroco e o absolutismo", seria aprofundada no livro *Teorias do barroco*, de 1953, e principalmente no artigo "O barroco em Minas Gerais", de 1957. Nele, afirma de maneira peremptória que

> não se vazam mármores para transformá-los em rendas, não se ondulam muros até desmentir a rigidez cúbica da construção, não se desdobram arquiteturas impossíveis na pintura dos tetos, mudando-os em pontos de passagem para o infinito, apenas para confirmar nos reis a certeza de seu poder ou tributar aos santos a homenagem da nossa exaltação, mesmo

porque coroas e auréolas sempre encontraram modo de exprimir-se satisfatoriamente por intermédio das mais diversas formas artísticas.[173]

Transplantado tardiamente da Europa para Minas, o barroco recebeu e assimilou "derivações formais que em outras terras anunciavam uma deterioração estilística e uma mudança de gosto, mas que aqui se reintegram no complexo estético original para revitalizá-lo e ampliá-lo".[174] Reelaborado pela cultura colonial mineira, "que é cultura em formação e tendendo à expressão de sua autonomia", ofereceu-lhe "uma *forma mentis* capaz de atender aos seus desejos de simbolização inédita e global".[175] Por essa razão, o "mais belo fenômeno de toda a história cultural do Brasil"[176] só pode ser integralmente compreendido a partir da pesquisa da "noção barroca de espaço tal como se exprimiu especificamente num meio diverso daquele em que se originou".[177]

Valendo-se da formação sociológica que recebera na Faculdade de Filosofia e do aprendizado que adquirira, como autodidata, nas teorias da história social das artes plásticas, Lourival lançou as bases para uma reflexão mais alargada do barroco mineiro ao circunscrevê-lo também como forma estética geradora de uma nova concepção de espaço. O ano era 1956, e naquela altura ele já era considerado um dos grandes historiadores da arte brasileira. O mesmo porém não acontecia na área em que se tornara catedrático. Seu empenho em dotar a cadeira de política de uma base institucional mais sólida, com o propósito de assegurar à disciplina uma legitimidade intelectual própria, esbarrava, no entanto, na crescente hegemonia do grupo de sociólogos reunidos em torno de Florestan Fernandes na cadeira de sociologia I. Enquanto os últimos voltavam-se para a análise de dimensões estruturais da sociedade brasileira, Lourival dedicava-se à implantação das seguintes disciplinas: história das idéias: Maquiavel e Rousseau, formação do Estado moderno, instituições políticas brasileiras. A última, segundo Oliveiros Ferreira, "era a sua preferida, tão querida que no fundo desejava que todos seus assistentes pesquisassem o passado brasileiro para ver a gênese do presente".[178]

Apesar do seu interesse pelo tema das instituições políticas brasileiras, Lourival não produziu nenhum trabalho de fôlego sobre o assunto. Isso sem dúvida contribuiu para enfraquecer o projeto intelectual que tinha para a cadeira de política, senão na época em que ainda era professor da faculdade, no período imediatamente posterior ao seu falecimento, quando foi aberto, em 1968, o segundo concurso de cátedra para a cadeira de política.

Paula Beiguelman apresentou-se com a tese "A formação do povo no complexo cafeeiro: aspectos políticos". Livre-docente em política com a tese "Contribuição à teoria da organização política brasileira" (defendida em 1967), ela era a candidata "natural" para assumir a posição, na medida em que trabalhava na cadeira de política desde 1954, como assistente de Lourival e sua orientanda na tese de doutorado "Teoria e ação no pensamento abolicionista" (defendida em 1961). Mas, assim como ocorrera com o concurso de Ruy Coelho, Paula Beiguelman se depararia com a presença de outro candidato: o então jovem sociólogo Fernando Henrique Cardoso, que até aquele momento trabalhava como assistente de Florestan Fernandes na cadeira de sociologia I. Autor da primeira dissertação de mestrado defendida na Faculdade de Filosofia, em 1953, "Evolução da indústria em São Paulo"; doutor, em 1961, com a tese "Formação e desintegração da sociedade de castas: o negro na ordem escravocrata do Rio Grande do Sul"; livre-docente, em 1963, com a tese "O empresário industrial e o desenvolvimento econômico no Brasil"; Fernando Henrique apresentou-se com a tese "Política e desenvolvimento em sociedades dependentes: ideologias do empresariado industrial argentino e brasileiro", e venceu o concurso. Um ano depois seria aposentado compulsoriamente pelo regime militar.

Deixando de lado a questão da competência dos candidatos envolvidos nesse concurso, é preciso ressaltar que Paula Beiguelman foi a segunda mulher (depois de Alice Canabrava) a disputar uma posição mais sólida na Faculdade de Filosofia. E o fez exatamente na vaga deixada por aquele que a introduzira profissionalmente nessa instituição. Enquanto esteve ligado à cátedra da cadeira de política, Lourival Gomes Machado conseguiu abafar as "sementes de futuras discórdias", que "olhos mais argutos", no entender de Oliveiros Ferreira, "já podiam ver nascer, embora cobertas ainda pelo capim".[179] Com essa linguagem cifrada, o então assistente de Lourival e diretor de *O Estado de S. Paulo* refere-se aos primeiros sinais de transformação da política, que, de disciplina concebida como uma sociologia de tipo especial, passaria a ser pensada e atualizada como ciência política, com objeto e métodos múltiplos.

Quando os primeiros movimentos dessa reorientação se fizeram sentir na Faculdade de Filosofia, Lourival se encontrava em Paris, para onde se mudara, em 1962, com a finalidade de exercer o cargo de diretor do Departamento de Assuntos Culturais da Unesco. Sua saída do Brasil seria definitiva. Em março de 1967, às vésperas de completar cinqüenta anos, sofreu um infarto fulminante na estação ferroviária de Milão, antes de chegar a Veneza, para onde se dirigia como delegado especial da Unesco na campanha de recuperação de Veneza e Florença.

A morte de Lourival simboliza o fim da tradição intelectual francesa na abordagem da política e o início da ascensão da ciência política, de orientação norte-americana. A partir de então, carreiras como a dele — dividida entre a política, como atividade acadêmica, e a arte, como paixão intelectual de autodidata — tornaram-se periféricas no campo das ciências sociais. Com a consolidação institucional dessa disciplina,[180] ocorrida a partir de meados da década de 60, a definição e o exercício profissional dos cientistas sociais passaram a ser balizados por critérios próprios do campo científico. A articulação do quadro teórico e metodológico das ciências sociais com a pesquisa sistemática de aspectos múltiplos da sociedade brasileira tornou-se uma exigência básica para a qualificação intelectual dos praticantes da sociologia e da ciência política.

O acirramento da tensão entre ciência e cultura, responsável pela "expulsão" dos "destinos mistos" do campo das ciências sociais, encontra a sua contrapartida no processo de institucionalização acadêmica dos estudos literários, das artes plásticas, do teatro, do cinema e da produção cultural em geral. Atestado, por exemplo, pela expansão dos cursos de letras, pela criação da Escola de Comunicações e Artes, pela implantação da pós-graduação nessas áreas, pelas revistas especializadas, pela transformação dos suplementos literários da grande imprensa. Se o diálogo dos intelectuais acadêmicos especializados em literatura, teatro, estética, cinema e artes com as ciências sociais e com os cientistas sociais não foi rompido, é preciso levar em conta, entretanto, que ele se trava agora a partir de locais institucionais distintos e nitidamente separados, em um contexto intelectual bastante diverso daquele vivido pelos integrantes do Grupo Clima ao longo dos decênios de 40 e 50.

CARREIRAS UNIVERSITÁRIAS TARDIAS

Antes de serem contratados pela Universidade de São Paulo, Decio de Almeida Prado e Paulo Emilio Salles Gomes participaram do primeiro curso que Antonio Candido ministrou, em 1961, como professor de literatura dessa instituição: teoria e análise do romance, centrado, em um de seus segmentos, na discussão do tema da personagem. Com o propósito de assegurar a inter-relação com outros pontos de vista, indispensáveis ao estudo da teoria literária, Candido convidou Anatol Rosenfeld para falar do problema geral da ficção, Decio para discorrer sobre a personagem de teatro e Paulo Emilio para abordar a personagem de cinema. Essas conferências desdobraram-se em atividades mais circunscritas. Após a projeção de *La dolce vita*, de Fellini, Paulo Emilio comentou o filme do ângulo das técnicas de caracterização psicológica. Decio, por sua vez, orientou o debate sobre a caracterização cênica da peça *A escada*, de Jorge de Andrade, dirigida por Flávio Rangel.[181]

Esse curso de Antonio Candido reuniu novamente na Universidade de São Paulo três dos mais importantes membros do Grupo Clima. Com exceção de Candido, os demais tinham construído suas trajetórias profissionais fora dessa instituição. Em 1966, no entanto, Paulo Emilio Salles Gomes e Decio de Almeida Prado reintegrar-se-iam à Faculdade de Filosofia, desta vez como professores regulares e não mais como alunos ou conferencistas ocasionais. A atuação de Antonio Candido foi decisiva para que isso ocorresse. Graças à sua intermediação junto ao catedrático da cadeira de teoria literária, José Aderaldo Castello, Decio foi incorporado à cadeira de literatura brasileira, concentrando a atividade docente nos cursos de teoria do teatro e teatro brasileiro.

Contratado como professor colaborador, desobrigado de funções administrativas por possuir apenas o diploma de bacharel em filosofia, Decio ampliou os seus interesses intelectuais a partir dessa experiência universitária. Ele, que até então exercera com regularidade a crítica de teatro em *O Estado de S. Paulo*, e trabalhara na Escola de Arte Dramática, como professor de história geral do teatro, voltou-se sobretudo para a análise da história do teatro brasileiro.

Sua paixão pela dramaturgia começara, como vimos, na adolescência e sedimentara-se ao longo do período de circulação de *Clima*,

201

quando se encarregou da seção de teatro da revista e dirigiu o Grupo Universitário de Teatro. Munido de algumas leituras esparsas, dos espetáculos que vira no exterior e no Brasil, e quase sem nenhuma experiência de palco, Decio tornou-se, em 1943, diretor desse grupo de atores amadores. Naquele momento e em suas palavras, "intuía confusamente os fins, mas não dispunha dos meios técnicos indispensáveis para atingi-los. Era, na melhor das hipóteses, o famoso homem de um olho só que em terra de cegos se arvora em rei. Isso numa época em que o teatro moderno estava por ser inventado em terras brasileiras (meses depois explodiria o *Vestido de noiva*, na encenação de Ziembinski)".[182]

Por conta de sua atuação como crítico e diretor, Decio foi convidado por Júlio de Mesquita Filho para escrever em *O Estado de S. Paulo*, como colaborador fixo. O ano era 1946 e suas críticas tiveram repercussão imediata. Atento ao movimento de renovação da dramaturgia brasileira, embasado naquela altura em conhecimentos sólidos, ele combateu a crítica do mero registro jornalístico que caracterizava a produção da geração anterior. Em suas palavras,

> a crítica nos anos 30 era muito ligada às empresas, porque o crítico recebia em geral uma porcentagem dos anúncios do teatro. Então ele não tinha nenhum interesse em criticar, atacar uma peça, porque o empresário cortava os anúncios. [...] O crítico não era um sujeito especializado em teatro. Era alguém que gostava de teatro, mas que tinha a função de redator dentro do jornal.[183]

No decorrer dos 22 anos em que atuou como crítico do jornal *O Estado de S. Paulo* (de 1946 a 1968), enfrentou com maestria o desafio de "extrair da massa informe de impressões que vão se acumulando [no] espírito, durante o espetáculo, em camadas sucessivas e às vezes contraditórias, um relato coerente e dotado de um relativo enredo, no sentido aristotélico de conter princípio, meio e fim".[184]

O resultado desse desafio encontra-se nos dois primeiros livros que escreveu: *Apresentação do teatro brasileiro moderno: crítica teatral (1947-1955)* e *Teatro em progresso*. Publicados em 1956 e 1964, respectivamente, contemplam o melhor da produção de Decio de Almeida Prado como crítico profissional de teatro na imprensa paulista. Seu terceiro livro, *João Caetano: o ator, o empresário, o repertório*, publicado em 1972, expressa a reorientação intelectual produzida pela experiência universitária. "Lidando com autores e peças que brilharam intensa mas fugazmente em constelações literárias já extintas",[185] o livro atesta a um só tempo a maioridade acadêmica do autor e sua indiscutível competência como analista e historiador do teatro brasileiro. Com *João Caetano*, Decio obteve, aos 54 anos, o título de doutor pela Universidade de São Paulo. A tese, defendida na área de estética sob a orientação de Gilda de Mello e Souza, permitiu-lhe passar da condição institucional incômoda de doutorando temporão para a posição segura de orientador de mais de uma geração de estudiosos do teatro brasileiro.[186]

Sua trajetória profissional como crítico e professor universitário contribuiu de maneira decisiva para que o teatro brasileiro ganhasse uma legitimidade acadêmica semelhante à da literatura. O que Decio de Almeida Prado e Antonio Candido fizeram pelo teatro e pela literatura (respectivamente), em termos de pesquisa e análise, seria completado, no caso do cinema, pela atuação e produção de Paulo Emilio Salles Gomes.

Contratado pela Universidade de São Paulo em 1966, no mesmo ano em que Decio, Paulo Emilio vinculou-se, de início, à cadeira de teoria literária e literatura comparada. Enquanto Decio começava a carreira acadêmica, Paulo Emilio dava prosseguimento às suas atividades como professor universitário. Durante dois anos estivera na Universidade de Brasília. Ali participou, em 1963, da criação do curso de cinema[187] e organizou a I Semana do Cinema Brasileiro. Após o golpe militar de 1964, deixou a UnB, em razão da grave crise que abalou os alicerces dessa instituição.[188]

O primeiro curso de Paulo Emilio na Universidade de São Paulo — centrado na análise do modernismo literário de Cataguases — permitiu-lhe preencher a lacuna que faltava para entender a fase inicial da produção cinematográfica de Humberto Mauro. Seu interesse pelo cineasta mineiro, com quem vinha fazendo entrevistas desde o início dos anos 60, seria sistematizado na tese de doutorado "Cataguases e *Cinearte* na formação de Humberto Mauro". Defendida em 1972, na área de estética (sob a orientação de Gilda de Mello e Souza), a tese é dedicada à segunda mulher do autor, Lygia Fagundes Telles, e ao amigo Antonio Candido, responsável, entre outras coisas, por sua contratação na Faculdade de Filosofia.

Quando Paulo Emilio obteve o doutorado, aos 56 anos, já não lecionava apenas na cadeira de teoria literária. Com a criação, em 1968, da Escola de Comunicações e Artes, ele encontrou o lugar mais adequado na Universidade de São Paulo para dar prosseguimento ao seu verdadeiro interesse intelectual. Ali, se encarregou dos cursos de cinema brasileiro e teoria e história do cinema.

O interesse de Paulo Emilio pelas artes cinematográficas tivera início, como vimos, durante a sua primeira estadia na França, entre 1937 e 1939. De volta ao Brasil, iniciou o curso de graduação em ciências sociais e transformou a residência de seus pais num centro de projeção, sobretudo de fitas do cinema mudo francês e alemão. Como relembra Gilda de Mello e Souza,

> foi nessas sessões encantadoramente artesanais — que precederam as projeções mais rigorosas, já patrocinadas pelo Clube de Cinema na Faculdade de Filosofia —, foi nessas condições precárias, com todo mundo se acotovelando na sala, esticando o pescoço para enxergar melhor a tela, que tomamos conhecimento da evolução do cinema. [...] Nas três salinhas, apinhadas de gente, havia de tudo: os hóspedes da casa — que eram freqüentes e vinham tanto do Ceará como do Rio Grande do Sul —, o grupo da faculdade, os parentes da família e uma fauna heterogênea, muito ao gosto do filho da casa, formada por mulheres bonitas, grã-finos intelectualizados, jovens concertistas no início de carreira, enfim, por representantes de todos os estratos sociais, de todas as tendências políticas. Pois, dentre nós, Paulo Emilio era o único que, levado por uma vitalidade transbordante, precisava circular pelos mais variados segmentos da sociedade.[189]

Naquele período, Paulo Emilio dividia-se entre o cinema e a política. Ao longo de 1940, por exemplo, entrou em contato com antigos companheiros comunistas, sobretudo com aqueles com quem convivera na prisão. Mas, em suas palavras,

> fui recebido com muita frieza, com muita desconfiança. Os que se interessaram mais por mim, na minha volta, foram os trotskistas, que na época eram fundamentalmente o Rocha Barros e Arnaldo Pedroso D'Horta. Eles se interessaram por mim porque naquela época eu era um sujeito muito bem informado sobre uma série de coisas. Na Europa, a possibilidade que a gente tem de informação é sempre muito grande. E eu conhecia muito bem os processos de Moscou. Acho que fui — hoje esqueci — um bom especialista dos processos de Moscou, particularmente do processo de Bukarin, que eu conhecia admiravelmente bem. Aquela leitura das coisas, entre linhas, que Bukarin fazia e que em seguida Merleau-Ponty fez com brilho extraordinário, eu e alguns amigos já fazíamos um pouco. Então, fiquei com a reputação de trotskista, espalhada pelos comunistas, porque trotskismo era naquele tempo um xinga-

mento, era como dizer fascista, ou pior que isso, falar palavrão, policial, essa coisa toda. [...] Mas logo viram que o meu "trotskismo" não existia, porque na realidade — pensando bem hoje, fazendo um cômputo das coisas — o único trotskista que realmente me interessou foi Trotski. Acho que nenhum chegou a me interessar politicamente.[190]

Ligando-se ao Grupo Clima, Paulo Emilio pôde dar vazão, no início da década de 40, às suas inquietações intelectuais mas não à necessidade que sentia de romper com seu "isolamento político". Os comunistas não o aceitavam, os liberais não lhe interessavam, e os membros do grupo a que se vinculara na Faculdade de Filosofia não tinham, de início, "nenhum interesse mais especial por política". Só mais tarde, "com a evolução dos acontecimentos, com a entrada do Brasil na guerra, é que a revista *Clima*, como revista, tomaria uma posição num manifesto que, na época, teve certo papel".[191]

Em 1942, ano em que *Clima* fez a sua primeira intervenção política, Paulo Emilio, Antonio Candido, Germinal Feijó, Antonio Costa Correia, Paulo Zingg e Eric Czaskes criaram o Grupo Radical de Ação Popular (GRAP). As reuniões do grupo eram feitas na casa de Antonio Candido. Centradas na discussão de textos marxistas, de política internacional e nacional, visavam ainda à elaboração de panfletos e manifestos contra o Estado Novo.

No ano de 1943, eles participaram da criação da Frente de Resistência. Empenhada na luta contra o Estado Novo, integrada por rapazes oriundos da Faculdade de Direito, de orientação política liberal, pelos membros do GRAP, a frente seria dissolvida em maio de 1945.[192] Com o fim da ditadura,[193] acabou também, segundo Paulo Emilio, "a ilusão unitária. Começamos a ter reuniões decisivas, nas quais nossas diferenças em relação aos liberais, antes irrelevantes, revelaram-se cruciais. Se a defesa do stalinismo nos separava dos comunistas, a defesa do capitalismo nos afastava dos liberais".[194]

Definindo-se como socialista, Paulo Emilio tornou-se o principal articulador da União Democrática Socialista.[195] Lançada em junho de 1945, com um manifesto de sua autoria, propunha o socialismo democrático e independente. Como um grupo apartidário, empenhado na revogação da Constituição de 1937 e na democratização do país, centrou-se na luta pela liberdade de imprensa, pela melhoria das condições de vida dos trabalhadores e pela implantação do socialismo no país.

Apesar de seus propósitos amplos, a União Democrática Socialista teve uma existência curtíssima. Sem uma base de sustentação política mais sólida, foi dissolvida dois meses depois de criada. Seus membros, porém, seriam incorporados à Esquerda Democrática, fundada em agosto de 1945, no Rio de Janeiro. Segundo Paulo Emilio, "para nós restava entrar, resignados, na Esquerda Democrática, coisa mais amena, de intelectuais e de classe média. Isto porque era evidente que só o Partido Comunista, entrando na legalidade, teria condições de aglutinar toda a esquerda de base operária".[196]

No ano de 1946 Paulo Emilio abandonou a militância política e mudou-se para Paris. Como bolsista do governo francês, seguiu cursos na Escola de Altos Estudos Cinematográficos, entrou em contato com a obra de Jean Vigo e iniciou a pesquisa necessária para escrever um livro sobre o cineasta francês. Ao mesmo tempo, assumiu vários encargos ligados à obtenção de um acervo de filmes clássicos para a implantação de uma filmoteca brasileira. Enquanto isso, Lourival Gomes Machado, Antonio Candido e Decio de Almeida Prado integravam-se ao Partido Socialista Brasileiro (fundado em agosto de 1947). Mas, com exceção de Candido, não por muito tempo.

Após três anos de atividade "destinados a dotar a antiga Esquerda Democrática de um corpo de doutrina adequado à realidade brasileira do imediato pós-guerra",[197] Lourival se desligou do Partido Socialista. O mesmo fizeram Decio de Almeida Prado e Antonio Candido. O primeiro em 1950, o segundo, quatro anos mais tarde. Antonio Candido chegou a se candidatar, em 1947, a deputado estadual pelo Partido Socialista, mas não obteve o número necessário de votos para se eleger. Decio, por sua vez, o "menos político"[198] do grupo, deixou o partido por considerar que não tinha vocação para essa atividade.

Em Paris, Paulo Emilio Salles Gomes fazia análise com um dos papas da psicanálise, Jacques Lacan,[199] mergulhava na pesquisa sobre Jean Vigo e dava início à redação em francês de seu primeiro livro. Publicado em 1957 pela Éditions du Seuil, com o título *Jean Vigo*, conquistou o prêmio Armand Tallier. Considerado pela crítica o melhor trabalho na área de cinema editado na França naquele ano, foi saudado no *France-Observateur* por André Bazin, líder intelectual da geração que iria estourar na *nouvelle vague* do cinema francês.[200]

Quando o livro foi lançado na França,[201] Paulo Emilio já havia retornado ao Brasil. Após oito anos de permanência em Paris, desembarcou em São Paulo no final de 1954 e, de imediato, assumiu a direção da Filmoteca do Museu de Arte Moderna de São Paulo, embrião da Cinemateca Brasileira, criada em 1956. Como chefe-conservador dessa instituição, Paulo Emilio empenhou-se em dotá-la de um patrimônio cinematográfico significativo, nacional e estrangeiro. Ele, que até então vivera intelectual e geograficamente "afastado do cinema brasileiro", começou a adquirir gosto por sua "problemática social, econômica e estética",[202] e passou a defendê-lo de forma quase incondicional.

Ao buscar as razões que promoveram tal reorientação, Paulo Emilio pondera: "Eu gostaria de saber se aceitei o filme brasileiro em bloco porque já me descolonizara ou se foi precisamente o gosto pelo nosso filme que me descolonizou".[203] Qualquer que seja a resposta, o certo é que Paulo Emilio encontrava-se muito distante do tempo em que "o cinema brasileiro, presente ou passado, não interessava",[204] quando atuava como crítico de *Clima* e nutria um profundo desprezo pela produção cinematográfica nacional, partilhado aliás por todos os editores da revista, entre eles, Ruy Coelho. Considerado por Paulo Emilio "o melhor crítico de cinema que apareceu" na capital paulista dos idos anos 40, Ruy Coelho, naquele período,

> descreveu em um artigo as perambulações do crítico pela cidade, à procura de uma fita qualquer para comentar. Duas salas anunciavam produções brasileiras, o que não era freqüente. Ele examinou atentamente o saguão de ambas, as fotografias expostas, os cartazes, a pasmaceira dos guichês. Recuou. Seu tema naquele dia foi a não-ida ao cinema: primeira e única vez que em artigo seu o filme brasileiro, embora não visto, foi assunto.[205]

A atitude de Ruy Coelho, passados vinte anos, tornara-se anacrônica. Em larga medida pela atuação de Paulo Emilio Salles Gomes em prol do cinema brasileiro. Seu interesse pelo assunto, firmado ao longo dos decênios de 60 e 70, resultou, por um lado, do trabalho que fizera na Cinemateca, por outro, de sua ligação com os cineastas do Cinema Novo, que o elegeram mentor intelectual do movimento, e, por fim, de sua trajetória na Universidade de São Paulo. Essa experiência universitária tardia foi decisiva para dotar as pesquisas e análises sobre o cinema brasileiro (levadas a cabo por ele e por seus discípulos na Escola de Comunicações e Artes) de uma base intelectual mais sólida. Dessa experiência, ganharam todos, mas sobretudo o cinema nacional, que conquistou assim cidadania no mundo acadêmico da época.

A reconstituição das trajetórias de Antonio Candido, Lourival Gomes Machado, Ruy Coelho, Paulo Emilio Salles Gomes, Decio de Almeida Prado e Gilda de Mello e Souza visou a um tríplice objetivo: circunscrever as razões sociais e culturais mais amplas que conformaram a experiência da amizade partilhada por eles; apreender a especificidade do campo universitário em que todos se inseriram — marcado pela tensão entre um pólo científico e outro cultural; analisar os desafios intelectuais e constrangimentos institucionais que enfrentaram no período.

No decorrer dos decênios de 50 e 60, Florestan Fernandes e seus discípulos, como vimos, deram o tom da sociologia praticada na Faculdade de Filosofia e tornaram-se hegemônicos no interior desse campo disciplinar. Mas não na cena cultural paulista. Ali, a atuação do Grupo Clima foi decisiva tanto para a construção de experimentos culturais de ponta (no teatro, artes plásticas e cinema) como para a edificação de bases intelectuais mais acadêmicas na análise da produção cultural em geral, e literária, em particular. Inicialmente, por meio da revista *Clima*; posteriormente, através do *Suplemento Literário* do jornal *O Estado de S. Paulo*.

Lançado em outubro de 1956, com a finalidade de preencher a função de uma revista literária de porte nacional, mas atento à especificidade de sua feição paulista, o *Suplemento* contemplava os seguintes domínios: letras estrangeiras, resenhas bibliográficas, contos, poesias, rodapés, artigos sobre a literatura brasileira do passado e do presente, notas sobre o movimento editorial da semana, crônicas dos estados, seções de teatro, cinema, música e artes plásticas, revistas das revistas, além de desenhos e gravuras. Ao lado das seções fixas e regulares, encarregadas de dar-lhe a "espinha dorsal", havia espaço para a colaboração livre. Juntas, reuniram os nomes mais expressivos da intelectualidade acadêmica e literária da época.[206]

Para marcar os seus objetos e delimitar a sua diferença ante o jornalismo diário, o número inaugural do *Suplemento* traz a seguinte apresentação:

[...] uma publicação como a nossa define-se menos, talvez, pelo que é do que pelo que deseja ser. Importa, assim, antes de mais nada, conhecer as idéias que estão atrás da realização. O primeiro problema que tivemos de enfrentar, naturalmente, foi o das relações entre as edições diárias do jornal e o *Suplemento*, determinando o campo de ação de cada um, de maneira a não haver duplicidade de funções ou diversidade de pontos de vista. O jornal, por definição, por decorrência, poder-se-ia dizer, da própria etimologia da palavra, vive dos assuntos do dia: a crise política mais importante é a do momento; o livro, o último a aparecer; a personalidade, aquela que acaba de chegar; a peça de teatro ou a fita cinematográfica, as que estrearam na véspera ou na antevéspera. A perspectiva do *Suplemento* tinha, pois, de ser outra, mais despegada da atualidade, mais próxima da revista, que, visando sobretudo a permanência, pode dar-se ao luxo de considerar mais vital a crônica dos amores de um rapaz de dezoito e uma menina de quinze, na Verona pré-renascentista, do que qualquer fato de última hora, pelo motivo de que as crises, as guerras, até os impérios, passam com bem mais rapidez do que os mitos literários, muitos dos quais vêm acompanhando e nutrindo a civilização ocidental há pelo menos trinta séculos [...].[207]

Sustentando a idéia de que o *Suplemento* não seria jornalístico, "nem no alto, nem no baixo sentido do termo", a apresentação encerra-se com a explicitação da "ambição mais alta" pretendida pela publicação: "servir como instrumento de trabalho e pesquisa aos profissionais da inteligência, exercendo uma constante ação de presença e estímulo dentro da literatura e do pensamento brasileiros. Essa é a nossa maneira de conceber a função de um suplemento literário; essa é, acima de tudo, a nossa maneira de exprimir, no setor que nos coube, o espírito e a tradição do jornal que representamos".[208]

Escrita por Decio de Almeida Prado, a "Apresentação" foi lida em primeira mão por Antonio Candido,[209] o idealizador do *Suplemento*, a convite de Júlio de Mesquita Neto e com a aprovação de Júlio de Mesquita Filho. Segundo o crítico literário, essa publicação fora concebida a partir da idéia de que "nós não deveríamos procurar fazer suplementos literários como havia alguns no Rio de Janeiro, que eram muito combativos, muito brilhantes, muito movimentados, cheios de polêmicas". Isso porque, naquele momento e em São Paulo, o que havia de mais substantivo na produção cultural era a universidade. Em suas palavras, a Universidade de São Paulo foi o acontecimento da cultura brasileira que serviu de modelo para todas as universidades do Brasil. E foi a mais importante que o Brasil teve. E a Universidade de São Paulo está ligada diretamente ao jornal *O Estado de S. Paulo*, porque o idealizador da Universidade de São Paulo foi o dr. Júlio de Mesquita Filho. Tudo isso indica que esse suplemento, sendo embora literário, vai refletir um pouco o tom da *intelligentsia* paulista, que é um tom de estudo, de ensaio, de reflexão.[210]

De fato foi o que se verificou em suas páginas, sobretudo durante os seus dez primeiros anos de existência, que correspondem ao período em que esteve sob a direção de Decio de Almeida Prado. Reconhecido como uma das publicações culturais mais importantes do país, tendo no *Suplemento* do *Jornal do Brasil* o seu único concorrente à altura, reuniu novamente alguns dos membros mais expressivos do Grupo Clima, desta vez em bases nitidamente profissionais:[211] Decio de Almeida Prado, como diretor,[212] Antonio Candido, como idealizador e colaborador constante; Lourival Gomes Machado, como titular da seção de arte; Paulo Emilio Salles Gomes, como titular da seção de cinema.

Resultado do encontro da Faculdade de Filosofia da Universidade de São Paulo, do jornal dos Mesquita e dos membros de *Clima* que se profissionalizaram nas mesmas áreas em que se lançaram no início dos anos 40, o *Suplemento* foi um dos eixos por onde gravitou o sistema cultural paulista até meados da década de 60. A partir de então, passou a emitir os primeiros sinais de esgotamento. As clivagens da conjuntura política da época (marcada pelo embate entre as facções de direita e esquerda) no âmbito interno do jornal; o acirramento da oposição entre os campos jornalístico e universitário; a possibilidade de exercer a crítica cultural em um universo distinto do jornalismo, propiciada pela implantação de cursos de pós-graduação nas áreas de literatura, cinema, teatro e artes plásticas; tudo isso contribuiu para que o *Suplemento Literário* perdesse o seu prestígio inicial.

Quando Decio de Almeida Prado deixou a direção dessa publicação, em 1966, para integrar-se ao quadro de professores da Faculdade de Filosofia, o Grupo Clima não existia mais. Muitos anos se passaram entre o momento de juventude e o período de maturidade de seus membros. O convívio estreito, quase diário, que tiveram entre finais dos anos 30 e meados do decênio de 40 fora rompido. Adultos, às voltas com compromissos profissionais variados e com as lides próprias da vida familiar, não tinham mais o tempo necessário, que só a juventude possui (quando possui), para a intensa sociabilidade de antes. A amizade entre eles, no entanto, não se perdera. Ao contrário, ganhara, como vimos no decorrer deste capítulo, contornos distintos, mas não menos sólidos, ao assentar-se em projetos intelectuais mais consistentes, acadêmicos.

CONSIDERAÇÕES FINAIS

A certa altura da vida, vai ficando possível dar balanço no passado sem cair em autocomplacência, porque o nosso testemunho se torna registro da experiência de muitos, de todos que, pertencendo ao que se chama uma geração, julgam-se a princípio diferentes uns dos outros, mas vão aos poucos ficando tão iguais que acabam desaparecendo como indivíduos para se dissolverem nas características gerais da sua época. Então, registrar o passado [...] é falar dos que participaram de uma certa ordem de interesses e de visão do mundo, no momento particular do tempo que se deseja evocar.

Com essas palavras, Antonio Candido abriu, em 1969, o prefácio da quinta edição de *Raízes do Brasil*. A intenção era mostrar que ele e seus companheiros de geração — situados naquela altura na faixa dos cinqüenta anos — aprenderam a refletir e a se interessar pelo Brasil em função de três trabalhos capitais: *Casa-grande & senzala*, de Gilberto Freyre, *Formação do Brasil contemporâneo*, de Caio Prado Júnior, e o livro de Sérgio Buarque de Holanda, mencionado acima. Juntos produziram uma visão renovada do país, revelaram dimensões abrangentes e inesperadas da sociedade brasileira, forneceram a matriz intelectual necessária para um balanço sem complacência do nosso passado, que a geração de Antonio Candido tratou de implementar a partir dos anos 40.

O cruzamento desses autores — situados na melhor tradição do pensamento social brasileiro — com as inovações culturais produzidas pelo modernismo somou-se, no caso de Antonio Candido e seus amigos mais próximos, à experiência inovadora que viveram na Faculdade de Filosofia da Universidade de São Paulo. Como produtos do sistema acadêmico implantado na capital paulista por intermédio de professores estrangeiros, introduziram novas maneiras de conceber e praticar o trabalho intelectual, fizeram da crítica a modalidade privilegiada para expressarem a mentalidade universitária da época, construíram suas trajetórias profissionais na interseção do jornalismo cultural com a universidade, revelaram-se expressões maiores da intelectualidade brasileira.

A revista que editaram na juventude e o grupo de sociabilidade mais ampla a que pertenceram no período tornaram-se, com o tempo, uma referência do passado. Celebrado e festejado por eles em inúmeras oportunidades (depoimentos, entrevistas, textos e conferências), esse passado é mais do que um ponto de referência em comum. Como procurei mostrar no decorrer deste trabalho, a revista *Clima* foi decisiva na conformação do perfil intelectual e cultural do grupo e na definição das trajetórias profissionais de vários de seus editores. Mas, antes de se tornarem conhecidos nas áreas para as quais se encaminharam, projetaram-se na cena cultural como grupo. Este sim singular aos olhos das gerações anteriores: universitário, destoante do padrão intelectual dominante na época. Por isso, recebido com um misto de admiração, fascínio e ressalvas, inclusive pelos modernistas da primeira leva.

À medida que foram se firmando como críticos e professores universitários, deixaram de ser vistos como partes indissociáveis de um grupo. Os livros que escreveram, o reconhecimento que obtiveram dentro e fora da Universidade de São Paulo, os projetos que executaram, tudo isso contribuiu para que ganhassem autoria e autoridade intelectual próprias.

Se hoje podem ser estudados em separado, dado o alcance e a importância de suas obras para o entendimento de dimensões significativas da literatura, do teatro, das artes plásticas e do cinema brasileiros, o mesmo não é possível quando se trata de recuperar o contexto mais amplo que conformou o início da trajetória intelectual de todos. Nesse caso, a análise interna das obras é insuficiente. Outras são, como vimos, as chaves necessárias para tal entendimento: as origens sociais semelhantes; a experiência da amizade compartilhada na juventude e reforçada na vida adulta pela ausência de tensões e competições entre eles — propiciada pela especialização em áreas distintas ainda que fronteiriças; as relações estabelecidas com os cientistas sociais e com figuras de ponta do modernismo; a inserção num sistema cultural pouco profissionalizado e segmentado, no qual a oposição entre jornalistas e acadêmicos não tinha ainda os contornos beligerantes de hoje; os constrangimentos institucionais enfrentados; os desafios intelectuais perseguidos; as posições conquistadas dentro da Faculdade de Filosofia.

Articuladas, essas dimensões permitem enfrentar um dos efeitos inelutáveis do tempo sobre os integrantes dessa geração (e não apenas dela), que, julgando-se "a princípio diferentes uns dos outros", foram aos poucos "ficando tão iguais" que acabaram "desaparecendo como indivíduos para se dissolverem nas características gerais da sua época". Ao resgatar a experiência do Grupo Clima e as trajetórias de seus membros mais importantes, espero ter mostrado que a singularidade desses intelectuais não se dissolve nas características gerais de sua época nem se resume às obras que produziram. Reside antes no entrelaçamento das injunções sociais, culturais, políticas, institucionais e intelectuais, analisadas ao longo deste trabalho.

A perspectiva adotada, a estratégia narrativa utilizada e a apreensão num registro quase etnográfico da experiência desse círculo de amigos permitiram um entendimento mais circunstanciado do padrão de funcionamento intelectual do período. A singularidade do grupo e a posição privilegiada que seus integrantes ocuparam no sistema cultural paulista são o resultado de um tríplice feito: a recuperação de elementos centrais da atividade intelectual do passado, o ensaísmo e a crítica; sua atualização em moldes analíticos e metodológicos propriamente acadêmicos; o prenúncio do que iria acontecer a seguir. Como críticos divergiram dos modernistas — escritores e artistas em sua maioria — mas partilharam com eles o gosto pela literatura e pela inovação no plano estético e cultural. Como universitários contribuíram para a sedimentação intelectual da tradição modernista. Como críticos e universitários diferenciaram-se dos cientistas sociais em sentido estrito, não só pela escolha temática mas sobretudo pela forma de tratamento aplicada aos assuntos selecionados. No lugar do estudo monográfico especializado, o ensaio, as visadas amplas, a localização do objeto cultural num sistema abrangente de ligações e correlações.

Essa forma de expressão da atividade intelectual sinaliza o tipo de segmentação e de profissionalização que estava germinando no sistema cultural da época. Comparados às gerações anteriores, Antonio Candido e seus amigos eram nitidamente diferentes. Diversamente de Sérgio Milliet, Luis Martins, Mário de Andrade e Alvaro Lins, por exemplo, que escreviam, cada um à sua maneira, sobre múltiplos domínios da atividade cultural, os membros do Grupo Clima se especializaram, desde cedo, em áreas específicas. Tal especialização, longe de ser apenas uma invenção de jovens universitários em via de ingressarem na vida adulta e profissional, correspondia a uma demanda difusa do sistema cultural da época. Nesse contexto, eles foram as pessoas certas para ocuparem lugares com resultados ainda incertos.

No início dos anos 40, a Faculdade de Filosofia, embora recente, emitia, como vimos, os primeiros sinais de que viera para ficar. Produtos desse sistema acadêmico em formação, ligados por suas origens familiares à forma até então dominante de atividade intelectual, os integrantes do Grupo Clima fizeram a mediação entre o passado e as demandas do presente. Daí a centralidade e o impacto que tiveram na cena cultural. Ali mostraram, com seus escritos e projetos de intervenção, a transformação capital que estava se processando em nossos hábitos intelectuais: a indissociabilidade entre teoria, método e pesquisa, aprendida com os professores estrangeiros na universidade paulista.

Diversamente do "polígrafo esvoaçante", como se autodenominava Luis Martins; do poeta-escritor, doublê de historiador e crítico de arte, Sérgio Milliet; do crítico militante em turno completo, Alvaro Lins; do escritor, intelectual autodidata e "turista aprendiz", chamado a emitir opinião sobre tudo e todos, Mário de Andrade; os integrantes do Grupo Clima eram críticos "puros", munidos de conhecimentos sistemáticos, hipóteses bem fundamentadas, ferramentas conceituais sólidas. Tais foram as marcas introduzidas pelo grupo. Por meio delas conquistaram posições importantes no sistema cultural da época (atestadas, por exemplo, pela organização e direção do *Suplemento Literário*), obtiveram reconhecimento e prestígio intelectual, sedimentaram a crítica num patamar analítico distinto do das gerações anteriores.

Diferentemente das gerações seguintes, que, como eles, também se formaram e se profissionalizaram na Faculdade de Filosofia, não restringiram a sua atuação ao âmbito da universidade. Menos por escolhas individuais e mais em função dos espaços de intervenção cultural que se abriram fora dela. Produtos e produtores da segmentação que viria a ocorrer em todos os campos da atividade intelectual, entre eles o jornalismo cultural, concentram-se a partir de meados dos anos 60 na Universidade de São Paulo. Base intelectual e social de todos eles, essa instituição consolidou-se como o lugar central da produção segmentada, autoral, especializada, regida por critérios de avaliação e de execução propriamente científicos. O que se ganhou em termos de conhecimento, pesquisa e qualificação de seus membros, em todas as áreas, perdeu-se em termos de prestígio extra-universitário. Situação bastante distinta daquela que foi vivida pelo Grupo Clima e seus integrantes mais importantes no período coberto por este trabalho.

Se todo recorte cronológico tem algo de arbitrário, o meu não foge à regra. Iniciando-se na virada dos anos 40 e encerrando-se na segunda metade do decênio de 60, após o falecimento de Lourival Gomes Machado e o ingresso de Decio de Almeida Prado e Paulo Emilio Salles Gomes como professores da Faculdade de Filosofia, onde já se encontravam Antonio Candido, Ruy Coelho e Gilda de Mello e Souza, esta tese cobriu o período de formação do grupo e os espaços que modelaram as trajetórias de seu núcleo mais importante. A partir de então, como expressões maiores da intelectualidade brasileira, enfrentaram desafios novos, suscitados pelo alcance de suas obras e por um contexto intelectual e institucional distinto daquele que foi analisado neste trabalho.

NOTAS

INTRODUÇÃO (pp. 13-9)

(1) Cf. Antonio Candido, "Depoimento", *Plataforma da nova geração*, Mário Neme (org.), Porto Alegre, Globo, 1945, p. 34.

(2) Ibidem, pp. 34-5.

(3) Cf. Raymond Williams, "The Bloomsbury fraction", *Problems in materialism and culture*, Londres, Verso Editions, 1982, p. 148.

(4) A frase é de autoria de Leonard Woolf, um dos membros do Bloomsbury Group. Composto por Virginia Woolf, Vanessa Bell, Clive Bell, Maynard Keynes, Morgan Forster, Roger Fry, Desmond MacCarthy, Leonard Woolf, entre outros, o grupo se notabilizou pela importância dos trabalhos que vários de seus integrantes produziram nas áreas de literatura, economia, política, psicanálise e artes. A esse respeito, conferir Raymond Williams, op. cit., pp. 148-69.

(5) Como mostra Williams, o Bloomsbury Group, mais do que um círculo de amigos, como eles gostavam de se ver, representava uma fração efetiva das classes altas inglesas, empenhada em sustentar os valores clássicos da burguesia iluminista. "It was against cant, superstition, hypocrisy, pretension and public show. It was also against ignorance, poverty, sexual and racial discrimination, militarism and imperialism. But it was against all these things in a specific moment of the development of liberal thought. What it appealed to, against all these evils, was not any alternative idea of a whole society. Instead it appealed to the supreme value of the civilized *individual*, whose pluralization, as more and more civilized individuals, was itself the only acceptable social direction" (Williams, op. cit., p. 165).

(6) Segundo Williams, "the point is not that this social conscience is unreal; it is very real indeed. But it is the precise formulation of a particular social position, in which a fraction of an upper class, breaking from its dominant majority, relates to a lower class *as a matter of conscience*: not in

solidarity, nor in affiliation, but as an extension of what are still felt as personal or small-group obligations, at once against the cruelty and stupidity of the system and towards its otherwise relatively helpless victims" (idem, p. 155).

(7) Para uma análise fina da questão da assimetria das relações de gênero e sua vivência no interior de um círculo importante de intelectuais, ver Mary Gluck, *Georg Lukács and his generation, 1900-1918,* Cambridge, Massachusetts, Harvard University Press, 1985.

(8) A análise do Grupo Clima desenvolvida ao longo do livro se insere no campo de estudos da sociologia da cultura e da história intelectual. Necessariamente multidisciplinar, esse campo apresenta contornos diversos em função dos acentos teóricos e metodológicos próprios das disciplinas que o integram. "História intelectual e cultural", "história das idéias", "sociologia da cultura e da vida intelectual", "história das mentalidades", "etnografia do pensamento e da ciência", tais são algumas das denominações utilizadas para circunscrevê-lo. Menos que uma imprecisão conceitual, trata-se de diferentes maneiras de determinar os seus objetos, objetivos, metodologias e ferramentas intelectuais. Essa multiplicidade de denominações expressa, por sua vez, uma série de problemas substantivos. Cada historiografia nacional possui seu próprio entendimento a respeito do que seja história intelectual — o que as torna particularmente difíceis de serem "traduzidas" de um país para outro. A essas tradições nacionais sobrepõem-se clivagens de ordem política, maneiras distintas de definir o núcleo central da atividade cultural, abordagens diversas em função da especificidade do objeto analisado — ciência, arte, arquitetura, literatura etc. (Cf. Roger Chartier, "Intellectual history or sociocultural history?", 1982; e Robert Darnton, *O beijo de Lamourette,* 1990.)

Se o objeto da história intelectual e cultural não se encontra determinado a priori — supondo por parte daqueles que se dedicam a essa modalidade de análise o trabalho de construí-lo conceitualmente — podemos, no entanto, a título de sistematização precária, afirmar que duas são as posturas que recortam essa área: "internalista" e "externalista". A primeira é herdeira das contribuições teóricas fornecidas pela lingüística estrutural, pela semiologia e pelos debates travados no campo da história da arte. Visa principalmente a uma análise interna das obras e dos produtos culturais, os quais têm sua inteligibilidade assegurada no sistema interno de sua produção. Para a postura externalista, ao contrário, a produção cultural e intelectual — configurada no plano das idéias e das obras — explica-se não só por razões internas mas sobretudo externas. Seu foco analítico é deliberadamente posto nas condições sociais de produção das obras e não na forma e nos seus conteúdos substantivos. Ela pretende dar conta tanto do perfil sociológico dos produtores de bens culturais, intelectuais e simbólicos, de suas representações, ideologias e práticas sociais, como do campo particular em que estão inseridos.

Para uma discussão metodológica qualificada da perspectiva internalista no domínio da mitologia, da história da arte e da ciência, ver, respectivamente, Claude Lévi-Strauss (*Mytologiques. Le cru et le cuit*, 1964); Carlo Ginzburg ("De A. Warburg a E. H. Gombrich", 1989); e Roberto Cardoso de Oliveira ("A vocação metadisciplinar da etnografia das ciências", 1988). Para uma visão aprofundada das contribuições e dos desafios enfrentados pela perspectiva externalista, consultar o estudo clássico de Max Weber ("Sociología de la religión", 1984) e os trabalhos de Clifford Geertz ("The way we think now", 1993); Carl Schorske (*Viena fin-de-siècle*, 1988); Norbert Elias (*O processo civilizador*, 1990); Fritz Ringer (*The decline of the German mandarins*, 1969); Wolf Lepenies (*Between literature and science: the rise of sociology*, 1988); Pierre Bourdieu (*Leçon inaugurale*, 1982, e *Homo academicus*, 1984). Apesar de investigarem objetos empíricos distintos e de construírem chaves explanatórias diversas, esses autores perseguem um desafio analítico semelhante: estabelecer as mediações necessárias para circunscrever os intelectuais como uma categoria social específica, passível, como as demais categorias sociais, de uma análise sociológica. No lugar de explicarem as teorias, os debates e as disputas intelectuais apenas como resultado do diálogo conceitual que autores e obras travam, velada ou abertamente, uns com os outros, procuram mostrar que a sua compreensão só é plenamente assegurada a partir da recuperação do contexto social mais amplo que os conforma.

Se "o mundo existe para acabar em um livro", como queria Mallarmé, o mundo dos intelectuais, acadêmicos, críticos e escritores também não foge à regra. Contudo, nas análises desses autores, ele não se esgota nos livros, nas teorias e nas polêmicas sustentadas pelos intelectuais. É modelado também por condicionantes sociais e culturais mais amplos e marcado por constrangimentos de várias ordens: jogos de poder, lutas classificatórias, disputas quanto ao modo legítimo de produzir conhecimento, relações de gênero assimétricas, polêmicas públicas que ressoam em dimensões inesperadas da vida pessoal dos indivíduos que as promovem, padrões distintos de carreira e de sociabilidade. Em suma, o mundo dos intelectuais, embora à primeira vista menos sujeito aos imperativos da ordem social, na medida em que faz do "livre pensar" sobre os mundos que o circundam a sua marca distintiva, possui, no entanto, espessura, estrutura e lógica particulares. Essas dimensões, como em outros universos sociais, tendem a situar-se fora da consciência dos agentes empíricos, no caso os intelectuais, envolvidos e modelados por elas. Tal é, de forma bastante resumida, a perspectiva analítica desenvolvida pelos autores filiados à postura externalista. (Para uma discussão mais detalhada do assunto, ver o meu artigo "Círculos de intelectuais e experiência social", 1997.)

221

1. *ESBOÇO DE FIGURA* (pp. 21-51)

(1) Cf. Lourival Gomes Machado, *Retrato da arte moderna do Brasil*, São Paulo, Departamento de Cultura, 1947, p. 11.

(2) Paul Arbousse-Bastide chegou ao Brasil em 1934 para lecionar na recém-criada Universidade de São Paulo. Um ano depois, integrou-se ao grupo que trabalhava com Mário de Andrade no Departamento de Cultura. Sua influência sobre Lourival Gomes Machado, visível na escolha do tema de sua tese de cátedra (centrada na análise da obra de Rousseau), deve ter se manifestado também no interesse de seu assistente pelos aspectos sociais da arte colonial brasileira. O grupo de intelectuais a que se ligou Arbousse-Bastide no início de sua estada em São Paulo permite essa inferência. Para maiores informações sobre a sua experiência no Brasil e na Universidade de São Paulo (onde permaneceu até o ano de 1944), ver Arbousse-Bastide, "Entrevista", *A história vivida*, Lourenço Dantas (org.), São Paulo, O Estado de S. Paulo, col. Documentos Abertos, 1981, vol. II, pp. 13-25.

(3) A tese de doutorado de Lourival Gomes Machado, "Alguns aspectos atuais do problema do método, objeto e divisões da ciência política", foi publicada em 1943 no *Boletim* XXXI, Política, nº 1, da Faculdade de Filosofia, Ciências e Letras.

(4) A tese de livre-docência de Lourival Gomes Machado, "O tratado do direito natural de Tomás Antônio Gonzaga", foi publicada em 1953, pelo Ministério da Educação e Cultura. Em 1968, foi republicada postumamente com o título *Tomás Antônio Gonzaga e o direito natural*, pela Edusp, em conjunto com a Martins.

(5) Essa exposição, além de apresentar várias obras dos modernistas da primeira geração, viabilizou a aproximação entre artistas e intelectuais do Rio e de São Paulo com seus congêneres mineiros. De São Paulo e do Rio partiram em caravana para Belo Horizonte os artistas plásticos Paulo Rossi Osir, Anita Malfatti, Clóvis Graciano, Mário Zanini, Rebolo Gonsales, Alfredo Volpi; os escritores Oswald de Andrade, José Lins do Rego, Caio Prado Júnior; os críticos Sérgio Milliet e Luis Martins; e quatro integrantes da revista *Clima*, Lourival Gomes Machado, Paulo Emilio Salles Gomes, Decio de Almeida Prado e Ruy Coelho. Cf. Zanini, *A arte no Brasil nas décadas de 1930-40: o Grupo Santa Helena*, São Paulo, Nobel/Edusp, 1991, p. 74.

(6) Cf. Mário de Andrade, "O movimento modernista", *Temas brasileiros*, Rio de Janeiro, Ed. da Casa do Estudante do Brasil, 1967, p. 47.

(7) Cf. Silvana Rubino, "As fachadas da história: os antecedentes, a criação e os trabalhos do Serviço do Patrimônio Histórico e Artístico Nacional, 1937-1968", dissertação de mestrado, Departamento de Antropologia, Unicamp, 1991, pp. 113 e 115.

(8) Ibidem, pp. 137-44.

(9) Ibidem, p.145.

(10) A publicação quase simultânea dessas duas revistas é um indício da disputa intelectual e institucional em torno da temática da arte colonial e contemporânea brasileira, levada a cabo pelos historiadores, arquitetos e letrados envolvidos com a questão da definição e construção do patrimônio artístico nacional. Enquanto José Mariano Carneiro da Cunha e Augusto de Lima Júnior escreviam na revista *Estudos Brasileiros* (criada em 1939), Rodrigo Mello Franco e sua equipe de colaboradores (integrada, entre outros, por Mário de Andrade, Gilberto Freyre e Lúcio Costa) valiam-se da publicação oficial do SPHAN (criada em 1937) para divulgarem seus estudos. A esse respeito, ver S. Rubino, op. cit. (capítulo 4).

(11) Cf. Guilherme Simões Gomes Jr., "Palavra peregrina: idéias barrocas e pensamento sobre artes e letras no Brasil", tese de doutorado na área de história social, FFLCH, USP, 1996, p. 65.

(12) Guilherme S. Gomes Jr. (op. cit.), ao recuperar a trajetória da idéia do barroco na tradição intelectual brasileira, destaca os seguintes autores que se dedicaram ao assunto antes dos anos 20: Manuel Araújo Porto-Alegre, Gonzaga Duque, Manuel Querino, Diogo de Vasconcelos, Affonso Taunay e Araújo Viana. Na década de 20, apareceram os primeiros trabalhos dos modernistas. Mário de Andrade publicou, em 1920, "Arte religiosa no Brasil" e, em 1928, "O Aleijadinho", que rapidamente se tornaram referências obrigatórias para os estudiosos da questão. O interesse de Mário por Minas, fixado através de suas viagens ao estado (1917, 1920, 1924, respectivamente), o autorizam "como uma espécie de decano da redescoberta da arte colonial mineira" (p. 59). No ano de 1928, "a discussão sobre o barroco parece estar em vias de generalizar-se nos quadros do pensamento sobre a arte e a arquitetura do Brasil nos tempos da Colônia. Nesse mesmo ano, *O Jornal*, dirigido por Rodrigo Mello Franco de Andrade, dedica um número especial a Minas Gerais, com artigos de Mário de Andrade, Manuel Bandeira, Carlos Drummond de Andrade, Lúcio Costa e outros expoentes do modernismo brasileiro"(p. 57).

(13) Paraibano radicado no Rio de Janeiro, Ruben Navarra foi uma das figuras mais importantes da crítica de arte na década de 40. Interessado por dança, teatro e artes plásticas, Navarra, assim como fizera antes Mário de Andrade e faria depois Lourival Gomes Machado, iniciou-se na crítica de arte primeiro pelo comentário da produção plástica contemporânea, não acadêmica. Posteriormente, sem abandonar a crítica militante, voltou-se para o estudo da arte colonial brasileira. Cf. Zanini, op. cit., p. 83.

(14) Cf. Ruben Navarra, "Pintores mineiros", *Jornal de arte*, Campina Grande, Edições da Comissão Cultural do Município, 1966, p. 70.

(15) Apesar de encontrar o nome de Hannah Levy como referência bibliográfica obrigatória em todos os trabalhos consultados sobre o barroco brasileiro, não obtive nenhuma informação precisa sobre ela nos repertórios

biográficos compulsados. Ruben Navarra (op. cit.), ao comentar um outro trabalho da autora ("Modelos europeus na pintura brasileira", publicado também pela revista do SPHAN), afirma que a documentação da autora é "de primeira ordem. Munida com a paciência universitária de um *scholar* da Europa central e ajudada pelos seus conhecimentos de língua alemã, pôde ela desbravar os caminhos por entre as coleções antigas de estampas da Biblioteca Nacional" (p. 89).

(16) Cf. Hannah Levy, "A propósito de três teorias sobre o barroco", *Revista do Serviço do Patrimônio Histórico e Artístico Nacional*, Rio de Janeiro, Ministério da Educação e Saúde, nº 5, 1941, p. 260.

(17) Ibidem, p. 284.

(18) Trata-se do artigo "O barroco e o absolutismo", escrito originalmente para *O Estado de S. Paulo*. Apresentado em 1950 no Colóquio Internacional de Estudos Luso-Brasileiro, realizado em Washington, e publicado em 1953 no volume *Atas*, pela Vanderbilt University Press esse artigo foi republicado no livro póstumo de Lourival Gomes Machado, *O barroco mineiro* (1ª ed.: 1969).

(19) Cf. Lourival Gomes Machado, *O barroco mineiro*, apresentação de Rodrigo M. F. de Andrade e Francisco Iglésias, 4ª ed., São Paulo, Perspectiva, 1991, p. 81.

(20) Ibidem, p. 83.

(21) Ibidem, p. 96.

(22) Ibidem.

(23) Para uma visão mais abrangente da produção intelectual de Bastide, cf. Maria Isaura Pereira de Queiroz, "Nostalgia do outro e do alhures: a obra de Roger Bastide", *Roger Bastide: sociologia*, São Paulo, Ática, 1983.

(24) Cf. Roger Bastide, "Machado de Assis, paisagista", *Revista do Brasil*, 3ª fase, Rio de Janeiro, nº 29, 1940, pp. 3-14.

(25) Cf. Antonio Candido, *Recortes*, São Paulo, Companhia das Letras, 1993, p. 103.

(26) Idem, p. 109.

(27) Trecho da entrevista concedida por Decio de Almeida Prado, em 1990, a Sônia M. de Freitas, transcrita em sua dissertação de mestrado, "Reminiscências: contribuição à memória da Faculdade de Filosofia, Ciências e Letras da Universidade de São Paulo, 1934-1945", São Paulo, FFLCH, USP, 1992, p. 83.

(28) Trecho do depoimento de Ruy Coelho publicado em *Língua e Literatura*, São Paulo, revista dos departamentos de letras da FFLCH, USP, volumes 10-3, 1981-4, p. 129.

(29) Trecho da entrevista que Antonio Candido concedeu, em agosto de 1990, a Sônia M. de Freitas, transcrita em sua dissertação de mestrado, op. cit., p. 37.

(30) Cf. Gilda de Mello e Souza, "A estética rica e a estética pobre dos professores franceses", *Exercícios de leitura*, São Paulo, Duas Cidades, 1980, pp. 21-2.

(31) Cf. Roger Bastide, *Psicanálise do cafuné e estudos de sociologia estética brasileira,* Curitiba, Guaíra, 1941, pp. 38-46.

(32) Ibidem, p. 41.

(33) Ibidem, pp. 41-2.

(34) Segundo Gilda de Mello e Souza, a diferença entre eles era explicada por Bastide como resultado da estruturação diversa das sociedades nordestina e mineira, no período colonial. Enquanto a primeira é *"centrífuga,* ganglionar, rural, centrada no engenho da cana-de-açúcar e na autoridade independente do patriarca"; a segunda é "uma sociedade *centrípeta,* urbana, favorecendo a disseminação de um espírito novo, contestatório, como o que vai caracterizar a Independência. Ora, a diferença destas duas estruturas sociais confere à igreja funções diferentes e deixa marcas diversas na estrutura arquitetônica. No Nordeste, devido à dispersão populacional, a igreja barroca é levada a recuperar o papel de centro de comunhão (mística, econômica, política) que tivera na Idade Média. Ela é, ao mesmo tempo, a capela, o traço de união entre os senhores de engenho e o salão de festas. Por isso, é uma *igreja de sacristias.* Em Minas, inscrita na vida urbana, a igreja reflete a luta de classes, que se exprime na disputa das confrarias religiosas. É uma *igreja de confrarias,* de duelos de festas religiosas, com seus cânticos, seu aparato, suas procissões". Cf. Gilda de Mello e Souza, op. cit., p. 23.

(35) Expressão de Antonio Candido, utilizada durante a sua exposição no seminário de homenagem a Roger Bastide, realizado em setembro de 1994, sob o patrocínio do Consulado Geral da França e da Universidade de São Paulo.

(36) Ibidem.

(37) Todas as citações desse parágrafo foram retiradas da abertura do livro *Retrato da arte moderna do Brasil*, op. cit., p. 11.

(38) Cf. Lourival Gomes Machado, "Viagem a Ouro Preto" (publicado na *Revista do Arquivo Municipal*, São Paulo, abril-maio de 1948), "O barroco e o absolutismo" (op. cit.), "O barroco em Minas Gerais" (publicado em 1957, no volume *Primeiro seminário de estudos mineiros*, Belo Horizonte, Imprensa Universitária). Esses três artigos foram republicados em *O barroco mineiro,* op. cit.

(39) Todas as citações desse livro serão indicadas, a seguir, no próprio texto.

(40) Um exemplo contundente da hegemonia da tradição modernista no sistema de produção cultural e intelectual da época encontra-se na utilização que seus atualizadores fizeram da célebre e bombástica crítica de Monteiro Lobato à exposição de 1917 de Anita Malfatti. A partir de então, a atividade de

Lobato como crítico de artes plásticas (dos mais importantes na década de 20) foi praticamente silenciada pela bibliografia modernista, como mostra Tadeu Chiarelli em *Um jeca nos vernissages* (São Paulo, Edusp, 1995, pp. 19-43). O quase ostracismo intelectual a que ele foi relegado decorreu, segundo Chiarelli, dos seguintes procedimentos discursivos adotados pelos modernistas para caracterizá-lo: o primeiro foi atribuir-lhe a fama de mau pintor, e ainda por cima acadêmico, numa aberta tentativa de desqualificar a sua competência para julgar a pintura de Malfatti. O segundo foi culpá-lo pelas conseqüências das alterações plásticas que se produziram, a partir de então, na obra da pintora. A versão de que ela, profunda e psicologicamente abalada pela virulência da crítica de Lobato, abandonou o experimentalismo plástico para produzir uma pintura menos ousada, virou lugar-comum na crítica modernista. Inaugurada pela primeira geração modernista, referendada pela segunda, sobretudo através do livro de Mário da Silva Brito, *História do modernismo brasileiro* (1ª ed.: 1958), essa versão passou incólume por mais de quatro décadas. Sua revisão se deve ao trabalho de Chiarelli (op. cit.) e de Marta R. Batista, *Anita Malfatti no tempo e no espaço*, São Paulo, IBM do Brasil, 1985.

(41) Transcrevo, a seguir, as referências bibliográficas utilizadas por Lourival para corroborar o argumento do livro. "Pintura Pau-Brasil e antropofagia" (manifesto modernista) e textos de Lasar Segall e Anita Malfatti publicados na *RASM* (SP, Revista Anual do Salão de Maio, 1939); Oswald de Andrade, *Serafim Ponte Grande*, Rio de Janeiro, Ariel, 1934; Mário de Andrade, "O movimento modernista", texto que serviu de base para a conferência feita pelo escritor no Rio de Janeiro, em abril de 1942; Sérgio Milliet, "Emiliano Di Cavalcanti", *Pintura quase sempre*, Porto Alegre, Globo, 1944; Ruben Navarra, "Iniciação à pintura brasileira contemporânea", *Revista Acadêmica*, 1945; Gilberto Freyre, *Região e tradição*, Rio de Janeiro, José Olympio, 1941; José Lins do Rego, "Notas sobre Gilberto Freyre", op. cit.

(42) Para uma visão mais circunstanciada da gestão de Capanema nesse ministério (de 1934 a 1945), de seu projeto político e cultural, bem como de sua equipe de colaboradores, cf. Simon Schwartzman, Helena Bomeny e Vanda Costa, *Tempos de Capanema*, Rio de Janeiro, Paz e Terra, 1984.

(43) Cf. Ruben Navarra, "Iniciação à pintura brasileira contemporânea", *Revista Acadêmica*, Rio de Janeiro, nº 65, abril de 1945, p. 24.

(44) Ibidem.

(45) Além de reconhecido pelos artistas plásticos da época, Ruben Navarra era admirado por "Aníbal Machado, Carlos Drummond de Andrade, Jaime Cortesão, Jorge de Lima, Mario Pedrosa, Roberto Alvim Correia, Rodrigo Mello Franco e outros mais — para só falar em residentes no Rio". Cf. Murilo Mendes, "Apresentação", *Jornal de arte*, op. cit., p. 26.

(46) Cf. Ruben Navarra, "Iniciação à pintura brasileira contemporânea, op. cit., p. 18.

(47) Ibidem, p. 19.

(48) Ibidem, p. 18.

(49) Criada em 1935 por iniciativa de Anísio Teixeira, então secretário municipal de Educação no governo de Pedro Ernesto, a Universidade do Distrito Federal foi fechada três anos depois, em razão da onda repressiva que se abateu sobre o país após a implantação do Estado Novo. Entre os professores contratados para o seu Instituto de Artes, encontravam-se os pintores Portinari, Guignard e Carlos Leão; os escultores Celso Antonio e Lelio Landucci; o escritor Mário de Andrade; o crítico e pintor Celso Kelly; o professor de estética Etienne Souriau, proveniente da Sorbonne. Para uma análise detalhada dessa universidade, ver Maria Hermínia T. de Almeida, "Dilemas da institucionalização das ciências sociais no Rio de Janeiro", *História das ciências sociais no Brasil*, Sergio Miceli (org.), São Paulo, Vértice, Idesp, 1989, vol. 1, pp. 188-216.

(50) Para uma visão geral da trajetória de Milliet, como crítico e intelectual, cf. Lisbeth Gonçalves, *Sérgio Milliet: crítico de arte*, São Paulo, Perspectiva, 1985.

(51) Cf. Sérgio Milliet, *Diário crítico*, São Paulo, Martins, 1945, vol. III, p. 219.

(52) Cf. Otília Arantes, *Mario Pedrosa: itinerário crítico*, São Paulo, Scrita Editorial, 1991, p. 42.

(53) Sobre a trajetória política de Mario Pedrosa, anterior à sua estréia como crítico de arte, ver José Castilho Marques Neto, *Solidão revolucionária: Mario Pedrosa e as origens do trotskismo no Brasil*, Rio de Janeiro, Paz e Terra, 1993; e Isabel Loureiro, "Vanguarda socialista, 1945-1948", dissertação de mestrado, FFLCH, USP, 1984. Para uma visão aprofundada do itinerário crítico de Mario Pedrosa e de sua produção teórica, ver Otília Arantes, op. cit.

(54) Não é de se estranhar, então, o fato de que coube a um estrangeiro o papel de deflagrar, em São Paulo, o debate mais sistemático sobre o abstracionismo. Convidado por Matarazzo para ser o primeiro diretor do Museu de Arte Moderna, o crítico belga Leon Dégand organizou a exposição "Do figurativismo ao abstracionismo", apresentada em 1948, na inauguração do museu.

(55) A Família Artística Paulista fez sua primeira exposição em São Paulo, no mês de novembro de 1937. Esse evento, patrocinado por Paulo Rossi Osir, contou com a participação de Waldemar da Costa, Alfredo Volpi, Rebolo Gonsales, Clóvis Graciano, Aldo Bonadei, Fulvio Pennacchi, Humberto Rosa, Mario Zanini, Manoel Martins, Hugo Adami, Arthur Krug e Anita Malfatti (como convidada). Com exceção da última, os outros artistas viviam, até então, longe do público e da crítica. Essa situação iria se alterar a partir da segunda exposição que fizeram em 1939, acrescida pelas presenças de Vilanova Artigas, Domingos Toledo Piza, Alfredo Rizzotti, Nelson Nóbrega, Ernesto de Fiori e Portinari (convidado especial). "Foi por essa altura que deles

começaram a se aproximar escritores, artistas e aficionados da arte moderna, como Sérgio Milliet, Paulo Magalhães, Ciro Mendes, Bruno Giorgi, De Fiori e muitos outros." Cf. Paulo Mendes de Almeida, *De Anita ao Museu*, São Paulo, Perspectiva, 1976, p. 135.

(56) A polêmica se estende a artigos na imprensa, sendo registrada também nos seguintes livros de Luis Martins e Sérgio Milliet, respectivamente: *Arte e polêmica*, Curitiba, Guaíra, 1942; *Pintura quase sempre*, Porto Alegre, Globo, 1945. Para maiores informações sobre o assunto, ver Lisbeth Gonçalves, op. cit., e Maria Cecília Lourenço, "A maioridade do moderno em São Paulo, anos 30/40", tese de doutorado, Faculdade de Arquitetura e Urbanismo, USP, 1990.

(57) Cf. Sérgio Milliet, *Diário crítico* (1943), 2ª ed., São Paulo, Martins, Edusp, 1981, vol. I, p. 23.

(58) Todas as citações desse parágrafo foram retiradas do artigo "Esta paulista família", de Mário de Andrade, publicado em 1939 em *O Estado de S. Paulo* e reproduzido na *Revista do Instituto de Estudos Brasileiros*, São Paulo, USP, nº 10, 1971, p. 155.

(59) Ibidem.

(60) Ibidem.

(61) Ibidem.

(62) Cf. Luis Martins, *Um bom sujeito*, Rio de Janeiro, Paz e Terra, 1983, p. 80.

(63) Cf. ibidem.

(64) Cf. Mario de Andrade, "Elegia de abril, *Clima*, nº 1, São Paulo, maio de 1941, p. 11. (Este ensaio foi republicado no livro de Mário de Andrade, *Aspectos da literatura brasileira*, 6ª ed., São Paulo, Martins, 1978, pp. 185-95).

(65) Ibidem, p. 8.

(66) Ibidem, p. 17.

(67) Geraldo Ferraz e Luis Martins escreveram suas memórias quando tinham a mesma idade — 73 anos. Os dois pertenciam também a uma mesma geração cronológica e dedicaram-se, ao lado de outras atividades, à crítica de arte. Ambos casaram-se com mulheres modernistas: Geraldo Ferraz com Patrícia Galvão e Luis Martins com Tarsila do Amaral. Além disso, inseriram-se no sistema de produção cultural e intelectual paulista na condição de forasteiros. As semelhanças entre eles, no entanto, encerram-se aí. Ferraz foi um forasteiro social e Martins um forasteiro geográfico. O primeiro pertencia a uma classe social distinta da maioria dos modernistas da primeira geração, com os quais viria a conviver na década de 20. O segundo, bem-nascido, veio do Rio para São Paulo, em 1938, e sempre procurou acentuar o aspecto boêmio, carioca, como marcas indeléveis de sua experiência social e intelectual.

(68) Geraldo Ferraz teve uma infância amarga e difícil. Aos dez anos perdeu o pai e a mãe (ambos morreram de tuberculose). A partir de então, foi criado por uma tia solteira e pela avó materna. Destituído de capital social e econômico, só freqüentou a escola durante um único ano. Com a morte da tia, passou a trabalhar na Tipografia Condor. Ali descobriu a sua "vocação" para a atividade intelectual e jornalística. Em 1927 entrou no mundo jornalístico pelas mãos de Pedro Ferraz do Amaral. Trabalhou primeiro como revisor no *Jornal do Comércio* e logo depois no *Diário da Noite*. No ano seguinte foi convidado por Plínio Barreto para trabalhar, como repórter, no vespertino dos Diários Associados, de Assis Chateaubriand, no qual escreveu seu primeiro artigo como crítico de arte. Cf. Geraldo Ferraz, *Depois de tudo*, Rio de Janeiro, Paz e Terra, 1983.

(69) Cf. Paulo Mendes de Almeida, *De Anita ao Museu*, op. cit., p. 132.

(70) Luis Martins teve uma infância tranqüila e protegida, sem percalços maiores que aqueles próprios de uma família de classe média carioca bem situada. Seu avô paterno foi médico de vasta clientela no Rio de Janeiro; e seu pai trabalhou na Companhia de Seguros Previdente, onde chegou a ser diretor. Cf. Luis Martins, *Um bom sujeito*, op. cit., p. 9.

(71) Ainda está por ser feita uma análise mais circunstanciada da trajetória de Luis Martins e de sua posição no campo intelectual e cultural paulista. Seu livro de memórias (op. cit.) oferece uma via interessante nesse sentido. Rico em informações sobre os intelectuais, artistas, colecionadores, jornalistas e críticos com os quais Martins conviveu, revela ainda, nas entrelinhas, o ressentimento do autor pelo fato de sua vasta produção não ter conquistado em vida o reconhecimento esperado. Daí a sua insistência em rastrear os seus feitos e seu (aparente) desinteresse pelas posições de poder e de prestígio conquistadas por alguns de seus contemporâneos. "A versatilidade do meu espírito foi — reconheço hoje — bastante prejudicial à solidez, à coerência e ao aperfeiçoamento da minha obra. Numa época de especializações restritas, mas seguras, *o esvoaçante polígrafo* é quase um anacronismo. Eu não me fixava em parte alguma, porque queria estar em todas" (p. 209). A ostentação de suas qualidades reais ou presumidas não é suficiente, contudo, para domesticar, ao longo do livro, o seu incontido ressentimento. Tal sentimento encontra a sua melhor tradução sociológica no fato de que se "condena no outro a posse de algo que se deseja para si mesmo". Cf. Pierre Bourdieu, *Les règles de l'art*, Paris, Éditions du Seuil, 1992, p. 39.

2. *PLATAFORMA DA GERAÇÃO* (pp. 52-95)

(1) Cf. Mário Neme, "Notícia sobre a 'Plataforma da nova geração'", *Plataforma da nova geração*, Porto Alegre, Globo, 1945, pp. 7-10. Organizado

pelo autor, esse livro reproduz os depoimentos publicados originalmente em *O Estado de S. Paulo.*

(2) Cf. Paulo Emilio Salles Gomes, "Depoimento", *Plataforma da nova geração* , op. cit., pp. 292-3.

(3) Ibidem, p. 293.

(4) Cf. apresentação de Mário Neme ao depoimento de Ruy Coelho, *Plataforma da nova geração*, op. cit., p. 239.

(5) Cf. Ruy Coelho, "Depoimento", *Plataforma da nova geração*, op. cit., p. 241.

(6) Ibidem, p. 242.

(7) Ibidem.

(8) Ibidem, p. 243.

(9) Ibidem.

(10) Ibidem, p. 248.

(11) Ibidem.

(12) Cf. apresentação de Mário Neme ao depoimento de Antonio Candido, *Plataforma da nova geração*, op. cit., p. 29.

(13) A esse respeito, ver Adélia Bezerra de Menezes, *A obra crítica de Alvaro Lins e sua função histórica,* Petrópolis, Vozes, 1979.

(14) Cf. Antonio Candido, "Um crítico", em Alvaro Lins, *Jornal de crítica* (5ª *série*), Rio de Janeiro, José Olympio, 1947, pp. 11-37. Essa apresentação constitui uma fusão de quatro artigos de Candido publicados nos rodapés literários dos jornais *Folha da Manhã* e *Diário de S. Paulo*, entre julho de 1943 e agosto de 1946. Informação obtida no excelente levantamento bibliográfico de Sonia Sachs, "Antonio Candido: uma bibliografia", *Dentro do texto, dentro da vida: ensaios sobre Antonio Candido*, Maria Angela D'Incao e Eloísa F. Scarabôtolo (orgs.), São Paulo, Companhia das Letras, 1993, pp. 330-62.

(15) Cf. Antonio Candido, "Depoimento", *Plataforma da nova geração*, op. cit., p. 31.

(16) Ibidem, p. 32.

(17) Cf. Antonio Candido, *Recortes*, op. cit., p. 20. Em 1940, quando foi lançado *Sentimento do mundo*, Candido cursava o segundo ano da Faculdade de Filosofia. A impressão dominante causada pela leitura desse livro de Drummond foi "de coisa nova, inclusive naquele terreno difícil onde os moços do meu tempo procuravam uma solução que convencesse, para além da geralmente fraca 'poesia participante'. Era como se o poeta tivesse afinal conciliado de maneira exemplar 'os óleos inconciliáveis da verdade e da beleza', encontrando o *quid* que poderia gerar a verdadeira poesia política, por meio da sua incorporação ao modo de ser e, sobretudo, de dizer" (ibidem, p. 21). O impacto provocado pelo livro, somado à admiração pelo poeta, levou Candido a escrever-lhe em 1943, pedindo a sua colaboração na revista *Clima*. Mesmo sem conhecê-lo ainda, Drummond aceitou o convite e, em 1944, enviou-lhe o

poema "Procura da poesia", publicado em primeira mão no décimo terceiro número de *Clima*.

(18) Ibidem, p. 20.

(19) Cf. Antonio Candido, "Depoimento", op. cit., p. 32.

(20) Ibidem, p. 33.

(21) Ibidem.

(22) Cf. Oswald de Andrade, "Bilhete sobre *Fantasia*", *Clima*, nº 5, São Paulo, outubro de 1941, p. 5.

(23) Cf. Antonio Candido, "Depoimento", op. cit., p. 33.

(24) Ibidem, p. 35.

(25) Ibidem, p. 36.

(26) Cf. Lourival Gomes Machado, "Depoimento", *Plataforma da nova geração*, op. cit., p. 28.

(27) Ibidem, p. 27.

(28) Ibidem, p. 25.

(29) Cf. apresentação de Mário Neme ao depoimento de Lourival Gomes Machado, *Plataforma da nova geração*, op. cit., p. 21.

(30) Cf. Lourival Gomes Machado, *Retrato da arte moderna do Brasil*, op. cit., p. 97.

(31) Ibidem, p. 91.

(32) Ibidem, p. 92.

(33) Ibidem, pp. 93-4.

(34) Ibidem, p. 94.

(35) Ibidem, p. 97.

(36) Ibidem, p. 98.

(37) Cf. Antonio Candido, "O congresso dos escritores", *Teresina etc.*, Rio de Janeiro, Paz e Terra, 1980, pp. 107-12.

(38) Como em todo processo de construção de identidade (étnica, política ou cultural), este, do Grupo Clima, também se deu de maneira situacional e contrastiva. Enquanto tal, constitui uma resposta política (no sentido de política cultural e não partidária) a uma conjuntura, "resposta articulada" com as outras identidades intelectuais em jogo, com as quais "formava um sistema". Foi, portanto, "uma estratégia de diferenças". Cf. Manuela Carneiro da Cunha, *Negros estrangeiros*, São Paulo, Brasiliense, 1985, p. 206. Assim definida, a identidade deixa de ser vista como uma marca constante e imutável, e passa a ser pensada a partir de uma "concepção mais adequada do que poderíamos chamar de 'algébrica' da identidade" (p. 208). Ainda que a formulação da autora se destine a explicar a construção da identidade étnica, ela me parece pertinente, dado o seu caráter abrangente e simultaneamente preciso, para apreender o processo de fabricação de identidades intelectuais levado a termo em inúmeros contextos da história intelectual e cultural brasileira. Para uma visão mais abrangente dos mecanismos simbólicos e dos processos sociais envolvi-

dos na construção da identidade, conferir os trabalhos antropológicos de Evans-Pritchard, *Os Nuer*, São Paulo, Perspectiva, 1979; Lévi-Strauss, *L'identité*, Paris, Grasset, 1977; Frederik Barth, *Los grupos étnicos y sus fronteras*, México, Fondo de Cultura Económica, 1976; Roberto Cardoso de Oliveira, *Identidade, etnia e estrutura social*, São Paulo, Pioneira, 1976.

(39) Cf. Antonio Candido, "Depoimento", *Plataforma da nova geração*, op. cit., p. 35.

(40) Cf. Mário de Andrade, "Elegia de abril", *Clima*, nº 1, São Paulo, maio de 1941, p. 7.

(41) Ibidem, p. 8.

(42) Ibidem.

(43) Ibidem, p. 9.

(44) Ibidem.

(45) Na entrevista que Carlos de Moraes Andrade concedeu a Francisco de Assis Barbosa, ele conta que seu irmão, Mário de Andrade, "sempre foi, de começo, absenteísta, não era apenas apartidário, mas apolítico. Discutimos muito a respeito. Eu aceitava que era preciso fazer uma revolução política [...] e achava dispensável a revolução estética preconizada por meu irmão". Mário, nas palavras de Assis Barbosa, "pouco ligou à Revolução de 1924, em São Paulo, muito menos à Coluna Prestes, como não quis saber da campanha da Aliança Liberal, da qual o irmão era um dos líderes [...] A grande lição que ele recebeu, conta Carlos de Moraes Andrade ao entrevistador, "foi em 1937, com o golpe de 10 de novembro. Foi quando compreendeu que o intelectual não podia nem pode manter-se afastado da política. É que ele dirigia, então, o Departamento Municipal de Cultura, criado no governo de Armando de Oliveira [...] O departamento fora idéia sua. A essa obra dera o melhor de si mesmo. Sem mais aquela, da noite para o dia, ou melhor, do dia da democracia para a noite da ditadura, veria esboroar-se todo o seu trabalho, construído sabe Deus como, com que sacrifícios". Cf. Francisco de Asis Barbosa, *Retratos de família*, 2ª ed., Rio de Janeiro, José Olympio, 1968, p. 158.

(46) Informação obtida no artigo de Antonio Candido, "Clima", *Teresina etc.,* op. cit., p. 164.

(47) Cf. Mário de Andrade, "Elegia de abril", op. cit., p. 9.

(48) Ibidem.

(49) Ibidem, p. 10.

(50) Ibidem, p. 13

(51) Ibidem, p. 14.

(52) Ibidem, p. 16.

(53) Ibidem.

(54) Sobre a situação das editoras e do movimento editorial paulista na década de 20, consultar Terezinha Fiorentino, *Prosa de ficção em São Paulo: produção e consumo, 1900-1920*, São Paulo, Hucitec/Secretaria de Cultura,

1982; Yone Lima, *A ilustração na produção literária: década de 20*, São Paulo, IEB/USP, 1985; e Laurence Hallewell, *O livro no Brasil*, São Paulo, T. A. Queiroz/Edusp, 1985.

(55) Citação retirada do artigo de Alvaro Lins, "Sinais da nova geração", reproduzido em *Clima*, nº 3, São Paulo, agosto de 1941, p. 138.

(56) Ibidem, p. 139.

(57) Ibidem, p. 140.

(58) Ibidem, p. 144.

(59) Ibidem.

(60) Todas as citações desse parágrafo foram retiradas do artigo de Sérgio Milliet, "A novíssima", reproduzido em *Clima*, nº 3, São Paulo, agosto de 1941, p. 135.

(61) Ibidem.

(62) Ibidem, p. 136.

(63) Ibidem.

(64) Ibidem, p. 137.

(65) Ibidem.

(66) Trechos da entrevista que Decio de Almeida Prado concedeu à autora, em 12 de junho de 1995.

(67) Trecho da entrevista que Maria de Lourdes Machado concedeu à autora, em 20 de abril de 1995.

(68) Cf. Luis Martins, *Um bom sujeito*, op. cit., p. 103.

(69) Ibidem.

(70) Em outra passagem de seu livro de memórias (op. cit.), Luis Martins relembra os divertidos encontros que teve com alguns membros do Grupo Clima, durante o II Congresso Brasileiro de Escritores, realizado em Belo Horizonte, no ano de 1947. Esses encontros aconteciam à noite, nos bares da capital mineira. Além da presença de Drummond e de Rodrigo Mello Franco, que só se revelavam "boêmios" nessa cidade, "os mais divertidos do grupo (vejam como são as coisas) eram os antigos *chato-boys* da 'geração coca-cola': Antonio Candido e Decio de Almeida Prado. O primeiro, então, promovia verdadeiros shows, entoando canções francesas em dupla com o Decio, ou fazendo imitações de gente conhecida, com admirável perfeição e de maneira engraçadíssima" (p. 125).

(71) A descrição mais detalhada dessa revista e de sua repercussão na trajetória de Paulo Emilio encontra-se no quarto capítulo do livro.

(72) Informação obtida no artigo de Gilda de Mello e Souza, "A lembrança que guardo de Mário", *Revista do Instituto de Estudos Brasileiros*, São Paulo, USP, nº 36, 1994, pp. 9-25.

(73) Trechos da entrevista feita por Andréa Alves com Decio de Almeida Prado, Gilda de Mello e Souza e Antonio Candido, no dia 11 de maio de 1991, transcrita em sua monografia de graduação, "*Sociologia* e *Clima*: dois cami-

nhos, um debate", Rio de Janeiro, Departamento de Ciências Sociais, UERJ, 1991, p. 15. Agradeço à autora pelo acesso a essa entrevista e pela extrema gentileza de me enviá-la pelo correio.

(74) Citação retirada da entrevista que Decio de Almeida Prado concedeu a Andréa Alves, op. cit.

(75) Trechos da entrevista concedida por Antonio Candido, em novembro de 1981, ao Museu da Imagem e do Som (MIS), com a participação de Ernani da Silva Bruno, Alexandre Eulálio, Celso Lafer e José Geraldo Nogueira Moutinho.

(76) Trecho da entrevista que Ruy Coelho concedeu, em agosto de 1978, a Maria N. Cavalcante, transcrita em sua dissertação de mestrado *"Clima*: contribuição para o estudo do modernismo "*, São Paulo, FFLCH, USP, 1978, p. 185.

(77) Trecho da entrevista concedida por Antonio Candido ao MIS, em 1981.

(78) Cf. Antonio Candido, "Digressão sentimental sobre Oswald de Andrade", *Vários escritos*, São Paulo, Duas Cidades, 1970, p. 63.

(79) Cf. Antonio Candido, "Prefácio", *Brigada ligeira*, São Paulo, Martins, 1945.

(80) Cf. Antonio Candido, "Antes do marco zero", *Folha da Manhã*, São Paulo, 15 de agosto de 1943, p. 7.

(81) Ibidem.

(82) Ibidem.

(83) Ibidem.

(84) Ibidem.

(85) Ibidem.

(86) Ibidem.

(87) Autor de vários romances, entre eles *E agora o que fazer?* e *Entre o chão e as estrelas* (publicados em 1941 e 1943, respectivamente), Tito Batini nasceu em 1909 na cidade de Itu (SP), filho do ferroviário João Batini. Autodidata, criou grêmios literários na juventude. Trabalhou em vários ofícios: aprendiz de torneiro, tipógrafo, lustrador de móveis, montador de máquinas de costura, ferroviário. Fundou o primeiro jornal diário da zona noroeste em Bauru, *O Correio do Povo*. Foi funcionário da editora de Monteiro Lobato. Fundou a revista *Problemas*, com Afonso Schmidt, Rubem Braga e outros. Foi preso em 1940 e na prisão escreveu o seu primeiro romance, *E agora o que fazer?*, elogiado por Mário de Andrade. (Informações obtidas em Raimundo de Menezes, *Dicionário literário brasileiro*, 2ª ed., Rio de Janeiro, Livros Técnicos e Científicos, 1978.

(88) Cf. Antonio Candido, "Antes do marco zero", op. cit., p. 7.

(89) Ibidem.

(90) Cf. Oswald de Andrade, "Antes do marco zero", *Ponta de lança*, 3ª ed., Rio de Janeiro, Civilização Brasileira, 1972, p. 42. (Reprodução do artigo publicado em *O Estado de S. Paulo*, em agosto de 1943.)

(91) Ibidem, p. 43.

(92) Ibidem.

(93) Ibidem, p. 44.

(94) Ibidem, p. 45.

(95) Ibidem, p. 46.

(96) Ibidem, pp. 46-7.

(97) Ibidem, p. 45.

(98) Cf. Antonio Candido, "Digressão sentimental sobre Oswald de Andrade", op. cit., p. 59.

(99) Todas as citações desse parágrafo foram retiradas do artigo de Antonio Candido, "Marco zero", *Folha da Manhã*, São Paulo, 24 de outubro de 1943, p. 7.

(100) Ibidem.

(101) Ibidem.

(102) Esses artigos foram retomados por Antonio Candido no ensaio "Estouro e libertação", *Brigada ligeira*, op. cit.

(103) Cf. Antonio Candido, "Digressão sentimental sobre Oswald de Andrade", op. cit., p. 61.

(104) Ibidem.

(105) Cf. Oswald de Andrade, "Antes do marco zero", op. cit., p. 45.

(106) A esse respeito, ver os seguintes artigos de Antonio Candido, "Estouro e libertação", op. cit., "Oswald viajante", *Suplemento Literário* de *O Estado de S. Paulo*, 27 de outubro de 1956, republicado em *O observador literário*, 1959; "Oswald de Andrade: o homem, o tempo e a obra", prefácio ao livro de Oswald de Andrade, *Memórias sentimentais de João Miramar*, 1964; "Digressão sentimental sobre Oswald de Andrade", op. cit.; "Oswaldo, Oswáld, Ôswald", "Os dois Oswalds", *Recortes*, op. cit., 1993.

(107) Cf. Roberto Schwarz, "Saudação a Antonio Candido", *Antonio Candido & Roberto Schwarz: a homenagem na Unicamp*, Campinas, Editora da Unicamp, 1988, pp. 17-8. O texto de Schwarz sinaliza não só o mérito dos trabalhos de Candido como traz implícita uma questão de fundo: a oposição entre os estilos científico e ensaístico-literário que marcou a construção intelectual e institucional da Faculdade de Filosofia, Ciências e Letras da Universidade de São Paulo. A análise dessa oposição encontra-se no capítulo 4 do livro.

(108) Sobre o impacto da montagem dessa peça de Oswald de Andrade, ver o excelente ensaio de Decio de Almeida Prado, "O teatro e o modernismo", *Peças, pessoas, personagens*, São Paulo, Companhia das Letras, 1993, pp. 15-39.

(109) Na entrevista que Antonio Candido concedeu em 1976 a Ulisses Guariba, ele afirma que a dualidade Mário-Oswald era vivida com um espírito análogo ao das competições entre times de futebol. Para Candido, se abandonado o "espírito São Paulo × Corinthians", essa dualidade "é interessante e tem grande alcance cultural, porque permite à inteligência brasileira oscilar entre um e outro conforme a necessidade. No momento que estamos acabando de viver, a figura de Oswald foi mais importante e aglutinou as tendências gerais. Precisava-se de um padroeiro para as revoluções da forma e as grandes explosões de desafogo, tipo Tropicalismo — e ele encontrou o clima favorável para 'funcionar' culturalmente, depois de morto. Se passarmos para outro momento dialético, Mário possivelmente avultará". No decorrer da entrevista, Candido aproveita a oportunidade para fazer duas retificações. A primeira relativa ao fato de "que a geração atual lê Mário de Andrade e Oswald de Andrade de maneira diversa da minha. A esse respeito, aliás, Paulo Emilio diz com razão que estamos (nós, da outra geração) assistindo à formação do mito de Oswald". A segunda, para expressar a sua convicção de que "o divisor de águas" na literatura brasileira foi "o movimento modernista, coletivo", de que fizeram parte, como protagonistas, Mário e Oswald. Perguntado pelo entrevistador sobre qual dos dois escritores seria o mais importante, Candido pondera: "Depende do momento e do ponto de vista. Para quem estiver preocupado com os precursores de um discurso em rompimento com a mimese tradicional, seria Oswald. Para quem está interessado num discurso vinculado a uma visão do mundo no Brasil, seria Mário. Quem construiu mais? Mário. Qual a personalidade mais fascinante? Oswald. Qual a individualidade intelectual mais poderosa? Mário. Qual o mais agradável como pessoa? Oswald. Qual o mais *scholar*? Mário. Qual o mais coerente? Mário. Quem explorou mais terrenos? Mário. Quem pensou em profundidade a realidade brasileira? Mário. Oswald era um homem de intuições geniais, mas com escalas de valor muito desiguais. Em resumo, foram dois grandes homens, sendo irrelevante 'optar' entre eles". Trechos da entrevista de Antonio Candido, publicada primeiro na revista *Transformação* (1979) e republicada no livro do autor, *Brigada ligeira e outros escritos*, São Paulo, Unesp, 1992, pp. 243-4.

(110) Não é aleatório que esse livro apresente três dos ensaios mais importantes que Candido escreveu sobre Oswald: "Estouro e libertação", "Oswald viajante" e "Digressão sentimental sobre Oswald". Ante o movimento de revisão da figura e da obra do escritor, Candido procurou marcar a sua posição com o propósito de mostrar que, ao contrário do afirmado por seus contenciosos, Oswald havia sido objeto de sua admiração e preocupações literárias desde o decênio de 40, muito antes, portanto, da emergência do movimento concretista.

(111) Ibidem, p. 65.

236

(112) Cf. Ruy Coelho, "Os condenados", *Clima*, nº 8, São Paulo, janeiro de 1942, p. 83.

(113) Todas as citações desse parágrafo foram retiradas do artigo de Antonio Candido, "Digressão sentimental sobre Oswald de Andrade", op. cit., p. 65.

(114) No prefácio de *Brigada ligeira*, Candido afirma que "os capítulos desse livro não são propriamente ensaios, mas artigos de circunstância, feitos para atender às exigências do rodapé semanal que escrevo para a *Folha da Manhã*. Alguns vão refundidos; outros, simplesmente transcritos. A constância do ponto de vista, se lhes dá talvez alguma monotonia, dá-lhes também certa unidade; daí a idéia de reunir os que tratavam de romance nesta brigada ligeira com que saio a campo, esperando, futuramente, poder alinhar os couraceiros duma crítica mais trabalhada e profunda, liberta das limitações de rodapé. É claro, portanto, que a ligeireza da brigada vem do seu caráter jornalístico, e não dos autores estudados".

(115) Cf. Antonio Candido, "Digressão sentimental sobre Oswald de Andrade", op. cit., p. 62.

(116) Ibidem.

(117) Ibidem, pp. 62-3.

(118) O Fundo Universitário de Pesquisa foi viabilizado por Jorge Americano, que, na época, era reitor da Universidade de São Paulo. Segundo Decio de Almeida Prado, a idéia dessa iniciativa surgiu quando Jorge Americano esteve nos Estados Unidos e "verificou que as universidades americanas recebiam muitas doações de particulares, sobretudo para a pesquisa universitária. Ele achou que a pesquisa era o que faltava aqui, na Universidade de São Paulo. O que é verdade, pois naquela época tinha muito menos pesquisa do que hoje, sobretudo na Faculdade de Direito, onde ele era professor". De volta ao Brasil, criou o Fundo Universitário de Pesquisa (que funcionava como uma organização paralela à universidade) e convidou Decio e Lourival para participarem. O último propôs ao reitor organizar um grupo de teatro que, segundo Decio, "seria finalmente o grupo de teatro que nós tínhamos sonhado na faculdade. O Jorge Americano, que tinha também interesse por literatura, achou a idéia interessante e nos deu trinta contos de réis, que era uma quantia razoável, para fazermos o nosso primeiro espetáculo: *O auto da barca do inferno*, de Gil Vicente. Num dos intervalos da peça, vinha um professor da Universidade de São Paulo e falava durante uns quinze ou vinte minutos sobre o Fundo Universitário de Pesquisa e seus objetivos". Trechos da entrevista que Decio de Almeida Prado concedeu à autora em junho de 1995. Para maiores informações sobre esse grupo de teatro, cf. Miriam L. Moreira Leite, "GUT: o ritmo vivaz", *Decio de Almeida Prado: um homem de teatro*, João Roberto Faria, Vilma Arêas e Flávio Aguiar (orgs.), São Paulo, Edusp, 1997, pp. 159-70.

(119) Cf. Oswald de Andrade, "Diante de Gil Vicente", *Ponta de lança*, 3ª ed., Rio de Janeiro, Civilização Brasileira, 1972, pp. 65-6. (Reprodução do artigo publicado, em 1944, no jornal *O Estado de S. Paulo*).

(120) Ibidem, p. 66.

(121) Expressão usada por Antonio Candido para caracterizar o clima intelectual dos anos 30, na entrevista que concedeu, em agosto de 1987, à equipe de pesquisadores vinculada ao projeto História das Ciências Sociais no Brasil, desenvolvido no Idesp, sob a coordenação de Sergio Miceli.

(122) Para uma análise mais particularizada dessas coleções, no que diz respeito aos assuntos e aos autores editados, às editoras e aos editores que as publicaram, ver Heloisa Pontes, "Retratos do Brasil", *História das ciências sociais no Brasil*, op. cit., vol. 1, pp. 359-409.

(123) Para uma análise densa da gênese desse grupo de romancistas profissionais, de seu perfil, dos recursos simbólicos e materiais, das estratégias e da situação familiar e social mais ampla de seus integrantes, ver Sergio Miceli, *Intelectuais e classe dirigente no Brasil*, São Paulo, Difusão Européia do Livro, 1979, pp. 69-128.

(124) A esse respeito, ver Fernando Limongi, "Educadores e empresários culturais na fundação da USP", dissertação de mestrado, IFCH, Unicamp, 1988; e Irene Cardoso, *A universidade da comunhão paulista*, São Paulo, Cortez, 1982.

(125) Cf. Fernando Limongi, "Mentores e clientela na Universidade de São Paulo", *História das ciências sociais no Brasil*, op. cit., vol. 1, p. 129.

(126) A primeira fase da missão francesa na Universidade de São Paulo foi composta, por exemplo, por historiadores (Émile Coornaert, Jean Gagé, Fernand Braudel), cientistas sociais (Paul Arbousse-Bastide, Claude Lévi-Strauss, Roger Bastide, George Gurvitch, Charles Morazé), geógrafos (Pierre Deffontaines, Pierre Monbeig), filósofos (Jean Maugüé, Gilles G. Granger), economistas (René Courtin, Paul Hugon), entre outros. Para uma análise circunstanciada desse grupo, ver Fernanda Peixoto Massi, "Estrangeiros no Brasil: a missão francesa na Universidade de São Paulo", dissertação de mestrado, Departamento de Antropologia, Unicamp, 1991.

(127) O Liceu Franco-Brasileiro foi fundado por Júlio Mesquita, Ramos de Azevedo, Alfredo Pujol, Alves Lima, George Dumas, entre outros, "para dar a São Paulo um colégio modelo, em que a cultura francesa pudesse expandir-se, mantendo aqui um núcleo de civilização latina". Cf. Antonio de Almeida Prado, *Escolas de ontem e de hoje* (*reminiscências e evocações*), São Paulo, Anhambi, 1961, p. 225. Ainda segundo o autor, "Júlio Mesquita foi muito chegado a George Dumas, e por isso também a essa instituição, razão pela qual o seu jornal *O Estado de S. Paulo* nunca foi esquecido pelo liceu no provimento de seus cargos de alta direção" (p. 213). Ver também Guy Martinière, *Aspects de la coopération franco-brésilienne*, Paris, 1982.

(128) A esse respeito, ver Simon Schwartzman et alii, *Tempos de Capanema*, op. cit.

(129) Cf. Maria H. T. Almeida, "Dilemas da institucionalização das ciências sociais no Brasil", op. cit., p. 198.

(130) A esse respeito, ver Paulo Arantes, *Um departamento francês de ultramar: estudos sobre a formação da cultura filosófica uspiana*, Rio de Janeiro, Paz e Terra, 1994; e Fernanda Peixoto Massi, op. cit.

(131) Cf. Sergio Miceli, "Condicionantes do desenvolvimento das ciências sociais", *História das ciências sociais no Brasil*, op. cit., vol. 1, p. 78.

(132) Ibidem, p. 81.

(133) Cf. Fernanda Peixoto Massi, "Franceses e norte-americanos nas ciências sociais brasileiras (1930-1960)", *História das ciências sociais no Brasil*, op. cit., vol. 1, p. 425.

(134) Para uma belíssima iconografia dessas expedições, ver Lévi-Strauss, *Saudades do Brasil*, São Paulo, Companhia das Letras, 1994.

(135) Cf. Lévi-Strauss, *Tristes trópicos*, Lisboa, Edições 70, 1981, p. 97.

(136) Ibidem, p. 98.

(137) A esse respeito, ver Laura de Mello e Souza, *O diabo e a Terra de Santa Cruz*, São Paulo, Companhia das Letras, 1986.

(138) Depoimento de Gilda de Mello e Souza, apud Paulo Arantes, *Um departamento francês de ultramar*, op. cit., p. 67.

(139) Cf. Paulo Arantes, op. cit., p. 67.

(140) Cf. Decio de Almeida Prado, "Saudades de Lévi-Strauss", *Jornal de Resenhas, Folha de S. Paulo* (nº 13, 12 de abril de 1996, p. 1).

(141) A esse respeito, ver Gilda de Mello e Souza, "A estética rica e a estética pobre dos professores franceses", op. cit., pp. 21-2.

(142) Depoimento de Gilda de Mello e Souza, apud Paulo Arantes, op. cit., p. 66.

(143) Trecho da entrevista que Antonio Candido concedeu ao MIS, em 1981.

(144) Frase de Decio de Almeida Prado, retirada de sua entrevista, de 1993, com Antonio Candido, sob a forma de uma conversa entre o entrevistador, o entrevistado e Gilda de Mello e Souza. Transcrita por Zuenir Ventura e publicada em *3 Antônios e 1 Jobim*, Marília Martins e Paulo Abrantes (orgs.), Rio de Janeiro, Relume-Dumará, 1993, p. 99.

(145) Cf. Antonio Candido, *3 Antônios e 1 Jobim*, op. cit., p. 99.

(146) Cf. Antonio Candido, *Recortes*, op. cit., p. 188. A influência de Maugüé é de tal forma alardeada por todos os membros do Grupo Clima que se tornou lugar-comum nos inúmeros depoimentos que prestaram sobre o professor. Durante a entrevista que Candido concedeu ao Idesp, em 1987, resolveu-se, com o propósito de polemizar, insistir um pouco mais no porquê dessa reiterada influência. Candido não titubeou. "Maugüé foi o maior professor que eu tive na minha vida!" "Por quê?" "por quê? Pergunte ao céu por que ele é azul [...]" "Mas como esse homem influiu tanto sem ter assim propriamente uma

obra?" "Nós em geral e vocês em particular, sociólogos (eu inclusive, porque também já fui sociólogo), nós temos um péssimo hábito, que é dar muita importância a tudo aquilo que se reveste de um aspecto documentário significativo. Então se conhece a pessoa e 'Quantos anos você tem?' Tanto. 'Que gravatas usa?' Tal. E o resto não interessa [...] Esse é o mal da sociologia! Falar é mais importante do que escrever! Sobretudo na universidade [...] Enquanto isso você perde a coisa fundamental, que é o contato humano, que é a fala, que é a capacidade de transportar e transformar a pessoa que está ouvindo. Toda a cultura grega foi formulada na base oral. [...] O Maugüé é um homem que está aí para provar que a cultura é em grande parte oral, que o contato humano pode ser fundamental. [...] Ele era um homem extraordinário! [...] Muito preguiçoso, acordava tarde, almoçava tarde, era muito *snob*. Gostava de namorar as grã-finas [...] Mas os cursos dele eram notáveis. [...] Ele era uma presença avassaladora! Um homem bonitão, loiro, de olhos azuis, alto, com um dentinho proeminente, cheio, e com uma capacidade de se apaixonar pelas meninas que era impressionante. Paixões infelicíssimas [...] o livro dele é típico disso [referência ao livro de memórias de Maugüé, *Les dents agacées*, Paris, Buchet/Chastel, 1982]. O livro é de um menino imaturo [...] A visão dele do Brasil é totalmente primária, ele adorava o Brasil mas não entendeu o Brasil [...] Apesar disso, foi um professor genial!"

3. *REVISTA "CLIMA"* (pp. 96-139)

(1) Alfredo Mesquita estreou como crítico de teatro no jornal *O Estado de S. Paulo* (dirigido por seu irmão Júlio de Mesquita Filho), por ocasião das temporadas francesas na capital paulista, entre 1936 e 1938. A partir de 1939, começou a reunir à sua volta pessoas interessadas em fazer teatro amador: as intérpretes Marina Freire e Irene de Bojano, a coreógrafa Chinita Ullmamm, o pintor Clóvis Graciano (que será o cenógrafo oficial do teatro amador paulista na década de 40), o ator amador Abílio Pereira de Almeida e alguns estudantes da Faculdade de Filosofia, como Decio de Almeida Prado e Gilda de Mello e Souza. Cf. Decio de Almeida Prado, "Alfredo Mesquita, visto de um ângulo só", *Peças, pessoas e personagens*, op. cit., pp. 158-9. Ver também o depoimento de Alfredo Mesquita, "No tempo do Jaraguá", publicado no livro de homenagem a Antonio Candido, *Esboço de figura*, São Paulo, Duas Cidades, 1979.

(2) Trecho da entrevista que Decio de Almeida Prado concedeu a Maria Cavalcante, em 1978, op. cit., p. 214.

(3) Cf. Antonio Candido, "Clima", *Teresina etc.*, op. cit., p. 154.

(4) Ibidem.

(5) Ibidem, p. 155.

(6) Trechos da entrevista que Gilda de Mello e Souza e Antonio Candido concederam à autora no dia 31 de maio de 1995.

(7) Antonio Branco Lefèvre (1920-81) formou-se em 1941 pela Faculdade de Medicina da USP. Em 1944, passou um ano no Rio de Janeiro, preparando sua tese de doutoramento sob a orientação do professor francês André Ombredanne, regente da cadeira de psicologia da Faculdade Nacional de Filosofia. De volta a São Paulo, em 1945, concentrou seus interesses profissionais na área de neurologia infantil, especialidade até então inexistente no país. O trabalho pioneiro que exerceu como chefe do setor de neurologia infantil do Hospital das Clínicas, como pesquisador e docente da Faculdade de Medicina da USP e como clínico, garantiu-lhe um lugar de destaque na medicina brasileira. Em 1950, tornou-se livre-docente com a tese "Contribuição para a padronização do exame neurológico do recém-nascido normal". Em 1976, tornou-se professor titular, por concurso, da primeira cadeira de neuropediatria do país, ministrada na Faculdade de Medicina da USP. Esse evento consagrou a sua trajetória como médico e pesquisador na área que ele ajudou a fundar e a consolidar no Brasil. Ao lado de sua atuação como médico e professor, Lefèvre manteve até o fim da vida um interesse particular pela música. Sua ligação com o grupo da revista *Clima*, na qual atuou como crítico titular da seção de música, data de seus tempos de estudante de medicina, quando freqüentou, como ouvinte, alguns cursos da Faculdade de Filosofia. No início dos anos 50, fundou o "Clube Prokofieff", círculo de intelectuais que se reunia para ouvir e falar de música. Dessas sessões musicais participavam dois dos antigos colaboradores na área de música de *Clima*, Alvaro Bittencourt e Alberto Soares de Almeida (que por muitos anos exerceu o cargo de diretor da Sociedade de Cultura Artística), além de Alfredo Rosenthal, Júlio Gouveia, Tatiana Belinky, entre outros. Homem de ciência e de cultura, Lefèvre foi militante do Partido Comunista, durante o período de redemocratização do país que teve lugar após o fim do Estado Novo. (Informações obtidas no artigo "Lefèvre, o médico, o homem", publicado no jornal *O Estado de S. Paulo,* em 17 de julho de 1982, onze meses depois de seu falecimento, ocorrido em agosto de 1981.)

(8) Roberto Pinto de Souza, encarregado da seção de economia e direito, por sugestão de Lourival Gomes Machado, foi professor catedrático da cadeira de economia e política na Universidade de São Paulo e diretor da Fundação Armando Álvares Penteado. Marcelo Damy de Souza Santos, formado pela primeira turma da Faculdade de Filosofia, especializou-se em física nuclear e física dos nêutrons.

(9) Quando começou a colaborar na seção de ciência da revista *Clima*, Cícero Christiano já havia se formado em medicina. Seu interesse pela psicologia levou-o a cursar a Faculdade de Filosofia, Ciências e Letras da USP, onde se formou em filosofia, no ano de 1939. Em 1942, doutorou-se nessa mesma instituição com a tese "Introdução ao estudo de alguns problemas metodoló-

gicos da psicologia", orientada por Jean Maugüé. Em 1948, tornou-se regente da cadeira de psicologia da Escola de Sociologia e Política. Em 1958, prestou concurso para a cadeira de psicologia educacional da Faculdade de Filosofia da USP, com a tese "Contribuição ao estudo da gênese dos traços psicológicos". Apesar de não ter conquistado o primeiro lugar, obteve o título de livre-docente nessa área. Faleceu em 1980. (Informações obtidas em Carlos Lacaz e Berta Ricardo de Mazzieri, *A Faculdade de Medicina e a USP*, São Paulo, Edusp, 1995, pp. 131-2.)

(10) Frase de Antonio Candido, retirada da entrevista que ele concedeu ao Idesp, em outubro de 1987.

(11) Trecho da entrevista que Decio de Almeida Prado concedeu à autora, em junho de 1995. Vale a pena registrar que Decio, assim como todos os outros membros da revista *Clima*, refere-se a ela sempre no masculino. A concordância é feita no sentido do tempo (o clima) e do grupo ("o grupo de *Clima*").

(12) Trechos da entrevista que Ruy Coelho concedeu a Maria Cavalcante, 1978, op. cit., p. 202.

(13) Ibidem, p. 208.

(14) Trechos do "Manifesto", escrito por Alfredo Mesquita e assinado sob a forma de "nota da redação", *Clima*, nº 1, São Paulo, maio de 1941, p. 3.

(15) Ibidem, pp. 4-5, grifos no original.

(16) Cf. Antonio Candido, *Clima*, nº 8, janeiro de 1942, p. 72.

(17) Cf. Antonio Candido, *Clima*, nº 1, op. cit., p. 108.

(18) Cf. Antonio Candido, *Clima*, nº 10, junho de 1942, p. 69.

(19) Ibidem, p. 67.

(20) Em 1958, Antonio Candido deixou a cadeira de sociologia II da Faculdade de Filosofia da USP e mudou-se para Assis, onde trabalhou na organização e fundação do curso de letras da recém-instalada Faculdade de Filosofia, Ciências e Letras de Assis. Sua inserção nessa instituição marca o início da sua profissionalização acadêmica no campo da literatura. Ali ensinou pela primeira vez literatura brasileira, domínio de sua verdadeira especialidade, firmado através de sua atuação como crítico e dos livros que publicou sobre o assunto. Em 1961, voltou para São Paulo e integrou-se novamente na Universidade de São Paulo, como professor da cadeira de teoria literária e literatura comparada, disciplina em que se tornou titular por concurso, em 1974. Uma discussão mais circunstanciada sobre a saída de Antonio Candido da cadeira de sociologia II, após dezesseis anos de docência nessa disciplina, encontra-se no quarto capítulo deste livro.

(21) A esse respeito, ver Antonio Candido, "Entrevista", *Brigada ligeira e outros escritos*, op. cit., pp. 232-3.

(22) A esse respeito, ver João Luiz Lafetá, *1930: a crítica e o modernismo*, São Paulo, Duas Cidades, 1974.

(23) Cf. Antonio Candido, *Literatura e sociedade*, 6ª ed. São Paulo, Nacional, 1980, p. 130.

(24) Para uma visão mais aprofundada dos empreendimentos e da cultura cinematográfica e teatral em São Paulo na década de 1940, consultar Maria Rita Galvão, *Burguesia e cinema: o caso Vera Cruz*, Rio de Janeiro, Civilização Brasileira, 1981. Ver também Decio de Almeida Prado, *O teatro brasileiro moderno: 1930-1980*, São Paulo, Perspectiva/Edusp, 1988.

(25) A esse respeito, ver Paulo Emilio Salles Gomes, "Homenagem a Plínio Sussekind Rocha", *Discurso*, São Paulo, nº 3, vol. 3, 1972, pp. 5-7.

(26) Os objetivos do Clube de Cinema e suas realizações no decorrer de 1940 e início de 1941 foram divulgados no primeiro número de *Clima*, op. cit., pp. 154-6. Criado por iniciativa de Paulo Emilio Salles Gomes, contava com a colaboração assídua de Decio de Almeida Prado, Lourival Gomes Machado e Cícero Christiano de Souza.

(27) Cf. Ruy Coelho, "Ouvir Paulo Emilio", *Paulo Emilio: um intelectual na linha de frente*, Carlos Calil e Maria Tereza Machado (orgs.), São Paulo, Brasiliense/Embrafilme, 1986, p. 114.

(28) Ibidem.

(29) Guilherme de Almeida, poeta e escritor, fazia crítica de cinema em *O Estado de S. Paulo*. O poeta Vinicius de Moraes, defensor intransigente do cinema mudo, estreou como crítico no jornal carioca *A Manhã*, no início de 1940. Por fim, o escritor e crítico literário Otávio de Faria começou a escrever sobre cinema na década de 20, em função da sua atuação no Chaplin Club do Rio de Janeiro e de sua participação no jornal dessa entidade, *O Fan*.

(30) Essa entidade, criada em 1939, era diretamente subordinada ao então presidente da República, Getúlio Vargas. "O DIP exerceu funções bastante extensas, incluindo cinema, rádio, teatro, imprensa, 'literatura social e política'; proibiu a entrada no país de 'publicações nocivas aos interesses brasileiros'; agiu junto à imprensa estrangeira no sentido de se evitar que fossem divulgadas 'informações nocivas ao crédito e à cultura do país'; dirigiu a transmissão diária do programa radiofônico *Hora do Brasil*, que iria atravessar os anos como instrumento de propaganda e divulgação das obras do governo." Cf. Boris Fausto, *História do Brasil*, São Paulo, Edusp, 1994, p. 376.

(31) Depoimento de Paulo Emilio Salles Gomes, apud Maria Rita Galvão, op. cit., p. 33, nota 9.

(32) Cf. Maria Rita Galvão, op. cit., p. 29.

(33) Segundo Maria Rita Galvão (op. cit.), "embora acintosamente ignorado em São Paulo, havia nos anos 40 um movimento de afirmação do cinema brasileiro, com a produção carioca" (p. 42). Mas o fato de que seu gênero dominante fosse a chanchada afastava os intelectuais e críticos da época, que viam nela o vulgar e o popular, no mau sentido. Essa avaliação só seria parcialmente alterada anos depois, graças à intervenção de Alex Viany, que começou a

fazer crítica de cinema no início da década de 50 e chamou a atenção para a "imensa riqueza cultural que se escondia por debaixo da vulgaridade da chanchada" (ibidem).

(34) Depoimento de Paulo Emilio Salles Gomes, apud Maria Rita Galvão, op. cit., p. 29.

(35) Cf. Paulo Emilio Salles Gomes, *Clima*, nº 2, julho de 1941, p. 121.

(36) Um exemplo significativo do impacto causado por esse e outros artigos de Paulo Emilio Salles Gomes encontra-se na recepção de seus escritos por parte de Mário de Andrade. Uma tarde, na Confeitaria Vienense, o escritor chegou à mesa em que estavam sentados Ruy Coelho e Paulo Emilio e disse: "Paulo, não entendo bem o que você está falando de uma tomada. Mas ritmo não é só uma seqüência de imagens?". Ruy não "reteve a resposta" do amigo, mas, "quando Mário finalmente se foi", Paulo Emilio voltou-lhe "o rosto cheio de espanto", e comentou: "Ele estava falando como um menino frente ao mestre!". Cf. Ruy Coelho, "Ouvir Paulo Emilio", op. cit., p. 113.

(37) Para uma discussão mais particularizada da produção crítica de Paulo Emilio, consultar os artigos de Zulmira Ribeiro Tavares, "O antes e o depois", e de Ismail Xavier, "A estratégia do crítico", incluídos em *Paulo Emilio: um intelectual na linha de frente*, op. cit.

(38) Cf. Paulo Emilio, *Clima*, nº 3, agosto de 1941, p. 108.

(39) Referência à palestra "As origens do romantismo" feita por Jean Gagé, no início de 1941, na Sociedade de Cultura Artística e publicada em julho desse mesmo ano no segundo número de *Clima*.

(40) Cf. Paulo Emilio Salles Gomes, *Clima*, nº 3, agosto de 1941, pp. 109-10.

(41) Cf. Paulo Emilio Salles Gomes, *Clima*, nº 7, dezembro de 1941, p. 128.

(42) No final de 1938, Decio de Almeida Prado foi à Europa, pela primeira vez, para visitar Paulo Emilio. Durante os dois meses e meio em que permaneceu na capital francesa, viu inúmeras peças de teatro. Sua segunda viagem ao exterior foi para os Estados Unidos. Durante os três primeiros meses de 1941, esteve na Universidade da Carolina do Norte, junto com um grupo de estudantes brasileiros, e foi a Nova York para conhecer a cidade e assistir a alguns espetáculos de teatro.

(43) Cf. Gilda de Mello e Souza, "Depoimento", *Língua e Literatura*, vol. 10-3, 1981-4, p. 138.

(44) Cf. Decio de Almeida Prado, *Clima*, nº 2, julho de 1941, p. 110.

(45) Cf. Decio de Almeida Prado, *Clima*, nº 3, agosto de 1941, p. 96.

(46) Ibidem, p. 102.

(47) Cf. Decio de Almeida Prado, *Clima*, nº 9, abril de 1942, p. 113.

(48) Ibidem. Muitos anos depois, Decio de Almeida Prado fará uma reavaliação da figura de Procópio no primoroso ensaio "Procópio Ferreira: um

pouco de prática, um pouco de teoria", *Peças, pessoas, personagens*, op. cit., pp. 41-91. Nele, relembra um dos encontros que teve com o ator, na casa de Cacilda Becker, nos idos dos anos 40, em que se viu diante de uma situação ligeiramente embaraçosa, provocada por um longo e inusitado aperto de mãos. Procópio tomou a mão de Decio mas, em vez de completar o cumprimento, começou "uma longa digressão cômica, acompanhada com grandes risadas pelos circunstantes". Ele falava, os outros riam, e Decio, sentindo-se pouco à vontade, permaneceu de pé, por vários minutos, com a mão presa na dele, que nem a largava nem lhe dirigia o olhar. Refletindo sobre as razões menos evidentes do mal-estar que o acometeu, Decio afirma que "um velado sentimento de culpa" talvez fosse a causa real do seu constrangimento. "Com ele eu iniciara a minha carreira de espectador de teatro, com ele me divertira em inúmeras farsas, repetindo em casa as frases de maior efeito, com ele me extasiara, na inexperiência dos meus quinze anos, perante os fáceis paradoxos de *Deus lhe pague*. Agora, *investido recentemente de funções críticas, como um dos porta-vozes e uma das pontas-de-lança da nova geração,* contribuía com os meus escritos para abalar o seu prestígio e diminuir-lhe o campo de ação. Cumprindo embora bravamente o meu dever, não deixava de perceber o quanto havia de cruel naquilo que me parecia às vezes algo semelhante ao sacrifício ritual do pai" (p. 43).

(49) Cf. Decio de Almeida Prado, *Clima*, nº 13, agosto de 1944, p. 85.

(50) Para uma visão ampla dessa instituição, criada em 1948 por iniciativa de Alfredo Mesquita, consultar a revista *Dionysos*, número especial sobre a Escola de Arte Dramática, Rio de Janeiro, Fundação Nacional de Artes Cênicas, nº 29, 1989.

(51) O TBC foi responsável pela consolidação de um novo profissionalismo no plano teatral. "Sob a severa disciplina de trabalho imposta por Franco Zampari e no ritmo de quem precisava estrear um novo espetáculo a cada cinco ou seis semanas", formou-se "a mais brilhante geração de atores de toda a nossa história" (cf. Decio de Almeida Prado, *Peças, pessoas, personagens*, op. cit., p. 144). Os atores, encenadores, críticos, empresários, professores de arte dramática e cenógrafos vinculados ao TBC compunham, segundo Decio, um "esquadrão cerrado e aguerrido que em poucos anos subverteu todo o quadro do teatro brasileiro, imprimindo-lhe novas práticas e novos princípios. Os espetáculos anteriores organizavam-se por assim dizer das partes para o todo. Cada ator interpretava a seu modo o seu papel e daí resultava o conjunto — quando resultava. Invertemos a precedência. Primeiro, a visão total, nascida de uma só inteligência e de uma só sensibilidade. Depois, a obediente execução coletiva. A figura do encenador, encarregada de conferir unidade ao espetáculo, fazia assim a sua entrada triunfal em palcos brasileiros, cinqüenta anos após ter sido inventada na Europa" (ibidem, pp. 95-6).

(52) Escrito em 1951, esse comentário foi reproduzido em Sérgio Milliet, *Diário crítico*, 2ª ed., São Paulo, Martins, Edusp, 1981, vol. III, p. 11.

(53) Cf. Antonio Candido, "Renovação teatral", *O Estado de S. Paulo*, 18 de janeiro de 1945.

(54) Cf. Ruy Coelho, *Clima*, nº 1, maio de 1941, p. 52.

(55) Ibidem, p. 61.

(56) Ibidem, p. 64.

(57) Ibidem, p. 65.

(58) Cf. Ruy Coelho, *Clima*, nº 10, junho de 1942, p. 50.

(59) Ibidem, p. 51.

(60) Trechos do artigo de Vinicius de Moraes republicado no sexto número de *Clima*, novembro de 1941, pp. 97-8.

(61) Cf. Ruy Coelho, *Clima*, nº 8, janeiro de 1942, p. 88.

(62) Ibidem, p. 92.

(63) "Casaca-de-ferro" é o funcionário do circo que, fardado, faz a troca de cenários e de roupas, de um número para outro.

(64) Cf. Ruy Coelho, *Clima*, nº 8, p. 92.

(65) Ao voltar para Portugal, Antonio Pedro concedeu uma entrevista ao periódico *Acção* (Lisboa, nº 29, 6 de novembro de 1941, p. 6), na qual deixou registradas as suas observações sobre a vida intelectual e artística brasileira. No final do depoimento, tece os seguintes comentários sobre "os rapazes do *Clima* — revista aberta, séria e responsável". "Do *Clima* quem eu mais conheço e com quem mais me dei bem, isto é, quem mais gostei de conhecer foi o seu crítico de arte, *Lourival Gomes Machado*, uma pessoa com cabeça arrumada e com coisas para arrumar dentro da cabeça, o que não é muito freqüente. O *Paulo Emilio*, crítico e maníaco de cinema, incapaz de achar bom o que não é bom, seja de que nacionalidade for, seja de que companhia for, resumindo, uma pessoa a ouvir. O *Ruy Coelho*, espécie de *proustômano* que, apesar disso, é capaz de mostrar que é inteligente. O *Antonio Candido*, para acabar bem, a *Gilda de Moraes Rocha*, que, como se eu disser que é assistente da universidade podem julgá-la uma *bas-bleu*, informo apenas ser uma rapariga que, além de bonita e simpática, escreveu o conto do primeiro número, ou seja uma amostra de que se apetece pedir mais [...]." Agradeço ao Ruy Moreira Leite pela descoberta dessa entrevista e pela gentileza de me enviá-la pelo correio.

(66) Lourival Gomes Machado escreveu dois artigos sobre cinema para *Clima*. No terceiro número da revista (agosto de 1941), comentou o filme *Caminho áspero* (*Tobacco road*), de John Ford, e emitiu opiniões distintas das de Paulo Emilio. No quinto número (outubro de 1941), discorreu sobre o filme *Fantasia* de Walt Disney. No sexto número (novembro de 1941), fez uma crítica à montagem da peça *Auto da barca do inferno*, de Gil Vicente (encenada por estudantes e dirigida pelo professor francês Georges Raeders), na qual ressaltou a importância do "vivo espírito universitário" que animava o espetácu-

lo, e afirmou que as suas eventuais ressalvas deviam ser encaradas "como um esforço pela melhoria e nunca como uma corrigenda. Diremos mais objetivamente: nunca despenderíamos esforço igual com as companhias profissionais, pela muito boa razão de que elas não o merecem" (p. 73). No décimo segundo número (abril de 1943), fez uma resenha do livro *O resto é silêncio*, de Érico Veríssimo, em termos bastante restritivos. A seu ver, o escritor gaúcho "não se afastou mais do ponto a que chegou bem cedo — de tal modo que as suas obras são como que variações em torno dos mesmos cacoetes [...] A psicologia de Érico Veríssimo continua elementar e não vai além do pitoresco. Os personagens em que ele consegue mais interessar ainda são aqueles cuja complexidade não é fatalmente das maiores" (p. 96). No décimo terceiro número (agosto de 1944), fez uma resenha crítica do livro do jornalista norte-americano Walter Lippmann, *U. S. foreign policy*, em que procurou expor a sua formação em sociologia política.

(67) Cf. Antonio Candido, "Prefácio", *Introdução ao método crítico de Sílvio Romero*, São Paulo, Revista dos Tribunais, 1945, pp. 11-2.

(68) Filho de imigrantes italianos, nascido em São Paulo no ano de 1900, Hermínio Sachetta entrou para o Partido Comunista Brasileiro em 1933. Depois de trabalhar um período como professor, profissionalizou-se como jornalista, ocupando posições importantes nos principais jornais de São Paulo. Em 1938, abandonou o Partido Comunista e aderiu ao trotskismo. Exerceu a militância política até 1954, quando então rompeu com a IV Internacional. Informações obtidas no artigo de Leôncio Martins Rodrigues, "O PCB: os dirigentes e a organização", *História geral da civilização brasileira*, Boris Fausto (org.), São Paulo, Difel, 1981, tomo III, vol. 3, pp. 402-3.

(69) A série de conferências sobre o romantismo incluiu os seguintes assuntos e conferencistas: "As origens do romantismo", Jean Gagé (integrante da missão francesa); "O renascimento romântico na Inglaterra", Douglas Redshaw (professor da Cultura Inglesa); "O romantismo francês", Alfred Bonzon; "O romantismo brasileiro", Guilherme de Almeida; "O teatro romântico", Alfredo Mesquita.

(70) Nesse artigo, Rubem Braga repudiou também a declaração que o padre mineiro Alvaro Negromonte fizera acerca do suicídio de Stefan Zweig, de que "o judeu, que passara a vida ganhando dinheiro com livros fáceis e medíocres, desfrutando a existência folgada, divorciando-se de uma e 'casando-se' com outra, terminou a vida ingerindo veneno". Publicado primeiro na *Revista Acadêmica* (Rio de Janeiro, nº 60), o artigo de Rubem Braga foi reproduzido no décimo número de *Clima* com a seguinte justificativa: "Ao transcrevê-lo, *Clima* tem por objetivo declarar plena solidariedade com as suas expressões a respeito da atitude pouco sacerdotal e pouco cristã do padre Alvaro Negromonte em relação à morte de Stefan Zweig". ("Nota da redação", *Clima*, junho de 1942, p. 137).

(71) Cf. Gilda de Mello e Souza (Moraes Rocha), *Clima*, n⁰ 9, abril de 1942, p. 90.

(72) "A 'Declaração' recebeu sugestões do grupo, mas foi pensada e redigida por Paulo Emilio, que a concentrou no ataque ao fascismo." Cf. Antonio Candido, "Informe político", *Paulo Emilio: um intelectual na linha de frente*, op. cit., p. 58.

(73) Como Roland Corbisier, por exemplo, militante do movimento integralista, que publicou o ensaio "Páginas de diário" no segundo número de *Clima* (julho de 1941).

(74) "Declaração", *Clima*, n⁰ 11, julho-agosto, 1942, p. 3.

(75) Ibidem, p. 4.

(76) Ibidem, p. 5.

(77) Ibidem.

(78) Todos esses exemplos foram retirados da "Declaração", op. cit., p. 4.

(79) Vale a pena registrar que, entre agosto de 1942 e abril de 1943, *Clima* deixou de ser publicada por oito meses. Isso aconteceu por problemas financeiros, decorrentes da dificuldade de sustentá-la com os anúncios cada vez mais escassos. Segundo Antonio Candido, a manutenção da revista não era tarefa nada fácil. "Imaginem montar todos os meses, sem qualquer apoio profissional, um número de mais de cem páginas, desde reunir matéria até providenciar a distribuição, passando pela cobrança de anúncios e a obtenção de anúncios novos, a revisão de provas, as relações com a tipografia e sobretudo a caça de colaboradores." Cf. Antonio Candido, "Clima", op. cit., p. 157.

(80) "Notas da redação", *Clima*, n⁰ 12, abril de 1943, pp. 3-4.

(81) Ibidem, p. 4.

(82) Ibidem.

(83) "Comentário", *Clima*, n⁰ 12, abril de 1943, p. 87.

(84) Para uma análise aprofundada do movimento integralista, ver Helgio Trindade, "Integralismo: teoria e práxis política nos anos 30", *História da civilização brasileira*, op. cit., tomo III, vol. 3, pp. 297-335. Consultar também o artigo de Antonio Candido, "Integralismo = fascismo?", *Teresina etc.*, op. cit., pp. 119-32, no qual o autor recupera as suas impressões a respeito dos integralistas que conheceu e faz um levantamento dos motivos que os levaram a aderir ao movimento. Sobre o Partido Comunista Brasileiro, seus dirigentes, sua organização e sua atuação nos decênios de 30 e 40, conferir Leôncio Martins Rodrigues "O PCB: os dirigentes e a organização", op. cit. Por fim, para uma excelente análise do pensamento autoritário brasileiro, constituído na Primeira República e atualizado no Estado Novo (1937-45), ver Bolivar Lamounier, "Formação de um pensamento político autoritário na Primeira República", *História da civilização brasileira*, op. cit., tomo III, vol. 2, pp. 343-74.

(85) "Comentário", op. cit., p. 90.

(86) Ibidem.

(87) Ibidem, p. 92.

(88) As informações sobre Lívio Xavier foram obtidas em José Castilho Marques Neto, *Solidão revolucionária: Mario Pedrosa e as origens do trotskismo no Brasil*, op. cit., pp. 24-5. No final do livro, encontra-se, sob a forma de anexo, a correspondência que Mario Pedrosa enviou da Alemanha para Lívio Xavier, entre 1928 e 1929. Transcritas na íntegra, essas cartas (até então inéditas) fornecem informações adicionais sobre a política comunista no período, além de contribuir para a reconstrução da personalidade de Mario Pedrosa.

(89) Na entrevista que concedeu a Lourenço Dantas em julho de 1979, Lívio Xavier afirma: "Todo mundo me conhece ou me toma por trotskista, mas não tenho mais nada com isso, embora tenha sido intimado a depor na polícia, para ser interrogado a respeito". Perguntado pelo entrevistador se seria "capaz de precisar exatamente quando acabou a sua militância política", Xavier responde: "Depois daquele choque com os integralistas, na praça da Sé. Nós ainda nos reunimos, mas o Mario [Pedrosa] foi para o Rio, e o Aristides [Lobo] ficou trançando por aqui, mas foi nesse tempo, lá por volta de 35, que deixei de militar". Cf. Lívio Xavier, "Entrevista", *A história vivida*, op. cit., p. 385.

(90) Cf. Otávio de Freitas Júnior, "A incompreensão política", *Clima*, nº 12, abril de 1943, pp. 59-75.

(91) Cf. Mário Schenberg, "O destino das Nações Unidas", *Clima*, nº 12, pp. 8-53.

(92) Mário Schenberg nasceu em Recife. Lá iniciou o curso de Engenharia, antes de transferir-se, em 1933, para a Escola Politécnica de São Paulo, onde se formaria em 1935. Em 1936, licenciou-se também em ciências matemáticas na primeira turma da Faculdade de Filosofia, Ciências e Letras da USP. Dois anos depois, fez sua primeira viagem de estudos para a Europa, comissionado pelo governo do Estado de São Paulo. Ali permaneceu por nove meses, trabalhando no Instituto de Física da Universidade de Roma, sob a direção do cientista Enrico Fermi, prêmio Nobel de Física de 1938. Dedicou-se, nesse período, ao estudo dos raios cósmicos e da eletrodinâmica quântica. Nessa época, começou a se interessar pelas artes, em conseqüência das visitas que fizera a vários museus europeus. Passou o ano de 1940 nos Estados Unidos, trabalhando com questões da física da relatividade e da astrofísica, em conjunto com físicos de renome da época. Voltou ao Brasil no ano seguinte, decidido a assentar as bases da física em nosso país. Exerceu também, de forma assistemática, a crítica de arte. Sua habilitação nesse domínio foi particularmente favorecida pelas inúmeras viagens internacionais que fez como físico profissional. Na década de 60, Schenberg teve uma participação importante na organização das bienais e em vários movimentos artísticos, como o dos concretistas. Informações obtidas em José Luiz Goldfarb, *Voar também é com os homens: o pensamento de Mário Schenberg*, São Paulo, Edusp, 1994, pp. 38-45 e 127.

249

(93) Cf. Leôncio Martins Rodrigues, op. cit., p. 404.

(94) Segundo Antonio Candido, a razão principal que levou à interrupção da publicação de *Clima* nesse período foi de ordem financeira. Para contornar a situação, Lourival Gomes Machado entrou em contato com Jorge Martins Rodrigues, co-proprietário de uma pequena agência de publicidade. Eles "se interessaram em custear certo número de publicações de pouco lucro, mas que no conjunto poderiam dar algum. Pensaram em incluir *Clima* no esquema; nós aceitamos e ela voltou à vida em agosto de 1944, com redação oficialmente no escritório deles, mas com o mesmo tipo de trabalho de antes, todo feito por nós". (Cf. Antonio Candido, "Clima", op. cit., p. 157.) A partir de então, "acabou o amadorismo. Não mexíamos mais com a parte material da revista (o gerente e o diretor de publicidade eram pessoas de fora), só fornecíamos o material da revista". (Trecho da entrevista que Antonio Candido concedeu à autora, em 1995.)

(95) A esse respeito, ver Antonio Candido, "O congresso dos escritores", *Teresina etc.*, op. cit., p. 108. Segundo o autor, não faziam parte da Associação Brasileira de Escritores "os mais ou menos chegados ao governo, seja porque o apoiavam ideologicamente, seja porque trabalhavam, com ou sem convicção política, em organismos oficiais de informação e propaganda, que então proliferavam, ou escreviam assiduamente em publicações orientadas nesse sentido" (ibidem).

(96) A esse respeito ver Antonio Arnoni Prado, "Anotador à margem", *Dentro do texto, dentro da vida: ensaios sobre Antonio Candido*, op. cit., p. 136.

(97) Quatro anos depois dessa palestra de Candido, foi defendida na Universidade de São Paulo a primeira dissertação de mestrado sobre a revista que ele produziu em seus tempos de juventude, "*Clima*: contribuição para o estudo do modernismo", op. cit., de Maria Neuma Cavalcante. Esse trabalho foi orientado por José Aderaldo Castello, autor da obra *Presença da literatura brasileira*, escrita em conjunto com Antonio Candido, cujo terceiro volume é dedicado ao exame do modernismo. Partindo do pressuposto de que "o modernismo não pode ser classificado em fases estanques", Maria Cavalcante mostra que "*Clima* surgiu no momento de consolidação da liberdade estética conquistada pelos modernistas de 22", e foi feita por um grupo que pode ser "tomado como expressão de uma geração que se formara dentro do espírito modernista, mas com uma visão mais universalizante e uma mentalidade mais técnica e disciplinada, desenvolvida na universidade" (1978, p. 80). O segundo trabalho sobre essa publicação, de Andréa Alves, "*Sociologia* e *Clima*: dois caminhos, um debate", op. cit, foi apresentado sob a forma de uma monografia de conclusão de graduação, defendida na Universidade Estadual do Rio de Janeiro, em 1991. A autora procurou analisar "a matriz de duas maneiras diversas de trabalhar o conhecimento sociológico: a revista *Clima* representando

um viés 'ensaístico' e a revista *Sociologia* (criada em 1939 por Emílio Willems), um viés 'científico e acadêmico' "(p. 1).

(98) Cf. Antonio Candido, "Clima", op. cit., p. 158.

(99) Ibidem, p. 164.

(100) Cf. Celso Lafer, "As idéias e a política na trajetória de Antonio Candido", *Dentro do texto, dentro da vida*, op. cit., p. 271.

(101) Trecho da entrevista que Antonio Candido concedeu a Andréa Alves, em maio de 1991, op. cit., p. 18.

(102) Cf. Antonio Candido, "Entrevista", *3 Antônios e 1 Jobim. Histórias de uma geração*, op. cit., p. 106.

(103) Cf. Antonio Candido, "Informe político", op. cit., p. 61.

(104) Cf. Gilda de Mello e Souza, "Depoimento", *Língua e Literatura*, op. cit., p. 135.

(105) Ibidem, p. 137.

(106) Todas as citações desse parágrafo foram retiradas do "Depoimento" de Gilda de Mello e Souza, op. cit., pp. 137-8.

(107) Trecho da entrevista que Carlos Vergueiro concedeu à autora, em maio de 1995. Embora tenha escrito apenas um artigo para o segundo número de *Clima* (a respeito do pianista russo Alexandre Borovsky, considerado um dos maiores intérpretes de Bach), Carlos Vergueiro conviveu bastante com o grupo. Conheceu Gilda de Mello e Souza quando ambos tinham dezessete anos e, pouco tempo depois, Antonio Candido, de quem foi colega de turma, de 1937 a 1940, inicialmente no curso pré-jurídico, depois nos dois primeiros anos do curso de bacharelado da Faculdade de Direito. Anos mais tarde, seu filho se casaria com uma das filhas de Gilda e de Antonio Candido. Vergueiro trabalhou como crítico de música nos jornais *Correio Paulistano* e *O Estado de S. Paulo*. Participou da fundação do Teatro Brasileiro de Comédia em 1948, onde exerceu a função de diretor administrativo e atuou como ator. No início dos anos 50, foi convidado pela família Mesquita para montar a rádio Eldorado, inaugurada em 1954. Ali trabalhou até se aposentar.

(108) Em uma das passagens do volume *Lira paulistana*, Mário de Andrade faz menção a um encontro que teve com o grupo de *Clima* na residência do casal Gomes Machado. Reproduzo a seguir os trechos em que ele se refere a Maria de Lourdes Machado, Ruy Coelho, Antonio Candido, Paulo Emilio Salles Gomes, Decio de Almeida Prado, Lourival Gomes Machado e Gilda de Mello e Souza, nessa ordem. Cf. Mário de Andrade, *Poesias completas*, São Paulo, Martins, 1966, pp. 290-1.

> Lourdes reina a paz em Varsóvia.
> *A advertência dos vidrilhos*
> *Ladrilha tudo. Nos cantos*
> *Murcham as flores de retórica.*

Rui bom, cuidado! *Motorista*
Dos highlands do pensamento
Nessas landas os nativos
Não consertam as estradas.

Minas Gerais, fruta paulista,
Sambre e Meuse bem marxante,
Perigas às vezes, por confiança
Nas gageures.

Paulo Emilio *assim que o ruído*
Ruiu, o trem descarrilou
No screen-play ruim... Mas os ratos
Os ratos roem por aí.

Um largo gesto desmaia
Na ribalta. Não faz mal
Que em São Paulo deciolizem
Lagartixas ao sol.

Lourival sentencioso,
Parceiro de dor e vale,
Nunca houve fúrias de Averno
Em diabo grande.

O arreliquim de Tintagiles, Gilda,
Me esconde tudo, neblina.
A hera deu flor... A saudade
Lilá ri das inquietações.

(109) A esse respeito, ver Antonio Candido, "A lembrança que guardo de Mário", *Revista do Instituto de Estudos Brasileiros*, São Paulo, IEB, Universidade de São Paulo, nº 36, 1994, p. 13.

(110) Cf. Gilda de Mello e Souza (Moraes Rocha), "Week-end com Teresinha", *Clima*, nº 1, maio de 1941, p. 103.

(111) Cf. Vilma Arêas, "Prosa branca", *Discurso*, nº 26 (edição comemorativa dos 25 anos da revista, em homenagem a Gilda de Mello e Souza), São Paulo, 1996, p. 25.

(112) Cf. Gilda de Mello e Souza (Moraes Rocha), "Armando deu no macaco", *Clima*, nº 7, dezembro de 1941, p. 95.

(113) Cf. Gilda de Mello e Souza (Moraes Rocha), "Rosa pasmada", *Clima*, nº 12, abril de 1943, p. 80.

(114) Cf. Vilma Arêas, "Prosa branca", op. cit., p. 26.

(115) Cf. Gilda de Mello e Souza, "Depoimento", op. cit., pp. 149-50.

(116) Ibidem, p. 147.

(117) Ibidem, pp. 147-8.

(118) A primeira resenha que Gilda de Mello e Souza escreveu para *Clima* foi publicada em abril de 1942, com o título "A margem do livro de Jean Valtin". A segunda e última encontra-se no décimo segundo número da revista, editado em abril de 1943. Nessa, Gilda faz propriamente crítica literária ao examinar o livro *OG*, de Adalgisa Nery. A seu ver, a estréia de Adalgisa na prosa foi "um lamentável equívoco. Essencialmente poetisa, as coisas não se apresentam a ela pela inteligência mas pela intuição. Como, portanto, transportar a sua visão de mundo para a prosa, que é o desenvolvimento do pensamento lógico e, mais ainda para o conto, o mais lógico dos gêneros literários?" (p. 94).

(119) Citação retirada da entrevista que Gilda de Mello e Souza concedeu a Andréa Alves, em 1991, op. cit., p. 13.

(120) Essa observação de Decio de Almeida Prado foi motivada por um diálogo que ele e Gilda de Mello e Souza tiveram durante a entrevista feita por Andréa Alves, op. cit., p. 13.

(121) Cf. Gilda de Mello e Souza, "Depoimento", op. cit., p. 147.

(122) Sobre as poetisas publicadas em *Clima*, apenas duas aparecem no *Dicionário literário brasileiro*, op. cit., de Raimundo Menezes: Oneyda Alvarenga (1911) e Cecília Meireles (1901-64). A primeira, nascida em Minas, diplomou-se em piano pelo Conservatório Dramático e Musical de São Paulo, fez o curso de etnografia e folclore do Departamento de Cultura, organizou e dirigiu, em 1935, a Discoteca Pública dessa instituição, a convite de Mário de Andrade. Cecília Meireles já era uma escritora reconhecida quando alguns de seus poemas foram publicados em *Clima*. Entre 1934 e 1938 lecionou literatura luso-brasileira e técnica e crítica literária na Universidade do Distrito Federal. Em 1938, ganhou o prêmio da Academia Brasileira de Letras pelo livro *Viagem*. Dois anos depois, a convite do governo norte-americano, lecionou literatura e cultura brasileiras na Universidade do Texas. Além de dedicar-se à literatura e à educação, revelou-se na área da pesquisa histórica. Maria Eugênia Franco (1915), única mulher que participou do inquérito promovido por *O Estado de S. Paulo*, entre 1943 e 1944, com 29 figuras da jovem intelectualidade da época, cursou a Escola Livre de Sociologia e Política, entre 1936 e 1938. No final desse mesmo ano, estreou na crítica literária. Em 1940, passou a fazer o rodapé de crítica literária do *Jornal da Manhã*. No ano seguinte, colaborou em *Planalto*, a convite de Sérgio Milliet, com quem trabalhou na Biblioteca Municipal, organizando a sua Seção de Arte. Sobre Clotilde Guerrini, o poeta e pintor português Antonio Pedro afirmou, em 1941 (na entrevista concedida ao periódico *Acção*, op. cit.), que ela "era a melhor esperança da poesia jovem" de São Paulo.

(123) Cf. Mário Neme, "Ensaio sobre a comadre", *Clima*, nº 2, julho de 1941, p. 70.

(124) Cf. Mário Neme, "Mula que faz him, mulher que sabe latim", *Clima*, n⁰ 9, abril de 1942, p. 85.

(125) Cf. Antonio B. Lefèvre, *Clima*, n⁰ 4, setembro de 1941, p. 89.

(126) Cf. Alvaro Bittencourt, *Clima*, n⁰ 6, novembro de 1941, p. 60.

(127) Ibidem, p. 61.

(128) Cf. Antonio B. Lefèvre, *Clima*, n⁰ 7, dezembro de 1941, pp. 102-3.

(129) Cf. Antonio B. Lefèvre, *Clima*, n⁰ 9, abril de 1943, p. 104.

(130) Trecho da entrevista de Curt Lange, reproduzido por Antonio B. Lefèvre no artigo citado, p. 97.

(131) Cf. Antonio B. Lefèvre, op. cit., p. 97.

(132) Trecho da entrevista que Antonio Candido concedeu à autora, em abril de 1995.

(133) Ibidem.

(134) Ibidem.

(135) Referência de Antonio Candido ao livro de René Leibowitz, *Histoire de l'opéra*, Paris, Buchet/Chastel, 1957, no qual consta um capítulo específico sobre Puccini: "L'oeuvre de Puccini et les problèmes de l'opéra contemporain".

(136) Trechos da entrevista que Antonio Candido concedeu à autora, em abril de 1995.

(137) Cf. "Nota da redação", *Clima*, n⁰ 12, abril de 1943, p. 3.

(138) A tese de doutorado de Paulo Emilio Salles Gomes foi publicada em 1974 com o título *Humberto Mauro, Cataguases, "Cinearte"*, São Paulo, Edusp/Perspectiva.

(139) Cf. Gilda de Mello e Souza, "Paulo Emilio: a crítica como perícia", *Exercícios de leitura*, op. cit., p. 212. Redigido em 1979, esse artigo segue de perto as notas que serviram de apoio à argüição que a autora fez, em 1972, na defesa da tese de doutorado de Paulo Emilio Salles Gomes.

4. *INTELECTUAIS ACADÊMICOS* (pp. 140-211)

(1) Cf. Gilda de Mello e Souza, "Depoimento", op. cit., p. 135.

(2) Cf. Antonio Candido, "Alfredo (Mesquita) e nós", *O Estado de S. Paulo*, 13 de dezembro de 1986, p. 4.

(3) Cf. Decio de Almeida Prado, "50 anos depois", *O Estado de S. Paulo*, 3 de junho de 1989, p. 11. Discurso lido na sessão de homenagem prestada pela Faculdade de Filosofia, Letras e Ciências Humanas (FFLCH), em 27 de abril de 1989, à terceira turma (1938) da antiga Faculdade de Filosofia, por ocasião da comemoração dos cinqüenta anos de sua formatura.

(4) Cf. Decio de Almeida Prado, "Antonio de Almeida Prado, o homem e o intelectual", *O Estado de S. Paulo*, 29 de julho de 1989. Discurso lido na

homenagem prestada, em 8 de julho de 1989, pela Faculdade de Medicina de São Paulo ao pai de Decio, por ocasião do centenário de seu nascimento. Para maiores informações sobre Antonio de Almeida Prado e outros professores da Faculdade de Medicina que contribuíram para a criação e consolidação da Universidade de São Paulo, ver Carlos Lacaz e Berta R. de Mazzieri, op. cit. Conferir também os seguintes livros de Antonio de Almeida Prado (que aliam a vertente memorialística ao trabalho de reconstrução dos ambientes, das cidades, das pessoas e das instituições de ensino a que pertenceu); *Escolas de ontem e de hoje*, op. cit., e *Crônica de outrora*, São Paulo, Brasiliense, 1963.

(5) Cf. Decio de Almeida Prado, "Antonio de Almeida Prado, o homem e o intelectual", op. cit.

(6) Cf. ibid.

(7) Cf. Antonio de Almeida Prado, *Escolas de ontem e de hoje,* op. cit., p. 195.

(8) Ao contrário da Faculdade de Filosofia, Ciências e Letras, concebida a partir do modelo universitário francês, a Escola Livre de Sociologia e Política, fundada em 1933, aproximava-se do modelo norte-americano, centrado principalmente nos trabalhos de pesquisa empírica como requisito básico para a qualificação do sociólogo profissional. Se, como mostra Fernando Limongi, "a defesa de um ensino calcado nas humanidades e destituído de qualquer utilitarismo são os pontos de destaque no diário daqueles que conceberam a FFCL", o mesmo não se aplica à ELSP. Esta foi projetada com a finalidade clara de formar quadros especializados para a administração pública e privada do Estado. A ênfase no ensino aplicado e a "preocupação com a pesquisa empírica com finalidades intervencionistas" apresentam-se como as suas dimensões mais marcantes. Outra particularidade dessa instituição que merece ser destacada refere-se à história do projeto que presidiu a sua criação. Ainda segundo Limongi, "a bibliografia disponível sobre esse assunto tem frisado seus laços com o movimento modernista e com a chamada ala cultural do Partido Democrático. Sérgio Milliet seria o responsável último por esses vínculos expressos na 'ponte' que constrói entre a ELSP e o Departamento de Cultura". Cf. Fernando Limongi, "A Escola Livre de Sociologia e Política em São Paulo", *História das ciências sociais no Brasil*, op. cit., vol. 1, pp. 220-1.

(9) Antropólogo alemão (1888-1970), naturalizado brasileiro, Baldus fixou residência em São Paulo, na década de 1920, após uma viagem pela América do Sul. Em 1928, regressou à Alemanha, onde obteve o título de doutor em etnologia pela Universidade de Berlim, e, em 1933, retornou definitivamente ao Brasil. Sua atuação como professor da Escola Livre de Sociologia e Política, ao lado de Donald Pierson e Emílio Willems, foi decisiva para a implantação, em 1941, do primeiro curso de pós-graduação em sociologia do país, e para que a formação e o conhecimento produzidos por essa instituição passassem a se pautar por critérios propriamente acadêmicos, deixando assim

em segundo plano a formação de quadros para a administração pública. Cf. Fernando Limongi, op. cit., p. 223. Sobre a trajetória intelectual e institucional de Baldus no país, ver Mariza Corrêa, *História da antropologia no Brasil: 1930-1960*, Campinas, Editora da Unicamp, 1988.

(10) Para uma visão mais aprofundada dessa iniciativa, ver Silvana Rubino, "Clube de pesquisadores: a Sociedade de Etnologia e Folclore e a Sociedade de Sociologia", *História das ciências sociais no Brasil*, Sergio Miceli (org.), São Paulo, Editora Sumaré/Fapesp, 1995, vol. 2, pp. 479-521.

(11) Referência às mulheres grã-finas da época que freqüentaram, como ouvintes, alguns dos primeiros cursos oferecidos pela Faculdade de Filosofia, como Sarah Pinto Conceição e Maria Helena da Silva Prado, por exemplo.

(12) Trecho do depoimento de Mário Wagner Vieira da Cunha sobre "A sociologia na década de 50", dado no curso "Brasil: década de 50", promovido pelo Instituto de Estudos Brasileiros da Universidade de São Paulo, em janeiro de 1975.

(13) Todas as citações desse parágrafo foram retiradas do depoimento de Mário Wagner Vieira da Cunha, op. cit. O ressentimento expresso por ele em relação à sua experiência como estudante comissionado sinaliza uma questão mais ampla: a hierarquia estabelecida na época entre a Faculdade de Filosofia e a Escola Livre de Sociologia e Política. Segundo Mário Wagner, "Baldus reclamava duramente de que ele, apesar de conhecer profundamente a etnologia brasileira e de ser um etnólogo conhecido internacionalmente, não tinha lugar dentro da Universidade de São Paulo" (ibidem).

(14) Cf. Sergio Miceli, "Condicionantes do desenvolvimento das ciências sociais", op. cit., p. 75. Segundo o autor, "do total de 150 diplomados em ciências sociais pela Faculdade de Filosofia, Ciências e Letras da Universidade de São Paulo, nas vinte turmas formadas entre 1936 e 1955, 57% eram mulheres e 30% eram moças e rapazes com nomes imigrantes, a maioria dos quais de origem italiana afora uns poucos de origem japonesa, espanhola e árabe" (ibidem).

(15) Para uma excelente análise da formação e da trajetória intelectual e institucional de Florestan Fernandes, assim como da sua contribuição decisiva para a construção da sociologia paulista, cf. Maria Arminda do Nascimento Arruda, "A sociologia no Brasil: Florestan Fernandes e a 'escola paulista'", *História das ciências sociais no Brasil*, op. cit., vol. 2, pp. 107-231. Ver também Renato Ortiz, "Notas sobre as ciências sociais no Brasil", *Novos Estudos*, São Paulo, Cebrap, nº 27, julho de 1990.

(16) Trechos da entrevista concedida por Florestan Fernandes, em junho de 1981, ao Museu de Imagem e do Som, com a participação de Carlos Guilherme Mota, Alfredo Bosi, Gabriel Cohn e Ernani da Silva Bruno (coordenador, na época, do projeto "Estudos brasileiros", desenvolvido no MIS). Essa entrevista foi publicada, em forma reduzida, com o título "Florestan

Fernandes, história e histórias", em *Novos Estudos*, São Paulo, Cebrap, n⁰ 42, julho de 1995, pp. 3-31.

(17) Cf. Florestan Fernandes, "Em busca de uma sociologia crítica e militante", *A sociologia no Brasil: contribuição para o estudo de sua formação e desenvolvimento*, Petrópolis, Vozes, 1977, pp. 158-9.

(18) Ibidem, p. 156.

(19) Ibidem, p. 161.

(20) Ibidem.

(21) Ibidem, p. 162.

(22) Ibidem.

(23) Ibidem, p. 157, grifos do autor. A passagem citada é elucidativa da nova identidade social que o autor estava em via de construir. Durante a infância e a adolescência, ele era conhecido por Vicente, a partir da faculdade passou a ser conhecido por Florestan Fernandes.

(24) Ibidem, p. 160.

(25) Cf. Florestan Fernandes, *A condição de sociólogo*, prefácio de Antonio Candido, São Paulo, Hucitec, 1978, p. 32. Esse livro resultou da entrevista feita por um grupo de professores da Unesp, publicada primeiro na revista *Transformação* (n⁰ 2), com o título "Entrevista sobre o trabalho teórico".

(26) Ibidem, p. 31.

(27) Cf. Florestan Fernandes, "Em busca de uma sociologia crítica e militante", op. cit., pp. 163-4.

(28) Trecho da entrevista que Florestan Fernandes concedeu ao MIS, em 1981.

(29) A esse respeito, ver Maria Arminda do Nascimento Arruda, "Formação e perfil de um sociólogo: a trajetória acadêmica de Florestan Fernandes", *A sociologia entre a modernidade e a contemporaneidade*, Sergio Adorno (org.), Porto Alegre, Cadernos de Sociologia, Programa de Pós-Graduação em Sociologia, 1995, pp. 117-29.

(30) Cf. Decio de Almeida Prado, "Oração aos velhos", *Homenagem a Decio de Almeida Prado*, São Paulo, União Brasileira de Escritores/Scortecci, 1995, pp. 40-1. O volume, apresentado por Fábio Lucas, contém depoimentos de Antonio Candido, Sábato Magaldi, João Roberto Faria, Zecarlos de Andrade e Haydée Bittencourt.

(31) Ibidem, p. 40.

(32) Ibidem, p. 43.

(33) Ibidem, pp. 43-4.

(34) Informações obtidas em José Inácio de Mello Souza, "Paulo Emilio no Paraíso: 1930-1940", São Paulo, mimeo., 1993, p. 38.

(35) Cf. Zulmira R. Tavares, "Paulo Emilio: cinema e Brasil, um ensaio interrompido", Paulo Emilio Salles Gomes, *Cinema: trajetória e subdesenvolvimento*, 2ª ed., Rio de Janeiro, Paz e Terra, 1986, p. 12.

(36) Cf. José Inácio de Mello Souza, op. cit., p. 66.

(37) Cf. Antonio de Almeida Prado, *Crônica de outrora*, op. cit., p. 143.

(38) A esse respeito, ver Jacó Ginsburg e Nanci Fernandes, "A iniciação de um crítico", *Decio de Almeida Prado: um homem de teatro*, op. cit., p. 130.

(39) Ibidem, p. 155.

(40) O teatro carioca, naquele período, contava com três grandes palcos que, segundo Antonio de Almeida Prado, "dividiam-se metodicamente de conformidade com o gênero, e até com a nacionalidade das companhias que nos procuravam: o Municipal, o Lírico e o São Pedro. Ao Municipal iam as grandes companhias líricas, as companhias dramáticas italianas e francesas, e ao São Pedro companhias de certo nível, mas de caráter popular" (ibidem, p. 192). Quanto ao (extinto) Teatro Lírico, que "nada ficava a dever em aspecto ao Municipal", prestava-se "admiravelmente aos espetáculos faustosos e à opera, porque tinha excelente acústica" (ibidem, p. 195).

(41) Ibidem, p. 176.

(42) Informação obtida na entrevista que Antonio Candido concedeu ao Idesp, em 1987.

(43) Informação obtida na entrevista que Antonio Candido concedeu ao MIS, em 1981.

(44) A esse respeito, ver o meu artigo "Retratos do Brasil", op. cit.

(45) Historiador da vida política brasileira e biógrafo de personalidades do Império, Otávio Tarquínio de Souza (1889-1959) fez carreira na administração pública, tendo sido presidente do Tribunal de Contas da União entre 1918-32 e ministro do mesmo órgão entre 1932 e 1946. Foi também o primeiro presidente da Associação Brasileira de Escritores, diretor da *Revista do Brasil* na sua terceira fase (1938-43) e da coleção Documentos Brasileiros.

(46) Sobre a importância das faculdades de medicina e de direito nesse período, ver Lilia Moritz Schwarcz, *O espetáculo das raças*, São Paulo, Companhia das Letras, 1993.

(47) Trecho da entrevista de Antonio Candido concedida ao MIS, em 1981.

(48) Cf. Antonio Candido, "O recado dos livros", *Recortes*, op. cit., p. 218.

(49) Ibidem, p. 221.

(50) Cf. Antonio Candido, *Formação da literatura brasileira: momentos decisivos*, São Paulo, Martins, 1959, vol. I, p. 12.

(51) Todas as citações desse parágrafo foram retiradas da entrevista que Antonio Candido concedeu ao MIS, em 1981.

(52) Ibidem.

(53) Ibidem.

(54) Informação obtida na entrevista que Antonio Candido concedeu a Gilberto Velho e Yonne Leite, publicada com o título "Os vários mundos de um

humanista" na revista de divulgação científica da SBPC, *Ciência Hoje*, nº 91, vol. 16, junho de 1993, pp. 28-41.

(55) Informação obtida na entrevista que Decio de Almeida Prado concedeu a Nelson de Sá e Alcino Leite Lopes, publicada no caderno *Letras* da *Folha de S. Paulo*, no dia 25 de maio de 1991.

(56) Informação fornecida por Decio de Almeida Prado em uma das várias conversas que tive com ele ao longo do segundo semestre de 1995.

(57) Cf. José Inácio de Mello Souza, op. cit., p. 75.

(58) Ibidem, p. 95.

(59) Cf. Decio de Almeida Prado, "Paulo Emilio quando jovem", *Paulo Emilio: um intelectual na linha de frente*, op. cit., pp. 20-1.

(60) A Sociedade Pró-Arte Moderna (SPAM) foi criada em novembro de 1932, por iniciativa de Gregori Warchavchik, Paulo Prado, Lasar Segall, Paulo Rossi Osir, John Graz, Antonio Gomide, Paulo Mendes de Almeida, Vitório Gobbis, Olívia Guedes Penteado, Mirna Klabin Warchavchik, Jenny Klabin Segall, Anita Malfatti, Tarsila do Amaral, Chinita Ulmann, Regina Gomide Graz e Ester Bessel. A esse grupo inicial juntaram-se Mário de Andrade, Sérgio Milliet, Hugo Adami, Victor Brecheret, Yan de Almeida Prado, entre outros. Integrada, segundo Walter Zanini, por "artistas do primeiro modernismo, do qual representava continuidade", promoveu duas exposições e dois bailes de Carnaval que fizeram sucesso entre as elites culturais da época: "Carnaval na Cidade" e "Expedição às Matas Virgens". (Cf. Walter Zanini, op. cit., pp. 38-9.) D. Gilda de Salles Gomes, mãe de Paulo Emilio, participou de um desses bailes de Carnaval, "tendo saído de vendedora de balões de gás. Por esta razão, Paulo Emilio, então um ginasiano, já conhecia o SPAM". (Cf. José Inácio de Mello Souza, op. cit.)

(61) O Clube dos Artistas Modernos foi inaugurado em novembro de 1934, um dia depois do SPAM, e nasceu de uma dissidência do último, produzida antes mesmo de sua criação oficial. Flávio de Carvalho, mentor e principal articulador do CAM, suspeitava que o SPAM acabaria por se "revestir de um caráter um tanto ou quanto grã-fino — o que não era de todo improcedente". (Cf. Paulo Mendes de Almeida, op. cit., p. 76.) Ao contrário do SPAM, de caráter mais aristocrático e mundano, o CAM preocupava-se com a situação financeira e com a remuneração dos artistas plásticos, criando para eles um ambiente propício de trabalho. Através da atuação de Di Cavalcanti, Antonio Gomide, Carlos Prado e Flávio de Carvalho, o clube organizou comissões especiais para as artes plásticas, o teatro, a música e a literatura. Mario Pedrosa, por exemplo, fez a sua primeira intervenção como crítico de artes plásticas nessa entidade, com uma conferência sobre as tendências sociais da arte, centrada na artista alemã Kaethe Kollwitz. Segundo Zanini, o CAM tornou-se "o verdadeiro foro de assuntos artísticos e sociais. Atraiu cientistas, intelectuais e artistas que abordaram temas novos para a época, como arte proletária, marxismo e arte, o

desenho infantil e seu valor pedagógico, a arte dos loucos e a vanguarda". (Cf. Walter Zanini, op. cit., p. 38.)

(62) Dados obtidos em *Paulo Emilio: um intelectual na linha de frente*, op. cit., e José Inácio de Mello Souza, op. cit.

(63) Cf. José Inácio de Mello Souza, op. cit., p. 106.

(64) As informações sobre a atividade política de Paulo Emilio nesse período foram obtidas em José Inácio de Mello Souza, op. cit.; Carlos R. Souza, "Nota biográfica", *Paulo Emilio: um intelectual na linha de frente*, op. cit., pp. 399-401; e Decio de Almeida Prado, "Paulo Emilio na prisão", *Seres, coisas, lugares*, São Paulo, Companhia das Letras, 1997, pp. 147-53.

(65) Citação retirada da apresentação da tese de doutorado de Paulo Emilio Salles Gomes, "Cataguases e *Cinearte* na formação de Humberto Mauro", São Paulo, FFLCH, 1972, p. 1.

(66) Todas as citações desse parágrafo foram retiradas do artigo de Gilda de Mello e Souza, "A lembrança que guardo de Mário", op. cit., p. 10.

(67) Ibidem.

(68) Era assim que Gilda chamava a sua tia-avó, d. Maria Luísa, mãe de Mário de Andrade e irmã da mãe de Candido de Moraes Rocha. Cf. "A lembrança que guardo de Mário", op. cit., p. 11.

(69) Cf. Gilda de Mello e Souza, "Depoimento", op. cit., p. 145.

(70) Ibidem.

(71) As informações sobre a família de Lourival Gomes Machado foram obtidas nas entrevistas feitas pela autora com Maria de Lourdes Gomes Machado (no dia 20 de abril de 1995) e Maria Isabel Machado Assumpção (no dia 4 de maio de 1995).

(72) Trecho da entrevista que Decio de Almeida Prado concedeu à autora, em maio de 1995.

(73) Trecho da entrevista que Florestan Fernandes concedeu ao MIS, em 1981.

(74) Ibidem.

(75) Cf. Florestan Fernandes, "Em busca de uma sociologia crítica e militante", op. cit., pp. 145-6.

(76) Todas as citações desse parágrafo foram retiradas do artigo de Florestan Fernandes, op. cit., p. 146.

(77) Ibidem, p. 145.

(78) Ibidem, p. 147.

(79) Ibidem, p. 148.

(80) Ibidem.

(81) Ibidem, pp. 148-9.

(82) Todas as citações desse parágrafo foram retiradas do artigo de Florestan Fernandes, op. cit., pp. 149-52.

(83) Cf. Florestan Fernandes, "Em busca de uma sociologia crítica e militante", op. cit., p. 154.

(84) Informação obtida na entrevista que Antonio Candido concedeu a Sônia M. de Freitas, op. cit., p. 35.

(85) Trecho da entrevista que Antonio Candido concedeu ao MIS, em 1981.

(86) Cf. Antonio Candido, "O saber e o ato", *Língua e Literatura*, vols. 10-3, 1981-4, p. 117. Discurso pronunciado por Candido, quando recebeu o título de professor emérito da Faculdade de Filosofia, Letras e Ciências Humanas da Universidade de São Paulo, em agosto de 1984.

(87) Citação retirada da entrevista que Antonio Candido concedeu ao MIS, em 1981.

(88) Ibidem.

(89) Trechos da entrevista que Antonio Candido concedeu a Sônia M. de Freitas, op. cit., p. 36.

(90) Todas as citações desse parágrafo, de Mário de Andrade e de Gilda, foram retiradas do depoimento de Gilda de Mello e Souza, *Língua e Literatura*, op. cit., pp. 145-6.

(91) Em Paris, Paulo Emilio reviu a sua posição em relação ao comunismo. Em suas palavras, "tinha saído do Brasil ligado aos comunistas e, em Paris, continuei ligado aos comunistas brasileiros no exílio até o momento de 1938, dos processos de Moscou — o processo de Bukarin, sobretudo, que teve um papel decisivo para mim —, quando houve o afastamento. [...] No momento em que me afastei daquele culto à Rússia soviética, eles esfriaram totalmente em relação a mim, inclusive em política interna brasileira, e praticamente, a não ser alguns amigos de caráter mais pessoal, os comunistas não quiseram mais saber de conversa comigo". Depoimento de Paulo Emilio Salles Gomes concedido ao historiador Edgar Carone, publicado com o título "Memórias políticas de um crítico" no *Folhetim* da *Folha de S. Paulo*, 11 de setembro de 1987, p. b-4.

(92) Pierre Monbeig (1908-85) foi professor da cadeira de geografia da Faculdade de Filosofia, Ciências e Letras da Universidade de São Paulo, entre 1935 e 1946. De volta à França, onde se doutorou em 1950 com a tese "Pionniers et planteurs de São Paulo" (premiada em 1950 pela Fondation Nationale des Sciences Politiques, de Paris), tornou-se professor da Sorbonne e diretor do Institut des Hautes-Études de l'Amérique Latine da Universidade de Paris. Monbeig é autor de uma vasta obra sobre o Brasil, entre livros e artigos, publicados aqui e na França. Cf. Heloisa Pontes e Fernanda Peixoto Massi, *Guia biobibliográfico dos brasilianistas*, São Paulo, Ed. Sumaré/Fapesp, 1992, pp. 72-4.

(93) Cf. Ruy Coelho, "Depoimento", *Língua e Literatura*, op. cit., p. 129.

(94) A esse respeito, ver Antonio Candido, *Formação da literatura brasileira*, op. cit.; Decio de Almeida Prado, *João Caetano: o ator, o empresário e o repertório*, São Paulo, Perspectiva/Edusp, 1972; Paulo Emilio Salles Gomes, *Humberto Mauro, Cataguases, Cinearte*, op. cit., Lourival Gomes Machado, *O barroco mineiro*, op. cit.

(95) Cf. Gilda de Mello e Souza, *O espírito das roupas: a moda no século dezenove*, São Paulo, Companhia das Letras, 1987.

(96) Cf. Maria Arminda do Nascimento Arruda, "A sociologia no Brasil", op. cit., p. 133.

(97) O mesmo fez Durkheim, no início do século, para a sociologia francesa, em conjunto com os cientistas sociais que, sob a sua liderança intelectual e institucional, integraram-se à revista *Année Sociologique*. A esse respeito, ver Phillipe Besnard (org.), *The sociological domain: the Durkheimians and the founding of French sociology*, Paris, Ed. de la Maison des Sciences de l'Homme; Cambridge, Cambridge University Press, 1993; Victor Karady, "Stratégies de réussite et modes de faire-valoir de la sociologie chez les durkheimiens", *Revue Française de Sociologie*, Paris, CNRS, vol. XX, nº 1, 1979, pp. 49-82; e "Durkheim et les débuts de l'ethnologie universitaire, *Actes de la Recherche en Sciences Sociales,* nº 74, 1988, pp. 23-32; Fritz Ringer, *Fields of knowledge. French academic culture in comparative perspective, 1890-1920*, Paris, Ed. de la Maison des Sciences de l'Homme; Cambridge, Cambridge University Press, 1992.

(98) Para uma excelente análise da separação dos procedimentos científicos e literários e de suas implicações no contexto intelectual europeu do final do século XIX às três primeiras décadas do século XX, ver Woolf Lepenies, *Between literature and science: the rise of sociology*, op. cit. Ao circunscrever a questão do estilo como elemento simbólico central na definição da identidade de todos os grupos envolvidos na atividade intelectual, Lepenies constrói uma chave analítica a um só tempo sutil e poderosa. Por meio dela, torna-se possível examinar, em novas bases, as disputas, os riscos e os dilemas suscitados pela emergência da sociologia tanto para os grupos empenhados em sua implantação como para aqueles que recusavam o seu projeto científico. Todos eles envolvidos em um jogo de vida e morte pela afirmação de suas existências e, simultaneamente, pela negação da existência dos outros. Longe de manifestações conjunturais de aceitação ou de recusa, trata-se, como mostra o autor, de um embate estrutural entre grupos com projetos intelectuais distintos e muitas vezes antagônicos, enlaçados, no entanto, por intensas e competitivas relações.

(99) Frase de Ruy Coelho, citada por Antonio Candido no prefácio que escreveu para o livro de Florestan Fernandes, *A condição de sociólogo*, op. cit., p. XI.

(100) Cf. Antonio Candido, "Prefácio", *A condição de sociólogo*, op. cit., pp. X-XI.

(101) Cf. Antonio Candido, "Os vários mundos de um humanista", entrevista concedida a Gilberto Velho e Yonne Leite, op. cit., p.30.

(102) Cf. Fernando Henrique Cardoso, "Depoimento", *Língua e Literatura*, vols. 10-3, 1981-4, pp. 158-9.

(103) Candido já era assistente de sociologia e crítico literário de rodapé da *Folha da Manhã* quando foi aberto, em 1945, o concurso para a cadeira de literatura brasileira, na Faculdade de Filosofia. Decidido a prestar o concurso, ele redigiu a tese com o propósito de encontrar "uma saída para a minha situação, pois sempre li muito mais literatura do que sociologia. Então, escolhi um assunto que conhecia bem, que era Sílvio Romero, e preparei todo o material para escrever a tese, que foi redigida em quarenta dias. Quando terminei de escrevê-la, às três horas da madrugada, desmaiei esfalfado. [...] Apresentei a tese, me inscrevi e fiz o concurso" (trechos da entrevista que Candido concedeu ao Idesp, 1987). Apesar de ter obtido o segundo lugar no concurso (o primeiro coube a Mário de Souza Lima) e o título de livre-docente em literatura brasileira, Candido teve que permanecer na cadeira de sociologia, pois não havia, ainda, espaço institucional para abrigá-lo no curso de letras.

(104) A tese de doutorado de Antonio Candido, feita sob a orientação de Fernando de Azevedo, resultou de uma longa pesquisa de campo, iniciada em 1947 e concluída, após vários intervalos, em 1954. Na introdução do trabalho, Candido explica o porquê da demora para finalizá-la: "Como a organização da nossa faculdade não é de molde a encorajar pesquisas fora da capital, ela foi sendo feita aos pedaços, nos intervalos da obrigação didática, a despeito da sociologia e da antropologia modernas preconizarem contatos longos e seguidos com os grupos estudados, o que é quase impossível no regime universitário brasileiro, que, na melhor hipótese, raramente deixa livres ao professor mais de trinta dias cada ano" (1954, p. 1).

(105) Cf. Antonio Candido, "Os parceiros do rio Bonito: estudo sobre a crise nos meios de subsistência do caipira paulista", São Paulo, FFCL, USP, 1954, p. 4.

(106) Para uma análise circunstanciada das questões e da contribuição analítica dessa obra, ver Fernando Henrique Cardoso, "A fome e a crença (sobre *Os parceiros do rio Bonito)*", *Esboço de figura*, op. cit., pp. 89-100; Sedi Hirano, "Tradição e mudança no Brasil; Edgar de Assis Carvalho, "Imagens da tradição"; Teresinha d'Aquino, "Achegas para a análise sociológica" (incluídos no livro *Dentro do texto, dentro da vida*, op. cit.). Para uma discussão mais pontual do significado desse livro na produção de Candido, consultar os seguintes trabalhos de Mariza Peirano, "The anthropology of anthropology: the Brazilian case", tese de doutorado, Harvard, 1981; "O pluralismo de Antonio Candido", *Revista Brasileira de Ciências Sociais*, publicação quadrimestral da ANPOCS, nº 12, vol. 5, 1990, pp. 41-54.

(107) Cf. Antonio Candido, "Os parceiros do rio Bonito: estudo sobre a crise nos meios de subsistência do caipira paulista", op. cit., p. 1.

(108) Cf. Antonio Candido, "Os parceiros do rio Bonito", Rio de Janeiro, José Olympio, 1964, p. XII.

(109) Ibidem.

(110) Ibidem.

(111) Ibidem, p. XV.

(112) Ibidem.

(113) Cf. Sergio Miceli, "Condicionantes do desenvolvimento das ciências sociais", op. cit., p. 86.

(114) Ibidem, p. 92.

(115) Ibidem.

(116) Tais distinções não devem ser entendidas valorativamente, como um procedimento que vise aferir ou qualificar a importância real ou relativa dos trabalhos produzidos pelos cientistas sociais cariocas e paulistas. Ao contrário, o que se quer é chamar a atenção para o perfil sociológico dos mesmos. A produção desses intelectuais (e não apenas deles) ganha uma outra inteligibilidade (diferente da que é dada pela análise do seu sistema intelectual interno) quando examinada como expressão e simultaneamente como resultado de uma experiência social particular. Para uma excelente análise nessa direção, ver Norbert Elias, *O processo civilizador*, op. cit.

(117) Cf. Eduardo Viveiros de Castro, *Araweté: os deuses canibais*, Rio de Janeiro, Zahar, 1986, p. 89.

(118) Cf. Florestan Fernandes, *A função social da guerra na sociedade tupinambá*, 2ª ed., São Paulo, Pioneira/Edusp, 1970. A primeira edição desse trabalho data de 1951, quando foi publicado na *Revista do Museu Paulista* (dirigida na época por Herbert Baldus).

(119) Cf. Marcel Mauss, "Ensaio sobre a dádiva: forma e razão de troca nas sociedades arcaicas", *Sociologia e Antropologia*, São Paulo, EPU/Edusp, 1984, vol. 1, pp. 37-184.

(120) Segundo Florestan, o método funcionalista "não só permite estabelecer a teia de ramificações que articulam a guerra à sociedade, como ainda facilita a sondagem da importância que elas têm na vida social global. Todavia, o atrativo principal desse método consiste nas possibilidades de explicação descritiva e causal do fenômeno e nas perspectivas que ele abre ao emprego do método comparativo". Cf. *A função social da guerra na sociedade tupinambá*, op. cit., p. 371. Para uma discussão mais circunstanciada sobre a possibilidade de aplicação do método funcionalista na análise da guerra tupinambá, a partir da utilização das fontes produzidas pelos cronistas e viajantes ao longo dos séculos XVI e XVII, ver Florestan Fernandes, "Resultados de um balanço crítico sobre a contribuição etnográfica dos cronistas", *A etnologia e a sociologia no Brasil*, São Paulo, Anhambi, 1958, pp. 79-176.

(121) Cf. Florestan Fernandes, *A função social da guerra na sociedade tupinambá*, op. cit., p. 360.

(122) Ibidem, p. 19, nota 10.

(123) A esse respeito, cf. Mariza Peirano, "A antropologia de Florestan Fernandes", *Uma antropologia no plural*, Brasília, Editora da UnB, 1992, pp. 51-84.

(124) Cf. Florestan Fernandes, *A condição de sociólogo*, op. cit., p. 92.

(125) Sobre a situação da antropologia nesse período, ver Mariza Corrêa, "Traficantes do excêntrico", *Revista Brasileira de Ciências Sociais*, nº 6, vol. 3, fevereiro de 1988, pp. 79-98. Sobre o período posterior, cf. Mariza Corrêa, "A antropologia no Brasil (1960-1980)", *História das ciências sociais no Brasil*, op. cit., vol. 2, pp. 25-106.

(126) Cf. "Florestan Fernandes, história e histórias", op. cit., p. 8.

(127) Ibidem, p. 72.

(128) Os relatos dos viajantes foram divulgados sobretudo pelas coleções Brasiliana e Biblioteca Histórica Brasileira. Na primeira, perfazem 12,2% do total de títulos editados na década de 30; no decênio seguinte, alcançam o montante de 24,3%. Nesse mesmo período, a Biblioteca Histórica Brasileira, dirigida por Rubens Borba de Moraes, publicou dezenove livros de viajantes, equivalentes a 78% de seus títulos. Cf. Heloisa Pontes, "Retratos do Brasil", op. cit.

(129) Cf. Florestan Fernandes, *A condição de sociólogo*, op. cit., p. 78.

(130) Cf. Eduardo Viveiros de Castro, op. cit., p. 87.

(131) Viveiros de Castro e Manuela Carneiro da Cunha, dois dos maiores antropólogos brasileiros da atualidade, são os principais responsáveis pela recuperação dessa obra de Florestan. Apesar de discordar de suas conclusões, Viveiros de Castro, no livro *Araweté: os deuses canibais* (op. cit.), resgata a análise de Florestan sobre a metafísica dos Tupinambá, central para a compreensão do canibalismo. Em outro trabalho, ele e Manuela C. da Cunha mostram que a vingança é a instituição por excelência da sociedade tupinambá. Como, aliás, "Florestan já havia provado magistralmente. Mas, levado talvez por suas premissas teóricas, acabou fazendo da guerra o instrumento da religião [...] como meio para a restauração da integridade de uma sociedade ferida pela morte de seus membros" (1986, p. 69). No entender dos autores, "a guerra tupinambá não se presta a uma redução instrumentalista, ela não é 'funcional' para a *autonomia* (o equilíbrio, a 'reprodução') da sociedade, autonomia essa que seria o *telos* da sociedade primitiva. E foi assim que Florestan precisou reduzir a guerra a peça de um inexistente culto de ancestrais [...] essa guerra era excessiva dentro do universo morno das funções e da regulação social" (p. 75). Florestan inverte, portanto, "a relação meios/fins — se tal relação tem algum sentido, em um caso onde guerra e sociedade são co-extensivas"(p. 76). Cf. Eduardo Viveiros de Castro e Manuela Carneiro da Cunha,

"Vingança e temporalidade: os Tupinambás", *Anuário Antropológico 85*, Rio de Janeiro, Tempo Brasileiro, 1996, pp. 57-78.

(132) Com Alfred Métraux à frente do Departamento de Ciências Sociais, a Unesco empreendeu uma pesquisa ampla sobre o tema das relações raciais em diferentes países. O Brasil foi escolhido por representar, aos olhos dos patrocinadores, um caso exemplar de democracia racial. Para maiores informações sobre o assunto, ver Heloisa Pontes, "Brasil com *z*: a produção sobre o país, editada aqui, sob a forma de livro, entre 1930 e 1988", *História das ciências sociais no Brasil*, op. cit., vol. 2, pp. 441-77.

(133) Cf. Florestan Fernandes e Roger Bastide, *Brancos e negros em São Paulo*, São Paulo, Editora Nacional, 1959.

(134) Cf. Florestan Fernandes, "Em busca de uma sociologia crítica e militante", op. cit., p. 148.

(135) Ibidem, p. 150.

(136) Cf. Florestan Fernandes, "Fernando de Azevedo: um autêntico reformista", *A contestação necessária. Retratos intelectuais de inconformistas e revolucionários*, São Paulo, Ática, 1995, pp. 196-7. Depoimento prestado durante a "Semana Fernando de Azevedo", promovida pela Faculdade de Educação e pelo Instituto de Estudos Brasileiros da USP, em abril de 1994.

(137) Ibidem, p. 196.

(138) Cf. Florestan Fernandes, "Em busca de uma sociologia crítica e militante", op. cit., p. 178.

(139) Ibidem, p. 185.

(140) Para uma análise circunstanciada da produção desse grupo, ver Maria Arminda do Nascimento Arruda, op. cit.

(141) Trecho da entrevista que Gilda de Mello e Souza concedeu, em maio de 1991, a Andréa Alves, op. cit., p. 15.

(142) Cf. Gilda de Mello e Souza, *O espírito das roupas*, op. cit., p. 7.

(143) A primeira edição em livro da tese de Gilda de Mello e Souza data de 1987, 36 anos depois de ser defendida. Até então, só tinha sido publicada na *Revista do Museu Paulista*, em 1950, graças ao convite que a autora recebeu de Herbert Baldus.

(144) Lucila Hermann e Lavinia Costa Villela são autoras das duas primeiras teses de doutorado em sociologia apresentadas na Faculdade de Filosofia: "Evolução da estrutura social de Guaratinguetá num período de trezentos anos", e "Algumas danças populares no estado de São Paulo", respectivamente. Ambas as teses foram orientadas por Roger Bastide e defendidas em 1945. Nesse mesmo ano, Anita Cabral se doutorou com o trabalho "Observações sobre o conflito dos resultados dos experimentos sobre a memória de forma". Informações obtidas em Diva Andrade e Alba Maciel, *Dissertações e teses defendidas na FFLCH/USP*: 1939-1977, São Paulo, FFLCH, USP, 1977.

(145) Cf. Paulo Arantes, *Um departamento francês de ultramar*, op. cit., p. 17.

(146) Ibidem, p. 14.

(147) Cruz Costa é autor da primeira tese de doutorado em filosofia defendida na Faculdade de Filosofia, no ano de 1942 (*"Ensaio sobre a vida e a obra do filósofo Francisco Sanchez"*). Lívio Teixeira obteve o doutorado em filosofia, em 1944, com a tese "Nicolau de Cusa: *De docta ignorantia*". Bento Prado Jr., Oswaldo Porchat e Ruy Fausto fizeram o doutoramento no exterior. Giannotti doutorou-se em 1960 com a tese "John Stuart Mill: o psicologismo e a fundamentação da lógica". Informações obtidas em Diva Andrade e Alba Costa, op. cit.

(148) Cf. Paulo Arantes, op. cit., p. 31.

(149) Ibidem, p. 45.

(150) Trecho da entrevista que Ruy Coelho concedeu a Maria Cavalcante, em agosto de 1978, op. cit., p. 204.

(151) Nesse mesmo ano, a revista inglesa de antropologia *Man* (vol. XLIX, 1949) publica um artigo de Ruy Coelho, "The significance of the couvade among the Black Carib".

(152) Informações obtidas em Teófilo de Queiroz Júnior, "In memoriam, Ruy Coelho (1920-1990)", *Revista de Antropologia*, São Paulo, FFLCH, USP, vol. 33, 1990, pp. 205-6; e Fernando Mourão, "Ruy Galvão de Andrada Coelho", *Estudos Avançados*, São Paulo, USP, vol. 8, n⁰ 22, setembro/dezembro de 1994, pp. 275-7.

(153) Nesse período, foram publicados dois artigos de Ruy Coelho: "Le concept de l'âme chez les Caraïbes noirs", *Journal de la Société des Américanistes* (tomo XLI, 1952); e "Os Karaib negros de Honduras", *Revista do Museu Paulista* (São Paulo, 1952).

(154) A esse respeito ver Ruy Coelho, *Estrutura social e dinâmica psicológica*, São Paulo, Pioneira/Edusp, 1969. Esse livro é uma versão ligeiramente modificada da tese de cátedra do autor, defendida em 1964 com o título "Estrutura social e personalidade".

(155) Cf. Antonio Candido, *3 Antônios e 1 Jobim*, op. cit., p. 112.

(156) Esse livro resultou da refusão e ampliação de cinco artigos que Antonio Candido escreveu para o *Diário de S. Paulo* (onde exerceu a função de crítico titular, entre setembro de 1945 e fevereiro de 1947). Ao longo do livro, Candido procura correlacionar os aspectos internos da obra de Graciliano Ramos (em termos de sua fatura, composição e construção das personagens) com dimensões significativas da biografia do escritor. Não no que esta tem de anedótico e sim na captação de sua incidência na construção propriamente literária da obra.

(157) Trecho da entrevista que Antonio Candido concedeu ao Idesp em 1987.

(158) Citação extraída do discurso feito por Antonio Candido, em abril de 1998, na Faculdade de Assis, ao receber o título de professor emérito. Publicado em *Brigada ligeira e outros escritos*, op. cit., p. 251.

(159) Editado em 1959, pelo Conselho Estadual de Cultura.

(160) Segundo Antonio Candido, o livro "foi preparado e redigido entre 1945 e 1951. Uma vez pronto, ou quase, e submetido à leitura de dois ou três amigos, foi, apesar de bem recebido por eles, posto de lado por alguns anos e retomado em 1955, para uma revisão terminada em 1956, quanto ao primeiro volume, e em 1957, quanto ao segundo". (Citação extraída do prefácio de *Formação da literatura brasileira*, op. cit., p. 8.)

(161) Cf. Paulo Arantes, "Providências de um crítico literário na periferia do capitalismo", *Dentro do texto, dentro da vida*, op. cit., pp. 229-61.

(162) Cf. Antonio Candido, *Formação da literatura brasileira*, 6ª ed., Belo Horizonte, Itatiaia, 1981, vol. 1, p. 23.

(163) Ibidem.

(164) Ibidem, p. 16.

(165) Ibidem, p. 34.

(166) Cf. Davi Arrigucci Jr., "Movimentos de um leitor: ensaio e imaginação crítica em Antonio Candido", *Dentro do texto, dentro da vida*, op. cit., p. 191. Ainda sobre o método de análise desenvolvido por Antonio Candido, ver Roberto Schwarz, "Originalidade da crítica de Antonio Candido", *Novos Estudos Cebrap*, nº 32, março de 1992, pp. 19-30.

(167) Cf. Lourival Gomes Machado, "Introdução", *Catálogo da I Bienal do Museu de Arte Moderna de São Paulo*, 2ª ed., São Paulo, outubro de 1951, p. 14.

(168) A tese de cátedra de Lourival Gomes Machado foi publicada em 1958 no *Boletim nº 198, Política nº 2* da Faculdade de Filosofia, Ciências e Letras. Dez anos depois ganhou a sua primeira versão em livro: *Homem e sociedade na teoria política de Jean-Jacques Rousseau*, São Paulo, Edusp/ Martins, 1968. Editado postumamente, graças ao empenho de Maria de Lourdes Machado e de Oliveiros S. Ferreira (que trabalhou como assistente de Lourival na cadeira de política, na qual se doutorou em 1962). A primeira organizou a cronologia e a bibliografia de Lourival, o segundo escreveu a introdução do livro.

(169) Cf. Lourival Gomes Machado, *Alguns aspectos atuais do problema do método, objeto e divisões da ciência política*, op. cit., p. 106.

(170) Cf. Lourival Gomes Machado, *Tomás Antonio Gonzaga e o direito natural*, op. cit., p. 158.

(171) Cf. Oliveiros S. Ferreira, "Introdução", Lourival Gomes Machado, *Tomás Antonio Gonzaga e o direito natural*, op. cit., p. 9.

(172) Cf. Lourival Gomes Machado, *O barroco mineiro*, op. cit., p. 129.

(173) Ibidem, pp. 155-6.

(174) Ibidem, p. 166.

(175) Ibidem, p. 167.

(176) Ibidem, p. 152.

(177) Ibidem, p. 157.

(178) Cf. Oliveiros S. Ferreira, "Lourival Gomes Machado", *Estudos Avançados*, São Paulo, USP, vol. 8, nº 22, setembro/dezembro de 1994, p. 284.

(179) Ibidem, p. 283.

(180) Tal consolidação é atestada, por exemplo, pela criação e expansão do sistema de pós-graduação; pela elevação do montante de investimentos em pesquisa proporcionado pela Fundação Ford e pelas agências governamentais; pela presença dos centros privados de pesquisa; pela multiplicação de associações de sociólogos, cientistas políticos e antropólogos; pela constituição de novas modalidades de relações intelectuais, acadêmicas e institucionais com os centros de produção científica na área, como os Estados Unidos, a França e a Inglaterra.

(181) A esse respeito, ver Antonio Candido, "Prefácio", *A personagem de ficção*, 9ª ed., São Paulo, Perspectiva, 1992, p. 6. Escrito por Antonio Candido, Decio de Almeida Prado, Paulo Emilio Salles Gomes e Anatol Rosenfeld, o livro resultou das conferências que os autores fizeram no curso mencionado, de 1961.

(182) Cf. Decio de Almeida Prado, *Peças, pessoas, personagens*, op. cit., p. 140.

(183) Trecho da aula proferida por Decio de Almeida Prado no curso "Brasil: década de 40", promovido pelo Instituto de Estudos Brasileiros da USP, em fevereiro de 1973.

(184) Cf. Decio de Almeida Prado, *Exercício findo*, São Paulo, Perspectiva, 1988, p. 13.

(185) Cf. Decio de Almeida Prado, *João Caetano*, op. cit., p. IX.

(186) Para uma discussão mais detalhada da produção de Decio, da importância de seus escritos e da sua atuação dentro e fora da Universidade de São Paulo, cf. *Um homem de teatro: Decio de Almeida Prado*, op. cit.

(187) Desse curso participaram também Pompeu de Souza, Nelson Pereira dos Santos, Jean-Claude Bernardet e Lucila Ribeiro Bernardet.

(188) Contrários às medidas políticas repressivas adotadas pela reitoria da Universidade de Brasília, mais de 80% de seus professores apresentaram um pedido de demissão coletiva, no final de 1964.

(189) Cf. Gilda de Mello e Souza, "Depoimento", op. cit., pp. 136-7.

(190) Trechos do depoimento que Paulo Emilio concedeu a Edgar Carone, op. cit., p. b-4.

(191) Ibidem. No decorrer do depoimento, Paulo Emilio relaciona a atitude apolítica adotada, de início, pela revista *Clima* à intensa censura do Estado Novo. Em suas palavras, "a censura era tremenda, muito pior do que em qual-

quer momento depois do golpe de 64. Em matéria de censura, a coisa nunca chegou perto do que foi durante o Estado Novo".

(192) Essas informações foram obtidas no *Dicionário histórico-biográfico brasileiro, 1930-1988*, organizado por Israel Beloch e Alzira Abreu, em conjunto com a equipe do Centro de Pesquisa e Documentação de História Contemporânea (Rio de Janeiro, Forense Universitária; FGV/CPDOC/Finep, 1984, 4 vols.)

(193) No decorrer de 1945, seriam formados os seguintes partidos: Partido Social Democrático (PSD), a União Democrática Nacional (UDN), e o Partido Trabalhista Brasileiro (PTB).

(194) Trechos da entrevista que Paulo Emilio Salles Gomes concedeu a Maria Vitória Benevides, em março de 1977. Publicada na *Revista de Cultura Contemporânea* (São Paulo, CEDEC, vol. 1, nº 2, 1979, pp. 93-8), com o título "Paulo Emilio: o intelectual e a política na redemocratização de 1945".

(195) Essa organização foi integrada por Antonio Candido, Paulo Zingg, Antonio da Costa Correia, Paulo Emilio Salles Gomes, Azis Simão, Jacinto Carvalho Leal (os dois últimos, militantes do velho Partido Socialista de 1933), Febus Gikovate e Jacinto Carvalho (antigos trotskistas), Geraldo Campos de Oliveira (militante do movimento negro), Edgar Carone e Antonio Candido de Mello (metalúrgico).

(196) Trecho da entrevista que Paulo Emilio concedeu a Maria Vitória Benevides, op. cit., p.97. Segundo o entrevistado, a Esquerda Democrática "tornou-se a linha de apoio da União Democrática Nacional (UDN), mas desde o princípio não acreditei na possível convergência. A idéia democrática do pessoal udenista era facciosa: não se podia atacar uma reunião de integralistas, pelo respeito aos direitos democráticos, mas, quando houve perseguições às esquerdas depois da queda de Getúlio, muitos desses mesmos liberais ficaram de acordo. A consciência dos privilégios classistas era odiosa.[...] A Esquerda Democrática acabou sendo o último vínculo da esquerda socialista com os aliados liberais da primeira hora. Participamos, com a UDN, da campanha do brigadeiro Eduardo Gomes para a presidência, o que foi uma tremenda burrice, um verdadeiro erro histórico. [...] Ideologicamente, o brigadeiro foi um desastre. Seu anticomunismo virulento atraía as simpatias dos setores mais direitistas, embora em 1945 a UDN tenha preferido o apoio da Esquerda Democrática e não dos integralistas" (p. 198).

(197) Cf. Oliveiros S. Ferreira, "Introdução", op. cit., p. 7.

(198) Citação extraída da entrevista que Decio de Almeida Prado concedeu a Maria Cavalcante, op. cit., p. 236.

(199) Informação obtida no trabalho de José Inácio de Mello Souza, op. cit., p. 197.

(200) Nas palavras de Bazin, "com um amor só igualado por sua paciência e erudição, Paulo Emilio Salles Gomes escreveu sobre Jean Vigo uma obra que eu qualificaria de exemplar [...] Jean Vigo é situado com minúcia e exatidão no meio que o viu nascer e sobretudo em relação a seu pai Almereyda, cuja lembrança e culto terão um papel tão grande na vida de Jean. [...] Talvez Salles Gomes tivesse podido se mostrar mais sintético, resumindo alguns parágrafos e documentação que insiste em nos expor ao longo de várias páginas, mas há nessa insistente paixão pela objetividade uma poesia dos fatos que se harmoniza particularmente com a personalidade que ele procura ressuscitar". Apud Lygia Fagundes Telles, "Permanência de Paulo Emilio", p. III. O texto da autora abre a edição brasileira do livro de Paulo Emilio Salles Gomes, *Jean Vigo*, Rio de Janeiro, Paz e Terra, 1984. Inédito no país até 1984, o livro teve também uma edição norte-americana. Em 1971, foi publicado pela University of California Press, com o mesmo título da edição francesa de 1957.

(201) Sônia Borges, casada na época com Paulo Emilio, transcreveu o manuscrito original do livro. Segundo Paulo Emilio, ela teria sido a verdadeira responsável pelo seu sucesso na primeira e única incursão que fizera, por escrito, na língua francesa. Como relata Calil, no encontro que teve com ambos em 1976, Paulo Emilio "fez questão de dizer, com sua exuberante voz de barítono, que ela era a verdadeira autora de *Jean Vigo*, pois que armara e dera forma ao material bruto que produziu. Diante da veemência do desprendimento, Sônia mal disfarçou sua surpresa ao balbuciar: 'Mas que é isto? Foi você quem o escreveu. Eu apenas modifiquei alguns tempos verbais' [...]". Cf. Carlos Calil, "Uma outra história?", publicado como apêndice ao livro póstumo de Paulo Emilio Salles Gomes, *Vigo, vulgo Almereyda*, São Paulo, Companhia das Letras/Edusp, 1991, p. 134.

(202) Citação extraída do artigo de Paulo Emilio Salles Gomes, "Mauro e dois outros grandes". Escrito em 1960 para integrar o volume *Il cinema brasiliano* (publicado na Itália em 1961), foi reproduzido em *Paulo Emilio: um intelectual na linha de frente*, op. cit., p. 361.

(203) Cf. Paulo Emilio Salles Gomes, "Festejo muito pessoal", último texto escrito por ele, em 1977, pouco tempo antes de falecer, e reproduzido em *Paulo Emilio: um intelectual na linha de frente*, op. cit., p. 320.

(204) Cf. Paulo Emilio Salles Gomes, *Cataguases e "Cinearte" na formação de Humberto Mauro*, op. cit., p. 1.

(205) Cf. Paulo Emilio Salles Gomes, "Festejo muito pessoal", op. cit. p. 318.

(206) Para um excelente levantamento do *Suplemento Literário*, em termos dos autores publicados, dos assuntos abordados e do índice geral desse periódico, consultar Marilene Weinhardt, *O "Suplemento Literário" d' "O*

Estado de S. Paulo" (1956-67), Brasília, Instituto Nacional do Livro, 1987, 2 vols.

(207) Cf. "Apresentação", *Suplemento Literário*, nº 1, *O Estado de S. Paulo*, 6 de outubro de 1956.

(208) Ibidem.

(209) Informação obtida na entrevista que Decio de Almeida Prado concedeu a Marilene Weinhardt, em setembro de 1981, transcrita no livro da entrevistadora, op. cit., pp. 453-7. Em razão de uma norma interna do jornal, a apresentação do *Suplemento* não foi assinada. Também não constava, segundo Decio, "qualquer registro em que se dissesse quem era o diretor. Essa era a orientação geral do jornalismo da época. Quando comecei a escrever no *Estado*, nem a crítica de teatro era assinada. Bem mais tarde é que passou a sê-lo. Perante o público, daí por diante, eu aparecia mais como crítico, já que escrevia com regularidade. A direção do *Suplemento* era um trabalho anônimo. O *Estado* não anotou o meu nome, nem quando entrei, nem quando saí" (p. 457).

(210) Todas as citações desse parágrafo foram retiradas da entrevista que Antonio Candido concedeu a Marilene Weinhardt, em setembro de 1981, transcrita no livro da entrevistadora, op. cit., pp. 450-3.

(211) Atestadas, por exemplo, pela regularidade semanal da publicação, por seu patrocínio pelo jornal mais influente na capital paulista da época e, sobretudo, pela remuneração significativa que seus colaboradores fixos e ocasionais recebiam pelos artigos enviados. A última, uma conquista de Antonio Candido. Encarregado da montagem do *Suplemento* mas recusando o convite para assumir a sua direção (posto para o qual não se sentia habilitado), ele conseguiu junto à direção de *O Estado* que a remuneração dos colaboradores, além de alta, fosse paga no momento da entrega do texto, caso este fosse aceito, e não após a sua publicação, como era a regra. Esse procedimento seria mantido na gestão de Decio de Almeida Prado. Com o passar do tempo, no entanto, a inflação "corroeu o valor dos nossos pagamentos. Fizemos alguns reajustes, mas esses reajustes realmente foram baixando de nível. Isto se deve, creio eu, à reação de alguns jornalistas de *O Estado*, que achavam que o *Suplemento* estava pagando demais, em relação aos padrões do jornal. Houve uma ciumeira muito grande na redação, por parte de alguns elementos, e isso também atingia de certa forma a direção. E como o *Suplemento* não dava nada em matéria de anúncios, só dava prestígio intelectual [...] Todos esses fatores contribuíram para que aos poucos o padrão baixasse". Trechos da entrevista concedida por Decio de Almeida Prado a Marilene Weinhardt, op. cit., p. 456.

(212) Por ser crítico de teatro de *O Estado de S. Paulo* e diretor de seu *Suplemento*, Decio de Almeida Prado não exerceu ali a função de titular da área em que se especializara: esta coube a Sábato Magaldi.

BIBLIOGRAFIA

FONTES

a) *Revista Clima (editada em São Paulo, entre maio de 1941 e novembro de 1944)*
nº 1, maio de 1941
nº 2, julho de 1941
nº 3, agosto de 1941
nº 4, setembro de 1941
nº 5, outubro de 1941
nº 6, novembro de 1941
nº 7, dezembro de 1941
nº 8, janeiro de 1942
nº 9, abril de 1942
nº 10, junho de 1942
nº 11, julho-agosto de 1942
nº 12, abril de 1943
nº 13, agosto de 1944
nº 14, setembro de 1944
nº 15, outubro de 1944
nº 16, novembro de 1944

b) *Depoimentos, entrevistas e memórias*

Arbousse-Bastide, Paul. "Entrevista" (em conjunto com Ruy Coelho), *A história vivida*, Lourenço Dantas (org.), São Paulo, O Estado de S. Paulo, col. Documentos Abertos, 1981, vol. II, pp. 13-25.
Assumpção, Maria Isabel Machado (irmã de Lourival Gomes Machado). Entrevista concedida à autora no dia 4 de maio de 1995.

Calil, Carlos. "Uma outra história?", Paulo Emilio Salles Gomes, *Vigo, vulgo Almereyda*, São Paulo, Companhia das Letras/Edusp, 1991, pp. 133-9.

Candido, Antonio. "Depoimento", *Plataforma da nova geração*, Mário Neme (org.), Porto Alegre, Globo, 1945, pp. 29-40.

____ "Digressão sentimental sobre Oswald de Andrade". Publicado no livro de Antonio Candido, *Vários escritos*, São Paulo, Duas Cidades, 1970, pp. 59-87.

____ Depoimento sobre a revista *Clima*, feito em fevereiro de 1974, no ciclo de estudos sobre o decênio de 1940, promovido pelo Instituto de Estudos Brasileiros da Universidade de São Paulo. Publicado em 1978 na revista *Discurso*, republicado com o título "Clima" no livro de Antonio Candido, *Teresina etc.*, Rio de Janeiro, Paz e Terra, 1980, pp. 153-71.

____ Entrevista concedida a Ulisses Guariba, em 1976, publicada primeiro na revista *Transformação* (1979) e republicada no livro de Antonio Candido, *Brigada ligeira e outros escritos*, São Paulo, Unesp, 1992, pp. 231-46.

____ "Prefácio", Florestan Fernandes, *A condição de sociólogo*, São Paulo, Hucitec, 1978, pp. VII-XIV.

____ Entrevista concedida ao Museu da Imagem e do Som de São Paulo, em novembro de 1981, com a participação de Ernani da Silva Bruno, Alexandre Eulálio, Celso Lafer e José Nogueira.

____ Entrevista concedida a Marilene Weinhardt, em setembro de 1981, publicada como apêndice no livro da entrevistadora, *O "Suplemento Literário" d' "O Estado de S. Paulo" (1956-67)*, Brasília, Instituto Nacional do Livro, 1987, pp. 450-3.

____ "O saber e o ato". Discurso lido em agosto de 1984, durante a sessão em que recebeu o título de professor emérito da Faculdade de Filosofia, Letras e Ciências Humanas da Universidade de São Paulo. Publicado em *Língua e Literatura*, revista dos departamentos de letras da FFLCH, USP, vols. 10-3, 1981-4, pp. 115-20.

____ "Amizade com Florestan". Discurso lido em maio de 1986, durante a sessão em homenagem a Florestan Fernandes, realizada no campus de Marília, Unesp. Publicado em *O saber militante: ensaios sobre Florestan Fernandes*, Maria Angela d'Incao (org.), São Paulo, Unesp, 1987, pp. 31-6.

____ "Alfredo (Mesquita) e nós", *O Estado de S. Paulo*, 13 de dezembro de 1986, p. 4.

____ "Informe político" (sobre Paulo Emilio), *Paulo Emilio: um intelectual na linha de frente*, Carlos Calil e Maria Tereza Machado (orgs.), São Paulo, Brasiliense/Embrafilme, 1986, pp. 55-71.

____ Entrevista concedida, em agosto de 1987, à equipe de pesquisadores vinculada ao projeto História das Ciências Sociais no Brasil, desenvolvido no Idesp, sob a coordenação de Sergio Miceli.

Candido, Antonio. Discurso lido em setembro de 1987, durante a sessão de homenagem prestada pelo Conselho Universitário da Unicamp, que lhe conferiu o título de doutor *honoris causa*. Publicado em *Antonio Candido & Roberto Schwarz: a homenagem na Unicamp*, Campinas, Editora da Unicamp, 1988, pp. 25-34.

____ Discurso lido em abril de 1988, durante a sessão em que recebeu o título de professor emérito da Faculdade de Assis. Publicado em Antonio Candido, *Brigada ligeira e outros escritos*, São Paulo, Unesp, 1992, pp. 249-52.

____ Entrevista concedida a Sônia M. de Freitas, em agosto de 1990, transcrita na dissertação de mestrado da entrevistadora, "Reminiscências: contribuição à memória da Faculdade de Filosofia, Ciências e Letras da Universidade de São Paulo, 1934-1945", São Paulo, FFLCH, USP, 1992, pp. 35-43.

____ Entrevista concedida a Andréa Alves, em maio de 1991 (com a participação de Decio de Almeida Prado e Gilda de Mello e Souza), transcrita na monografia de graduação da entrevistadora, "*Sociologia* e *Clima*: dois caminhos, um debate", Departamento de Ciências Sociais, UERJ, 1991, pp. 1-26.

____ Entrevista feita por Decio de Almeida Prado, em 1993, sob a forma de uma conversa entre ele, Antonio Candido e Gilda de Mello e Souza. Transcrita por Zuenir Ventura e publicada em *3 Antônios e 1 Jobim*, Marília Martins e Paulo Abrantes (orgs.), Rio de Janeiro, Relume-Dumará, 1993, pp. 93-129.

____ "Os vários mundos de um humanista". Entrevista concedida a Gilberto Velho e Yonne Leite, publicada na revista de divulgação científica da SBPC, *Ciência Hoje*, nº 91, vol. 16, junho de 1993, pp. 28-41.

____ Depoimento sobre Roger Bastide, feito em setembro de 1994 no seminário em homenagem a Roger Bastide, patrocinado pelo Consulado Geral da França e pela Universidade de São Paulo.

____ "A lembrança que guardo de Mário" (escrito em conjunto com Gilda de Mello e Souza), *Revista do Instituto de Estudos Brasileiros*, São Paulo, IEB, USP, nº 36, 1994, pp. 9-25.

____ "A partir de *Clima*". Discurso lido em novembro de 1994, durante a sessão em homenagem a Decio de Almeida Prado, promovida pela Associação Brasileira de Escritores. Publicado em *Homenagem a Decio de Almeida Prado*, São Paulo, União Brasileira de Escritores/Scortecci, 1995, pp. 13-6.

____ Entrevista concedida à autora no dia 31 de maio de 1995.

____ "Um instaurador". Texto enviado por Antonio Candido para ser lido durante a homenagem prestada a Florestan Fernandes no XIX Encontro

Anual da ANPOCS, realizado em outubro de 1995. Publicado na *Revista Brasileira de Ciências Sociais*, nº 30, ano 11, fevereiro de 1996, pp. 6-8.

Candido, Antonio. *Lembrando Florestan*. Coletânea em homenagem à memória de Florestan Fernandes, escrita e patrocinada por Antonio Candido, em edição de cem exemplares destinados a distribuição restrita e dedicados à família de Florestan. São Paulo, maio de 1996.

Cardoso, Fernando Henrique. "Depoimento", *Língua e Literatura*, vols. 10-3, 1981-4, pp. 158-79.

Coelho, Ruy. "Depoimento", *Plataforma da nova geração*, Mário Neme (org.), Porto Alegre, Globo, pp. 239-48.

____ Entrevista concedida a Maria Neuma Cavalcante, em agosto de 1978, transcrita na dissertação de mestrado da entrevistadora, "*Clima*: contribuição para o estudo do modernismo", São Paulo, FFLCH, USP, 1978, pp. 184-208.

____ "Entrevista" (em conjunto com Paul Arbousse-Bastide), *A história vivida*, Lourenço Dantas (org.), São Paulo, O Estado de S. Paulo, col. Documentos Abertos, 1981, vol. II, pp. 13-25.

____ "Depoimento", *Língua e Literatura*, vols. 10-13, 1981-4, pp. 121-33.

____ "Ouvir Paulo Emilio", *Paulo Emilio: um intelectual na linha de frente*, Carlos Calil e Maria Tereza Machado (orgs.), São Paulo, Brasiliense/Embrafilme, 1986, pp. 111-6.

Fernandes, Florestan. "Em busca de uma sociologia crítica e militante", *A sociologia no Brasil: contribuição para o estudo de sua formação e desenvolvimento*, Petrópolis, Vozes, 1977, pp. 140-212.

____ *A condição de sociólogo*. Prefácio de Antonio Candido, São Paulo, Hucitec, 1978. Esse livro resultou da entrevista feita por um grupo de professores da Unesp, publicada primeiro na revista *Transformação* (nº 2), com o título "Entrevista sobre o trabalho teórico".

____ Entrevista concedida ao Museu da Imagem e do Som de São Paulo, em junho de 1981, com a participação de Carlos Guilherme Mota, Alfredo Bosi, Gabriel Cohn e Ernani da Silva Bruno. Publicada, de forma reduzida, com o título "Florestan Fernandes, história e histórias", em *Novos Estudos Cebrap*, São Paulo, nº 42, julho de 1995, pp. 3-31.

____ Depoimento sobre Fernando de Azevedo, prestado em abril de 1994, durante a "Semana Fernando de Azevedo", promovida pela Faculdade de Educação e pelo Instituto de Estudos Brasileiros. Publicado com o título "Fernando de Azevedo: um autêntico reformista", Florestan Fernandes, *A contestação necessária: retratos intelectuais de inconformistas e revolucionários*, São Paulo, Ática, 1995, pp. 184-200.

Ferreira, Oliveiros S. "Lourival Gomes Machado", *Estudos Avançados*, São Paulo, USP, vol. 8, nº 22, setembro/dezembro de 1994, pp. 279-84.

Gomes, Paulo Emilio Salles. "Depoimento", *Plataforma da nova geração*, Mário Neme (org.), Porto Alegre, Globo, pp. 279-93.

___ "Homenagem a Plínio Sussekind Rocha", *Discurso*, São Paulo, n° 3, vol. 3, 1972, pp. 5-7.

___ "Paulo Emilio: o intelectual e a política na redemocratização de 1945". Entrevista concedida a Maria Vitória Benevides, em março de 1977, publicada na *Revista de Cultura Contemporânea*, São Paulo, Cedec, vol. 1, n° 2, 1979, pp. 93-8.

___ Entrevista concedida a Maria Rita Galvão, parcialmente transcrita no livro da autora, *Burguesia e cinema: o caso Vera Cruz*, Rio de Janeiro, Civilização Brasileira, 1981.

___ "Memórias políticas de um crítico". Entrevista concedida ao historiador Edgar Carone, publicada no *Folhetim* da *Folha de S. Paulo*, 11 de setembro de 1987, p. b-4.

Machado, Lourival Gomes. "Depoimento", *Plataforma da nova geração*, Mário Neme (org.), Porto Alegre, Globo, pp. 21-8.

Machado, Maria de Lourdes dos Santos (viúva de Lourival Gomes Machado). Entrevista concedida à autora no dia 20 de abril de 1995.

Mello e Souza, Gilda de. "Paulo Emilio: a crítica como perícia", *Exercícios de leitura*, São Paulo, Duas Cidades, 1980, pp. 211-20. Redigido em 1979, esse artigo segue de perto as notas que serviram de apoio à argüição que a autora fez, em 1972, na defesa da tese de doutorado de Paulo Emilio Salles Gomes.

___ "A estética rica e a estética pobre dos professores franceses", *Exercícios de leitura*, São Paulo, Duas Cidades, 1980, pp. 9-34. Texto revisto da aula inaugural dada por Gilda de Mello e Souza para os alunos dos cursos de 1972 do Departamento de Filosofia, da Faculdade de Filosofia, Letras e Ciências Humanas da Universidade de São Paulo.

___ "Depoimento", *Língua e Literatura*, vols. 10-3, 1981-4, pp. 132-56.

___ Entrevista concedida a Andréa Alves em maio de 1991 (em conjunto com Antonio Candido e Decio de Almeida Prado), transcrita na monografia de graduação da entrevistadora, "*Sociologia* e *Clima*: dois caminhos, um debate", Departamento de Ciências Sociais, UERJ, 1991, pp. 1-26.

___ Depoimento concedido a Paulo Arantes, parcialmente transcrito no livro do autor, *Um departamento francês de ultramar: estudos sobre a formação da cultura filosófica uspiana*, Rio de Janeiro, Paz e Terra, 1994.

___ "A lembrança que guardo de Mário" (escrito em conjunto com Antonio Candido), *Revista do Instituto de Estudos Brasileiros*, São Paulo, USP, n° 36, 1994, pp. 9-25.

___ Entrevista concedida à autora (em conjunto com Antonio Candido), em maio de 1995.

Mesquita, Alfredo. "No tempo do Jaraguá", publicado no livro de homenagem a Antonio Candido, *Esboço de figura*, São Paulo, Duas Cidades, 1979, pp. 39-58.

Mourão, Fernando. "Ruy Galvão de Andrada Coelho", *Estudos Avançados*, São Paulo, USP, vol. 8, nº 22, setembro/dezembro de 1994, pp. 275-7.

Pedro, Antonio (poeta e artista plástico português). Entrevista concedida ao periódico *Acção* (Lisboa, no 29, 6 de novembro de 1941, p. 6), na qual deixou registradas as suas impressões sobre o Grupo Clima e sobre a vida intelectual e artística brasileira do período.

Prado, Antonio de Almeida. *Escolas de ontem e de hoje* (*reminiscências e evocações*), São Paulo, Anhambi, 1961.

___ *Crônica de outrora,* São Paulo, Brasiliense, 1963.

Prado, Decio de Almeida. Depoimento sobre a crítica de teatro em São Paulo nos anos 40, feito em fevereiro de 1974, no curso "Brasil: década de 40", promovido pelo Instituto de Estudos Brasileiros da USP.

___ Entrevista concedida a Maria Neuma Cavalcante, em março de 1978, transcrita na dissertação de mestrado da entrevistadora, "*Clima*: contribuição ao estudo do modernismo", São Paulo, FFLCH, USP, 1978, pp. 209-44.

___ Entrevista concedida a Marilene Weinhardt, em setembro de 1981, publicada como apêndice no livro da autora, *O "Suplemento Literário" d'"O Estado de S. Paulo"* (*1956-67*), Brasília, Instituto Nacional do Livro, 1987, pp. 453-7.

___ "Paulo Emilio quando jovem", *Paulo Emilio: um intelectual na linha de frente*, Carlos Calil e Maria Tereza Machado (orgs.), São Paulo, Brasiliense/Embrafilme, 1986, pp. 15-26.

___ "50 anos depois". Discurso lido na sessão de homenagem prestada pela Faculdade de Filosofia, Letras e Ciências Humanas da USP, em 27 de abril de 1989, à terceira turma (1938) da antiga Faculdade de Filosofia, por ocasião da comemoração dos cinqüenta anos de sua formatura. Publicado em *O Estado de S. Paulo*, 3 de junho de 1989, p. 11.

___ "Antonio de Almeida Prado, o homem e o intelectual". Discurso lido na homenagem prestada pela Faculdade de Medicina de São Paulo, em 8 de julho de 1989, por ocasião do centenário de nascimento de seu pai. Publicado em *O Estado de S. Paulo*, 29 de julho de 1989.

___ Entrevista concedida a Sônia M. de Freitas, em 1990, transcrita na dissertação de mestrado da entrevistadora, "Reminiscências: contribuição à memória da Faculdade de Filosofia, Ciências e Letras da Universidade de São Paulo, 1934-1945", São Paulo, FFLCH, USP, 1992, pp. 76-88.

___ Entrevista concedida a Andréa Alves, em maio de 1991 (em conjunto com Antonio Candido e Gilda de Mello e Souza), transcrita na monografia de graduação da entrevistadora, "*Sociologia* e *Clima*: dois caminhos, um debate", Departamento de Ciências Sociais, UERJ, 1991, pp. 1-26.

Prado, Decio de Almeida. Entrevista concedida a Nelson de Sá e Alcino Leite Lopes, publicada no caderno *Letras* da *Folha de S. Paulo*, em 25 de maio de 1991, pp. 6-1 e 6-7.

_____ "Alfredo Mesquita, visto de um ângulo só", *Peças, pessoas e personagens: o teatro brasileiro de Procópio Ferreira a Cacilda Becker,* São Paulo, Companhia das Letras, 1993, pp. 153-72.

_____ "Oração aos velhos". Discurso lido durante a sessão em sua homenagem, em 18 de novembro de 1994, na Associação Brasileira de Escritores. Publicado em *Homenagem a Decio de Almeida Prado*, São Paulo, União Brasileira de Escritores/Scortecci, 1995, pp. 39-44.

_____ Entrevista concedida à autora, em 12 de junho de 1995.

_____ "Saudades de Lévi-Strauss". Artigo publicado no *Jornal de Resenhas* (n° 13, 12 de abril de 1996, p. 1) da *Folha de S. Paulo*.

_____ "O melhor já passou". Entrevista concedida a Paulo Moreira Leite, publicada na revista *Veja*, em 11 de junho de 1997.

_____ "Os anos de formação". Entrevista concedida a Nelson de Sá, publicada no suplemento *Mais*, da *Folha de S. Paulo*, em 6 de julho de 1997.

_____ "Decio de Almeida Prado é parte do teatro do país". Entrevista concedida a Carlos Haag, publicada no *Caderno 2* de *O Estado de S. Paulo*, em 9 de agosto de 1997.

_____ "Paulo Emilio na prisão". Publicado no livro de Decio de Almeida Prado, *Seres, coisas, lugares: do teatro ao futebol*, São Paulo, Companhia das Letras, 1997, pp. 147-53.

Queiroz Júnior, Teófilo de. "In memoriam, Ruy Coelho (1920-1990)", *Revista de Antropologia*, São Paulo, FFLCH, USP, vol. 33, 1990, pp. 205-6.

Quirino dos Santos, Célia. Entrevista concedida à autora em março de 1995, centrada na figura de Lourival Gomes Machado, na cadeira de política e na antiga Faculdade de Filosofia, Ciências e Letras.

Schwarz, Roberto. "Saudação a Antonio Candido". Discurso lido, em dezembro de 1987, durante a sessão de homenagem a Antonio Candido, organizada pelo Conselho Universitário da Unicamp, que lhe conferiu o título de doutor *honoris causa*. Publicado em *Antonio Candido & Roberto Schwarz: a homenagem na Unicamp*, Campinas, Editora da Unicamp, 1988, pp. 9-23.

Tavares, Zulmira Ribeiro. "Paulo Emilio: cinema e Brasil, um ensaio interrompido", Paulo Emilio Salles Gomes, *Cinema: trajetória e subdesenvolvimento*, 2ª ed., Rio de Janeiro, Paz e Terra, 1986, pp. 11-21.

Telles, Lygia Fagundes. "Permanência de Paulo Emilio", Paulo Emilio Salles Gomes, *Jean Vigo*, Rio de Janeiro, Paz e Terra, 1984, pp. I-III.

Vergueiro, Carlos. Entrevista concedida à autora em maio de 1995.

Vieira da Cunha, Mário Wagner. Depoimento sobre a sociologia na década de 50, feito em janeiro de 1975, durante o curso "Brasil: década de 50", promovido pelo Instituto de Estudos Brasileiros da Universidade de São Paulo.

Xavier, Lívio. "Entrevista", *A história vivida*, Lourenço Dantas (org.), São Paulo, O Estado de S. Paulo, col. Documentos Abertos, 1981, vol. II, pp. 381-92.

LIVROS, ARTIGOS E TESES

Almeida, Maria Hermínia Tavares. "Dilemas da institucionalização das ciências sociais no Rio de Janeiro", *História das ciências sociais no Brasil*. Sergio Miceli (org.), São Paulo, Vértice/Idesp, 1989, vol. 1, pp. 188-216.

Almeida, Paulo Mendes de. *De Anita ao Museu*, São Paulo, Perspectiva, 1976.

Alves, Andrea. "*Sociologia* e *Clima*: dois caminhos, um debate", monografia de graduação, Departamento de Ciências Sociais, UERJ, 1991.

Andrade, Mário de. "Elegia de abril", *Clima*, São Paulo, n° 1, maio de 1941, pp. 7-17.

____*Poesias completas,* São Paulo, Martins, 1966.

____ "O movimento modernista", *Temas brasileiros,* Rio de Janeiro, Editora da Casa do Estudante do Brasil, 1967, pp. 33-61.

____ "Esta paulista família", *Revista do Instituto de Estudos Brasileiros,* São Paulo, USP, n° 10, 1971, pp. 154-6.

____*Aspectos da literatura brasileira,* 6ª ed., São Paulo, Martins, 1978.

Andrade, Oswald de. "Bilhete sobre *Fantasia*", *Clima*, São Paulo, n° 5, outubro de 1941, p. 5.

____ "Antes do marco zero", *Ponta de lança*, 3ª ed., Rio de Janeiro, Civilização Brasileira, 1972, pp. 42-7.

____ "Diante de Gil Vicente", *Ponta de lança*, pp. 65-9.

Aquino, Teresinha de. "Achegas para a análise sociológica", *Dentro do texto, dentro da vida: ensaios sobre Antonio Candido,* Maria Angela d'Incao e Eloísa Scarabôtolo (orgs.), São Paulo, Companhia das Letras, 1993, pp. 109-17.

Arantes, Otília. *Mario Pedrosa: itinerário crítico,* São Paulo, Scrita Editorial, 1991.

Arantes, Paulo. "Providências de um crítico literário na periferia do capitalismo", *Dentro do texto, dentro da vida: ensaios sobre Antonio Candido*, Maria Angela d'Incao e Eloísa Scarabôtolo (orgs.), São Paulo, Companhia das Letras, 1993, pp. 229-61.

____ *Um departamento francês de ultramar: estudos sobre a formação da cultura filosófica uspiana*. Rio de Janeiro, Paz e Terra, 1994.

Arêas, Vilma. "Prosa branca", *Discurso*, São Paulo, n° 26 (edição comemorativa dos 25 anos da revista, em homenagem a Gilda de Mello e Souza), 1996, pp. 19-32.

Arrigucci Jr., Davi. "Movimentos de um leitor: ensaio e imaginação crítica em Antonio Candido", *Dentro do texto, dentro da vida: ensaios sobre Antonio Candido,* Maria Angela d'Incao e Eloísa Scarabôtolo (orgs.), São Paulo, Companhia das Letras, 1993, pp. 181-204.

Arruda, Maria Arminda do Nascimento. "A sociologia no Brasil: Florestan Fernandes e a 'escola paulista'", *História das ciências sociais no Brasil*, Sergio Miceli (org.), São Paulo, Editora Sumaré/Fapesp, 1995, vol. 2, pp. 107-231.

_____ "Formação e perfil de um sociólogo: a trajetória acadêmica de Florestan Fernandes", *A sociologia entre a modernidade e a contemporaneidade,* Sergio Adorno (org.), Porto Alegre, Cadernos de Sociologia, Programa de Pós-Graduação em Sociologia, 1995, pp. 117-29.

Azevedo, Fernando de. "A antropologia e a sociologia no Brasil", *As ciências no Brasil,* São Paulo, Melhoramentos, vol. 2, 1956.

Barbosa, Francisco de. *Retratos de família,* 2ª ed., Rio de Janeiro, José Olympio, 1968.

Barth, Frederik. *Los grupos étnicos y sus fronteras,* México, Fondo de Cultura Económica, 1976.

Bastide, Roger. "Machado de Assis, paisagista", *Revista do Brasil,* Rio de Janeiro, 3ª fase, n° 29, 1940, pp. 3-14.

_____ *Psicanálise do cafuné e estudos de sociologia estética brasileira,* Curitiba, Guaíra, 1941.

Batista, Marta Rosseti. *Anita Malfatti no tempo e no espaço,* São Paulo, IBM do Brasil, 1985.

Besnard, Phillipe (org.). *The sociological domain. The Durkheimians and the founding of French sociology,* Paris, Éditions de la Maison des Sciences de l'Homme; Cambridge, Cambridge University Press, 1993.

Bosi, Alfredo. *História concisa da literatura brasileira,* 2ª ed., São Paulo, Cultrix, 1974.

Bourdieu, Pierre. *Leçon inaugurale,* Paris, Collège de France, 1982.

_____ *Homo academicus,* Paris, Minuit, 1984.

_____ *Les règles de l'art,* Paris, Éditions du Seuil, 1992.

Brito, Mário da Silva. *História do modernismo brasileiro: antecedentes da Semana de Arte Moderna,* 2ª ed., Rio de Janeiro, Civilização Brasileira, 1964.

Calil, Carlos e Machado, Maria Tereza (orgs.) *Paulo Emilio: um intelectual na linha de frente,* São Paulo, Brasiliense/Embrafilme, 1986.

Candido, Antonio. "Antes do marco zero", *Folha da Manhã*, São Paulo, 15 de setembro de 1943, p. 7.

Candido, Antonio. "Marco zero", *Folha da Manhã*, São Paulo, 24 de outubro de 1943, p. 7.

____ "Renovação teatral", *O Estado de S. Paulo*, 18 de janeiro de 1945.

____ "Um crítico", Alvaro Lins, *Jornal de Crítica* (*5ª série*), Rio de Janeiro, José Olympio, 1947, pp. 11-37.

____ *Brigada ligeira*, São Paulo, Martins, 1945.

____ *Introdução ao método crítico de Sílvio Romero*, São Paulo, Revista dos Tribunais, 1945.

____ "Os parceiros do rio Bonito: estudo sobre a crise nos meios de subsistência do caipira paulista", Tese de doutorado, FFCL, USP, 1954.

____ *O observador literário*, São Paulo, Conselho Estadual de Cultura, 1959.

____ *Formação da literatura brasileira: momentos decisivos*, São Paulo, Martins, 1959.

____ *Os parceiros do rio Bonito*, Rio de Janeiro, José Olympio, 1964.

____ *Vários escritos*, São Paulo, Duas Cidades, 1970.

____ *Literatura e sociedade* (1965), 6ª ed., São Paulo, Nacional, 1980.

____ *Teresina etc.*, Rio de Janeiro, Paz e Terra, 1980.

____ "A revolução de 1930 e a cultura", *Novos Estudos Cebrap*, São Paulo, vol. 2, nº 4, pp. 27-32, 1984.

____ *Ficção e confissão* (1956), Rio de Janeiro, Editora 34, 1992.

____ *Recortes*, São Paulo, Companhia das Letras, 1993.

Candido, Antonio et alii. *A personagem de ficção* (1968), 9ª ed., São Paulo, Perspectiva, 1992.

Cardoso de Oliveira, Roberto. *Identidade, etnia e estrutura social*, São Paulo, Pioneira, 1976.

____ "A vocação metadisciplinar da etnografia da ciência", *Sobre o pensamento antropológico*, Rio de Janeiro, Tempo Brasileiro, 1988, pp. 161-80.

Cardoso, Fernando Henrique. "A fome e a crença (sobre *Os parceiros do rio Bonito*)", *Esboço de figura: homenagem a Antonio Candido*, São Paulo, Duas Cidades, 1979, pp. 89-100.

Cardoso, Irene. *A universidade da comunhão paulista*, São Paulo, Cortez, 1982.

Carneiro da Cunha, Manuela. *Negros estrangeiros*, São Paulo, Brasiliense, 1985.

Carvalho, Edgar de Assis. "Imagens da tradição", *Dentro do texto, dentro da vida: ensaios sobre Antonio Candido*, Maria Angela d'Incao e Eloísa Scarabôtolo (orgs.), São Paulo, Companhia das Letras, 1993, pp. 101-8.

Carvalho, José Murilo de. "Aspectos históricos do pré-modernismo brasileiro", *Sobre o pré-modernismo brasileiro*, Rio de Janeiro, Fundação Casa de Rui Barbosa, 1988, pp. 13-21.

Castro, Eduardo Viveiros. *Araweté: os deuses canibais*, Rio de Janeiro, Zahar, 1986.

Cavalcante, Maria Neuma. "*Clima*: contribuição para o estudo do modernismo", dissertação de mestrado, FFLCH, USP, 1978.

Cavalheiro, Edgard. *Testamento de uma geração*, Porto Alegre, Ed. Globo, 1944.

Chartier, Roger. "Intellectual history or sociocultural history? The French trajectories", *Modern European intellectual history*, La Capra & Kaplan (orgs.), Ithaca & Londres, Cornell University Press, 1982, pp. 13-46.

Chiarelli, Tadeu. *Um jeca nos vernissages: Monteiro Lobato e o desejo de uma arte nacional no Brasil*, São Paulo, Edusp, 1995.

Coelho, Ruy. *Proust e a introdução ao método crítico*, São Paulo, Flama, 1944.

____ *Estrutura social e dinâmica psicológica*, São Paulo, Pioneira/Edusp, 1969.

Corrêa, Mariza. *História da antropologia no Brasil: 1930-1960*, Campinas, Editora da Unicamp, 1988.

____ "Traficantes do excêntrico: os antropólogos no Brasil dos anos 30 aos anos 60". *Revista Brasileira de Ciências Sociais*, n⁰ 6, vol. 3, fevereiro de 1988, pp. 79-98.

____ "A antropologia no Brasil (1960-1980)", *História das ciências sociais no Brasil*, Sergio Miceli (org.), São Paulo, Editora Sumaré/Fapesp, 1995, vol. 2, pp. 25-106.

D'Incao, Maria Angela e Scarabôtolo, Eloísa F. de (orgs.). *Dentro do texto, dentro da vida: ensaios sobre Antonio Candido*, São Paulo, Companhia das Letras, 1993.

Darnton, Robert. *O beijo de Lamourette. Mídia, cultura e revolução*. Tradução de Denise Bottmann, São Paulo, Companhia das Letras, 1990.

Elias, Norbert. *O processo civilizador: uma história dos costumes*. Tradução de Ruy Jungmann. Rio de Janeiro, Zahar, 1990.

Fausto, Boris. *História do Brasil*, São Paulo, Edusp, 1994.

Fernandes, Florestan. "Resultados de um balanço crítico sobre a contribuição etnográfica dos cronistas", *A etnologia e a sociologia no Brasil*, São Paulo, Anhambi, 1958, pp. 79-176.

____ *A função social da guerra na sociedade tupinambá*, 2ª ed., São Paulo, Pioneira/Edusp, 1970.

Fernandes, Florestan e Bastide, Roger. *Brancos e negros em São Paulo*, São Paulo, Editora Nacional, 1959.

Ferraz, Geraldo. *Depois de tudo*, Rio de Janeiro, Paz e Terra, 1983.

Ferreira, Oliveiros S. "Introdução", Lourival Gomes Machado, *Tomás Antonio Gonzaga e o direito natural*, São Paulo, Edusp/Martins, 1968, pp. 7-14.

Fiorentino, Terezinha. *Prosa de ficção em São Paulo: produção e consumo, 1900-1920*, São Paulo, Hucitec/Secretaria de Cultura, 1982.

Freitas, Sônia Maria. "Reminiscências: contribuição à memória da Faculdade de Filosofia, Ciências e Letras da Universidade de São Paulo, 1934-1945", dissertação de mestrado, FFLCH, USP, 1992.

283

Galvão, Maria Rita. *Burguesia e cinema: o caso Vera Cruz*, Rio de Janeiro, Civilização Brasileira, 1981.

Geertz, Clifford. "The way we think now: toward an ethnography of modern thought", *Local knowledge. Further essays in interpretative anthropology*, Nova York, Basic Books, 1983, pp. 147-63.

Ginsburg, Jacó e Fernandes, "A iniciação de um crítico", *Decio de Almeida Prado: um homem de teatro*, João Roberto Faria, Vilma Arêas e Flávio Aguiar (orgs.), São Paulo, Edusp, 1997, pp. 129-57.

Ginzburg, Carlo. "De A. Warburg a E. H. Gombrich: notas sobre um problema de método", *Mitos, emblemas, sinais: morfologia e história*. Tradução de Federico Carotii. São Paulo, Companhia das Letras, 1989, pp. 41-93.

Gluck, Mary. *Georg Lukács and his generation, 1900-1918*, Cambridge, Massachusetts, Harvard University Press, 1985.

Goldfarb, José Luiz. *Voar também é com os homens: o pensamento de Mário Schenberg*, São Paulo, Edusp, 1994.

Gomes Jr., Guilherme Simões. "Palavra peregrina: idéias barrocas e pensamento sobre artes e letras no Brasil", tese de doutorado na área de história social, FFLCH, USP, 1996.

Gomes, Paulo Emílio Salles "Cataguases e *Cinearte* na formação de Humberto Mauro", tese de doutorado, FFLCH, USP, 1972.

____ *Humberto Mauro, Cataguases, Cinearte*, São Paulo, Perspectiva/Edusp, 1974.

____ *Jean Vigo*, Rio de Janeiro, Paz e Terra, 1984.

____ *Cinema: trajetória e subdesenvolvimento*, 2ª ed., Rio de Janeiro, Paz e Terra, 1986.

____ *Vigo, vulgo Almereyda*. São Paulo, Companhia das Letras/Edusp, 1991.

Gonçalves, Lisbeth. *Sérgio Milliet: crítico de arte*, São Paulo, Perspectiva, 1985.

Hallewell, Laurence. *O livro no Brasil: sua história*. Tradução de Maria da Penha Vilalobos e Lólio de Oliveira. São Paulo, T. A. Queiroz/Edusp, 1985.

Hirano, Sedi. "Tradição e mudança no Brasil", *Dentro do texto, dentro da vida: ensaios sobre Antonio Candido*, Maria Angela d'Incao e Eloísa Scarabôtolo (orgs.), São Paulo, Companhia das Letras, 1993, pp. 86-100.

Karady, Victor. "Stratégies de réussite et modes de faire-valoir de la sociologie chez les durkheimiens", *Revue Française de Sociologie*, Paris, CNRS, vol. XX, nº 1, 1979, pp. 49-82.

____ "Durkheim et les débuts de l'ethnologie universitaire, *Actes de la Recherche en Sciences Sociales*, Paris, nº 74, 1988, pp. 23-32.

Lacaz, Carlos e Mazzieri, Berta Ricardo de. *A Faculdade de Medicina e a USP*, São Paulo, Edusp, 1995.

Lafer, Celso. "As idéias e a política na trajetória de Antonio Candido", *Dentro do texto, dentro da vida: ensaios sobre Antonio Candido*, Maria Angela d'Incao e Eloísa F. Scarabôtolo (orgs.), São Paulo, Companhia das Letras, 1993, pp. 271-96.

Lafetá, João Luiz. *1930: a crítica e o modernismo*, São Paulo, Duas Cidades, 1974.

Lamounier, Bolivar. "Formação de um pensamento político autoritário na Primeira República", *História da civilização brasileira*, Boris Fausto (org.), São Paulo, Difel, 1981, tomo III, vol. 2, pp. 343-74.

Leibowitz, René. *Histoire de l'opéra*, Paris, Buchet/Chastel, 1957.

Leite, Miriam Lifchitiz Moreira. "GUT: o ritmo vivaz", *Decio de Almeida Prado: um homem de teatro*, João Roberto Faria, Vilma Arêas e Flávio Aguiar (orgs.), São Paulo, Edusp, 1997, pp. 159-70.

Lepenies, Wolf. *Between literature and science: the rise of sociology*, Paris, Éd. de la Maison des Sciences de l'Homme; Cambridge, Cambridge University Press, 1988.

Lévi-Strauss, Claude. *Mythologiques. Le cru et le cuit*, Paris, Plon, 1964.

_____ (org.) *L'identité*, Paris, Grasset, 1977.

_____ *Tristes trópicos.* Tradução de Jorge Pereira. Lisboa, Edições 70, 1981.

_____ *Saudades do Brasil.* Tradução de Paulo Neves. São Paulo, Companhia das Letras, 1994.

Levy, Hannah. "A propósito de três teorias sobre o barroco", *Revista do Serviço do Patrimônio Histórico e Artístico Nacional*, Rio de Janeiro, Ministério da Educação e Saúde, nº 5, 1941, pp. 259-84.

Lima, Yone. *A ilustração na produção literária: década de 20*, São Paulo, IEB, USP, 1985.

Limongi, Fernando. "Educadores e empresários culturais na fundação da USP", dissertação de mestrado, IFCH, Unicamp, 1988.

_____ "Mentores e clientela na Universidade de São Paulo", *História das ciências sociais no Brasil*, Sergio Miceli (org.), São Paulo, Vértice/Idesp, 1989, vol. 1, pp. 111-87.

_____ "A Escola Livre de Sociologia e Política em São Paulo", *História das ciências sociais no Brasil*, vol. 1, pp. 217-33.

Lins, Alvaro. "Sinais da nova geração", *Clima*, São Paulo, nº 3, agosto de 1941, pp. 138-44.

_____ *Jornal de Crítica (5ª série)*, Rio de Janeiro, José Olympio, 1947.

Loureiro, Isabel. "Vanguarda socialista, 1945-1948", dissertação de mestrado, FFLCH, USP, 1984.

Lourenço, Maria Cecília. "A maioridade do moderno em São Paulo, anos 30/40", tese de doutorado, Faculdade de Arquitetura e Urbanismo, USP, 1990.

Machado, Lourival Gomes. *Alguns aspectos atuais do problema do método, objeto e divisões da ciência política*, Boletim XXXI, Política, nº 1, FFCL, USP, 1943.

_____ *Retrato da arte moderna do Brasil*, São Paulo, Departamento de Cultura, 1947.

_____ "Introdução", *Catálogo da I Bienal do Museu de Arte Moderna de São Paulo*, 2ª ed., São Paulo, outubro de 1951.

_____ *Homem e sociedade na teoria política de Jean-Jacques Rousseau*. Introdução e revisão de Oliveiros S. Ferreira. São Paulo, Edusp/Martins, 1968.

_____ *Tomás Antônio Gonzaga e o direito natural*. Introdução, revisão e notas de Oliveiros S. Ferreira. São Paulo, Edusp/Martins, 1968.

_____ *O barroco mineiro* (1969), 4ª ed. Apresentação de Rodrigo M. F. de Andrade e Francisco Iglésias. São Paulo, Perspectiva, 1991.

Marques Neto, José Castilho. *Solidão revolucionária: Mario Pedrosa e as origens do trotskismo no Brasil*, Rio de Janeiro, Paz e Terra, 1993.

Martinière, Guy. *Aspects de la coopération franco-brésilienne*, Grenoble, Presses Universitaires de Grenoble, 1982.

Martins Rodrigues, Leôncio. "O PCB: os dirigentes e a organização", *História geral da civilização brasileira*, Boris Fausto (org.), São Paulo, Difel, 1981, tomo III, vol. 3, pp. 361-443.

Martins, Luis. *Um bom sujeito*, Rio de Janeiro, Paz e Terra, 1983.

Massi, Fernanda Peixoto. "Estrangeiros no Brasil: a missão francesa na Universidade de São Paulo", dissertação de mestrado, Departamento de Antropologia, Unicamp, 1991.

_____ "Franceses e norte-americanos nas ciências sociais brasileiras (1930-1960)", *História das ciências sociais no Brasil*, Sergio Miceli (org.), São Paulo, Vértice/Idesp, 1989, vol. 1, pp. 410-59.

Maugüé, Jean. *Les dents agacées*, Paris, Buchet/Chastel, 1982.

Mauss, Marcel. "Ensaio sobre a dádiva: forma e razão de troca nas sociedades arcaicas", *Sociologia e antropologia*. Tradução de Mauro de Almeida. São Paulo, EPU/Edusp, 1984, vol. 1, pp. 37-184.

Mello e Souza, Gilda de. "Week-end com Teresinha" (conto), *Clima*, São Paulo, nº 1, maio de 1941, pp. 76-103.

_____ "Armando deu no macaco" (conto), *Clima*, São Paulo, nº 7, dezembro de 1941, pp. 89-95.

_____ "Rosa pasmada" (conto), *Clima*, São Paulo, nº 12, abril de 1943, pp. 79-86.

_____ *O tupi e o alaúde: uma interpretação de "Macunaíma"*, São Paulo, Duas Cidades, 1979.

_____ *Exercícios de leitura*, São Paulo, Duas Cidades, 1980.

_____ *O espírito das roupas: a moda no século dezenove*, São Paulo, Companhia das Letras, 1987.

Mello e Souza, Laura de. *O diabo e a Terra de Santa Cruz*, São Paulo, Companhia das Letras, 1986.

Mello Souza, José Inácio de. *Paulo Emilio no Paraíso: 1930-1940*, São Paulo, mimeo., 1993.

Mendes, Murilo. "Ruben Navarra", *Jornal de arte*, Campina Grande, Edições da Comissão Cultural do Município, 1966, pp. 25-31.

Menezes, Adélia Bezerra de. *A obra crítica de Alvaro Lins e sua função histórica*, Petrópolis, Vozes, 1979.

Miceli, Sergio. *Intelectuais e classe dirigente no Brasil*, São Paulo, Difusão Européia do Livro, 1979.

____ "Condicionantes do desenvolvimento das ciências sociais", *História das ciências sociais no Brasil*, Sergio Miceli (org.), São Paulo, Vértice/Idesp, 1989, vol. 1, pp. 72-110.

Milliet, Sérgio, "A Novíssima", *Clima*, São Paulo, n⁰ 3, agosto de 1941, pp. 135-7.

____ *Arte e polêmica*, Curitiba, Guaíra, 1942.

____ *Diário crítico* (1943), 2ª ed., São Paulo, Martins/Edusp, 1981, vol. I.

____ *Diário crítico* (1945), 2ª ed., São Paulo, Martins/Edusp, 1981, vol. III.

Navarra, Ruben. "Iniciação à pintura brasileira contemporânea", *Revista Acadêmica*, Rio de Janeiro, n⁰ 65, abril de 1945, pp. 17-31.

____ *Jornal de arte*, Campina Grande, Edições da Comissão Cultural do Município, 1966.

Neme, Mário (org.). *Plataforma da nova geração*, Porto Alegre, Globo, 1945.

Ortiz, Renato. "Notas sobre as ciências sociais no Brasil", *Novos Estudos Cebrap*, São Paulo, n⁰ 27, julho de 1990.

Peirano, Mariza. *The anthropology of anthropology: the Brazilian case*, tese de doutorado, Harvard, 1981.

____ "O pluralismo de Antonio Candido", *Revista Brasileira de Ciências Sociais*, vol. 5, n⁰ 12, 1990, pp. 41-54.

____ "A antropologia de Florestan Fernandes", *Uma antropologia no plural*, Brasília, Editora da UnB, 1992, pp. 51-84.

Pereira de Queiróz, Maria Isaura. "Nostalgia do outro e do alhures: a obra de Roger Bastide", *Roger Bastide: sociologia*, São Paulo, Ática, 1983.

Pontes, Heloisa. "Retratos do Brasil", *História das ciências sociais no Brasil*, Sergio Miceli (org.), São Paulo, Vértice/Idesp, 1989, vol. 1, pp. 359-409.

____ "Brasil com *z*: a produção sobre o país, editada aqui, sob a forma de livro, entre 1930 e 1988", *História das ciências sociais no Brasil*, Sergio Miceli (org.), São Paulo, Editora Sumaré/Fapesp, 1995, vol. 2, pp. 441-77.

____ "Círculos de intelectuais e experiência social", *Revista Brasileira de Ciências Sociais*, vol. 12, n⁰ 34, junho de 1997, pp. 57-69.

Prado, Antonio Arnoni "Anotador à margem", *Dentro do texto, dentro da vida: ensaios sobre Antonio Candido*, Maria Angela d'Incao e Eloísa F. Scarabôtolo (orgs.), São Paulo, Companhia das Letras, 1993, pp. 135-41.

Prado, Decio de Almeida. *Apresentação do teatro moderno: crítica teatral (1947-1955)*, São Paulo, Martins, 1956.

____ *Teatro em progresso: crítica teatral (1955-1964)*, São Paulo, Martins, 1964.

____ *João Caetano: o ator, o empresário e o repertório*, São Paulo, Perspectiva/Edusp, 1972.

____ *Exercício findo: crítica teatral (1964-1968)*, São Paulo, Perspectiva, 1987.

____ *O teatro brasileiro moderno: 1930-1980*, São Paulo, Perspectiva/Edusp, 1988.

____ *Peças, pessoas, personagens: o teatro brasileiro de Procópio Ferreira a Cacilda Becker*, São Paulo, Companhia das Letras, 1993.

____ *Seres, coisas, lugares: do teatro ao futebol*, São Paulo, Companhia das Letras, 1997.

Pritchard, Evans. *Os Nuer*. Tradução de Ana Goldberger Coelho. São Paulo, Perspectiva, 1979.

Ringer, Fritz. *The decline of the German mandarins: the German academic community, 1890-1930*, Cambridge, Massachusetts, Harvard University Press, 1969.

____ *Fields of knowledge: French academic culture in comparative perspective, 1890-1920*, Paris, Éditions de la Maison des Sciences de l'Homme; Cambridge, Cambridge University Press, 1992.

Rubino, Silvana. "As fachadas da história: os antecedentes, a criação e os trabalhos do Serviço do Patrimônio Histórico e Artístico Nacional, 1937-1968", dissertação de mestrado, Departamento de Antropologia, Unicamp, 1991.

____ "Clube de pesquisadores: a Sociedade de Etnologia e Folclore e a Sociedade de Sociologia", *História das ciências sociais no Brasil*, Sergio Miceli (org.), São Paulo, Editora Sumaré/Fapesp, 1995, vol. 2, pp. 479-521.

Sachs, Sonia, "Antonio Candido: uma bibliografia", *Dentro do texto, dentro da vida: ensaios sobre Antonio Candido*, Maria Angela d'Incao e Eloísa F. Scarabôtolo (orgs.), São Paulo, Companhia das Letras, 1993, pp. 330-62.

Schorske, Carl. *Viena fin-de-siècle. Política e cultura*. Tradução de Denise Bottmann. São Paulo, Companhia das Letras, 1988.

Schwarcz, Lilia Moritz. *O espetáculo das raças. Cientistas, instituições e questão racial no Brasil, 1870-1930*, São Paulo, Companhia das Letras, 1993.

Schwartzman, Simon; Bomeny, Helena e Costa, Vanda. *Tempos de Capanema*, Rio de Janeiro, Paz e Terra, 1984.

Schwarz, Roberto. "Originalidade da crítica de Antonio Candido", *Novos Estudos*, São Paulo, Cebrap, nº 32, março de 1992, pp. 19-30.

Tavares, Zulmira Ribeiro. "O antes e o depois", *Paulo Emilio: um intelectual na linha de frente*, Carlos Calil e Maria Tereza Machado (orgs). São Paulo, Brasiliense/Embrafilme, 1986, pp. 179-86.

Trindade, Helgio. "Integralismo: teoria e práxis política nos anos 30", *História da civilização brasileira*, Boris Fausto (org.), São Paulo, Difel, 1981, tomo III, vol. 3, pp. 297-335.

Vivieros de Castro, Eduardo e Carneiro da Cunha, Manuela. "Vingança e temporalidade: os Tupinambás", *Anuário Antropológico 85*, Rio de Janeiro, Tempo Brasileiro, 1986, pp. 57-78.

Weber, Max. "Sociologia de la comunidad religiosa (Sociología de la religión)", *Economía y sociedad*, México, Fondo de Cultura Económica, 1984, pp. 328-492.

Williams, Raymond. "The Bloomsbury fraction", *Problems in materialism and culture*, Londres, Verso Editions, 1982, pp. 148-69.

Xavier, Ismail. "A estratégia do crítico", *Paulo Emilio: um intelectual na linha de frente*, Carlos Calil e Maria Tereza Machado (orgs.), São Paulo, Brasiliense/Embrafilme, 1986, pp. 217-22.

Zanini, Walter. *A arte no Brasil nas décadas de 1930-40: o Grupo Santa Helena*, São Paulo, Nobel/Edusp, 1991.

OBRAS DE REFERÊNCIA

Abreu, Alzira e Beloch, Israel (orgs.). *Dicionário histórico-biográfico brasileiro, 1930-1988*, Rio de Janeiro, Forense Universitária FGV/CPDOC/ Finep, 1984, 4 vols.

Andrade, Diva e Maciel, Alba (orgs.). *Dissertações e teses defendidas na FFLCH/USP: 1939-1977*, São Paulo, FFLCH, USP, 1977.

Dionysos. Número especial sobre a Escola de Arte Dramática, Rio de Janeiro, Fundação Nacional de Artes Cênicas, nº 29, 1989.

Martins, Wilson. *História da inteligência brasileira*, São Paulo, Edusp/ Cultrix, 1979, vol. VII (1930-60).

Melo, Luis Correia. *Dicionário de autores paulistas*, São Paulo, Comissão do IV Centenário da cidade de São Paulo, Serviço de Comemorações Culturais, 1954.

Menezes, Raimundo de. *Dicionário literário brasileiro*. Apresentação de Antonio Candido. 2ª ed., Rio de Janeiro, Livros Técnicos e Científicos, 1978.

Moraes, Rubens Borba de e Berrien, William (orgs.). *Manual bibliográfico de estudos brasileiros*, Rio de Janeiro, Editora Souza, 1949.

Pontes, Heloisa e Massi, Fernanda Peixoto. *Guia biobibliográfico dos brasilianistas: obras e autores editados no Brasil entre 1930 e 1988*, São Paulo, Editora Sumaré/Fapesp, 1992.

Weinhardt, Marilene. *O "Suplemento Literário" d'"O Estado de S. Paulo"* (*1956-67*), Brasília, Instituto Nacional do Livro, 1987, 2 vols.

ÍNDICE ONOMÁSTICO

Abramo, Claudio, 111
Abramo, Lívio, 111
Abreu, Álvaro de, 132
Adami, Hugo, 227n55, 259n60
Aguiar Pupo, 142
Alcântara de Oliveira, Eduardo, 147
Alcântara Machado, Antonio, 137, 141
Aleijadinho, 21, 23, 25, 32
Almeida, Abílio Pereira de, 240n1
Almeida, Alberto Soares de, 241n7
Almeida, Guilherme de, 59, 79, 103, 243-n29, 247n69
Almeida, Paulo Mendes de, 49, 259n60
Almeida Fischer, 133
Almeida Júnior, 44
Almeida Salles, 128, 195
Alvarenga, Oneyda, 133, 253n122
Alves Lima, 238n127
Amado, Gilberto, 157
Amaral, Pedro Ferraz do, 229n68
Amaral, Tarsila do, 36, 37-8, 43, 45-6, 48, 50, 80, 159, 228n67, 259n60
Americano, Jorge, 237n118
Amora, Antonio Soares, 193
Andrade, Jorge de, 201
Andrade, Mário de, 13, 23, 30-1, 37, 43-7, 49, 50, 55, 59, 62-3, 66-9, 74-6, 80, 84-6, 99, 126, 129, 132-3, 137, 142, 147-8, 157, 159-62, 172, 216, 222-n2, 223nn10, 12-3, 227n49, 232n-45, 234n87, 236n109, 244n36, 251-n108, 253n122, 259n60

Andrade, Oswald de, 24, 37, 48, 55, 59, 66, 72-89, 99, 137, 158-9, 222n5, 236n109
Andrade, Oswald de, Filho, 159
Andrade, Rodrigo Mello Franco de, 25, 36
Andrade, Zecarlos de, 257n30
Anouilh, Jean, 107
Antonio, Celso, 227n49
Arantes, Otília, 43
Arantes, Paulo, 189
Araújo Viana, 223n12
Arbousse-Bastide, Paul, 22-3, 30, 97, 196, 222n2, 238n126
Arêas, Vilma, 127
Arinos, Afonso, Sobrinho, 13
Artigas, Vilanova, 228n55
Assumpção, Maria Isabel Machado, 260-n71
Ayrosa, Plínio, 126
Azevedo, Fernando de, 22-3, 126, 141, 148, 156, 175-6, 178-9, 182, 186-7, 190-1, 193, 263n104
Azevedo, Odilon, 106
Azevedo, Vera Vicente de, 159

Baldus, Herbert, 142, 148, 182-3, 255n9, 256n13
Ballet, Leo, 27-8
Balzac, Honoré de, 83
Bandeira, Manuel, 223n12
Barbosa, Francisco de Assis, 232n45

Barradas de Oliveira, 133
Barreto, Plínio, 229n68
Bastide, Roger, 22-3, 27, 29-33, 80, 91, 93-4, 145-8, 173, 175, 179, 182-3, 185-7, 189-90, 224n23, 225nn34-5, 238n126, 266n144
Batini, João, 234n87
Batini, Tito, 79, 81-2, 234n87
Baudelaire, Charles, 154
Bazin, André, 206, 271n200
Becker, Cacilda, 245n48
Beiguelman, Paula, 199
Belinky, Tatiana, 241n7
Bell, Clive, 219n4
Bell, Vanessa, 219n4
Bérard, Christian, 105
Bernardet, Lucila Ribeiro, 269n187
Bernardet, Jean-Claude, 269n187
Bessel, Ester, 259n60
Bianco, Enrico, 111
Bilac, Olavo, 79, 153-4
Bittencourt, Alvaro, 134-5, 241 n7
Bittencourt, Haydée, 257n30
Bizet, Georges, 152
Bojano, Irene de, 240n1
Bonadei, Aldo, 227n55
Bonzon, Alfred, 247n69
Borges, Sônia, 271n201
Borovsky, Alexandre, 251n107
Bosi, Alfredo, 257n16
Braga, Rubem, 73, 114, 234n87, 247n70
Braudel, Fernand, 238n126
Brecheret, Victor, 159, 259n60
Briquet, Raul, 141, 159
Bruno, Ernani da Silva, 234n75, 257n16
Buarque de Holanda, Sérgio, 58, 75, 101, 153, 194, 213
Bukarin, Nikolai, 204, 261n91

Cabanel, Alexandre, 44
Cabral, Anita, 189, 267n144
Calil, Carlos, 271n201
Camargo, Laudo de, 141
Campos, irmãos, 86
Campos, João Ernesto Souza, 63
Canabrava, Alice, 199

Candido (de Mello e Souza), Antonio, 13, 17, 22, 29-32, 51-2, 56-9, 63, 65, 72, 75-88, 93-8, 100-1, 107, 111-3, 120-3, 125-6, 131, 136-8, 143-4, 147-8, 150, 153-6, 162, 164-5, 169-72, 174-80, 182, 187, 190, 193-6, 201, 203, 205-6, 208-10, 213-4, 216-7, 225nn29, 35, 230nn14, 17, 233n70, 234n73, 235nn102, 107, 236n109, 237n114, 238n121, 239-n146, 242n20, 246n65, 250n97, 251n107, 261n86, 263nn103-4, 267-n156, 268n160
Candido de Mello, Antonio (metalúrgico), 270n195
Candido, Paulo, 270n195
Capanema, Gustavo, 37, 57, 68, 226n42
Cardoso, Fernando Henrique, 176, 199
Carneiro da Cunha, José Mariano, 223n10
Carneiro da Cunha, Manuela, 265n131
Carone, Edgar, 270n195
Carpeaux, Otto Maria, 101, 189
Carvalho, Flávio de, 42, 46, 48, 157, 159, 259n61
Castello, José Aderaldo, 201
Castro, Abílio Martins de, 157
Castro, Ivone e José de, 167
Cavalcante, Maria, 250n97
Chabloz, Jean-Pierre, 111
Chaplin, Charles, 102
Chateaubriand, (Francisco de) Assis, 229-n68
Chevalier, Maurice, 124
Chiarelli, Tadeu, 226n40
Cocteau, Jean, 154
Coelho, Carlos de Andrada, 156
Coelho, Ruy Galvão de Andrada, 13, 17, 30, 32, 51-2, 54-6, 58-9, 63, 65, 71, 75-6, 80, 84, 87, 93-4, 97-9, 102, 108-11, 113, 125, 138, 147, 150, 156, 162, 164-5, 169, 171-3, 175, 180, 187, 190-2, 195-6, 199, 207-8, 217, 222n5, 224n28, 244n36, 246-n65
Coelho Neto, Henrique Maximiniano, 79
Cohn, Gabriel, 257n16
Conceição, Sarah Pinto, 256n11

Coornaert, Émile, 238n126
Corbisier, Roland, 248n73
Corbusier, Le, 42
Corrêa, José Celso Martinez, 86
Corrêa, Zulmira e Pio Lourenço, 161
Correia, Antonio da Costa, 205, 270n195
Correia, Roberto Alvim, 226n45
Cortesão, Jaime, 226n45
Costa, Lúcio, 223nn10, 12
Costa, João Guilherme de Oliveira, 125
Costa, Sosígenes, 132
Costa, Waldemar, 227n55
Courtin, René, 238n126
Coutinho, Afrânio, 101
Cruls, Gastão, 153
Cruz Costa, João, 23, 189, 267n147
Cunha, Euclides da, 78, 154
Cunha, Mário Wagner Vieira da, 142-3, 168, 175, 256n13
Czaskes, Eric, 205

Dantas, Lourenço, 249n88
Dantas, Santiago, 117
Daudet, Alphonse, 154
De Fiori, Ernesto, 228n55
Deffontaines, Pierre, 238n126
Dégand, Leon, 227n54
Di Cavalcanti, 38, 259n61
Dias Novais, Israel, 67
Dickens, Charles, 167
Disney, Walt, 74, 110, 246n66
Dostoievski, 83, 110, 154
Dreyfus, André, 159
Drummond de Andrade, Carlos, 57, 58, 81, 132, 223n12, 226n45, 231n17, 233n70
Duarte, Benedito, 195-6
Duarte, Paulo, 159, 185
Dumas, Alexandre, 107
Dumas, George, 238n127
Durkheim, Émile, 29, 55, 147, 262n97
Dvorak, Max, 27-8

Ernesto, Pedro, 227n49
Escorel, Lauro, 117, 125
Eulálio, Alexandre, 234n75

Faria, João Roberto, 257n30
Faria, Otávio de, 13, 103, 243n29
Fausto, Ruy, 189, 267n147
Feijó, Germinal, 67, 205
Fellini, Federico, 201
Fermi, Enrico, 249n92
Fernandel, 124
Fernandes, Florestan, 18, 138, 143-8, 165-76, 179-80, 182-89, 191-2, 195-6, 198-9, 208, 256n15, 257n23, 264-n120, 265n131
Fernandes, Maria, 165
Ferraz, Geraldo, 23, 43, 48-50, 159, 228-n67, 229n68
Ferreira, Octales, 81
Ferreira, Oliveiros S., 268n168
Ferreira, Procópio, 106-7, 245n48
Fineberg, Doroth, 63, 125
Ford, John, 104-5, 246
Forster, Morgan, 219n4
France, Anatole, 154
Franco, Maria Eugênia, 133, 253n122
Franco, Rodrigo Mello, 223nn10, 12, 227-n45, 233n70
Freire, Marina, 240n1
Freitas, Otávio, Júnior, 118-9
Freitas, Sônia M. de, 224n27, 225n29
Freud, Sigmund, 54
Freyre, Gilberto, 37, 58, 75, 153, 194, 213, 223n10
Fry, Roger, 219n4
Fusco, Rosário, 160

Gagé, Jean, 105, 238n126, 244n39, 247-n69
Galvão, Adelaíde, 156
Galvão, Maria Rita, 243n33
Galvão, Patrícia, 49, 228n67
Gerson, Brasil, 159
Giannotti, José Artur, 189, 267n147
Gikovate, Febus, 270n195
Giorgi, Bruno, 228n55
Giraudoux, Jean, 105-6
Gobbis, Vitório, 45, 259n60
Godwin, William, 15-6
Goeldi, Oswaldo, 111
Goethe, Johan Wolfgang von, 154

293

Gomes, Carlos, 80
Gomes, Francisco Salles, 151, 157
Gomes, Eduardo, 270n196
Gomes, Gilda Moreira Salles, 151, 159, 259n60
Gomes, Paulo Emilio Salles, 13, 17, 22, 51-4, 58, 63, 65, 71, 74-5, 84, 87, 94, 97-8, 102-5, 111, 114, 117-8, 121-3, 133, 138-40, 147, 150-2, 156-60, 162, 164-5, 169, 171-2, 174, 190-1, 195, 201, 203-8, 210, 217, 222n5, 236n109, 243n26, 244nn36, 42, 246n65, 254n138, 261n91, 270n195, 271n200
Gomide, Antonio, 259nn60-1
Gonçalves Dias, 153
Gonsales, Rebolo, 222n5, 227n55
Gonzaga Duque, 223n12
Gonzaga, Tomás Antônio, 25, 197
Gordo, Helena, 63, 125, 164
Gouveia, Júlio, 241n7
Graça Aranha, 80
Graciano, Clóvis, 44, 60, 89, 222n5, 227-n55, 240n1
Granger, Gilles G., 238n126
Graz, John, 259n60
Graz, Regina Gomide, 259n60
Grieco, Agrippino, 153
Guariba, Ulisses, 236n109
Guarnieri, Rossini Camargo, 133, 159
Guerrini, Clotilde, 133, 254n122
Guignard, Alberto da Veiga, 41, 227n49
Gurvitch, George, 196, 238n126

Hag Reindrahr (pseudônimo de Paulo Emilio), 157
Hegel, George W. F., 55
Herman, Lucila, 175, 189, 266n144
Hitler, Adolf, 114
Horta, Arnaldo Pedroso d', 204
Hugo, Victor, 105
Hugon, Paul, 144-5, 147-8, 238n126

Ianni, Octávio, 191
Ibsen, Henrik, 154
Ivo, Ledo, 132

João VI, d., 34
Jouvet, Louis, 105-6
Joyce, James, 108
Julieta Bárbara, 75, 159

Kelly, Celso, 227n49
Kennedy, Margareth, 106
Kenworthy, Ana Lilian, 151
Keynes, Maynard, 219n4
Kollwitz, Kaethe, 260n61
Krug, Arthur, 227n55

Lacan, Jacques, 206
Lacerda, Carlos, 67
Lafer, Celso, 122, 234n75
Landucci, Lelio, 227n49
Lang, Fritz, 102
Lange, Curt, 135-6
Leal, Jacinto Carvalho, 270n195
Leão, Carlos, 227n49
Leite, Ruy Moreira, 246n65
Lefèvre, Antonio Branco, 63, 98, 125, 134-7, 241n7
Leibowitz, René, 137
Leite, Manuel Cerqueira, 132
Lepenies, Woolf, 262n98
Lévi-Strauss, Claude, 91-4, 159, 173, 238n126
Levy, Hannah, 27-9, 253n15
Levy, Walter, 111
Lifchitz, Sara, 63, 125
Lima, Augusto, Júnior, 223n10
Lima, Jorge de, 226n45
Lima, Hermínia Bresser de, 165
Lima, Mário de Souza, 263n103
Lins, Alvaro, 57, 70-2, 101, 108, 216
Lippmann, Walter, 247n66
Lobo, Aristides, 249n88
Lucas, Fábio, 257n30

MacCarthy, Desmond, 219n4
Machado, Aníbal, 226n45
Machado, Dijalma Cavalcanti, 162-3
Machado, Isabel Gomes, 163
Machado, Lourival Gomes, 13, 17, 21-47, 49-50, 52, 60-3, 65, 71, 73, 76, 81,

84, 88-9, 93-4, 97-8, 107, 110-3, 122, 125, 131, 138, 147-8, 150, 162-5, 167, 169, 171-2, 174, 179-80, 187, 190, 195-200, 206, 208, 210, 217, 222n2-5, 223n13, 237n-118, 243n26, 246nn65-6, 250n94, 268n168

Machado, Maria de Lourdes, 63, 73, 125-6, 163, 260n71, 268n168

Machado de Assis, 29-30, 153-4, 156

Magaldi, Sábato, 257n30, 273n212

Magalhães, Paulo, 228n55

Malfatti, Anita, 37-8, 45-6, 80, 157, 159, 161, 222n5, 226n40, 227n55, 259-n60

Mallarmé, Stéphane, 81

Maquiavel, Niccolò, 198

Marchi, Francisco de, 133

Martins, Luis, 23-4, 43-4, 46, 48-50, 73-4, 216, 222n5, 228n67, 229nn70-1, 233n70

Martins, Manoel, 111

Martins, Mario, 227n55

Marx, Karl, 55, 147, 180, 188

Mascagni, Pietro, 152

Massenet, Jules, 152

Matarazzo, Francisco, 196, 227n54

Maugüé, Jean, 91, 93-5, 124, 140, 144, 147-8, 173, 189, 238n126, 239n146, 242n9

Mauriac, François, 164

Maurício, padre (músico), 31

Mauro, Humberto, 160, 203

Mauss, Marcel, 29, 183

Meireles, Cecília, 133, 253n122

Mello e Souza, Aristides de, 153-5, 169

Mello e Souza, Clarisse Tolentino de, 153, 155

Mello e Souza, Gilda, 13, 16-7, 22, 31-2, 51, 63-5, 74-6, 84, 93-8, 105, 107, 114, 124-6, 128-33, 138-40, 147, 150, 160-2, 164-5, 168, 172, 174, 180, 187-90, 192-3, 196, 203-4, 208, 217, 225n34, 234n73, 240n1, 246n65, 251n107, 253n118, 260-n68, 266n143

Mendes, Ciro, 228n55

Merleau-Ponty, 204

Mesquita, Alfredo, 63, 96-7, 107, 113, 121, 127, 240n1, 245n50, 247n69

Mesquita, Ester, 113

Mesquita, Júlio, Filho, 90, 141, 202, 209-10, 238n127, 240n1

Mesquita, Júlio, Neto, 209

Métraux, Alfred, 266n132

Miceli, Sergio, 181

Miguel-Pereira, Lúcia, 153-4, 157

Milliet, Sérgio, 23-4, 37, 43-4, 46, 49-50, 55, 59, 70-3, 81, 84, 89, 101, 107-8, 119, 128, 132, 146, 189, 216, 222-n5, 227n50, 228n55, 253n122, 255-n8, 259n60

Monbeig, Pierre, 91, 173, 238n126, 261-n92

Monteiro Lobato, José Bento, 37, 80-1, 147, 226n40, 234n87

Moraes, Dulcina de, 106

Moraes, Rubens Borba de, 265n128

Moraes, Vinicius de, 103, 108, 110, 132, 243n29

Moraes Andrade, Carlos de, 232n45

Moraes Andrade, Maria Luísa Leite de, 74, 126

Morazé, Charles, 196, 238n126

Moreyra, Álvaro, 50

Mota, Carlos Guilherme, 257n16

Mota, Jeová, 117

Moutinho, José Geraldo Nogueira, 234-n75

Mussolini, Benito, 114

Navarra, Ruben, 26, 37, 39-41, 223n13, 226n45

Negromonte, Alvaro, 247n70

Neme, Mário, 52, 54, 57, 59, 64, 128, 133-4

Nery, Adalgisa, 253n118

Nietzsche, Friedrich, 55

Nóbrega, Nelson, 228n55

Oliveira, Armando de Salles, 141, 232n45

Oliveira, Benedito de, 168

Oliveira, Eduardo de, 132

Oliveira, Geraldo Campos de, 270n195
Oliveiros Ferreira, 198-9
Ombredanne, André, 241n7
Osir, Paulo Rossi, 45, 222n5, 227n55, 259n60
Ortega y Gasset, 48, 150
Ozeray, Madeleine, 105

Paiva, Yolanda, 63, 125
Pedro, Antonio, 110-1, 128, 132, 246n65, 254n122
Pedrosa, Mário, 43, 118, 226n45, 227n53, 249n88, 260n61
Peixoto, Fernanda, 91
Pennacchi, Fulvio, 227n55
Penteado, Olívia Guedes, 259n60
Pereira, Astrogildo, 81
Pereira dos Santos, Nelson, 269n187
Pereira, Miguel, 141, 153
Piaf, Edith, 124
Pierson, Donald, 256n9
Pignatari, Decio, 86
Pinto, José de Barros, 63
Pinto, Matilde Gomes, 162-3
Pirandello, Luigi, 108
Piza, Domingos Toledo, 228n55
Plutarco, 155
Pontes de Miranda, 157
Porchat, Oswaldo, 189, 267n147
Portinari, Cândido, 25, 39, 41, 80, 227-n49, 228n55
Porto-Alegre, Manuel Araújo, 223n12
Prado, Antonio de Almeida, 141-2, 151-3, 169, 258n40
Prado, Bento, Jr., 189, 267n147
Prado, Caio, Júnior, 58, 159, 194, 213, 222n5
Prado, Carlos, 159, 259n61
Prado, Decio de Almeida, 13, 17, 22, 30, 32, 51, 63, 65, 72-6, 84, 87-9, 93-8, 102, 105-8, 111, 113, 119, 122, 125-6, 132, 137-8, 141, 143, 147, 149-3, 156-60, 162, 164-5, 167-72, 174, 190, 195, 201-3, 206, 208-10, 217, 222n5, 224n27, 233n70, 234n-73, 237n118, 240n1, 243n26, 244n-42, 245n48
Prado, Fábio, 195

Prado, Maria Helena da Silva, 256n11
Prado, Paulo, 259n60
Prado, Ruth de Almeida (Alcântara), 63, 125-6
Prado, Yan de Almeida, 259n60
Prestes, Luís Carlos, 158
Proust, Marcel, 54, 70-1, 108-9, 154
Puccini, Giacomo, 137, 254n135
Pujol, Alfredo, 238n127

Queirós, Eça de, 154, 156

Radcliffe-Brown, 23
Raeders, George, 247n66
Rafael, 45
Ramos, Graciliano, 193, 267n156
Ramos, Péricles Eugênio da Silva, 132
Ramos, Theodoro, 141
Ramos de Azevedo, 238n127
Rangel, Flávio, 201
Redshaw, Douglas, 247n69
Rego, José Lins do, 37, 159, 222n5
Rezende, Carlos Penteado de, 132
Ribeiro, Ivan, 132
Ribeiro, Manuel Querino, 193, 223n12
Ricardo, Cassiano, 13
Rizzotti, Alfredo, 228n55
Rocha, Candido de Moraes, 160
Rocha, Gilda Moraes, ver Mello e Souza, Gilda
Rocha, Hilda de Moraes, 160
Rocha Barros, 204
Rodrigues, Jorge Martins, 250n94
Rodrigues, Lúcio Martins, 141
Rodrigues, Nelson, 107
Rodrigues, Silvio, 133
Rolland, Romain, 154
Romains, Jules, 154
Romero, Sílvio, 111-2, 154, 263n103
Rosa, Humberto, 227n55
Rosenfeld, Anatol, 201
Rosenthal, Alfredo, 241n7
Roulien, Raul, 104
Rousseau, Jean-Jacques, 198, 222n2
Rubino, Silvana, 25

Sachetta, Hermínio, 113, 247n68
Salgado, Plínio, 13, 80, 115, 117

Sangirardi Júnior, 159
Santos, Marcelo Damy de Souza, 98, 241n8
Sartre, Jean-Paul, 109
Schaden, Egon, 175
Schenberg, Mário, 80, 118-9, 249n92
Schiller, Friedrich von, 154
Schmidt, Afonso, 234n87
Schopenhauer, Arthur, 108
Schwarz, Roberto, 85, 235n107
Segall, Jenny Klabin, 259n60
Segall, Lasar, 37-9, 41, 45, 48, 159, 259n60
Silva, Dora Ferreira da (Mariana Ribeiro), 133
Silveira, Cid, 132
Silveira, Miroel, 133
Simão, Azis, 270n195
Souriau, Etienne, 227n49
Souto, Israel, 103
Souza, Cícero Christiano de, 63, 98, 241-n9, 243n26
Souza, José Inácio de Mello, 158-9
Souza, Roberto Pinto de, 63, 98, 241n8
Souza, Pompeu de, 269n187
Spengler, 59, 74
Stendhal, 83, 118
Sussekind, Plínio, 102
Sussex, Marie Rohlfs de, 155-6

Tarquínio de Souza, Otávio, 153-4, 258-n45
Taunay, Afonso, 223n12
Telles, Lygia Fagundes, 133, 203
Teixeira, Anísio, 227n49
Teixeira, Lívio, 267n147
Ticiano, 45
Tinoco, Carlos, 132
Tolentino, Maria Clara, 153
Tolstoi, Lev, 83, 154
Toscanini, 80
Trotski, León, 123, 205

Ulmann, Chinita, 159, 240n1, 259n60

Valéry, Paul, 154
Valtin, Jean, 114
Vargas, Getúlio, 67-8, 90, 119, 121, 160, 243n30, 270n196
Vasconcelos, Diogo de, 223n12
Verdi, Giuseppe, 152
Vergueiro, Carlos, 63, 125, 251n107
Viany, Alex, 244n33
Vicente, Gil, 88-9, 102, 246n66
Vidigal, Geraldo, 133
Vigo, Jean, 206, 271n200
Vilela, Lavínia da Costa, 145, 189, 266-n144
Viotti, Frederico, 63
Viveiros de Castro, Eduardo, 265n131
Volpi, Alfredo, 222n5, 227n55

Wagner, Luis Amaral, 167-8
Wagner, Richard, 152
Warchavchik, Gregori, 42, 259n60
Warchavchik, Mirna Klabin, 259n60
Washington, Luís, 80
Weber, Max, 147
Weill, Kurt, 124
Welles, Orson, 104-5
Wiene, Robert, 102
Willems, Emílio, 146-7, 175, 256n9
Williams, Raymond, 14-6
Wolfflin, Henrich, 27-8
Wollstonecraft, Mary, 15
Woolf, Leonard, 219n4
Woolf, Virginia, 16, 219n4
Wyler, William, 110

Xavier, Lívio, 118-9, 189, 249n88

Zampari, Franco, 107, 245n51
Zanini, Mário, 222n5, 227n55
Zanini, Walter, 259n60
Zingg, Paulo, 205, 270n195
Zuccolotto, Afrânio, 132
Zweig, Stefan, 114, 247n70

ESTA OBRA FOI COMPOSTA PELA HELVÉ-
TICA EDITORIAL EM TIMES E IMPRESSA PE-
LA GEOGRÁFICA EM OFF-SET SOBRE PA-
PEL PRINT-MAX DA VOTORANTIM PARA A
EDITORA SCHWARCZ EM MAIO DE 1998.